니코마코스 윤리학
ETHIKA NIKOMACHEIA
바르게 사는 인간의 도리

ARISTOTELES
ETHIKA NIKOMACHEIA

대원동서문화총서
니코마코스 윤리학
ETHIKA NIKOMACHEIA
바르게 사는 인간의 도리

초판 1쇄 인쇄 | 2018년 9월 5일
초판 1쇄 발행 | 2018년 9월 20일

지은이 | 아리스토텔레스
옮긴이 | 전영우

발행처 | ㈜대원사
주 소 | 06342 서울시 강남구 양재대로 55길 37, 302
전 화 | (02)757-6711, 6717~9
팩시밀리 | (02)775-8043
등록번호 | 제3-191호
홈페이지 | http://www.daewonsa.co.kr

Daewonsa Publishing Co., Ltd
Printed in Korea 2018

ISBN | 978-89-369-2094-4

이 책의 국립중앙도서관 출판시 도서목록(CIP)은 e-CIP홈페이지(http://www.nl.go.kr/ecip)에서
이용하실 수 있습니다. (CIP제어번호 : CIP2018028829)

대원동서문화총서

니코마코스 윤리학

바르게 사는 인간의 도리

아리스토텔레스 지음
전영우 옮김

대원사

오늘, 왜 '윤리학'인가?

　역자는 서울대 사범대학에서 '국어교육'을 전공하고, 1962년 성균관대 대학원 조윤제(趙潤濟) 박사 지도로 석사과정 수료 후, 「스피치 교육의 사적(史的) 진전 소고」로 문학석사 학위를 받은 뒤, 중앙대 대학원 박사과정에 진학해, 1967년 '우리말 화법(話法)'의 이론적 체계를 구축, 우리말 교육의 새 지평을 열며 과정을 마쳤다.

　이때 지도교수 정인섭(鄭寅燮) 박사가 돌연 한국외국어대 대학원장으로 자리를 옮겨 지도교수를 모시지 못하게 되어 차일피일하던 중 박사과정 입학 후 10년이 경과, 역자는 학위논문 제출 자격을 상실하였다. 그 후 1985년, 성신여대 대학원 남녀공학 박사과정에 재입학, 〈한글학회〉 당시 대표 허웅(許雄) 박사 및 배윤덕(裵潤德) 박사 지도를 받고 1988년, 늦게나마 「근대 국어토론에 관한 사적(史的) 연구」로 문학박사 학위를 취득했다. 토론을 주제로 한 한국 첫 논문이다.

　'우리말 화법' 연구에 몰두, 한평생을 보내며 나름대로 『고등학교 화법』 교재와 대학교재 『국어화법』을 저술, 교육 현장에 처음 선보였다. 1962년, 역자가 『표준 한국어 발음(發音)사전』 역시 처음 편찬, 출간했다. 이 과정을 거치며 역자는 "학문의 시작은 역사적 연구요, 학문의 종결은 철학적 연구다."라는, 학문하는 지혜를 깨달았다.

2009년, 역자가 고대 그리스 철학자 아리스토텔레스의 『레토릭』을 우리 말로 옮긴 뒤, 그의 『니코마코스 윤리학』에 또 관심이 집중되어 번역에 착수하게 되었다.

돌이켜 보면, 역자가 처음 '우리말 화법 교육'에 착안, 연구를 거듭한 끝에 우리 일상의 커뮤니케이션, 즉 '말하기 듣기' 문제가 '언어학'적 범위를 훨씬 뛰어넘어 '인간관계와 예절'은 물론, '윤리학'의 문제까지 확대되는 양상이 현실임을 자각하게 된 것이다.

그리고 한편, '말하기 듣기' 문제만 하더라도 입이 말하고 단순히 귀가 듣는 것이 아님도 알게 되었다.

"화자(話者)는 그의 입이 말하는 것이 아니고, 입을 통해 그의 인격이 말하고 있음이다. 마찬가지로 청자(聽者) 또한 그의 귀가 듣는 것이 아니라, 귀를 통해 그의 인격이 듣고 있음이다."

이렇듯 역자는 말하기 듣기가 인격(人格)의 만남이요, 인격의 교류라

보았다. 이때 우리 인격은 무엇으로 이루어지는가? 인격 형성을 위해 우리가 관심 기울여야 할 분야가 어떤 것인가? 역자는 그것이 바로 '윤리학'임을 인식하기에 이르게 된 것이다.

더구나 인간이 공동 사회 구성원의 일원임을 상기할 때, 사회 구성원의 책무가 무엇이며, 선(善)을 추구하는 우리 삶이 정의(正義) 사회를 구현하려면 정치인이 담당할 책임은 또한 무엇일까에 관심의 초점을 맞추다 보니 아직도, 여전히 아리스토텔레스의 『니코마코스 윤리학』이 우리 앞에 우뚝함을 알게 되었다.

이 책은 고대 그리스에서 처음 '윤리학'을 확립한 탁월한 저작(著作)이다. 또, 이 책은 만인이 궁극의 목적으로 추구하는 '행복', 즉 '잘 사는 일'임을 전제하고, 이처럼 애매한 개념을 정치(精緻)한 분석으로 설명한 것이 바로 이 저작 내용이다.

이 책은 당시 도시국가(都市國家) 시민을 대상으로 아리스토텔레스가 강론(講論)한 '윤리학'이지만, 르네상스 이후 서양의 사상·학문·인격 형성에 중요한 영향을 미친 바 있다.

아리스토텔레스(기원전 384−322) 저작을 그의 아들 니코마코스 등이 편집한 이 책은 23세기란 기나긴 세월을 견디어 낸 끝에 남겨진 서양 고전(古典) 가운데 '살아 있는 고전'이다.

살아온 나이 85세인 역자가 인생을 새롭게 공부하는 자세로 이 책을 우리말로 옮겼다. 먼저 나온 핵케트 판 리브(Reeve)의 번역서와 이와나미 판 다까다 사부로의 번역서를 비교·대조하면서 어구의 뜻과 함께 문맥의 뜻을 살려 성심껏 옮겼으나, 아무래도 이중 번역의 어려움을 감내하기 쉽지 않았다.

독자의 이해를 돕는 뜻에서 문장부호는 물론, 독자 편의를 위해 독점(讀點)을 많이 사용·했음을 여기 밝힌다. 한편, 부제목과 권장(卷章)의 제목을 역자가 새로 붙여 독자 이해에 부응코자 했다. 부제목 "바르게 사는 인간의 도리"도 역자가 붙인 것이다.

역자 전영우

차 례

1권 행복과 영혼

1장 선(善)과 결말

어떤 기술 어떤 연구도, 또 어떤 실천이나 선택도 모두 선(善)을 추구한다고 본다. 그것은 선을 가지고 만물을 추구하면 그 해명이 바람직하기 때문이다.

여러 가지 목적의 경우, 그 가운데 한 가지 분명한 차이가 보이는데, 활동 그 자체가 목적일 경우가 있고, 활동 외의 어떤 성과가 목적일 경우가 있다. 목적이 어떤 기능 이외에 있다고 하면, 그 활동 자체보다 그 성과 쪽이 보다 선이어야 할 것을 자연스럽게 요구한다.

하지만 실천이든 기술이든 학문이든, 여기 여러 가지 경우가 있어 각각 목적하는 바에 따라, 가령 의료는 건강을, 조선은 선박을, 통수(統帥)는 승리를, 가정사는 경제를 하는 식으로 여러 가지 양상을 보인다. 지금 만일 이 같은 몇몇 경영이 어떤 한 가지 능력 아래 종속된다면, 가령 말굴레 제작이나 그 밖에 다른 모든 마구 제작은 기마에, 그리고 이 기마와 그 밖에 모든 군사는 또 통수에 종속되고, 그 밖의 경우에 똑같은 종속관계가 있음을 본다.

그러므로 대개 동량적(棟梁的)인 여러 가지 경영의 목적이 여기 종속하는 경영 목적보다 더 많이 바람직한 것이다. 왜냐하면 전자로 인해 후자가 추구되는 것이기 때문이다. 활동 그 자체가 작용의 목적일 경우에 대해, 또는 지금 보기로 든 여러 학문처럼 활동 이외 어떤 것이 목적일 경우에 대해, 이 점 변함은 없다.

2장 윤리학, 정치학 부류

이렇게 하여 지금, 대개 우리가 실행하려는 모든 것을 커버하는 목적 —우리는 이것을 그 자체 때문에 바라고 희망하며, 또 그 밖의 것을 바라고 희망하는 것도 이 사실 때문이다. 따라서 우리가 어떤 사실을 선택하는 것도, 결국 이 밖에 다른 것을 목적으로 하는 것은 아니다.—이 존재한다면(사실, 만약 관련되는 것이 없다면, 목적의 계열은 무한히 거슬러 올라가게 되고, 그 결과 우리가 갖는 욕구는 공허하고 무의미한 것이 되고 말 것이다.), 분명 이것이 선(善)이요, '최고의 선'이 되지 않으면 안 된다.

그렇다고 하면, 관계되는 선의 지식은 우리 생활에 대해 크나큰 무게를 지니게 되는 것이 아닐까? 그리고 우리는 마치 사격수의 경우가 그런 것처럼, 표적을 가짐으로써 그 어떤 표적도 보다 더 잘 적중시키는 것이 아닐까?

과연 그렇다고 하면, 우리는 더 적극 그 윤곽만이라도 이 같은 선이 무엇일까, 또 그것이 어떤 학문이나 어떤 능력에 속하는 것일까를 파악하는 노력이 시도되지 않으면 안 된다.

하지만 이 일은 가장 유력하고 가장 동량적인 위치에 있는 것에 속한다고 생각하게 될 것이다. 그런데 이 같은 성질을 갖는다고 보는 것에 정치가 있다. 그 이유는 나라에서 어떤 학문을 해야 할 것인가, 각자 어떤 학문을 어느 정도까지 해야 하는가를 규율하는 것이 '정치'이고, 가장 존경받는 능력, 가령 통수·가정사·변론 등도 역시 그 밑에 종속되고 있음을 우리는 보게 된다.

그것은 다른 여러 가지 학문을 유용하게 만드는 동시에, 그것은 또 무엇을 하고 무엇을 하면 안 된다는 것을 입법(立法)하는 이유가 되므로, 그 목적은 다른 여러 가지 학문의 목적을 포괄하고, 따라서 '인간의 선'이야말로 정치의 궁극 목적이 되지 않으면 안 된다.

사실, 선은 개인이나 나라나 같은 덕목이라 해도 나라의 선에 도달, 이를 보전하는 일은 확실히 좀 더 크고 좀 더 궁극적이라 본다. 생각건대, 본래 선은 단지 개인에게 바람직한 것이지만, 여러 종족이나 여러 나라에 그 이상 아름답고 숭엄한 덕목이 없기 때문이다.

우리 연구는 이 같은 사항을 바라고 희망하는 것이므로, 이 같은 의미에서 그것은 일종의 정치학적 연구라 할 수 있을 것이다.

3장 윤리학의 엄정성(嚴正性)

그러나 이 무렵, 우리 대상 소재에 상응하는 정도의 명확한 논술이 가능하다면, 이로써 충분하다고 하지 않으면 안 된다. 어떤 것을 소재로 하는 논술도 똑같은 방식으로 엄밀성을 지킬 수 없는 것은 여러 가지 공작품도 그 경우가 같기 때문이다.

정치학의 고찰 대상은 아름다운 사항과 정당한 사항이지만, 많은 차이와 흔들리는 흔적을 포함해, 정치가 사람들에게 관계됨은 단지 인위적인 것에 존재하고 본성적인 것에 존재하지 않는다는 느낌을 줄 경우가 있다.

'선한 것', '선한 사항'이라 해도 이 같은 흔들리는 흔적을 한데 포함하는 것이므로, 여러 가지 선이 도리어 해악을 가져오는 예가 없지 않다. 지금까지도 어떤 사람들은 그 부유함 때문에, 또 어떤 사람들은 그 용감성 때문에 선이 줄어든다는 점이다.

우리는 이 때문에 관계되는 성질 내용을 관계되는 성질의 출발점부터 논의하여 대체로 대범하게 참을 보일 수 있다면, 결국 대체적인 사항을 대체적인 출발점부터 논의하여 똑같이 대체적인 귀결에 도달할 수 있다면, 그것으로써 만족하지 않으면 안 될 것이다.

각각의 논의를 받아들이는 측에서도, 그러므로 역시 관계되는 태도로 바라볼 필요가 있다. 즉, 그 관계가 허락하는 한도의 엄밀성을 각각의 영역에서 찾는 일이 교육받은 사람에게 어울린다. 그 장면만의 방식으로 말하는 것이 수학자(數學者)에게 허락되지 않으면, 변론가에게 엄밀한 논증[1]을 요구하는 일 역시 분명 잘못되는 경우다.

사람은 또, 각각 자기가 아는 사항에 대해 훌륭한 판단을 할 수 있고, 그 점에 대해 좋은 판단자라 할 수 있다. 따라서 교육받은 사람은 교육받은 각각의 사항에 대해, 또 모든 사항에 대해 무조건적 관점에서 좋은 판단자다. 젊은 연소자가 정치학의 적절한 청강자(聽講者)가 아님은 바로 이 이유 때문이다. 그것은 그가 인생 현실의 실천에 경험이 없지만, 정치학의 여러 가지 논술은 지금부터 출발, 이에 대해 논의할 수 있기 때문이요, 뿐만 아니라 젊은 연소자는 여러 가지 정념[2]에 따르기 쉽기 때문에

***
1. 논증은 보편적이고 필연적인 주장을 의미한다. 그 방법은 연역(演繹)이다.
2. 정념(情念)은 널리 수동(受動)하는 일, 수동한 결과 등을 의미한다.

이 같은 이야기를 들어도 불필요하고 유익함이 없기 때문이다.

생각건대, 관계 탐구는 지식이 아니라 실천이 목적이기 때문이다. 나이가 어린 사람도, 윤리적 성상(性狀)이 미숙한 사람도 그 점은 동일하다. 왜냐하면 결함은 세월의 다소에 있지 않고, 도리어 정념대로 살아, 어떤 사항도 정념대로 추구한다는 점이 존재하기 때문이다.

즉, 이런 사람들은 자신을 억제하지 못하는 사람과 똑같이 지식은 무익한 것으로 끝난다. 다만, 사리에 맞게 욕구하고 행동하는 사람들만 이 같은 사항에 관해 지식을 쌓는 일이 매우 유익할 것이다.

청강자(聽講者) 또는 강술(講述) 방식 여하에 관해, 또 우리 기도(企圖) 여하에 관해 앞의 서술을 가지고 우리의 입장을 삼고자 한다.

4장 행복의 색다른 고찰

본론으로 들어가 논의하기로 한다. 어떤 지식도, 어떤 선택도 모두 어떤 선(善)을 요구하고 있다. 그렇다고 하면, 우리가 가지고 있고 정치가 희구하는 목표라 하는 바 선, 즉 우리가 달성하려 하는 모든 선 가운데 최상의 선은 무엇일까?

명목상 사람들 대개의 대답은 거의 일치한다. 즉, 일반 사람들도, 소양 있는 사람들도 그것이 행복이라는 데 이의가 없고, 뿐만 아니라 잘 산다는 일, 잘 하고 있다는 일 등을 행복으로 알고 있다. 이 점에 관해 그들 의견은 일치한다.

하지만 일단 '행복'이란 무엇인가 하는 점에 이르면, 사람들 사이에 이론이 있고, 또 일반 사람들이 설명하는 내용은 지자(智者)들의 그것과 다르다.

즉, 일반 사람들은 명백하고 확연한 어떤 무엇을 드러내 보인다. 이를 테면, 쾌락과 부유함과 명예 등을 말한다. 다만, 드러내는 방식은 사람에 따라 다르고, 때로 같은 사람이 다른 것을, 가령 질병의 우환이 있을 때 건강을, 가난할 때 부유함을 들먹일 때가 있다. 그러나 그들은 또 스스로 무지함을 깨닫고 무엇인가 모르게, 규모가 크고 그들에게 어울리지 않는 논의를 하는 사람들에게 감탄하는 것이다.

한편, 일부 어진 지자들[3]은 이처럼 많은 선 외에 모든 많은 선으로 하여 선을 드리우는 듯이, 어떤 자체적인 선이 따로 존재하는 것처럼 생각하는 것이다. 물론 있는 모든 주장을 음미한다는 일은 아마 그다지 뜻있는 일은 아닐 것이다. 우리는 다만 가장 널리 퍼져 있는 설(說), 또는 어떤 도리를 포함한 내용이라 생각되는 주장을 음미하면 족할 것이다.

우리는 또, 근원적 단초에서 출발한 논의와 반대로, 단초를 향해 나아가는 논의와의 차이를 놓쳐서는 안 된다. 플라톤 역시, 이를 문제 삼고 단초에서 출발하는 길과 단초를 향해 나아가는 길의 구별—그것은 경기장에서 심판 있는 데서부터 주로(走路)의 종점으로 뛰는 경우와 그 역 코스를 달리는 경우를 비유해 볼 수 있다. —을 찾는 일이 정당한 이유다.

생각건대, 언제든 우리는 이미 판명된 사항으로부터 출발하지 않으면 안 되지만, 이미 판명된 사항이라 해도 이것이 두 가지 의미를 가질 수 있다. '우리에게 이미 판명된 사항'이란 의미와 '무조건적 판명된 사항'이란 의미와.

그런데 말하자면, 출발점은 '우리에게 이미 판명된 사항'이어야 한다. 아름다운 사항, 올바른 사항, 그 밖에 다른 한편, 정치학적 사항에 대해

***
3. 일부 현자(賢者)는 플라톤학파 사람들을 가리킨다.

충분한 방식으로 청강하기 위해 사람이 습관적으로 적절한 향도(嚮導)를 받는 일이 필요한 것도 이 이유 때문이다.

왜냐하면 여기서 무엇을 해야 할 것인가 하는 '사항'이 출발점인 것이고, 만약 만족한 방식으로 그것이 분명히 알려진 것이면, 그것이 성립된 '이유'는 벌써 필요치 않을 정도다. 습관적으로 좋은 향도를 얻은 사람은 근원적 단초를 이미 움켜쥐고 있다고 할 정도가 아니더라도 쉽게 이를 파악하는 것이 틀림없다. 하나, 만약 그렇지 않은 사람은 헤시오도스(Hesiodos, 기원전 700년, 그리스 서사시인)의 다음 말을 듣는 것이 좋다.

> 최상은 스스로 모든 것을 깨닫는 사람
> 또 좋은 말에 따르는 사람도 훌륭하다.
> 하지만 스스로 깨닫지 못하고
> 남에게 들은 것도 마음에 새기지 못하면
> 별수 없는 사람이기 때문에.

5장 세 가지 유형의 인생

이야기가 벗어난 데로 돌아가 다시 논의하기로 한다. 사람들의 실제 생활부터 살펴보면, 세상 일반으로 가장 저속한 사람들이 이해하는 선이든가 행복은—비록 이유가 없는 것은 아니지만—쾌락밖에 없는 것으로 생각한다.[4] 그들이 좋아하는 생활이 향락적인 그것이라 하는 이유

***
4. 쾌락은 여기서 소위 '향락(享樂)'과 동일시되고 있다.

때문이다. 생각건대, 대개 중요한 생활 형태 세 가지 방식이 있다.

지금 말한 방식과 정치적인 생활, 그리고 세 번째로 관조적(觀照的)인 생활이 그것이다. 세상 사람은 그러므로 이 가운데 금수처럼 살아가는 생활을 선택한다고 할 정도로, 그들은 이렇게 함으로써 자기 자신이 온전히 노예적 인간이기를 드러내지만, 다만 권세를 누리는 사람들 다수가 향락주의자적 분위기에서 생활의 구실을 찾아내는 것이다.

이에 대해, 특히 소양 있고 실천 활동을 하는 사람들은 명예가 곧 선이고 행복이라고 이해하는 것으로 생각된다. 정치적 생활의 목적은 명예에 있는 것 같기 때문이다. 하지만 명예도 우리가 찾는 '선'에 비하면 훨씬 피상적임을 피할 수 없다. 왜냐하면 명예는 이를 받는 사람보다 오히려 주는 사람 쪽에 있다고 생각되는 반면, 우리가 상정하는 바에 따르면, '선'이란 본인에게 고유하고 제거하기 어려운 어떤 것이 아니면 안 되기 때문이다.

뿐만 아니라 그들이 명예를 추구하는 까닭은 자기가 선한 사람임을 믿게 하기 위한 이유 때문이다. 그러므로 그들은 명예를 지려(智慮) 있는 사람으로부터 자기를 아는 사람들까지 알 수 있게 하는 방식으로 자기 탁월성[5]이 인정됨을 바라는 것이다. 그러므로 적어도 그들의 말에 따르면, 탁월성이 무엇보다 좋은 것임을 분명하게 알 수 있다.

그러므로 사람은 정치적 생활의 목적이 탁월성에 있다고 이해하는 것인지 모른다. 그러나 이것도 궁극적인 것이라 하기에는 여전히 거리가 있다고 본다. 왜냐하면 탁월성을 가지고 있지만 잠자고 있던가, 전 생애를 하는 일 없이 지낼 수도 있기 때문이다. 뿐만 아니라, 바로 그 사람이

***

5. 아레테, 탁월성(卓越性)은 우수성을 의미한다. 그러므로 인간의 아레테는 인간의 탁월성 및 우수성을 말한다. 바꿔 말하면, 인간 본성을 궁극적으로 실현한 인간의 '뛰어난 상태'를 의미한다.

매우 곤궁하거나 불행을 만날 수도 있기 때문이다.

그러나 이런 생활을 하는 사람이 행복하다고 하는 사람은—어디까지나 자기 주장을 고집하지 않는 한—없을 것이다. 이 점에 있어 충분하다. 아리스토텔레스 초기 작품 '철학의 진전'에서도 충분히 논의한 바 있기 때문이다. 세 번째 '관조적인 생활'의 고찰은 뒤에 가서 하게 될 것이다.

축재적인 생활에 대해 말하자면, 강제를 기반으로 영위되는 생활일지라도 '부유'는 우리가 바라는 선이 아님은 분명하다. 부유는 어떤 무엇을 위해 도움 되는 것, 그 밖의 것을 위해 존재할 수밖에 없다. 그러므로 불충분하지만 사람은 앞에 거론한 것들을—그것들은 그 자체를 위해 사랑받기 때문에—목적이라 이해해야 할지 모른다. 그러나 그것들도 지금까지 많은 논의가 그 변호를 위해 소모되었음에도 불구하고 궁극의 목적이 아님은 분명하다. 그러나 이 점 일단 이것으로 마친다.

6장 선에 대한 플라톤 비평

그리고 우리는 보편적인 그 문제를 고찰하고, 그것이 어떤 의미로 말하게 되는가를 문제로 하는 편이 좋지 않을까? 형상(形相, 이데아)을 도입한 것은 우리에게 친한 사람들이라 하여 관계 탐구는 험한 모양을 보이는 것이지만. 진리 탐구를 위해 친교를 없애는 일은 오히려 좋을 것이므로 그것이 우리 의무로 생각된다.

특히 우리는 철학자, 또는 애지자(愛智者)인 때문이다. 생각건대 진리도, 친밀한 사람들도 함께 우리가 사랑할 상대이긴 하나, 진리에 대해 더 많은 존중의 비중을 두는 일이 경건한 태도일 것이다.

이 주장을 도입한 사람들은 처음이든 끝이든 인정할 수 있는 사실에 대해 이데아를 세우지 않는 것이므로, 그들이 수(數)의 이데아를 정하지 않는 것도 이 때문이다. 그런데 선은 본질의 경우에도, 질의 경우에도, 관계의 경우에도 말할 수 있지만, '그 자체 독립적으로 있는 것', 즉 실체는 그 본성상 관계에 앞서는 것이 아니면 안 된다.

왜냐하면 후자는 '있는 것'의 어린 싹이라 하는 것, '있는 것'의 부대성(附帶性) 위치에 있기 때문에 그렇다. 하면, 관계되는 모든 것에 공통하는 이데아는 있을 수 없기 때문이다.

그 위에 또 선이라 하는 것은 '유(有)'와 같은 많은 방식으로 말할 수 있기 때문에(곧 본질에는, 가령 신이나 지성이, 질에서 여러 가지 탁월성이, 양에 적절한 정도가, 관계에 유용성이, 시간에 좋은 기회가, 장소에 적절한 주거지가 하는 식으로 이것들이 결국 선이라 하게 된다.) 선은 이 모두에 공통적으로 하나 되는, 혹은 보편적일 수 없는 것이 분명하다. 만약 그렇지 않다 하면 그것은 관계되는 모든 범주에서 말할 수 없고, 단지 한 개 범주에서 말하지 않으면 안 되기 때문이다.

그리고 또, 한 개 이데아에 속하는 것이 역시 하나의 학문이 성립되는 이상, 모든 선에 관해 역시 어떤 하나의 학문이 존재하지 않으면 안 될 것이다. 그런데 실제는 단 하나의 범주에 속하는 여러 가지 선에 대해 여러 학문이 존재한다.

가령 좋은 기회에 대해 보면, 전쟁의 경우면 통수학(統帥學)이, 질병의 경우면 의학이 있는 것이고, 적절한 정도만 보더라도 식양(食養)의 경우라면 의학이, 체육의 경우라면 체육학이 존재하는 것이다.

또, 가령 '인간 그 자체'에서도, 개개 인간의 경우도 그 정의(定義)는 어떻든 같고, '인간'의 정의라 하면 그들 '자체'가 되는 것이 도대체 무엇을 의미하는지 문제일 것이다.

'인간 자체' 역시 개개의 인간도 인간이라는 사실에 관한 한 전혀 구별이 있을 수 없기 때문이다. 만약 그렇다 하면, '선 자체' 역시 개개의 '선'도 '선'이라는 사실에 관한 한, 역시 구별이 있을 수 없기 때문이다.

이 경우, '선 자체'는 영원한 것이기 때문에 그것은 보다 뛰어난 선이라 하는 논의가 통용되지 않을 것이다. 영구적인 백(白)은 조석으로 없어지는 백에 비하여 보다 희다 등으로 말할 수 없는 것이다.

피타고라스학파 사람들은 '1'을 여러 선 계열 가운데 놓음으로써, 그들보다 수긍이 족하다는 사실을 말하는 것으로 보인다. 그리고 스페우시포스(Speusippus)도 그들을 따르고 있는 것으로 보인다. 스페우시포스는 플라톤의 조카다. 누이의 아들이다. 플라톤의 사후 뒤를 이어 그 학원 2대 책임자가 되었다. 그러나 이 점, 별도 논의로 미루기로 한다.

지금 말한 사항에 대해 여기 하나의 이의가 생긴다. 즉, 이데아 논자들이 설명하는 모든 선에 관련되는 것이 아니라, '즉자(卽自)적으로 추구되고 사랑받는 것'이 한 개 형상으로 돌아가는 것이고, 이와 반대로 '이들 즉자적 선(善) 부분을 끝까지 지니든가, 어떤 방식으로 그것을 보전하든가, 혹은 그 반대적인 것을 방해하는 부분의 것'은 이들 '즉자적 선' 때문에, 따라서 그것과 다른 의미의 선이라 하게 된다.

그렇다면, 선에 두 가지가 있다. 즉자적 선과 이 선 때문에 선 되는 것. 우리는 여기서 즉자적 선을 유용성으로부터 구별한 이상, 전자는 과연 단일 이데아에 기초한 것이라 부르는지 여부를 고찰하자.

그런데 '즉자적 선'은 어떤 성질을 가리키는 것일까? 그것은 대개 단독으로 그만큼 추구되는 것, 가령 지려한다는 것일까, 사물을 본다는 것일까? 혹은 쾌락이나 명예를 가리키는 것일까? (역자 주_ '즉자적'의 말뜻은 그 자신이 독자적으로 존재하는 상태를 가리키는데, 헤겔 변증법에서 정반합(正反合)의 제1단계로 '정'에 대응한다.)

이것들은 우리가 어떤 다른 것 때문에 추구한다 할지라도 '즉자적 선',—에 역시 붙여야 할 것이기 때문에—그렇지 않으면 선 이데아 외에 어떤 것도 관련되는 것이 없단 말인가? 그렇다면 형상은 공(空)이 되고 말 것이다. 하지만 만약, 지금 드러내 보인 예가 역시 어떻든 '즉자적 선'에 속한다고 하면, 선의 정의는 이 모든 것에 동일한 것으로 나타나야 할 필요가 있을 것이다. 흡사 눈(겨울)이든 연백(鉛白)이든 백의 정의가 역시 그런 것처럼.

그런데 선(善)인 한, 명예·지려·쾌락에 내려지는 정의는 각각 구별과 차이를 가지고 있다. 그렇다 하면, 선은 여기서 역시 한 이데아에 꼭 맞는 공통적인 어떤 것이 아니라 하게 된다.

그렇지만, 그것은 어째서 관련되는 사실 모두가 선이 되는 것일까? 그것들은 우연의 일치로 명칭을 같이할 뿐이라 생각되지 않는다. 그것은 하나의 선에서 나온 것이므로 모두가 하나의 선에 더할 나위가 없기 때문일까? 혹은 오히려 유추에 의해 그렇게 되는 것일까? 가령, 눈(얼굴)이 신체에서와 같이 흡사 지성이 혼(魂, 어떤 사물의 핵심이나 중심을 이루는 정신을 비유적으로 이르는 말)에서와 같은 것이다 등으로 말하는 것처럼.

생각건대, 그러나 관련 사항은 여기서 논할 일은 아니다. 그 엄밀한 논의는 오히려 다른 철학 분야에 속할 것이다. 이데아에 대해서도 역시 이와 같다. 가령, 모든 선에 대해 공통적으로 설명할 수 있고, 독립적으로 그 자체로 있는 어떤 단일한 선이 존재한다 해도, 그것은 인간이 행해야 할 선, 획득해야 할 선을 의미하는 것은 아님이 분명하다. 그런데 지금 찾는 것은 바로 이 같은 의미의 선인 것이다.

하지만, 아마 사람은 '선 자체'에 대해 알고 있는 것이 실행해야 할 선, 획득해야 할 선을 위해 좋은 것이 아닐까? 왜냐하면 관련되는 것을 말하자면, 본보기로 삼을 때 우리는 우리에게 선도 보다 잘 알게 되고, 알고 있으면 그에 도달할 수 있기 때문이라 생각할지 모른다. 이 논의는 어느 정도 수긍되는 부분이 있지만, 그러나 그것은 종종 학문의 실제를 등질 때가 있다.

그것은 모든 학문이 어떤 선을 목표로 하고 부족한 부분을 탐구하지만, '선 그 자체'의 지식만큼 이를 등한히 하기 때문에, 그것까지 유력한 조력을 각각 학예 전문가는 아무도 모르고, 이를 탐구하지 않는다는 사실인 것이다.

또, 직조공과 목수가 '선 그 자체'를 앎으로써 자기 기술에 대해 어떤 이익을 받을 수 있고, 또 그 이데아를 본 사람이 어째서 그것으로써 의료와 통수의 능력상 많은 것을 도움 받을 수 있겠는가 하는 것도 잘 이해할 수 없는 일이 될 것이다.

사실, 의사가 고찰하는 부분은 이 같은 방식의 '건강'이 아니라 그것은 인간의 건강이고, 아니 아마도 오히려 이 사람 저 사람의 건강 외에 없는 것으로 생각된다. 의사는 각 환자에게 의술을 베푸는 일이기 때문에. 이 사항은 이 정도로 마친다.

7장 행복은 무엇인가

우리는 이제 다시 한 번, 우리가 찾는 선에 대해 도대체 그것이 무엇인가에 관해 찾아보기로 한다.

각각 영역이 다른 실천과 기술에서 그 선은 각각 다른 것으로 보인다. 가령, 의료의 선과 통수의 선은 다르고, 그 밖의 영역도 이와 같다. 이처럼 각각의 선은 그러면 무엇인가?

그것은 그를 위해 그 밖의 만반의 사항이 이루어지는 것에 다름 아니다. 의료는 건강이, 통수(統帥)는 승리가, 건축은 가옥이, 그 밖의 경우 역시 각각 다른, 즉 모든 기능과 선택의 목적 부분이 바로 그것이다. 사람들은 모두 관계되는 것을 위해 그 밖의 사항을 실행한다.

그러므로 만약 우리가 행하는, 대개 어떤 기능의 목적이든 어떤 무엇이 존재한다면, 이것이 또 만약 몇몇 존재한다면, 이 사물은 우리 모든 기능이 달성해야 할 '선'일 것이다.

이렇게 하여 논의는 다른 방면에서 시작, 역시 같은 곳에 도달했다. 우리는 이것을 또 명백히 하도록 시도해 보지 않으면 안 된다.

목적은 이렇게 하여 몇몇이 존재한다고 보지만, 그 어떤 것(가령, 부유(富裕)와 피리, 그 밖에 일반적 용구류(用具類))은, 우리가 이것을 그것 이외의 사항 때문에 선택하는 것이므로 분명 모든 목적이 반드시 궁극의 목적이 아닐 수 있다. 그런데, 최고 선이 어떤 궁극의 목적으로 보인다.

그러므로 만약, 어떤 단 하나 궁극의 목적이 존재한다고 하면 그것은 바로 찾고 있는 선일 것이고, 만약 몇몇 그런 것이 존재한다면 그 가운데 가장 궁극적인 것은 바로 그 선이 아니면 안 된다.

우리는 그런데, '그 자체로서 추구할 가치가 있는 것'은 '다른 사항 때문에 추구할 가치가 있는 것'과 견주어 보다 궁극적이고, 또 '어떤 경우에도 결코 다른 사항 때문에 추구되는 것이 아닌 것'은 '그 자체로서 바람직하지만, 때로 그것 때문에 바람직하기도 한 것'에 견주어 보다 궁극적이라 하는 것이다. 따라서 '항상 그 자체로서 바람직하고, 결코 다른 것 때문에 바람직한 것이 아닌 것'은 이것을 무조건 궁극적이라 한다.

그런데 관계되는 성질을 가장 많이 갖는다고 생각되는 것이 바로 행복인 것이다. 왜냐하면 우리가 행복을 바라는 것은 항상 행복 그 자체 때문이지 결코 그 밖의 것 때문이 아니다. 그런데도 명예·쾌락·지(知)·그밖에 여러 가지 탁월성·덕을 우리가 택하는 것은 이들 자체 때문이기도 하거니와, 그 어떤 경우라 해도, 우리는 어떤 것이 이로부터 결과하지 않더라도 그것을 선택하기 때문에, 역시 또 행복을 위해, 곧 그것으로 인해 행복할 수 있다고 생각, 선택하는 경우도 있기 때문이다.

하지만 행복을 이것들 때문에 선택하는 사람은 없고, 대체로 행복을 그 밖의 사항 때문에 선택하는 사람도 없다. 자족한다는 점에서도 같은 사실이 귀결된다고 본다. 즉, 궁극적인 선은 자족적이라 생각된다. 자족적이라 해도 자기에게 충분하다는 의미가 아니라 결국, 단지 단독 생활자로서 자기에게 충분하다는 의미가 아니다. 부모나 자식이나 아내나 널리 가까운 사람들이든가, 더욱 더 전체 시민을 고려해 넣은 토대에서 충분한 것을 의미한다.

인간은 본성상 시민사회적인 속성을 지니고 있기 때문이다.[6] 물론, 이에는 어떤 한계가 필요할 것이다. 만약 선조나 자손이나 가까운 사람들의 가까운 사람들까지 범위를 확대하면, 그 과정이 무한 진행하기 때문에.

그러나 이 점에 관한 고찰은 뒤로 미루지 않을 수 없다. 자족적이어야 함을 생각하는 부분은 그것만 가지고 생활을 소망스러운 생활, 어떤 것도 결핍을 느낄 수 없는 생활을 하는 것밖에 안 된다. 그런데 행복은 마

***
6. '정치학'에는 "인간은 본성적으로 폴리스적(도시국가적) 동물, 시민사회적 동물, 국가사회적 동물"이라고 썼다.

치 관련 성질을 갖는 것으로 생각된다.

게다가 행복은 여러 가지 선 사이에 엇갈리는 일이 없는 것이기 때문에 가장 소망스러운 것이라 생각한다. 요컨대, 만약 행복이 여러 가지 선 사이에 엇갈리는 것이라면, 조금이라도 다른 선이 덧붙여짐으로써 분명 더 소망스러워지기 때문이다. 덧붙인 선은 그만큼 선이 넘치므로 어떤 경우라도 선이 보다 크면 보다 소망스럽기 때문이다.

그러므로 행복이야말로 궁극적이고 자족적인 것이고, 우리가 실행하는 바 모든 사항의 목적이라 본다.

하지만 최고 선이 행복이라 설명하는 것은 어떤 사람에게도 이의 없는 사항을 말하는 데 지나지 않으므로, 참되게 요망하는 것은 그 위에 행복이란 무엇인가 하는 것을 보다 판연하게 말할 수 있을 것이다.

이 일은 아마 인간 기능 어떤 것이 파악될 때 비로소 달성될 일이다. 피리 연주자와 조각가, 또는 그 밖의 모든 기능자 등 대개 어떤 고유 기능과 역할을 가진 사람들이 관련 기능을 실행할 때, 그 선과 그 좋은 점이 있는 것 같이, 인간에 대해서도, 또 어떤 '인간의 기능'이 존재하는 한, 이와 똑같은 사실을 말할 수 있을 것이다.

그런데 목수와 직조 장인에게는 각각 어떤 기능과 역할이 있지만, 보통 일반 사람에게 그 같은 것이 존재하지 않으니, 인간은 기능이 없는 것일까? 그렇다기보다 오히려 눈, 손, 발 등이 대체로 신체 각 부분에 대해 어떤 각각의 기능을 하는 것처럼, 이와 똑같이 인간에 대해서도 이런 모든 기능 외에 인간 기능이라 부를 수 있는 어떤 기능을 생각해 볼 수 있는 것이 아닐까? 그럼 그것은 대체 어떤 기능일까? 살고 있다는 사실은 식물(植物)에게도 공통 기능이라 생각한다. 여기서 요구되는 것은, 그런데 인간에게 특유한 기능인 것이다. 그러므로 식품영양 섭취와 생육(生

育)이란 의미의 '생(生)'은 제외되지 않으면 안 된다. 이어서 다음은 감각적인 어떤 생이 문제가 되지만, 이것도 말과 소, 그 밖의 모든 동물에게 공통하는 기능이라 본다.

이렇게 하여 남겨지는 것은 혼의 '도리를 갖는 부분'의 역할이라 한 그런 삶 외에 없다. 다만 도리를 갖는다는 부분이라 해도, 그것은 도리에 대한 순종의 의미와 스스로 도리를 가지고 지성 인식의 의미를 포함한다는 사실이다. 또 이런 생이라 해도 두 개의 의미를 갖지만, 우리가 의미하는 것은 활동의 의미라 말하지 않으면 안 된다. 사실 이것이 언어가 뛰어난 의미 있는 생(生)이라 생각한다.

하지만 인간의 기능은 도리에 따라, 또는 도리가 결여되어 있지 않은 부분, 즉 혼의 활동이라 한다면, 그리고 또, 이러이러한 것의 기능과 뛰어난 이러이러한 것의 기능이 동류의 기능이라는 사실을 인정한다면. ─ 가령 탄금(彈琴)의 기능은 뛰어난 탄금의 기능과 똑같고, 그 밖의 어떤 경우를 보아도 온전히 이와 똑같다. 다만 성능이 우수하다는 점이 후자의 기능에 덧붙여진다. 즉, 탄금의 기능은 탄금에 있고, 뛰어난 탄금은 탄금을 뛰어나게 하는 데 있다.

만약, 이상과 같다 하면(인간의 기능은 어떤 성질의 생, 즉 혼의 도리를 갖춘 활동, 역할을 아름답게 실행한다는 데 존재하는 것이므로, 모두 어떤 사항도 걸려 있는 고유의 탁월성에 바탕을 두고 수행할 때 잘 수행되는 것이다. 만약 이와 같은 것이라면), '인간의 선'이란 인간의 탁월성에 따라 또, 만약 그 탁월성이 몇이 있다면 가장 선하고 가장 궁극적인 탁월성에 따라 혼의 활동[7]이 된다고 할 것이다.

뿐만 아니라, 또 그것은 궁극의 생애에서 이루어져야 한다. 마치 한

***
7. '탁월성에 따른 활동'은 탁월한 상태에 근거해 활동하는 일이다.

마리 제비가 하루아침 봄을 가져오는 것이 아닌 것 같이, 지극히 행복한 사람, 행복한 사람을 만들기란 하루아침 단시일 내에 이루어지는 것은 아니다.

앞에 적은 바를 가지고 선의 소묘를 마치고자 한다. 처음에 윤곽을 만들고 연후에 세부를 묘사하는 것이 아마도 필요할 것이기 때문이다. 윤곽만 잘 된다고 하면, 여기 손을 대고 정치(精緻)하는 일은 어느 누구에게도 가능할 것이고, 시간만 걸리면 작업에 대해 뛰어난 발견자, 협력자라 생각할 것이다. 여러 가지 학술 진보를 가져온 것도 여기서 시작되었다.

남겨진 부분을 보충하는 일은 어느 누구에게도 가능한 일이다. 하지만 사람은 앞서 기술한 내용을 명심하고, 모든 사항에 대하여 똑같이 엄밀성을 앞세우지 말고, 여러 가지 경우 그 소재에 따라, 또 그 연구에 고유한 정도에 맞춰 할 필요가 있다. 목수와 기하학자는 각각 다른 방식으로 직각을 찾는다. 전자는 곧, 그의 작업에 도움 될 정도로 그것을 찾고, 후자는 직각은 무엇인가, 직각은 어떤 성질을 갖는가를 찾는다. 생각건대, 기하학자는 참을 구명하는 사람이기 때문이다. 그러므로 사람은 다른 경우에도 항상 이 같은 태도로 임하지 않으면 안 된다. 조수(助手)의 작업이 작업 자체의 본령을 차지하는 일은 없도록.

우리는 또 똑같이, 모든 사항에서 원인을 찾을 일이 아니라 어떤 사항은 그 '이어야 함'이 아름답게 표현되는 것만으로 충분하고, ─근원적인 단초와 같은 것─'이어야 함'이 첫째인 것, 단초인 것이다. 다만 근원적인 단초라 해도 어떤 경우 귀납으로 인식되고, 어떤 경우 그것이 감각에 의해, 또 어떤 경우 그것이 일정한 습관에 의해 도달된다는 방식이다.

그러므로 우리는 각각의 단초를, 그 경우 그 본성에 따라 획득하도록 노력할 일이다. 또 이것이 아름다운 방식으로 규정되게 온 힘을 기울인다. 확실히 단초가 이에 이어지는 사항에 미치는 영향은 크다. 사실, '단초는 전체의 어중간한 것' 이상이요, 찾는 사항은 이에 따라 어느 정도 빛을 발한다고 생각한다.

8장 행복에 관한 규정

우리는 그렇지만 사물*8을 고찰함에, 단지 귀결이나 그 전제에 해당하는 것을 사용함에 그치지 않고, 또 이에 대해 사람들의 주장도 참고하지 않으면 안 된다. 참인 것은 현실의 주장에 화답하게 되고, 거짓은 즉각 참인 것에 불협화를 보이게 된다.

대개 선은 3양식으로 나뉜다. 즉, 이른바 외적인 선과 혼에 관한 것, 그리고 신체에 관한 선이다. 사람들은 혼에 관한 선을 깨닫고, 그것이 가장 훌륭한 의미의 선, 다른 어떤 것을 능가하는 선이라 생각한다. 혼에 관한 선으로 생각되는 것은 그럼에도 혼의 역할과 활동 외에 없다.

그러므로 우리의 앞서 규정은 확실히 예부터 존재하고, 또 철학자들의 지지를 받는 견해로 보아 타당하지 않으면 안 된다. 또 어떤 역할이든가 활동이 궁극 목적이란 점에서 이미 우리 규정은 옳다. 왜냐하면 이런 방식으로 말하는 경우, 그것은 혼에 관한 선에 속하는 사항으로 외적인 선에*9 속하지 않기 때문이다.

***
8: 우리 연구의 출발점인 '인간적 선', 즉 '행복'
9. 헥시스를 본서에서 '상태'로 옮겨 놓았다. 아리스토텔레스 윤리학의 매우 중요한 개념이다.

또, 우리 규정에 행복한 사람이란 잘 사는 사람, 잘 하는 사람을 의미한다는 생각도 적합하다. 행복은 좋은 삶, 좋은 역할로 규정되었기 때문이다. 뿐만 아니라, 행복에 대해 찾는 부분은 모두 우리가 규정한 내용에 포함되어 있음을 볼 수 있을 것이다.

즉, 어떤 사람들은 행복이란 탁월성 내지 덕이 아니면 안 된다고 생각하고, 어떤 사람들은 지려(智慮)를, 다른 사람들은 어떤 지혜를 행복이라 생각하고, 또 어떤 사람들은 여기에 또 어떤 형식으로 쾌락이 동반되고 쾌락이 어떻든 수반되는 경우를 행복이라 생각한다.

다른 사람들은 외부적인 호(好) 조건을 여기에 덧붙이기도 한다. 이 같은 견해는 어쩌면 예전의 많은 사람들, 또는 소수 유명 인사들의 견해다. 전자든 후자든, 이런 사람들의 견해가 모두 잘못된 것이라 생각되지 않는다. 오히려, 적어도 어느 점에서는 대부분 이 같은 견해는 올바른 견해라 생각하는 것이 타당하다.

지금 탁월성, 또는 어떤 탁월성을 행복이라 할 수밖에 없다고 주장하는 사람들에게 우리 규정은 매우 적합하다. 탁월성에 기초를 둔 활동은 탁월성에 속하는 것이기 때문이다. 다만, 최고 선을 풀이해 그것을 소유에 있다 할 경우와 그 사용에 있다 할 경우의 차이, 상태라고 풀이하는 것과 활동이라고 풀이하는 것의 차이는, 생각건대 적다 할 수 없다.

그것은 탁월성이란 상태는 존재하면서 조금도 선을 결과하지 않는 일이 가능하지만—가령, 자고 있을 경우나 그 밖의 어떤 방식으로 사람이 그것을 기능하지 못할 경우처럼—활동은 이에 반하여 그런 방식으로 있을 수 없기 때문이다. 곧, 탁월성에 기초한 활동이 존재하는 경우, 사람은 기능할 필요가 있고, 그것도 잘 기능할 필요가 있을 것이다. 흡사, 올림피아에서 승리의 관을 쓰는 것은 가장 뛰어난 체격을 가진 사람들이나 가장 힘이 센 사람들이 아니라, 그곳에서 실제 경기를 하는 사람들(그 가운데 어떤 사람이 승리하기 때문에)이라는 것과 같이, 인생에서 아름다운 선의 달성자가 되는 것은 그 능력을 옳은 방식으로 발휘하는 사람들이다.

또, 그들의 생활은 그 자신에게 기초를 두고 쾌적한 것이다. 즉, 쾌를 즐기는 일은 혼 가운데 선에 속하는 것이지만, 사람이 각각 무엇을 좋아한다고 하는 그 애호의 대상이 그에게 쾌적인 것이다. 가령, 말을 좋아하는 사람에게 말이, 연극을 좋아하는 사람에게 연극 보기가 쾌적인 것이고, 이와 마찬가지로 올바른 행위는 정의를 사랑하는 사람에게, 또 대체로 탁월성에 기초를 둔 기능은 탁월성을 사랑하는 사람에게 쾌적인 것이다.

많은 사람들의 경우에 있어 여러 가지 쾌적이 서로 상극인 것이지만, 그 까닭은 이것들이 본성적으로 쾌적인 것이 아닌 데 기초한다. 하지만 아름다운 사항을 사랑하는 사람들에게 '본성적으로 쾌적한 것'이 쾌적인 것이고, 탁월성에 준거하는 행위는 그렇기에 정당하게 관계되는 것이니, 따라서 그것은 이 같은 사람들에게 쾌적임과 동시에, 또 그 자신 쾌적한 사항이기도 하다. 그러므로 이 같은 사람들의 생활은 그 이상 말하자면, 첨가하는 쾌락을 전혀 필요로 하지 않고, 그 사람 자신 가운데 쾌락을 포함한다.

실제로 다시 말하면, 아름다운 행위에 기쁨을 느끼지 못하는 사람은 선한 사람이 아니다. 가령, 정당한 행위를 한 일에 기쁨을 느끼지 못하는 사람을 정당한 사람이라 부르고, 또 너그러운 행위에 기쁨을 느끼지 못하는 사람을 너그러운 사람이라 부르는 사람은 없을 것이고, 그 밖의 경우에 대해서도 똑같은 것이다.

만약 이상과 같다고 할 것 같으면, 탁월성에 입각한 활동은 그 자체 쾌적한 것이 아니면 안 된다. 그러므로 역시 그것은 또 선미(善美)이고, 그것도 최고의 방식으로 각각 관계성을 상실하지 말아야 한다. 뛰어난 사람의 쾌적한 것에 대한 판단이 타당한 한.

그러나 그의 판단은 앞에서 말한 그대로다. 이래서 행복은 가장 선하고 가장 아름답고 가장 쾌적한 것이고, 이 같은 조건은 저 데로스가 한 교훈(Delian inscription)의 말처럼 따로따로 떨어져 있는 것은 아니다.

> 가장 아름다운 것은 남보다 뛰어나고 올바른 일
> 최선은 건강한 일
> 가장 쾌한 것은 스스로
> 사랑하는 것을 성공적으로 획득하는 일

관계되는 여러 조건이, 곧 낱낱의 여러 가지 가장 좋은 활동에 속하고 있다. 이리하여 이 같은 여러 가지 활동 내지 이들 가운데 한 개 최선의 것이, 바로 '행복'이다 하는 것이 우리 주장이다.

하지만 또, 행복은 앞서 말한 바와 같이 분명 역시, 외적인 여러 가지 선을 이 위에 더욱 필요로 한다. 어쩌면 아름다운 행실을 한다는 것도 그 수단을 쓰지 않는 사람에게 불가능하고, 수단까지 용이하지 않기 때문이다. 대부분 행위는 친구·부유·정치적 힘을 이른바 용구로 하여 달성하는 것이고, 또 사람이 그것이 결핍할 때 지극한 복에 구름이 낄 경우가 있다.

가령, 좋은 출생과 착한 자식들과 아름다운 용모를 가진 사람은 행복하다고 말할 수 있겠지만, 용모가 매우 못생기고, 또 열등하게 태어나고, 또 고독하고 자식이 없는 사람은 그다지 행복하지 않으며, 또 만약 자식이나 가까운 사람들이 대단히 열악하다든가, 또 좋았지만 죽고 말았다든가 하는 경우면 사람은 아마 행복에서 일층 멀어질 것이다.

이래서 앞에 말한 것처럼, 이 같은 좋은 조건의 구비가 역시 또 필요한 것이다. 어떤 사람들이—다른 사람들은 탁월성을 가지고 행복과 동일시하는 데 반하여—운이 좋은 것을 행복과 동일시하는 것도 여기 유래한다.

9장 행복의 실현

여기서, 또 행복은 학습이나 습관이나 그 밖의 어떤 훈련에 의해 획득되는 것일까, 아니면 신의 어떤 섭리 내지 운[10]이 좋아 받게 된 것일까 하는 문제도 생기게 되는 것이다.

만약 신들이 인간에게 주는 선물이라 생각할 어떤 무엇이 있다고 하면, 행복이야말로 신이 주는 것이라 하는 편이 지당하고, 그것이 최선일 뿐만 아니라 인간이 갖는 모든 것 가운데 가장 잘 어울리리라.

그러나 이 같은 문제는 생각건대, 보다는 다른 기회로 미루는 것이 딱 알맞지만, 단지 가령, 행복은 신이 주는 것이 아니고 탁월성이나 어떤 학습이나 훈련에 의해 생기는 것이라 해도 그것은 역시 가장 신적인 것에 속한다고 본다. 참말로 탁월성의 보상이고 목적인 것은 무엇보다 선한 것, 따라서 또 어떤 신적인 것, 혜택을 받은 것으로 보인다.

행복은 그렇지만 널리 퍼지는 것일 터이다. 사실 탁월성에 대해 불구가 아닌 모든 사람은 어떤 학습이나 마음 씀씀이로 행복을 획득할 수 있을 것이다.

***
10. '운(運)', 듀케는 때로 '우연'으로 옮겼다.

또, 이 같은 방식에 의해 행복한 것은 운에 의해 행복한 것보다 낮다고 한다면, 역시 그 같은 방식으로 사람은 행복할 수 있다는 것이 지당할 것이다. 생각건대, 자연물은 가능한 대로 아름다운 본성으로 되어 있어 기술에 기초한 것이나, 그 밖의 어떤 원인에 기초한 것이나 이와 똑같은 이상 말할 것도 없이 그 원인이 최선의 것일 경우 일층 그럴 것이기 때문이다. 가장 중대하고 가장 아름다운 것을 운에 맡기는 것은 몹시 편파적이라 할 일이다.

이 문제에 대해 우리 행복 규정에도 빛이 보인다. 행복은 곧 탁월성에 입각한 혼의 어떤 활동이라 말한 것이다. 그 밖의 선이라면 혹은 존재하는 바 필요한 조건이기도 하고, 혹은 조력적인 것 내지 용구적으로 유용한 본성을 갖는 것에 지나지 않는다.

또, 우리의 이 같은 대답은 처음 말한 부분과 합치할 것이다. 우리는 최고 선이 정치의 목적하는 바에 있다고 했지만, 정치란 시민들을 일정한 성질의 인간으로, 즉 선한 인간, 아름다움을 실천해야 할 인간을 만든다는 데 최대의 관심을 가지는 것이기 때문이다.

이래서, 우리가 마소나 그 밖의 어떤 동물을 살펴보게 되면, 어떤 경우에도 그것이 행복이라 결코 말하지 않는 것이 적절하다. 이들 어떤 동물도 이 같은 성질의 활동에 관계하는 일은 불가능하기 때문이다. 똑같이 이 이유에 따라 어린이도 행복하지 않다. 그는 그 나이 때문에 아직 관계 성질의 활동을 할 수 없기 때문이다. 이른바 지극히 행복한 어린이란, 그럴 것이라는 기대 때문에 그런 식으로 불리는 데 불과하다. 왜냐하면 앞서 말한 대로 행복하기 위해 궁극적인 탁월성이 필요하고, 또 궁극의 생애에 또 없어서는 안 되기 때문이다.

즉, 일생 동안 수많은 유전과 변화, 모든 행불행을 겪고 아무리 번영이 쌓이더라도 노년에 이르면, 가령 트로이의 프리아모스(Priamos)에*11 대한 이야기처럼 크나큰 이변에 직면할 수 있다. 그러한 불행을 만나 비참하게 죽어 간 사람을 행복하다고 누구도 생각지 않을 것이다.

10장 사람은 생전에 행복할 수 있나

그러면, 우리는 어떤 사람도 그 생존 중에 행복해야 한다는 것이 아니고, 솔론(Solon)의 말마따나 "그 최후를 마지막까지 지켜본다."는*12 것이 필요할까? 만약 이렇게 말하는 것이 과연 옳다고 해도, 그러나 그것은 역시 사람이 죽은 뒤에 처음 행복했다고 하는 의미일까? 만약 이런 의미라 한다면, 그것은 전혀 이상한 일이 되는 것이 아닐까? 특히 우리가 행복을 일정한 활동이었다고 본다면.

하지만 우리는 죽은 사람을 행복했다고 말하지 않는다 해도, 그리고 솔론이 한 말 뜻도 그런 것은 아니다. 오히려 인간도 그렇게 되면 벌써 여러 가지 나쁜 사항이나 비운이 닥칠 어떤 권외(일정한 범위나 테두리의 밖)에 서 있게 된다. 이를 보고 지극한 복이 되고, 안전이란 의미 정도에 그친다 해도, 이 일 역시 어떤 다른 의견이나 논의를 남긴다. 그것은 꼭 살아 있으며, 여기 신경 쓰지 않는 사람과 같이 역시 어떤 선이나 악이 존재한다고 생각하기 때문이다.

***
11. 아가멤논(Agamemnon)은 트로이를 공략할 당시 트로이 왕이라 전해지는 인물이다.
12. 솔론(Solon)이 리디아 왕 크로이소스를 방문할 때의 대화임.

가령, 어린이들이나 또 모든 자손의 명예와 불명예, 번영과 비운 같은 것, 이 점 역시 문제가 된다. 생각건대, 노령에 이르기까지 지극히 행복한 생애를 보내고 여기에 어울리는 죽음을 맞은 사람의 자손에게 몇몇 변전(變轉)이 발생할 수 있기 때문이다. 자손 가운데 어떤 사람은 선하고 그 가치에 어울리는 생활을 향유하기도 하겠지만, 다른 어떤 사람은 이와 정반대의 삶을 살 수가 있다. 따라서 이들 삶에 따라 조상으로부터 벌어지는 격차가 여러 가지로 클 것이다.

그러므로 죽은 자까지 관계되는 변전에 맡기되, 어느 때는 행복이 되고 어느 때는 비참하다 하면 우습지만, 그러나 또 자손의 형편이 전혀 선조에 대해 어느 기간 관련이 없다고 생각하는 일도 우스운 일이다. 하지만 우리가 당초 문제 삼은 데로 되돌아가자. 아마 지금의 의문도 여기서 해명이 가능해질 것이기 때문이다.

우리는 곧, 사람의 최후를 마지막까지 지켜볼 필요가 있다. 그리고 그때 가서 처음―그것은 물론, 죽은 자가 지극히 행복했다고 하는 의미가 아니고, 그가 지금까지 그랬다는 의미로―그가 지금까지 누린 행복한 삶을 볼 때, 그가 행복한 사람이라 불리는 데 이의를 제기할 사람은 없을 것이다. 그러나 그가 현재 행복해 보여도 앞으로 그의 신상에 발생할 변전과 대조를 보면 결코 행복하다 말할 수 없다. 또 행복은 어떤 지속적인 것, 어떤 일이 있어도 쉽게 변전하지 않는 것이라 생각하는데, 동일 인간에 대해 이따금 행불행의 순환이 보인다는 이유에 근거하여, 그가 행복하다는 사실이 참이라 할 수 없다면 그것은 이상한 일이 아닐까?

생각건대, 만약 우리가 운불운의 일희일비를 보면, 우리는 이따금 같은 사람을 두고 행복이라 했다가 불행이라 하여 행복한 사람을 '일종의 카멜레온, 앉기 나쁜 것'이라 말한다. 그보다 오히려 운불운 여하에 따른다는 것, 그것이 바로 잘못이 아닐까?

사실 운과 불운 가운데 '잘(좋은 것)'과 '나쁘게'가 존재하는 것은 아니고, 인간 생활이 운을 필요로 하는 것은 앞에 말한 바와 같이 부가적인 것이므로, 행복을 위해 결정적인 힘을 갖는 것은 탁월성에 따르는 활동밖에 없다. 그 반대 또한 이에 준하는 것이다.

또, 이런 문제의 검토도 새삼스럽게 우리의 정의(定義)를 확증하는 것이 된다. 생각건대, 인간의 어떤 행동일지라도 탁월성에 따르는 활동만큼 안정성을 갖는 것은 없다. 사실 이것은 여러 가지 학문을 넘어 그 이상 지속적인 것이라 생각한다.

그리고 이 종류의 활동 그 자체 사이에도 가장 존경해야 할 것은 특히 지속성에 있다. 그것은 관계 활동에 지극히 행복한 사람들은 가장 많이, 가장 계속적으로 그 인생을 바친다는 데 뜻이 있다. 또, 이것이 관계 활동에 대해 망각이 생기지 않는 원인처럼 생각된다.

이래서 탐구하는 일의 지속성은 행복한 사람 모두에게 이미 존재하는 것이고, 행복한 사람은 전 생애를 통해 행복한 일을 그치지 않는 것이다. 왜냐하면 그들은 항상, 또는 어떤 사람보다 뛰어난 탁월성에 따라 실천하고 관찰하는 것이며, 또 여러 가지 행불행을 가장 아름답게 모든 방식, 모든 의미에서 적절히 참아 나가기 때문이다. 그야말로 참된 의미의 선한 사람으로서.

다만 각각 대소를 달리하는 사항이 우연히 생기는 것은 사실이다. 그 작은 것이 호운이든 아니든 우리 생활을 좌우하는 힘을 갖고 있지 않음은 분명하지만, 그것이 크고 수도 많을 경우 호운은 그 생활을 지극히 행복하게 만든다.(그것은 꾸밈을 덧붙이는 본성을 그 자체에 가지고 있어, 덧붙여 그것을 또 아름답고 훌륭하게 이용하기 때문이다.)

그러나 그 반대는 지극한 복을 감쇄하고 상처를 남긴다. 이것은 고통이 장차 많은 활동을 저해하기 때문이다. 하지만 그럼에도 불구하고, 만약 사람이 수많은 크고 작은 불행을 고뇌에 대한 무감각 때문이 아니라, 고귀하고 긍지가 높기 때문에 태연히 참아 나가면, 관계되는 불행 중에도 아름다움은 빛을 발하게 되는 것이다.

만약, 우리가 말한 바와 같이 우리 생에 대해 결정적인 힘을 발휘하는 것이 활동이라 한다면, 행복한 사람은 누구도 비참한 인간이 결코 될 수 없다. 어떤 경우에도 관계 당사자가 미워할 일이나 스스로 열악하게 되는 행동을 하지 않을 것이다.

사실, 참된 의미의 선한 사람, 현명한 사람은 우리가 생각할 때 어떤 운명도 훌륭하게 참아 견디며, 받은 것을 기초로 항상 가장 아름답게 실행한다. 그것은 흡사 훌륭한 장군이 수하 군대를 가장 솜씨 좋게 다루고, 또 제화공은 맡겨진 가죽을 가지고 가장 아름답게 구두를 만드는 것과 같이 다른 공인들도 모두 그런 것이 일반적이다.

만일 그것이 사실이라면, 행복한 사람은 어떤 경우에도 결코 비참한 인간이 될 수 없다. 다만 프리아모스(Priamos, 그리스신, 트로이전쟁 시 트로이 왕)같이 운명의 나락에 빠진 경우, 적어도 지극한 복이라고 말할 수 없게 된다.

따라서 행복한 사람은 다채롭고 다양하고, 또 변화적이라 말할 수 없다. 왜냐하면 그는 쉽게, 또 세상의 일상적인 불행에 의해 행복의 자리에서 움직이는 일이 없고, 다만 크나큰 불행에 의해 움직일 뿐이다. 그 경우, 이 같은 불행에서 다시 행복한 사람이 되기는 역시 단시일 내 불가능하고, 만약 다시 행복하게 되었다면 그것은 긴 세월이 지난 후이고, 그 사이 큰 행운을 획득했을 경우로 국한된다.

그렇다고 하면, 우리는 행복한 사람이란 궁극적인 탁월성에 따라 활동하는 사람, 그리고 외부적으로 선의 충분한 혜택을 받은 사람, 그것도 임의의 시일이 아니라 궁극의 생애에 걸치지 않으면 안 된다고 해야 하지 않을까? 혹은 또, 우리는 '그리고 또 관계 방식으로 생활해 나가는 사람, 여기 고귀한 죽음에 견줄 만큼 비슷하게 어울리는 사람'이라고 덧붙이기라도 해야 할 것인가?

미래는 우리에게 정해진 것이 아니다. 그러나 행복은 대개 모든 의미에서 목적이요, 궁극적인 것이 아니면 안 된다고 우리는 생각하는 것이다. 만약 그렇다면, 생자 가운데 앞에 말한 여러 조건을 구비하고, 그리고 앞으로도 구비해 갈 것이라는 사람이 지극히 행복한 것이다. 단, 지극히 행복한 사람이라 말하지 않으면 안 된다. 이에 관해 이 정도로 해 둔다.

11장 사람 운명이 사후에 미치는 영향

그런데 자손이나 보통 친한 사람들의 운불운은 우리의 행복에 전혀 영향을 주지 않는다는 것도 지나치게 무정한 주장이고, 사람들이 마음에 품고 있는 생각에도 반한다고 본다. 물론 운이나 불운은 일어날 경우가 많고 모든 차이를 포함하고 있어, 그것이 행복에 영향을 주기도 하고, 혹은 많고 혹은 적기 때문에 하나하나 이것을 논의하기도 어려운데, 끝없이 논의가 이어진다고 할 때, 차라리 일반적으로 그 윤곽만을 말하면 충분할 것이다.

마치 자기 불행에 있어서도 그 어떤 것은 자기 생활에 대해 어떤 무게와 힘을 갖지만, 어떤 것은 이와 반대로 비교적 가볍게 다가온다고 할 수밖에 없는 차이가 있는 것처럼, 일률적으로 모든 가까운 사람들의, 자신에게 가장 가까운 사람들의 불행이라 해도 여기 역시 관계되는 차이가 있다고 보여진다. 그리고 또, 각각의 재앙으로 인한 불운은 생전에 있을 경우와 사후에 있을 경우에도 차이가 있다.

그것은 비극에서 무법적이고 공포스러운 행위가 상정(想定, 어떤 상황을 가정적으로 생각하여 단정됨.)된 경우와 무대 위에서 실제 상연되는 경우의 차이보다 훨씬 크다고 하면, 우리는 관련된 차이도 역시 고려에 넣지 않으면 안 된다. 또 생각건대, 그 이상 고려할 것은, 숨진 자가 과연 어떤 선이나 그 반대에 관여되었는지 여부의 의문점이다.

실제 이 여러 가지 점을 고려한다면, 가령 선이든 아니든 그 무엇이 숨진 자들의 행복에 영향을 미친다 해도, 그것은 어떤 아주 작고 미세한—무조건적이든, 숨진 자에게든— 영향에 불과하다. 또, 그만큼 아니라도 어떻든 간에 그것은 행복하지 않은 숨진 자를 행복하게 하든가, 행복한 망인으로부터 지극한 행복을 빼앗을 수 없을 만큼의 양과 질밖에 안 된다고 생각한다. 이래서, 친한 사람들의 융성이나 그 비운이 망자에게 어떤 영향을 미친다 해도 그것은 행복한 망자를 행복하지 않게 하든가, 그 밖에 그런 일을 전혀 없는 성질의 것으로 생각하게 한다.

12장 행복은 감탄하고 존중할 가치가 있나

앞에 말한 사항이 뚜렷하게 드러난 이상, 우리는 여기서 행복은 기리어 칭찬해야 할 상찬(賞讚)에 속하느냐, 아니면 오히려 존귀한 것에 속하느냐에 대해 고찰하려 한다. 어떻든, 선은 가능성에 그치는 것이 아님은 분명하기 때문이다.

상찬할 모든 것은 그것이 어떤 성질을 가지고, 어떤 관계에서, 어떤 방식으로, 어떤 무엇이 됨으로써 상찬된다고 보인다. 가령 우리가 정당한 사람, 용감한 사람 등 대개 선한 사람을 상찬하고, 그들의 탁월성을 상찬하는 것은 여기서 생기는 행위나 성과 때문이다. 또 힘이 강한 사람, 속도가 빠른 주자, 그 밖에 모두 그런 사람들을 상찬하는 것도 그들이 어떤 성질의 사람으로 태어나 선하고 훌륭한 어떤 것과의 관계에서, 어떤 방식으로, 어떤 무엇이 됨으로써 이루어진다.

이 사실은 '여러 신들에 대한 상찬'이란 경우를 생각해 보면 분명해질 것이다. 여러 신들이 우리 인간에게 선택되어 상찬받는 것은 골계적(滑稽的, 익살을 부리는 가운데 어떤 교훈을 주는 것)인 일로, 신을 인간들이 칭찬한다는 것이 우스운 행동이나 말로 생각될 수 있지만, 이것은 역시 상찬이란 사실이 우리가 말하는 것처럼 관계 맺기를 필요로 한다는 데 생기는 당연한 결과라 보게 된다.

만약 상찬이 이런 데 속한다 하면, 최고의 선에 주어야 할 것은 분명 상찬이 아니라 누구나 생각할 수 있는 것처럼 상찬보다 더 훌륭한, 더 좋은 무엇이 아니면 안 된다. 사실, 우리는 여러 신들을 지극히 행복한 것, 행복한 것으로 하여 이를 축복하고, 인간 중에 가장 신적인 자들에게 그 지극한 복을 축복하는 것이다.

선의 경우도 이와 똑같다. 어떤 사람도 정당함을 상찬하는 것과 같이, 행복을 상찬하지 않는다. 오히려 사람은 그것을 가지고 어떤 좀 더 신적(神的)인 것, 좀 더 선적(善的)인 것을 가지고 이를 축복하는 것이다.

에우독소스(Eudoxos, 기원전 408-355)[13]가 쾌락을 위해, 그 지상(至上)의 우위성에 대하여 말한 방식은 교묘하게 생각된다. 즉, 그에 따르면 쾌락이 선에 속함에도 불구하고 상찬받지 못 하는 것, 그것이 '상찬해야 할 것'보다 더 선하기를 드러내고 있으므로, 신이나 선이 역시 이 같은 성질에 다름 아니다. 사실 이들에게 여러 가지 다른 것이 관계되는 것이다.

상찬은 생각건대, 탁월성에 관계된다. 아름다움을 행해야 할 동향(動向)이 탁월성에 기초를 두고 있기 때문이다. '현창(顯彰, 분명하게 나타남.)'은 이에 대해, 성과(成果)—육체적이든 정신적이든 상관없이—에 관계되는 것이다. 이 같은 문제를 정밀하게 취급하는 것은 모두 생각건대, 현창 연구를 마친 사람에게 어울린다. 우리의 경우, 앞에 말한 것처럼 행복은 존귀한 것, 궁극적인 것에 속한다는 사실이 명백해졌다.

이것은 또, 행복이 한 개 근원임을 알게 될 것이라 생각한다. 우리는 곧, 누구도 행복을 위해 다른 모든 일을 행한다. 하지만 여러 가지 선의 근원이나 원인 등은 어떤 존귀한 것, 신적인 것이 아니면 안 된다고 우리는 생각하는 것이다.

13장 지성의 탁월성과 윤리의 탁월성

그런데 행복을 궁극적인 탁월성에 따른 혼(사물의 핵심이나 중심을 이루는 정신을 비유적으로 이르는 말)의 어떤 활동이라 보면, 우리는 탁월성 그

***
13. 에우독소스(Eudoxos, 기원전 408-355)는 수학자 및 천문학자로, 공적이 큰 사람이다.

자체에 대해 고찰할 필요가 있을 것이다. 우리는 이에 따라 행복에 대한 인식을 한층 더 깊이 할 수 있기 때문이다. 사실 또, 탁월성에 대해 지금까지 참 많이 공부해 온 사람들은 참된 의미의 참 정치가였다고 생각된다. 그 탁월성이 바라는 바는 시민들의 기분을 맞춰 잘 구슬리거나 법률에 귀 기울이게 하는 인간 달래기에 있었기 때문에.

(그렇게 한 실례로 크레타(Creta)와 스파르타(Sparta) 입법자들이 있고, 역시 이 밖에도 그런 사람들이 존재할 것이다.) 만약 관계되는 과제가 정치 및 정치학에 있다고 하면, 우리의 이 같은 탐구는 분명 처음부터 우리 최초의 의도를 따르기 때문일 것이다.

우리가 고찰할 탁월성은 그러나 분명, 인간적 탁월성이다. 우리가 찾고 있는 선도 인간적 선이고, 우리가 찾고 있는 행복도 인간적 행복이기 때문에. 우리가 인간의 탁월성으로 해석하는 것은, 그런데 신체의 탁월성이 아니라 혼의 탁월성이고, 행복도 우리는 역시 이것을 혼의 활동으로 해석한다. 그렇다면 분명, 정치가 및 정치학도는 어느 정도 혼에 관한 사항을 알아야 할 필요를 느낀다.

그것은 마치 눈이나 그 밖에 대략 신체 의료를 하려는 사람의 경우와 같다. 그것도 정치가 의료보다 좀 더 존중되고 좀 더 선한 것 외에 일층 더 아름다워, 우리의 경우 필요성이 더 크다.

의사도 소양이 있는 사람은 신체에 관해 연구하느라 몹시 마음을 졸인다. 이래서 정치가 및 정치학도 역시 혼에 관한 연구를 하지 않을 수 없지만, 관계 연구도 그런 목적을 위해 해야 한다. 결국 요구되는 바, 충분한 정도로 하지 않으면 안 된다. 정도를 넘어 정밀한 연구를 한다는 뜻은, 생각건대 현재 과제를 넘는 좀 더 심오한 작업인 것이다.

혼에 대해, 그러나 공적으로 출간된 소론에도 약간은 만족한 방식으로 논의되고 있기 때문에, 우리는 이것을 사용해도 좋을 것이다. 즉, 혼의 어떤 부분은 사리(事理, 상대적이며 차별이 있는 현상과 절대적이며 평등한 법성) 없는 부분이고, 또 어떤 부분은 사리 있는 부분이다.

이 경우, 부분은 신체 여러 부분이나 그 밖에 모두 분할하는 경우와 같은 의미의 것인가, 아니면 또 가령, 원주(圓周)의 요철 같이 본성상 분리할 수 없는 것이면서 정의(定義)는 두 개라는 의미의 것인가. 이는 당장 어느 쪽이라도 상관없다.

혼의 사리 없는 부분, 로고스가 없는 부분 가운데 널리 공통의 식물적(植物的), 또는 생물적 능력—음식을 섭취 생육의 원인이 되는 것—이 있다고 생각된다. 그것이 공통이라 하는 것은 대개 음식을 섭취하는 모든 생물에서 우리가 상정하는 혼의 능력은 이 같은 능력이기 때문이고, 생물의 배아 형태에 대해서 이렇게 말할 수 있고, 또 완숙한 생물에서 상정할 능력도 역시 이와 같은 능력인 것이다. 여기에 어떤 다른 능력을 상정하지 않는 편이 타당할 것이다.

이래서, 관계 능력의 탁월성은 어떤 모든 생물에 공통하는 탁월성이고, 인간적인 탁월성은 아니라 보인다. 사실, 우리 수면 중에 가장 활동적인 것은 혼의 이 부분, 이 능력이다. 선한 사람이든 악한 사람이든, 가장 분명치 않은 것은 우리가 잠자고 있을 동안밖에 없다.

행복한 사람도, 행복하지 않은 사람도 인생의 절반은 전혀 차이가 없다고 말하는 까닭도 여기 있다. 이는 당연한 일이다. 왜냐하면 수면은 좋고 나쁘고 간에 혼의 무활동밖에 안 되기 때문이다. 더욱이 깨어 있을 때, 혼의 어떤 움직임이 조금 여기 들어간다. 때문에, 훌륭한 사람이 꾸는 꿈은 보통 사람 꿈보다 좋다고 말할 수는 없지만, 이 점에 대해 이로써 충분하므로 혼의 음식 섭취 부분은 아쉬워하지 않으면 안 된다. 그것은 그 본성상 인간적 탁월성에 관여하지 않기 때문이다.

그러나 이 밖에 인간의 혼은 똑같이 로고스가 없는 것 같지만, 그것으로 어떤 방식으로 로고스를 떠맡는 것처럼, 어떤 부분을 포함한다고 생각된다. 우리는, 즉 억제가 있는 사람과 억제가 없는 사람의 일을 말할 때, 일방적으로 사리·로고스를 상찬하고, 혼의 '사리 있는 부분', '로고스가 있는 부분'을 상찬한다. 권하는 혼의 이 부분은 옳다. 일찍 여러 가지 최선을 향해 있기 때문이다.

이들 사람들 내부에, 반면 '사리'와 싸우는 '사리'에 저항하는 것처럼 본성상 반 로고스적인 어떤 것이 보인다. 즉, 꼭 신체의 마비된 부분은 사람이 이것을 오른쪽으로 움직이고자 해도 반대로 왼쪽으로 빗나간다. 마치 그것과 똑같은 일이 혼의 경우에도 생긴다. 억제하지 못하는 사람들의 충동은 '사리'와 반대 방향으로 진행된다. 신체의 경우 빗나가는 것이 눈에 보이는 반면, 혼의 경우 그것이 보이지 않는 데 지나지 않는다.

그러나 생각건대, 그것이 보이지 않는 것과 상관없이, 우리 혼 가운데 사리를 어기고 반발하는 데 반로고스적인 어떤 것이 존재한다고 생각지 않으면 안 된다.(이 부분이 구별되는 것은 어떤 의미에서든 당장 조금도 지장을 주지 않는다.) 그래서 또, 이 부분은 앞서 말한 바와 같이 사리를 나누어 가지고 있다고 보인다.

적어도 억제적인 사람의 이 부분은 사리에 순종하는 것이고, 생각건대 절제적인 사람과 용감한 사람의 그것은 더욱 그 이상으로 순종인 것이다. 어떤 사항에 있어서도, 그것은 '사리'에 화답하는 것이기 때문이다.

이래서, 로고스가 없는 부분도 두 가지 양식을 포함한다고 할 수 있다. 즉, 식물적인 부분은 어떤 의미에서든 사리를 나누어 갖지 않으나, 욕정적(欲情的)인 부분 내지 일반 욕구적 부분은 이와 반대로 그것이 사리를 듣고 이를 따르는 한, 어떤 의미에서 사리를 나누어 갖는다.

따라서 여기 말하는 사리를 나누어 갖는다 하는 것은 부모와 가까운 사람들의 사리를 나누어 갖는다(그들이 하는 말을 따르고, 그들이 말하는 내용을 알아듣는다.)는 경우와 같은 의미이고, 수학적 대상에 대한 사리를 갖는다(그에 대한 인식을 갖는다.)는 경우와 같은 의미가 아니다.[*14]

'사리 없는 부분'이 '사리 있는 부분'에 의해 어떤 방식으로 설득되는 일은, 계고(戒告)라든가, 그 밖에 모든 질책, 또 권유의 효과가 이를 나타낸다.

지금 만약, 관계 부분 역시 사리를 가지고 있고 로고스적이라 할 수 있다면, 로고스적인 부분 역시도, 넓은 뜻의 그것을 두 가지, 즉 훌륭한 의미의 '로고스적인 부분', 바꿔 말하면 스스로 사리를 가지고 있는 부분과 말하자면 어떤 아버지 말에 따르는 것 같은 의미의 그것과 나뉠 수 있다.

탁월성 역시도 혼 이상의 구분에 따라 구별된다. 즉, 우리는 탁월성 가운데 약간을 '지성적 탁월성(덕)'이라 부르고, 또 약간을 '윤리적 탁월성(덕)'이라 부른다. 지혜·지식·지려(智慮, 슬기로운 생활) 등은 지성적 탁월성에, 관용과 절제 등은 윤리적 탁월성에 속한다.

사실, 우리는 어떤 사람의 윤리적 성상(性狀), '윤리성'에[*15] 대해 말할 경우, 지혜가 있다든가 지식이 많다든가 하지 않고, 온화하다든가 절제적이라든가 하고 말한다. 하지만 우리가 상찬하는 것은 이것만 아니다. 가령, 지혜 있는 사람을 우리는 역시 이 상태에 두고 상찬한다. 이때 상찬할 상태를 우리는 '탁월성(덕)'이라 부른다.

***

14. 로고스적인, 곧 인간적인 탁월성이 '지성적인 것'과 '윤리적인 것'으로 나뉜다.

15. '에토스(ethos)'를 주로 '윤리적 성상(性狀)'으로 옮겼다.

2권 윤리적 탁월성, 덕 Ⅰ

1장 행위의 습관화

이래서 탁월성은 두 가지 사실이 구별된다. '지성적 탁월성' 및 '지성적 덕'과 '윤리적 탁월성' 및 '윤리적 덕'이 그것인데, 지성적 탁월성은 그 발생도, 성장도 대부분 교시(敎示)에 힘입은 것이다. 바로 이 때문에 경험과 세월을 필요로 한다. 이에 대하여 윤리적 탁월성은 습관 붙이기에 따라 생긴다. '습관' 및 '습관 붙이기'란 용어가 조금씩 변화해 '윤리적'이란 용어를 얻게 된 배경이다.

이 일로 해서, 여러 가지 윤리적 탁월성 내지 덕이란 것이 결코 본성적으로 자연히 우리에게 생겨난 것이 아님은 명백하다. 생각건대, 본성적으로 자연 그렇게 되는 것은 대개 어떤 것이든 그것과 별도 방식으로, 습관 붙일 수 없는 것이다. 가령, 본성적으로 낙하하는 돌이 더할 수 없이 위쪽에 던져졌다고 상승하듯 습관 붙일 수 없고, 또 불이 아래로 내려올 수 있듯 습관 붙일 수 없고, 그 밖에 대개 어떤 일정의 본성을 가진 어떤 것도 그와 다른 방식으로 습관 붙일 수 없는 것이다.

이들 윤리적 탁월성 내지 덕은, 그러므로 본성적으로 생겨날 까닭도 없고, 그렇다 해서 본성에 힘입어 생겨나지도 않는다. 도리어 우리는 본성적으로 이들 탁월성을 수용할 수 있게 되어 있다. 다만 습관 붙이기에 따라 비로소 우리가 이처럼 완성되기에 이른 것이다.

더욱 더 대개 본성적으로 우리에게 맡겨진 사항의 경우, 우리는 미리 그런 활동에 대한 가능성을 부여 받은 것이고, 연후에 그 활동을 현실화하는 것이다.(이 일은 감각으로 보면 분명하다. 우리는 곧, 몇 번 보고 몇 번 들음으로써 이들 감각을 획득한 것이 아니고, 오히려 반대로 소유하고 있기 때문에 이것을 사용한 것이다. 사용함으로써 소유하게 된 것은 아니다.)

　윤리적 탁월성 내지 덕의 경우는 이와 반대로 먼저 그런 활동을 행함으로써 우리가 그 덕을 획득하게 되는 것이다. 그것은 여러 가지 기술의 경우와 유사하다. 그것은 후자의 경우에 있어 '그것을 이룰 수 있기 위해 이미 습관 들이고 있을 필요가 있을 것'을 우리가 역시 그것을 스스로 하는 것으로 이룬다. 가령, 사람은 건축하는 일로 목수가 되고, 거문고를 연주함으로써 거문고 연주자가 된다.

　이와 똑같이, 우리는 여러 가지 바른 행위를 함으로써 바른 사람이 되고, 여러 가지 절제적인 행위를 함으로써 절제적인 사람이 되고, 여러 가지 용기 있는 행위를 함으로써 용기 있는 사람이 된다.

　여러 나라에서 행하고 있는 데서도 이 사실을 입증하고 있다. 생각건대, 입법자는 습관 붙이기로 시민들을 선으로 달랜다. 어떤 입법자라 해도 그가 하고자 하는 바는 여기 있다. 그것을 훌륭히 해내지 못하는 입법자라면 대개 실패한다. 선한 국제(國制)와 열악한 국제의 차이는 여기에 있다.

　게다가 어떤 덕이든 발생과 상실이[1] 함께 같은 사항으로부터 같은 사항에 근거한다. 따라서 기술의 경우도 이와 같은 모양이다. 가령, 좋은 거문고 연주자가 되는 것도 나쁜 연주자가 되는 것도, 어떻든 잘 건축함

***
1. 아레테, 탁월성은 '윤리적 탁월성'의 뜻이다. 또 간단히 '덕'이라 할 때가 있다.

으로써 좋은 도목수가 되고, 나쁘게 건축함으로써 나쁜 도목수가 될 것이다. 그렇지 않으면, 가르쳐 줄 필요가 전혀 없거나, 모든 사람은 나면서부터 좋은 기술자이든가 나면서부터 나쁜 기술자이든가 둘 중 하나일 것이다.

덕의 경우도 이와 똑같다. 즉, 우리는 인간 관계상 사회적 교섭에서 제반 행위를 해 나감으로써 혹은 바른, 혹은 바르지 않은 인간이 되는 것이다. 또 두려운 사항이 절정일 때 실제로 행하는 데 있어서 혹은 두려워하고, 혹은 태연하도록 습관 붙임으로써 용감하거나 겁약자(怯弱者)가 된다.

욕정이나 분노에 관한 여러 가지 행위도 똑같다. 즉, 혹은 절제적이고 온화한 사람이 되고, 혹은 방탕하고 자주 격분하는 사람이 되는 것도 그같은 사항의 행동 방식 차이에 근거를 둔다. 이를 한 마디로 요약하면, 여러 가지 상태는 그에 유사한 활동에서 생긴다. 우리가 전개할 활동이 일정(어느 정도 정해져 있거나 한결같다.) 성질의 활동일 필요가 있는 이유다.

이들 활동의 성질 여하에 따라 우리 상태는 이에 응하는 것이 되기 때문이다. 일찍 어릴 때부터 어떤 방식으로 습관 붙이는가, 혹은 다른 방식으로 습관 붙이는가 하는 차이는 근소하지 않고 절대적이다. 보다 더 나아가 그것이 전부다.

2장 행위의 초과와 부족

그러므로 우리 현재 연구는 다른 그것처럼, 순수한 관조적(觀照的) 연구를 목적으로 하는 것이 아니기 때문에(즉, 우리는 덕이 무엇인가 알려는 목적이 아니고, 우리가 좋은 사람 되기를 목적으로 이 고찰을 하는 것이다. 그렇지 않으면 그것은 무의미할 것이다.), 우리는 여러 가지 행위에 관한 사항을 어떤 방식으로 해야 할까 하는 관점부터 고찰할 필요가 있다. 생각건대, 앞에 말한 것처럼 우리 행위는 우리 '상태' 성질이 어떤가 하는 것조차도 결정할 힘을 가지고 있기 때문이다. 그런데 우리 행위가 '바른 사리'에 따라야 한다는 것은 전반적으로 공통되는 사항이고, 이 사실을 우리는 우리 논술 근거에 두지 않으면 안 된다. 다만, 이 점의 구명(究明), 즉 '옳은 사리'란 무엇인가, 또 이것이 여러 가지 덕에 대해 어떤 관계에 있는가를 논의하는 일은 뒤에 가서 이루어질 것이다.

또, 미리 찬동을 얻어 놓지 않으면 안 될 것이, 논술에 대한 요구는 소재에 따라야 한다고 우리가 최초에 말한 것처럼, 행위에 관한 어떤 논술도 아우트라인적이고 엄밀하지 않은 것이 당연하다는 사실이다. 실천에 속한 사항이든가, 공익적인 사항이든가 꼭 건강에 관한 사항이 역시 그런 것처럼, 어떤 확연한 것을 포함하지 않는다. 일반론에서 이미 이와 같은 성질의 것이므로, 물론 개별에 관한 그 적용은 일층 엄밀을 기하고 싶다.

사실, 개별적 취급이 어떠해야 하냐는 학술이나 또 어떤 일반적 권고라도 기대할 수 없는 것이고, 그 국면에 직면해 행위하는 사람들이 항시 스스로 그 시의에 적절한 바를 생각할 필요가 있다. 마치 의료나 항해의 경우가 그런 것처럼. 그러나 가령, 우리 현재 논술이 관계 성질에 그친다 해도 도움을 주는 시도는 역시 하지 않으면 안 된다.

이래서, 처음 보아두지 않으면 안 될 일이, 이 같은 것은 결핍과 초과에 의해 상실될 본성을 가지고 있다는 사실이다. 마치 (우리는 곧, 판연한 사항을 판연하지 않은 사항을 위해 증거로 사용할 필요가 있다.) 체력과 건강에서 우리가 보는 것처럼. 운동의 초과도 부족도 함께 체력을 상실하고,

마찬가지로 또 음식을 많이 들든가 지나치게 적게 들면 건강을 상실할 수 있는 것처럼, 반대로 그것이 적당하면 건강을 보전하고 증진하기 때문이다. 절제와 용감, 그 밖에 여러 가지 윤리적 덕의 경우도 이와 마찬가지다.

모든 것을 회피하고 모든 것을 공포로 삼아 어떤 어려움도 감내하지 못하면 겁약자가 되고, 또 대개 어떤 것도 두려워하지 않고 무조건적으로 어떤 것을 향해 전진해 나가면 무모한 짓이다. 또 똑같이, 모든 쾌락을 향락하고, 어떤 쾌락도 삼갈 줄 모르면 방탕이 된다. 또 모든 쾌락을 피하면 시골 사람처럼 무감각한 사람이 되기 쉽다. 이래서, 절제와 용감성도 초과나 부족하면 상실될 염려가 있으니 '중용'[2]으로 보전하게 되는 것이다.

그러나 단순히 덕이 생기고 성장하는 것도 줄어드는 것도 똑같은 사항에 의할 뿐만 아니라, 덕에 따른 행동 역시 똑같은 사항으로 이루어진다. 이 일은 곧 밝은 다른 사항의 경우, 가령 체력의 경우와도 같다. 체력은 많은 음식을 섭취하고 많은 노고를 참아내는 데서 생겨나지만, 그뿐 아니라 어느 누구보다 이 일을 해내는 데 역시 이미 체력이 만들어진 사람밖에 없다.

여러 가지 덕의 경우도 마찬가지다. 곧 우리는 쾌락을 삼가는 것으로써 절제하는 사람이 되지만, 이것만으로 그치지 않고 절제적인 사람이 되면, 우리는 어느 누구보다 쾌락을 삼가게 된다. 용감성도 마찬가지다. 우리는 두려운 사항을 경멸하고 이를 감내할 수 있게 평소 습관 붙임으로써 용감한 사람이 되지만, 또 용감한 사람이 되면 우리는 누구보다 용

***

2. '메소데스'를 '중용'으로 옮겼다. 인간관계의 '중'을 의미한다.

감하게 공포를 극복할 수 있을 것이다.

3장 쾌락과 고통

어떤 활동으로 쾌락이 느껴지는가, 아니면 고통이 느껴지는가는 그 인간의 상태 여하에 달린 의미가 있기 마련이다. 곧 육체적 쾌락을 삼가며, 이 삼가는 일 자체가 그 자신에게 기쁨을 느끼게 할 때, 그 사람은 절제적인 사람이다. 이와 반대로, 이런 일에 불쾌감을 느끼는 사람이면 방탕한 사람이다. 또, 두려운 일을 감내하며 이에 기쁨을 느끼거나 두려움에 고통을 느끼지 않는 사람은 용감한 사람이지만, 이와 반대로 이런 일에 고통을 느끼면 그 사람은 겁약하다. 사실 윤리적 탁월성, 곧 덕은 쾌락과 고통에 관계되는 것에 다름 아니다.

사실, 우리는 쾌락 때문에 열악한 행위를 하든가, 고통 때문에 아름다운 행위를 피하든가 한다. 플라톤이 한 말처럼, 바로 기쁨을 느끼는 사항에서 기쁨을 느끼고, 바로 고통을 느끼는 사항에서 고통을 느끼듯, 그때마다 젊은 시절부터 어떤 방식으로 길을 인도 받아야 할 필요가 있다. 사실 이것만이 참교육이라 할 것이다.

게다가 또, 덕은 행위와 정념(情念, 강하게 집착하여 감정에서 생겨난 생각)에 관계되고, 모든 정념과 행위에, 생각건대 쾌락과 고통이 수반되는 것이라면, 이 점으로 보아도 덕은 쾌락과 고통에 관계된다고 할 수 있다. 또, 징계가 고통을 안겨 줌으로써 실시되는 것도 이 사실을 말하고 있다. 사실 징계는 일종의 의료지만, 의료는 반대적인 것을 통해 실시되는 본성을 가지고 있는 것이다.

또, 앞에서 말한 것처럼 혼의 모든 '상태'는 그것으로 더 나빠지기도, 또 더 좋아지기도 하는 본성을 가지는 관계상, 또 관계되는 바에 의해 성립하게 되는 것이 본성이다. 사람들이 생각건대, 열악한 사람이 되는 것은 쾌락과 고통 때문이라, 곧 뒤따르면 안 되고, 또 피하면 안 되는 쾌락과 고통을 따르든가 피하고, 혹은 또 따르든 피하든 시기가 맞지 않든가, 혹은 방식이 맞지 않든가 이런 점 등으로 맞지 않을 경우가 생긴다.

덕이란 일종 정념이 없고, 수동(受動)이 없고, 정적(靜寂)이 있다는 정의가 내려지는 이유도 여기 있다. 물론, 이 같은 정의는 사항을 무조건적인 방식으로 말하고 있어 어떤 방식은 그런 식이어야 하고, 어떤 방식은 그렇게 하면 안 되고, 어떤 때는 그래야 하고, 그 밖에 대개 부속적인 여러 조건이 논의되고 있지 않은 점, 이런 사항들이 훌륭한 정의(定義)라 할 수 없지만.

그러므로 윤리적인 탁월성, 곧 덕이란 쾌락과 고통에 대하여 최선의 방식으로 행위하는 상태이고, 악덕이란 똑같이 쾌락과 고통에 대하여 그 반대 상태임이 확실하다고 하겠다.

하지만, 또 다음 일을 보아도 덕과 악덕이 쾌락과 고통에 관계함이 명확하게 된다. 곧, 우리가 선택하는 데 세 가지 양식이 있다. 우리가 피해야 할 것도 세 가지가 있다. 아름다움, 공익이 있는 것, 쾌적한 것, 그리고 그 반대는 추악한 것, 유해한 것, 고통스러운 것.

이 가운데 어떤 것이든, 선한 사람은 올바름을 잃지 않는 경향을 보이고 악한 사람은 잘못된 경향을 보이지만, 그러나 특히 쾌락에 관해 가장 뚜렷이 드러나 있다. 생각건대, 쾌락이란 종종 하등 동물에도 공통적이기 때문이다. 뿐만 아니라 쾌락은 우리가 선택하고자 하는 어떤 것에도 동반된다. 아름다운 것, 유익한 것은 분명, 또 동시에 쾌적한 것이기도 하기 때문이다.

더욱이 쾌락은 유아기 이후 모든 사람들 사이에 사랑받고 있다. 그러기 때문에 우리들 생활 속에 깊이 스며든 이 정념을 씻어버리기가 매우 곤란하다.

또, 우리는 (사람에 따라 다소 차이는 있지만) 행위에 즈음해서도 쾌락과 고통에 그 기준을 찾기 쉽다. 이런 일이 있기 때문에 우리 연구도 시종 이 문제를 벗어나면 안 되는 것이다. 참으로 선한 방식으로 기쁨이나 고통을 느끼는가, 혹은 또 악한 방식으로 이를 느끼는가는 우리 행위에 대해 적지 않은 관련을 가지고 있다.

그 위에 또, 쾌락과 싸우는 것은 헤라클레이토스(Heracleitos, 기원전 6~5세기, 에페소스 출신 저명한 철학자)[3]의 이른바, '분격(奮激)과 싸우다' 이상으로 곤란한 사항이지만, 학예와 덕도 항상 보다 곤란한 사항에 관계되어 있다. 실제, 모든 사물이 곤란한 경우에 처해 본새나 짜임새의 선함이 보다 좋은 것이 된다.

이래서 덕과 정치도, 그 관심 가는 바가 모두 쾌락과 고통에 있다는 것도 이 이유 때문이다. 여기 잘 대처하는 사람은 좋은 사람이 되고, 악하게 대처하는 사람은 악한 사람이 되기 때문이다.

이래서 덕과 쾌락과 고통에 관련된다는 것, 그리고 그것은 '스스로가 거기서 살아남는 원인'인 것처럼 행위하는 바에 따라 생장한다. 또 이와 다른 방식으로 행위함으로써 상실한다는 것, 또 덕은 스스로 여기서 생기고 역시 같은 성질의 행위에서 스스로 활동하는 것이라는 논술은 이

***
3. 헤라클레이토스(Heracleitos, 기원전 6-5세기)는 에페소스 출신의 저명한 철학자이다.

것으로 마치기로 한다.

4장 덕성과 덕 행위

하지만 사람은 다음 사실을 문제로 삼을지 모른다. 올바른 사람이 되기 위해 올바른 행위를 항상 해야 함을 필요로 하고, 또 절제적인 사람이 되기 위해 항상 절제적인 행위를 하도록 해야 한다는 것은 어떤 의미일까? 생각건대, 사람이 올바른 행위를 하고 절제적인 행위를 해야 그들은 이미 올바른 사람이고 절제적인 사람이 될 것이기 때문이다. 마치 문법에 맞게 말하고, 음악이 정확하게 되는 사람은 이미 문법과 음악을 아는 사람이 되는 것처럼.

하지만 학예(學藝)의 경우도, 실은 그렇게 말해야 하지 않을까? 왜냐하면 사람이 어떤 것을 문법에 맞게 말해도 우연에 의할 수도 있고, 다른 사람 지시에 따를 수도 있기 때문이다. 그러므로 어떤 사람이 문법을 아는 사람이라 하는 것은, 그가 어떤 문법에 맞는 사항을 알 때 문법을 아는 인간으로 말하는 경우다. 문법을 아는 인간이란 '그 자신 마음속 문법학 인식에 따라서'라는 의미다.

더욱이 학예의 경우와 덕의 경우는 처음부터 동일하게 다루는 의미로 가지 않는다. 학예상의 성과는 '좋은 점'을 그 자체 속에 가지고 있다. 그러므로 이 경우, 일정 성질의 결과가 나온다면 그로써 충분하다. 한편, 덕에 따라 이루어지는 행위는 이루어진 행위가 일정 성질을 가지고 있다는 것만으로 올바른 행위가 행해졌다든가, 절제적인 행위가 이루어졌다고 말하지 않는 것이다. 이처럼 좋게 하기 위해, 역시 이 행위를 하는 사람이 일정 방식 이 행위를 하는 일이 필요하다.

즉, 첫째는 지식 위에 서고, 둘째는 이 행위를 선택한다. ─그것도 이 행위 자체 때문에 선택한다. ─셋째는 자기의 안정적 불가변적(不可變的) 상태에 토대를 두고 행위할 필요가 있다. 이는 '알고 있다'는 조항을 빼면 학예의 경우 그 조건이 셀 수 없이 많지만, 덕의 소유를 위한 조건은 이와 반대로 안다는 사실이 전혀, 또는 조금밖에 의의를 가지지 않는다. 오히려 그 밖의 조건이 더 많다. 아니 절대적인 중요성을 가지고 있다. 그리고 이들 조건은 올바른 행위, 또는 절제적인 행위의 빈번한 반복에 기초해 비로소 채워지게 되는 것이다.

이래서, 어떤 행위가 올바르다든가 절제적이라든가 하는 것은, 그것이 올바른 사람이든가, 절제적인 사람이 가지는 성질의 행위일 경우다. 또, 올바른 사람이든가 절제적인 사람은 단지 관련 행위를 한 사람을 말하는 것이 아니고, 올바른 사람, 절제적인 사람이 행한 방식에 관계된 행위를 한 사람을 말하는 것에 다름 아니다.

이래서 사람은 올바른 행위를 함으로써 올바른 사람이 되고, 절제적인 행위를 함으로써 절제적인 사람이 된다는 사실은 매우 타당하다. 관계 행위를 하지 않고, 누구도 선한 사람이 될 기회를 가질 수 없을 것이다.

그러나 실제, 관계 행위를 하지 않고 언론으로 도피하고, 그리고 자기는 철학하고 있으므로 이로써 좋은 사람이 될 것이라 생각하는 사람들이 있다. 그들의 관계 방식은 소위 주의해 의사 말을 경청하지만, 조금도 그 지시를 따르려 하지 않는 환자와 같다. 그러므로 관계 방식으로 치료를 받는 환자가 몸이 좋은 상태에 있지 않은 것처럼, 이 같은 방식으로 철학하는 사람들도 그들의 혼이 좋은 상태에 있을 수 없을 것이다.

5장 덕성의 부류

다음 덕은 무엇인가에 대한 고찰로 옮겨 가지 않으면 안 된다.

혼에서 생겨나는 것으로 정념·능력·상태를 구별할 수 있는 것으로 보면, 덕은 이 가운데 어떤 것이어야 한다. 정념은 욕정, 분노, 공포, 태연, 질시, 환희, 사랑(필리아), 혐오, 동경, 의지, 연민, 그 밖에 대개 쾌락 또는 고통을 동반하는 경우를 말한다.

또, 능력이라면 '그것이 있음으로써 우리가 이들 정념을 감수(感受)할 수 있는 것, 가령 그것으로써 우리가 노하고, 공포를 느끼고, 또 연민을 느낄 수 있는 경우'에 다름 아니다.

또, 상태라면 '그에 따라 우리가 정념과의 관계에서 잘, 또는 나쁘게 행동하는 바의 것'을 가리킨다. 가령, 만약 우리가 화가 나는 상태에서 지나치게 격렬하든가, 또는 지나치게 둔감하든가 하면 우리는 나쁜 상태에 있는 것이지만, 만약 이와 반대로 중간 정도라면 우리는 좋은 상태에 있는 것이고, 그 밖의 정념 관계도 이와 같다.

그런데 덕도, 악덕도 정념은 아니다. 왜냐하면 우리가 좋은 사람이라든가 나쁜 사람이라든가 하는 것은, 우리 정념 여하에 기준을 두고 우리가 상찬받고 비난받는 것이 아니라(이것은 두려워하는 사람도, 노하는 사람도 상찬받지 않고, 또 단지 노하는 것만으로 비난받지 않기 때문이다. 비난받는 것은 단지 일정 방식으로 노하는 사람이다.), 오히려 우리의 덕과 악덕에 따라 상찬 또는 비난받기 때문이다.

더욱이 우리가 노하든가 두려워하든가 하는 것은 선택적이지 않으나, 덕은 이와 반대로 일종의 선택이고, 내지 선택을 빼놓을 수 없는 것이다. 여기 덧붙이면, 우리는 정념에 관해 '움직여진다'고 말하지만, 여러 가지 덕이든 악덕이든 간에 움직여진다고 하지 않고 일정 방식으로 '놓여 있다'고 한다.

이런 이유로, 또 그것은 능력이 아니다. 왜냐하면 우리가 좋은 사람이든가 나쁜 사람이든가 하고 말하는 것은, 단순히 우리가 정념을 촉발할 능력을 기지고 있다는 데 근거한 것은 아니다.

게다가 우리가 이들 능력을 가지고 있는 것은 우리들 본성에 의한 것이지만, 좋은 사람이 되기도 하고 나쁜 사람이 되기도 하는 것은 본성에 의한 것이 아니다. 이 사실은 이미 앞에서 논의한 바 있다.

이래서 덕은 정념도 아니고 능력도 아니라 하면, 남은 바 덕은 '상태' 일밖에 다름 아니다. 이래서 덕은 그 부류에서 무엇인가를 논의했다고 본다.

6장 '중'을 택하는 '상태'

우리는 그러나 단지, 이처럼 덕이 '상태'라 하는 것만 아니라, 그것이 어떤 성질의 상태인지 논술할 필요가 있다.

모든 덕 내지 탁월성은 그것을 가진 자의 좋은 상태를 완성하고, 그 자체 기능을 잘 전개시키는 것이라 말하지 않으면 안 된다. 가령, 눈의 덕은 눈과 눈의 기능을 좋은 것으로 달래는 것이다. 우리는 눈의 덕으로 사물을 잘 볼 수 있기 때문이다. 이와 똑같이, 말의 덕은 말을 좋은 말이 되도록 달랜다. 곧, 기수를 태우고 잘 달리며, 적과 싸울 때 적을 잘 막는다.

그러므로 만약, 모든 사물에 대해 똑같이 말할 수 있다면, 인간의 덕은 사람을 좋은 인간으로 달래는 것 같이, 사람으로서 그 독자의 '기능'을 잘 전개시킬 수 있는 상태가 되어야 한다. 이것은 어떻게 해야 가능할 것인가는 이미 우리가 논의한 바 있지만, 그것은 또, 이 방면에서도 분명해질 수 있을 것이다. 곧, 덕의 본성은 어떤 성질의 것인가를 연구하는 것으로.

　모두 연속적이고 분할이 가능한 것은, 우리가 '보다 많이', '보다 적게', '고르게(이손)' 취할 수 있을 것이다. 그리고 그것도 사항 자체에 따라 있을 수 있고, 또 우리와의 관계에서도 있을 수 있다. '고르게'란, 초과 및 부족의 어떤 의미에서 '중'에 다름 아니다. 지금 사항 자체의 '중'이란, 양극단에서 '고르게'만을 떼어 놓은 것을 말하는 것이다. (이런 의미의 '중'은 만인에게 동일하다.)

　우리 관계에서 '중'은 과유불급(過猶不及)을 뜻한다. 이것은 만인에게 똑같지 않다. 가령, 만약 10이면 많고 2면 적다고 할 때, 사항에 따라 '중'을 취하면 6이 '중'일 것이다. 그것은 '고르게'만을 초과하고 있기 때문이다. 즉, 산술적 비례의 '중' 항에 해당한다. 하지만 우리 관계에서 '중'은 그런 식으로 결정될 수 없다.

　생각건대, 만약 그렇다 하면 10무나(minae)면 과식이지만 2무나면 부족하다 할 경우, 체육 지도자는 6무나의 음식을 지시하면 좋을 것이다. 그러나 실제는 6무나로, 생각건대 그것을 취식할 사람에 따라 혹은 많고, 혹은 적다. 가령, 저명한 경기자 밀론(Milon)[*4]에게는 적고, 체육을 막 시작한 사람에게는 많다고 할 경우처럼. 경기 경우도 같다. 이래서 모든 식자(識者)는 초과와 부족을 피하고 '중'을 찾고, 그것을 선택한다. 다만

***
4. 밀론(Milon, 기원전 6세기 후반)은 크로톤 출신의 저명한 경기자(競技者)

이 경우 '중'이란 사항에 따른 그것이 아니고, 우리에 대한 관계의 그것이다.

그러므로 이래서, 모든 학술이 그 성과를 훌륭히 성취하는 것은 '중'에 눈을 맞추어 이로써 그 성과의 거울로 삼는다.(사실 우리는 훌륭한 작품에 대해 "여기 빼야 할 것도 없고 덧붙일 것도 없다."는 말을 예사로이 하는 것도 이 때문이고, 이것은 초과나 부족이 '좋음'을 상실하는 데 반해, '중'은 그것을 보전할 수 있다는 사실을 함의(含意)하고 있음이다. 좋은 기술자들은 그들에게 말하라면, 바로 이 점부터 눈을 떼지 않고 작업을 하고 있음이다.)

그런데 만약 덕이라는 것이, 자연도 그렇지만 어떤 학문과 기술보다 더 정밀하고도 훌륭한 것이라면, 역시 그것은 '중'을 지향하지 않으면 안 될 것이다. (물론, 덕은 여기서 '윤리적 탁월성', 곧 '윤리적 덕'을 의미한다.) 결국 이 종류의 덕은 정념과 행위에 관계되는 것이지만, 여기 초과와 부족과 중이 존재한다.

가령 두려워하든가, 태연해하든가, 욕망하든가, 분노하든가, 연민하든가, 그 밖의 모든 쾌락이나 고통을 느낄 때 과다와 과소가 존재한다. 이것은 어떻든 좋지 않다. 하지만 이와 반대로 그럴 때, 그럴 사항에 대해, 그럴 사람에 대해, 그럴 목적을 위해, 그럴 방식으로, 그것을 감각한다는 것, 이것은 '중'이 최선이고, 바로 이런 일이 덕에 속한다.

그리고 행위에 관해서도 똑같이 초과와 부족과 '중'이 존재한다. 덕은 정념과 행위에 관계되지만, 이들 어디에도 초과 및 부족은 잘못인 반면, '중'은 상찬받고 옳음을 잃지 않는 일이다. 생각건대, 이 같은 일은 어떻든 덕의 특색에 속하는 사항이다. 그러므로 덕은 어떤 '중용'이라 해야 할 것, 바로 '중'을 목표로 하는 것에 다름 아니다.

더욱이 잘못이란 여러 가지 방식으로 나타나는데, (사실, 피타고라스 학생이 곁에 표시한 것처럼 악은 무한정한 것인데, 선은 한정되어 있다.) 올바름에서 벗어나지 않는 일은, 그러나 단 한 가지 방식만 가능하다. 여기 난이(難易)의 차이가 생기는 이유가 있다. 목표 벗어나기는 쉽지만, 목표에 적중하기는 어렵다. 이래서 또, 악에 초과와 부족이 속하는 데 반해, 덕에 속하는 것은 중용만이다.

> 좋은 사람은 하나이지만
> 나쁜 사람은 가지각색

이래서 덕이란, "사리에 의해, 또 지려 있는 사람이 규범을 보임에 따라 결정되는 바와 같이, 우리 관계에 따르는 중용"에서 성립하는 바의 "우리 선택의 기초가 되는 혼의 상태"에 다름 아니다.

하지만 중용이란 두 악덕, 곧 초과에 기초한 그것과 부족에 기초한 그것과 사이에 있는 중용을 말한다. 그리고 또, 이 일은 "정념과 행위에서 하나의 악덕은 그런 정도에 비해 부족하고, 다른 악덕은 그를 초과하고 있는 데 대해 덕은 중을 발견하고 그것을 선택한다."는 것에 익숙해지는 데 근거하고 있다. 그러므로 덕은 그 실체에 따라 말하면, 또 그 본질을 말하는 정의에 따라 말하면 '중용'이지만, 그러나 그 최선성(最善性)이나 '좋음'에 따라 말하면 그것은 오히려 '정점'에 다름 아니다.

다만 모든 행위, 모든 정념이 중용을 인정하는 것은 아니다. 사실 그 가운데 어떤 것은 직접 열악성과 연결된 명칭을 가지고 있다. 가령 악의·파렴치·질시, 또 행위로 말하면 간음·절도·살인 등 즉, 모든 사항이나 이에 준하는 사항은 그 자체 열악하기 때문에 비난받는 것이다.

그 초과나 부족이 비난받는 것은 아니다. 그래서 이에 관해 어떤 경우에도 잘못이 없지 않고 항상 잘못한다. 이 사항에 대해, 그런 여자를 상대로 그런 때에, 그런 방식으로 간음할 것이냐 여부가, 간음이 좋으냐 나쁘냐에 관계되는 것은 아니다.

그리고 간음뿐만 아니라, 모든 이 같은 행위에서 그것을 하는 것은 어떻든 무조건 잘못인 것이다. 부정행위와 겁약한 행위, 방탕 행위에 관해서도 중용과 초과와 부족이 존재한다는 생각도, 그러므로 역시 우습다. 그 같은 생각에 따르면, 초과와 부족의 중용이 존재하고, 초과나 부족의 초과와 부족이 존재하기 때문이다. 반드시 '중'은 어느 의미에서 '정점'이라 하기 때문에, 절제와 용감의 초과와 부족은 존재하지 않는 것 같이, 앞에 적힌 행위는 중용도 없지만 초과와 부족도 없기에, 사람이 어떤 방식으로 그것을 해도 잘못이다.

참으로 초과와 부족의 중용은 존재하지 않고, 중용의 초과와 부족도 존재하지 않는 것이다.

7장 성격에 따른 개별적 덕

하지만 이상과 같은 사항은 단지 보편적으로 말하는 데 그치지 않고, 그 위에 그것이 개개의 경우에 적합한 것이란 사실이 표시되지 않으면 안 된다. 생각건대, 행위에 관한 논술에서 보편적 논술은 두루 퍼져 있다 해도, 그러나 진실하게 접촉한다는 점에서, 보다 부분 부분에 걸친 특수한 것을 인정하지 않으면 안 된다. 행위는 개개의 경우에 관계되는 것이므로, 그래서 우리는 그 하나하나 이 표(表)에 대해 보도록 한다.

공포와 태연에 관해 '용감성'이 그 중용이다. 그 정도를 넘은 사람들 가운데 공포 없는 사실은 별도 명칭이 없지만, 태연한 일에 정도를 넘긴 사람은 무모한 사람이고, 공포를 느낌에 정도를 넘어 태연하면 부족한 사람이니 겁약하다.

쾌락을 고통에 관해(모두 그런 것은 아니나 특히 고통에 관해 그렇다.) 그 중용은 절제이고, 그 초과는 방탕이다. 쾌락에 대해 부족한 사람은 그렇게 보이지 않는다. 이 같은 사람에 대해 일정한 명칭이 존재하지 않는 것도 그 때문이지만, 임시로 무감각한 사람들이라 해 둔다.

재산의 증여 및 취득에 관해 그 중용은 관용이고, 그 초과와 부족은 방만과 인색함이다. 방만과 인색은 서로 초과하고, 부족된 방식은 반대다. 즉, 방만한 사람은 지출에서 초과하고 취득에서 부족한데, 인색한 사람은 이와 반대로 취득에서 초과하고 지출에서 부족다. 이 부분, 윤곽적이고 요점적으로 말하는 것이므로 우리는 이로써 만족하는 형편이지만, 뒤에 가서 좀 더 엄밀한 규정이 정해질 것이다.

재산에 대해 이 밖의 한 가지 양태가 존재하는데, 곧 그 중용은 호화이고(호화로운 사람은 관후한 사람과 다르다. 즉, 전자는 장대한 일에 관계되고, 후자는 작은 일에 관계된다.), 그 초과는 화려하든가 거친 것, 그 부족은 거짓 꾸밈이다. 관계되는 초과와 부족은 관용과 다른 것이지만, 어떤 식으로 다른가는 뒤에서 말하게 될 것이다.

명예와 불명예에 관해 그 중용은 긍지이고, 그 초과는 오만의 부류, 그 부족은 비굴이다. 또, 우리가 논술한 호화에 대한 관용의 관계, 즉 후자는 작은 것에 관계된다는 점에서 전자와 다르다는 관계 그대로 긍지가 큰 명예에 관계됨에 대해, 이것은 작은 명예에 관계된다는 어떤 상태가 존재한다.

결국, 그런 방식으로 명예를 욕구하는 일도 가능하고, 또 그렇게 하는 이상으로 또 이하로, 그것을 욕구하는 일도 가능하니, 여기 초과하는 사람은 명예심이 강한 사람, 부족한 사람은 명예심이 없는 사람이라 부른다. '중'에 해당하는 사람은 명칭이 없다.

(이에 대응하는 부분의 양태는 명예심이 강한 사람의 '상태'가 명예심이라 불리는 외에 명칭이 없다.) 양극단은 그러므로, 중적(中的)인 위치를 각각 자기 것으로 요구하는 것이다. 우리도 '중'적인 사람을 보고 되돌린다. 어느 때는 명예심이 강한 사람, 어느 때는 명예심이 없는 사람을 부를 때가 있다. 또 어느 때는 명예심이 강한 사람을, 어느 때는 명예심이 없는 사람을 반대로 상찬하는 일도 있다. 어떤 부분에 원인이 있어 그렇게 되는가는 앞으로 논의하게 될 것이다. 지금은 다른 것에 대해 지금처럼 말하겠다.

또, 노(怒)함에도 초과와 부족과 중용이 있다. 그것은 어떻든 명칭이 없지만, 우리는 그 '중'적인 사람을 온건한 사람이라 함으로 중용을 '온화'로 부르자. 그 극단에 걸치는 사람들 가운데 정도가 지나친 사람을 성 잘 내는 사람, 그리고 그 악덕을 '성 잘 냄'이라 하고, 또 그 부족한 사람을 패기 없는 사람, 그리고 이 부족함을 '패기 없음'이라 해 둔다.

또, 이 밖에 서로 유사성을 가짐과 동시에 서로 구별되는 세 가지 형태의 중용이 존재한다. 그것은 어떻든 언동(言動)의 사회적 접촉과 관계되는 것으로, 그 하나는 언동에서 '참'에 관계되는 데 대해, 다른 두 가지는 '쾌(快)'에 관계된다는 점에 차이가 있다. 또, 쾌라 해도 해학(諧謔)의 그것과 인생 만반 사항의 그것과 구별된다.

우리는 이 점에 대해 논의하지 않으면 안 된다. 이에 따라, 우리가 중용은 어떤 경우도 상찬받고, 이와 반대로 극단은 어떤 경우도 상찬받을 수 없고 바르지도 않아 오히려 비난받을 사실이라는 점을 좀 더 판연(判然)하게 이해해야 한다.

그런데 이들 대부분은 명칭이 없지만, 우리는 명석한 이해를 쉽게 하기 위해 역시 다른 경우처럼 직접 명명하도록 시도하지 않으면 안 된다. 참에 관해 '중'적인 사람을 어떤 의미에서 진실한 사람, 그 중용을 '진실'이라 부르자. 겉보기 쪽은 과대 방향에서 그것을 허식, 그런 사람을 '허식가(虛飾家)', 또 과소(過小) 방향에서 그것을 비하(卑下), 그런 사람을 '비하적인 사람'이라 한다.

또, 쾌에 관해 해학에 관계될 때 '중'적인 사람을 기지적(機智的)인 사람, 이런 양태는 기지이고, 초과는 교화, 그런 사람은 교화자(敎化者)다. 부족한 사람은 촌사람 부류, 그 상태는 촌스러움이다. 인생 그 밖의 사항에서 쾌를 보면, 어떤 방식으로 유쾌한 사람은 친절한 사람, 중용은 친애다. 이와 반대로 초과하는 사람은 만약 그것이 아무 목적이 없을 경우 기분 좋은 사람, 만약 또 자기 이익 때문이라면 간사한 사람이고, 부족한 사람, 곧 모든 사항으로 불쾌한 사람은 기분 나쁜 사람·싫은 사람·불유쾌한 사람이다.

또, 정념(情念) 내지 정념에 관한 중용도 존재한다. 가령, 수치[5]는 덕이 아니지만, 수치를 아는 사람은 역시 상찬받는다. 즉, 여기서도 어떤 사람은 '중'적이라 하고, 또 어떤 사람은—내향적이라 모든 사실을 부끄러워하기 때문에—초과적이라 하게 된다. 그것이 부족 내지는 전혀 그것이 없는 사람은 수치를 모르고, '중(中)'적인 사람은 수치를 아는 사람이다. 또 의분은 질시와 악의의 중용이고, 이것은 주위 사람들 경우에 따라 고통과 쾌락에 관계되어 있다.

***
5. '수치(羞恥)'는 4권 9장에 상세히 나온다.

즉, 의분적(義憤的)인 사람은 그 가치를 잃고, 잘하고 있는 사람들에 대해 고통을 느낀다. 질시적(嫉視的)인 사람은 그 이상 모두 잘하고 있는 사람들에게 고통을 느끼는 것이다. 또, 악의적인 사람은 남의 불행에 고통을 느끼는 부분이 바뀌어 그것을 기뻐한다. 그러나 이들에 관해 논의할 기회가 따로 있을 것이다.

정의(正義)에 대해─그것은 일의적(一義的)이지 않기 때문에─뒤에 가서 우리는 그것을 이분한 토대 위에 이분된 양자에 관해, 그것이 중용인 까닭을 논의하게 될 것이다.

8장 중용과 극단

이처럼 세 가지 양태가 있어 그 둘은 악덕─한쪽은 초과에, 다른 한쪽은 부족에 치우친다.─이고, 지금 하나는 덕─이것은 중용에서 성립한다.─이지만, 이것은 어떻든 서로 어떤 방식으로 대립한다. 곧, 양 극단은 '중'에 대해서도 또 상호적으로 반대적이고, 또 '중'은 양 극단에 대해 반대적이다.

자세히 말하면, 마치 '균(均)'이 '보다 작은 것'에 비하면 보다 큰 것이고, '보다 큰 것'에 비하면 보다 작은 것 같이, 정념과 행위에서도 '중'적인 여러 가지 '상태'는 부족에 비하면 초과이고, 초과에 비하면 부족이다. 즉, 용감한 사람은 겁약자에 비하면 무모하게 보이고, 무모한 사람에 비하면 겁약자로 보인다.

또 마찬가지로, 절제적인 사람도 무감각한 사람에 비하면 방탕으로 보이고, 방탕한 사람에 비하면 무감각한 사람으로 보인다. 관대한 사람은 인색한 사람에 비하면 방만으로 보이고, 방만한 사람에 비하면 인색한 사람으로 보인다. 그러니까 양극단에 속하는 사람들은 '중'적인 사람을 스스로 반대쪽으로 억누르므로, 용감한 사람을 보고 겁약자는 이를 '무모'라 하고, 무모한 사람은 이를 '겁약자'라 한다. 다른 여러 가지 경우도 이에 준한다.

이처럼 이들 양극단의 '상태'는 서로 대립하지만, 최대의 반대 대립은 양극의 '중'에 대한 그것보다 양극 사이의 그것이다. 양극 사이의 격차는 '중'에서의 격차 이상으로 크기 때문이다. 마치 '대'의 '소'에서의, 또 '소'의 '대'에서의 격차는 '균'에서 양자에의 격차보다 심한 것과 같다.

어떻든 한쪽의 극에서 '중'에 대한 약간의 유사성이 보일 경우가 있지만, 가령 무모가 용감에 대해, 방만이 관대에 대해서와 같이 양극 사이에 최대의 비유사성이 보인다. 그런고로, 상호 가장 많은 격차를 가진 것이 상호 반대적인 것으로 정의되는 것이다. 이리하여 보다 많이 격차를 보이는 것은 보다 많이 반대 성질을 가지고 있다고 보게 된다.

또, 어떤 경우 부족한 쪽에 선 것이, 어떤 경우 초과한 쪽에 선 것이 '중'에 대해 보다 많은 대립을 보인다. 가령, 용감에 대해 가장 많이 대립하는 것은 그 초과인 무모가 아니라 그 부족인 겁약자이고, 절제에 대해 보다 많이 대립하는 것은 그 결핍인 무감각이 아니라 그 초과인 방탕이다.

이 사실은 두 가지 원인에 기초를 두고 있다. 그중 하나는 그 사항 자체에 유래한다. 즉, 어느 쪽인가 일방의 극단이 '중'에 대해 보다 근접적 유사적이라 하는 이유로, 우리는 이 극단이 아니고 다른 극단을 보다 많이 '중'에 대립시키는 경우가 있다.

가령, 용감에 대해 무모는 보다 근접적 유사적이고, 겁약은 보다 비근사적이라 생각하기 때문에 우리는 겁약을 더 많이 이에 대립시킨다.

'중'에서 더 많이 떨어져 있는 것이 좀 더 많이 그 반대라 생각하기 때문이다. 이렇게 하여, 하나의 원인은 이것—사항 그 자체에 기초한다. —이지만, 지금 하나는 우리 자신에 유래한다. 즉, 우리가 어떤 방식으로 좀 더 많이 그쪽으로 기우는 본성을 가지고 있는 쪽이 좀 더 많이 '중'의 반대로 보인다.

가령, 우리 자신이 좀 더 많은 쾌락으로 기우는 본성을 가지고 있으므로, 우리가 근직(謹直)한 쪽보다 오히려 방탕으로 흐르기 쉬운 까닭도 이에 존재한다. 우리는 이래서, 그쪽을 향해 좀 더 많이 지나치게 행하는 부분을 좀 더 많이 '중'의 반대로 하게 되므로, 절제의 반대가 오히려 초과하는 방탕인 것은 바로 이 때문이다.

9장 중용의 실현

이래서 윤리적 탁월성, 즉 덕이란 중용일 것, 또 그것이 어떤 의미인가 하는 것도, 즉 그것은 두 개의 악덕—초과에 기운 그것과 부족에 기운 그것과—의 사이에 있는 중용일 것, 그 관계 성질의 것이어야 하는 이유가 덕과 정념과 행위에서 '중'을 목표하는 것에 존재한다는 사실은 앞에서 충분히 논의했다. 좋은 사람 되는 것이 노력을 요하는 작업이라는 이유다. 왜냐하면 어떤 경우도 '중'을 잡는 일은 곤란한 작업이고, 예를 들어 말하면, 원의 중심을 잡는 일은 모든 사람에게 속하지 않고, 다만 그 지식을 갖는 사람에게 속한다.

이와 똑같이 화내는 일도, 돈을 주고 쓰는 일도 그것만이라면, 그것은 모든 사람에게 속하고 용이하지만, 어떤 사람에 대해 어떤 정도를 어떤 때 어떤 목적으로 어떤 방식으로 주고 쓴다는 등의 일은, 벌써 꼭 모든 사람에게 속하지 않고, 또 쉬운 일도 아니다. '좋은 점'이 드물어 상찬받고 아름다워야 할 필요가 있다.

그러므로 '중'을 목표로 삼는 사람은 먼저,

저 연기 없는 노도로부터
배를 멀리 떨어지게 하라.

는 칼립소(Calipso)의 충고와 같이 '중'에 대해 좀 더 많이 반대하는 쪽의 극단으로부터 멀리 할 것을 필요로 한다. 왜냐하면 양 극단에 좀 더 많이 그 잘못에 빠지기 쉬운 것과 그 두려움이 비교적 적은 것이 존재한다. 그러기 때문에 '중'을 잘 파악하는 일이 대단히 어려운 이상, 이른바 '차선의 방법'을 우리는 여러 가지 악 가운데 가장 심하지 않은 것을 채택하지 않으면 안 되지만, 이 일은 우리가 말하는 방식으로 가장 잘 달성할 수 있을 것이다.

우리는 또, 어떤 것을 향해 우리 자신이 기울어지기 쉬운가를 잘 알아둘 필요가 있다. 사람은 각각 다른 것에 기울어지는 본성을 가지고 있기 때문에. 우리는 그것을 우리가 느끼는 쾌락과 고통의 성질 여하에 따라 알 수 있을 것이다. 우리는 그 반대 방향으로 자기를 끌어갈 필요가 있다. 잘못할 기회로부터 멀어짐으로써 '중'에 이를 수 있기 때문이다. 마치 사람들이 굽은 나무를 곧게 하는 것처럼.

또 모든 경우에 우리는 쾌든가 쾌락에 대하여 가장 경계하지 않으면 안 된다. 사실 쾌락에 대한 우리의 재단은 결코 공평하지 않다. 헬레네(Helene)[6]에 대해 장로들이 느낀 바를 우리도 쾌락에 대해 느낄 필요가 있다. 우리는 모든 경우에 그들이 한 말을 반복할 필요가 있다. 즉, 장로들이 말한 바와 같이 그 여인을 멀리 자리에서 쫓아냄으로써 우리는 잘못할 일이 좀 더 줄 수 있을 것이다. 이 같은 방식에 따를 때, 우리는 대체로 말해 '중'에 적중하는 일이 가장 많아질 것이다.

하지만 적중이라는 것은 생각하기 매우 곤란하고, 특히 개개의 경우에 그렇다. 가령, 어떤 방식으로 어떤 사람에 대해, 어떤 사항에 대해 어느 정도 긴 시간 화를 내야 할 것인가는 판단하기 쉽지 않다. 사실, 우리는 어느 때 그 부족한 부분의 사람을 칭찬하여 온건한 사람이라 말하고, 또 어떤 때는 화내는 사람을 보고 남자답다고 칭찬하는 일이 있다.

더욱이 '선'에서 약간 벗어난 사람은—과대 방향이든 과소 방향이든—비난하지 않는다. 비난하는 것은 그 나머지, 정도가 지나친 사람의 경우다. 이것은 잘 알아차리게 된다. 다만 어느 점까지, 또 어느 정도의 사람까지 비난할 것인가는 논리적으로 결정하기 어렵다.

사실, 감각적인 사항은 모두 그런 것이므로 통하는 사항은 개별적으로 존재하고, 그 판정은 감각에 관계하는 것이다. 하지만 이것만은 어떻든 분명하다. 모든 사항에서 '중'적인 상태는 상찬할 가치가 있다. 그러나 우리는 때로 초과의 방향으로, 또 때로 부족의 방향으로 기울 필요가 있다. 이렇게 함으로써 우리는 도리어 좀 더 쉽게 '중', 곧 '선'에 적중할 수 있기 때문이다.

***
6. 헬레네(Helene)는 원래 여신이다. 호메로스에서 인간으로 묘사되고 있다.

3권 윤리적 탁월성, 덕 II

1장 좋다, 나쁘다는 임의적

이래서 덕은 정념과 행위에 관계되지만, 상찬 내지 비난이 향하는 것은 이 정념과 행위가 자기 뜻대로 하는 수의적(隨意的)일 경우로[1] 한정된다. 만약, 그것이 수의적이지 않다면, 오히려 동정 내지 때로 연민까지도 밀려온다. 그럴진대, 생각하면 수의적인 것과 수의적이지 않은 것의 구별을 분명히 하는 일은 덕에 관한 고찰에서 필요하기 때문이고, 입법할 때도, 또 포상과 징벌에 관해서도 유용할 것임이 틀림없다.

수의적이지 않다는 것은 강요에 의해, 또는 무식 때문에 일어나는 일이라 생각된다. 강요적이란, 그 단초가 외부에서 오는 것으로 말하고 있다. 결국 그 단초가 행위하고 정념(情念)하는 본인을 조금도 관계할 여지 없는 성질일 경우, 가령 바람의 힘으로, 또는 피할 수 없는 힘을 가지는 사람들 손으로 어딘가에 가져간다는 경우가 그것이다.

하지만 대개 가지가지 좀 더 큰 해악에 대한 공포라든가, 또는 어떤 아름다운 목적 때문에 부득이하게 행해지는 사항의 경우, 가령 어떤 사람에 대해 그의 부모 자식 생살권(生殺權)을 갖는 독재자 참주(僭主, 비합법적인 방법으로 정권을 장악하면서 영향력을 확산시킨 지배자 또는 독재체제)가

***
1. 행위에 대한 '수의적(隨意的)' 여부의 구별은 행위 주체에 대한 '자진해서', '좋아서'의 구별이 거의 대응된다.

어떤 추악한 행위를 지시한다고 하자. 그리고 만약, 이에 따르면 그의 부모나 자식이 목숨을 유지할 수 있지만, 만약 따르지 않으면 부모나 자식이 죽음을 면치 못한다고 가정한다.

이 같은 행위의 경우, 그것은 수의적이지 않은가, 아니면 수의적인가 하는 의혹의 여지가 남는다. 또 어떤 의미에서 이에 통하는 사태는 폭풍우 속에서 살기 위해 배에 실린 짐을 바다에 던지는 경우다. 이 경우, 본래적으로 어떤 사람도 좋아서 짐을 바다에 던지기를 하는 것은 아니다. 다만 자기와 남들의 생명을 구조하기 위해 양식 있는 사람들은, 때로는 어떤 일을 하는 수없이 억지로 하기도 한다.

이 같은 성질의 행위는, 그러므로 혼합적인 성질을 가지고 있으나 어느 쪽인가 하면, 이것은 역시 수의적인 행위에 가깝다. 왜냐하면 그 일이 행해지는 시점에서 보면, 그것은 바람직한 행위로 취한 것이기 때문에 행위 목적은 시의적절하게 정한 것이다. 따라서 수의적이든 아니든, 행위 있은 바로 그때를 말하는 것이어야 한다.

그런데 그는 그때 자발적으로 이 행위를 하는 것이다. 이 같은 여러 가지 행위에서 그의 기관적인 여러 부분을 움직이는 근원은, 역시 그의 내면에 있는 것이다. 그런데 근원이 그의 내면에 있는 것 같은 사항은 이런 행동을 할 것인가, 안 할 것인가 하는 것도 그의 자유에 속하는 일이기 때문이다.

그러므로 관계 행위는 수의적이다. 무조건적일 때 대개 수의적이지 않지만. 실제로는 누구도 이런 행위를 그 자신이 선택하지 않을 것이 틀림없다.

하지만 대단히 아름다운 사항에 대한 대상으로 어떤 추악한 고통이 따르는 것을 참고 이겨 내면, 때로 이 같은 행위가 상찬받는 일이 되기도 한다.(그와 같은 조건이 빠진 경우는 물론 비난받는다. 아름다움을 위함이 아니고, 또는 그만한 것을 위해 추악한 사항을 견뎌 내는 일은 열악한 사람의 증거밖에 안 된다.)

또 어떤 경우, 만약 인간 본성을 넘은, 그래서 어떤 사람도 참아낼 수 없는 사항을 면하기 위해 해서 안 될 일을 했을 경우, 그 행위에 대해 상찬은 없어도 동정은 받을 때가 있다.

하지만 어떤 사항에 대해 생각건대, 강제 받았다 해도 할 일이 아님에도 사람은 오히려 어떤 두려운 수난도 피하지 않고 죽음을 선택해야 할 일이다. 에우리피데스(Euripides)의 아르크마이온(Alcmaeon)의 경우 어머니를 강제로 죽음에 이르게 한 것은 어이없는 일이다.

하지만 어떤 사항 대신 어떤 것을 취할 것인가, 어떤 일을 위해 어떤 일을 오히려 참아야 할 것인가를 판정하는 일은 때로 곤란하다. 더욱 말할 것 없이, 인식 결과를 각별히 따르는 일에 이르면 더더욱 곤란하다. 생각건대 관계되는 경우, 예기(豫期)되는 것은 대체로 고통스러운 사항이다. 강제 받는 부분이 추악한 사항이기 때문이다. 그러니까 강제에 굴복하느냐 여부에 따라 그들에게 상찬이, 또는 비난이 쏟아진다.

그러면 강제적인 사항은 어떤 성질로 이룰 것이냐, 무조건적으로 말하면 그것은 행위의 원인이 외부에 존재한다. 행하는 사람이 조금도 관여하지 않는 경우라고 말할 수 없는 것인가. 다만 사항 자체로 수의적이지 않은 성질의 것임에도 불구하고 맡겨진 장면에서, 또 일정 사항 대신 호감이 가고, 그 근원이 행위하는 사람에게 존재하는 사항은 자체적으로 수의적이지 않으며, 맡겨진 장면에 또 어느 정도 정해져 있거나 한결같은 사항 대신으로 수의적이다.

어느 쪽이냐 하면, 그러나 그것은 역시 수의적이라고 할 수 있다. 행위는 개별적인 장면에서 성립되지만, 개별적인 장면을 말하면 여기서 그것은 수의적이기 때문이다. 어떤 행위 대신 어떤 행위를 선택할 것이냐는 쉽게 대답할 수 없다. 개별적인 여러 가지 상황과 어떤 일에 들이는 시간적 여유나 겨를에 따라 많은 차이가 존재한다.

만약, 사람이 쾌적한 사항과 아름다운 사항도 강요적이라 하면(그것은 외부에서 우리를 강요하므로), 이 사람은 모든 것이 강요적이라 말하게 될 것이다. 그러나 실제 강요에 의해 스스로 좋아서 하는 일이 아닌데 행위하는 경우, 고통을 감내하며 행위하는 것이지만, 이와 반대로 쾌락이든가 아름다움을 위해 행위하는 사람들은 쾌락을 느껴가며 행위하고 있는 것이다.

원인을 외부에 돌리고 자기에게 돌리지 않는다. ─자기는 그런 사물의 포로가 되기 쉬운 인간이기 때문이라 하고─결국, 아름다운 행위의 원인은 이것을 자기에게 돌리고, 추악한 행위의 원인은 이것을 쾌적한 일 탓으로 돌리는 것은 웃기는 일이다. 이래서, 강요적이라 함은 그 근원적 단초가 외부에서 오고, 강요된 사람은 조금도 그 단초에 관계되지 않은 사항이라 생각된다.

다음, 무식에 기초를 둔 사항은 모두 수의적인 것이지만, 다만 그것이 역시 수의적이지 않다고 하는 것은 고통을 수반하고 후회를 수반하는 경우다. 무식하기 때문에 어떤 일을 했으나 그 행위에 대해 조금도 화내는 감정이 없는 사람의 경우─이것은 의식하지 않았기 때문에 스스로 매우 좋아 행한 것은 아니다. 그러나 그렇다고 해서 싫은 것을 한 것도 아니다. 자기 행위에 고통을 느끼지 않았기 때문이다.

그러므로 똑같이 무식 때문이라 해도 후회를 느끼는 사람의 경우라면

'좋아하지 않으며' 행한 것이라 생각하지만, 후회를 느끼지 않은 사람의 경우—전자와 다르기 때문에—'스스로 좋아하지 않으면서'라고 해 두자. 양자는 각각 다르기 때문에 각각 독자의 표현이 있어 좋다.

또, 무식하기 때문에 행위한다는 일은 무의식으로 행위한다는 일과 다르다고 생각한다. 가령 몹시 취했든가, 몹시 화난 사람은 무식 때문에 행위하고 있다고 생각되지 않는다. 오히려 어떤 그런 일이 원인이 되어 그는 스스로의 행위를 의식하지 않고 무의식으로 일을 행하고 있다고 생각하는 것이다.

그러므로 모든 나쁜 사람은 무엇을 할 것인가, 무엇을 해서 안 될 것인가를 의식하지 않는 사람이다. 이 같은 허물 때문에 사람들은 부정한 사람이 되고, 대개 나쁜 사람이 된다. 수의적이지 않다는 의미는, 사람이 '공익적인 일'을 알지 못한다는 데 있는 것이 아니다. 즉, '선택'에서 '무지'와 '무식'은 수의적이지 않다는 데 원인이 있는 것이 아니고, 그것은 오히려 인간의 비덕(非德)에 원인이 있다.

또, 수의적이지 않다는 일에 원인이 있는 '무지'와 '무식'은 일반적인 그것이 아니고(사실 이것은 비난받는다.), 도리어 개별적인 여러 조건—주위의 여러 가지 사정이든가 행위의 대상—에 관한 것이다. 사실 연민이 향하고 동정이 가는 것은 후자와 같은 경우에 다름 아니다. 이 가운데 어떤 것을 모르는 사람이 수의적이지 않은 행위를 하기 때문이다.

그러므로 생각건대, 이들 조건이 어떤 것이고, 어떤 모양의 것을 포함하는가를 규정해 놓아도 나쁘지 않다. 여기 말하는 '무지', '무식'에 관계되는 부분은 어떤 사람이 무엇을, 무엇에 대해, 무엇을 하고 있는가, 또 때로 어떤 것에 의해(가령 어떤 도구를 써 가지고), 무엇을 위해(가령 구조를 위해), 어떤 방식으로(가령 조용히, 또는 거칠게)와 같은 여러 가지 점이다.

그러므로 이 같은 여러 가지 점을 낱낱이 알지 못하는 사람은 정신 이 상자가 아닌 한 누구든 있을 수 없는 일로, 또 타인이 이처럼 행위하는 것도 모르는 사람이 없다는 사실은 분명하다. 적어도 자기 자신을 모른 다는 사실은 있을 수 없기 때문이다. 그러나 자기가 해야 할 사항을 자신 이 모른다는 사실은 있을 수 있다. 가령 '무심코 진실을 말한다'든가, 비 밀 발설을 금지하는 사항을 몰랐다든가, 가령 석궁(石弓)을 설명해 주려 다가 그만 실수로 화살을 쏘았다든가.

또, 메로페(Merope)처럼 자기 아들을 적이라 생각한 일도 있고, 끝에 칼 달린 창을 둥근 것으로 생각하든가, 돌을 속돌(작은 구멍이 나 있는 가 벼운 돌)이라 생각하는 일도 있다. 그리고 생명을 살리기 위한 목적으로 마시게 한 술이 반대로 죽음에 이르게 한 일도 있다.

또, 가령 운동 경기에서 선수끼리 약간 접촉한 일이 상대에게 큰 상해 를 입힐 수도 있다. 이렇게 하여, '무지'와 '무식'의 행위를 둘러싸고 대개 이 같은 여러 가지 부분에 관계되기 때문에, 이들 중 어떤 점에 있어 지 식이 없는 사람이 자기 마음에 든다고 그것을 했다 생각할 수 있다. 가장 심한 것은 가장 중요한 여러 부분에 관한 것이다. 가장 중요한 여러 부분 은 행위의 상대와 목적이라 생각된다.

그래서 이 같은 의미의 '무지', '무식'에 근거한 경우 수의적이지 않다 고도 말하지만, 수의적이지 않다고 말할 수 있기 위해 더욱 그 행위가 고 통을 가져오고, 후회를 동반할 것을 필요로 한다.

'강요에'의해, 또 '무식'때문에 행해지는 사항이 수의적이지 않다고 하면, 대개 행위의 근원적 단초가 그 사람 가운데 존재한다. 행위를 둘 러싼 개별적인 여러 부분을 당사자가 알고 있는 한, 그것은 수의적인 행위라 생각하지 않으면 안 된다. 즉, 격분이나 욕정에 기초한 행위가 수의적이지 않다고 하는 것은, 아마 타당하지 않은 일로 생각해야 할 것이다.

왜냐하면, 만약 그런 행위가 수의적이지 않다고 하면, 첫째 인간을 빼면 어떤 동물도 수의적으로 행동하지 않는 것이 되고, 나이 어린 아이도 똑같이 수의적으로 행동하지 않는 것이 된다. 뿐만 아니라, 욕정과 격분에 근거한 행위는 어떤 것도 모두 수의적이지 않다 해야 할까, 아니면 또 아름다운 행위는 수의적으로 행하지만 추악한 행위는 수의적이지 않게 행동한다고 할까, 그중 어떤 의미일 것이다.

만약 후자의 의미라면, 원인자(原因者)는 동일인인데 이 같은 차별을 두는 것은 웃음거리에 불과하다. 하지만 전자의 뜻에 따른다 해도, 우리가 응당 욕구하지 않으면 안 될 사항이 있는데, 이를 보고 역시 수의적이지 않다고 하면, 생각건대 부조리라 하게 될 것이다.

우리는 실제 어떤 사항에 대해 당연히 격분하지 않으면 안 될 것이고, 어떤 사항은 당연히 우리가 욕구하지 않으면 안 될 것이다. 가령, 건강이든 학습이든.

또, 수의적이지 않다면 고통을 느끼게 하겠지만, 욕정에 기초한 행위는 쾌적한 것이 된다. 뿐만 아니라 다 감안한 이상, 과실이든 격분에 근거한 과실이든, 어떻든 특히 수의적이지 않다는 차별이 어디에 존재하는가.

과실은 이 어느 것이라도 피해야 할 것이다. 논리적이지 않은 정념 역시 인간에게 속하는 것으로 생각된다. 격분과 욕정으로 생긴 행위도 그러므로 인간이 행하는 일에 다름 아니다. 따라서 이 같은 행위를 수의적이지 않다고 하는 것은 부조리다.

2장 선택에 앞선 숙고

앞의 장에서 수의적이고 수의적이지 않은 구별은 분명히 밝혀졌다. 다음은 '선택'에 관한 서술로 옮겨 가지 않으면 안 된다. 사실 선택은 덕과 가장 긴밀한 관계를 가지고 있어, 우리가 무엇을 선택할 것이냐는 것은, 겉으로 나타나는 행위 이상으로 우리의 '윤리적 성상'의 판정에 도움된다고 생각한다.

'선택'은 '수의적'이라 보지만, 양자는 동일하지 않고 수의적이라 하는 편이 좀 더 넓은 범위에 걸친다. 수의적 행동은 연소자에게 속하고 인간 외 여러 동물에게도 공통되지만, '선택'이란 사실은 그렇게 통하지 않기 때문에, 또 우연한 착상의 행위를 우리는 수의적이라 하지 '선택'에 따른다 하지 않는다.

'선택'은 '욕정'이라 하고, 혹은 '격분'이라 한다. 혹은 '원망(願望)'이라 하고, 혹은 어떤 유의 '억견(臆見, 근거가 없이 짐작이나 상상으로 하는 생각)'이라 하는 사람들이 있지만, 이 같은 견해는 어떻든 옳은 견해라 생각지 않는다. 선택은 논리 없는 여러 동물에게 공통적으로 속하는 것은 아니지만 욕정과 격분은 그들과 공통적이다.

뿐만 아니라, 억제적이지 않은 사람의 행위는 욕정에 근거하지 선택에 근거하지 않는다. 억제적인 사람의 행위는 '선택'에 근거하고 욕정에 근거하지 않는다. 뿐만 아니라 욕정은 '선택'에 반대적으로 대립하는 일이 있지만, 욕정은 그러나 욕정에 반대적으로 대립하는 일은 없다. 뿐만 아니라 욕정은 쾌 및 고에 관계하지만, 이와 반대로 '선택'이 관계하는 부분은 쾌고(快苦)가 아니다.

또, 격분은 일층 더 멀다. 왜냐하면, 격분에 근거하는 행위야말로 가장 '선택'에 따르지 않는 행위라 생각하기 때문이다.

하지만 또 원망이—매우 가깝게 보임에도 불구하고—역시 '선택'과 같지 않다. '선택'은 불가능한 사항에 관계하지 않는다. 만약, 불가능한 사항을 '선택'한다고 말하는 사람이 있다면 치매라 생각할 것이다. 이와 반대로 원망은 불가능한 일—가령, 죽지 않음—에 관계된다. 뿐만 아니라 원망은 전혀 자기 자신에 의해 행해지지 않는 사항—가령 어떤 배우든가, 어떤 경기자의 승리처럼—에 관계되지만, 이와 반대로 통하는 사항을 어떤 사람도 선택하지 않으므로 사람이 '선택'하는 것은 대개 자기 자신에 의해 행한다 생각되는 사항에 다름 아니다.

더욱이 원망은 보다 많이 목적에 관계되지만, '선택'은 목적의 여러 가지 수단에 관계된다. 가령 우리는 '건강할 것'을 원망하고, '그에 따라 건강할 수 있는 것'을 선택하는 것이다. 또, 우리는 행복할 것을 원망하고 또 그런 식으로 말하지만, 행복할 것을 선택한다 말할 수 없다.

대체로 '선택'은 우리 힘이 미치는 범위 안에서 이루어지는 것으로 생각된다. 이래서 '선택'은, 또 억견도 아니다. 왜냐하면 억견은 모든 사항이 관계되는 것으로, 우리 힘이 미치는 범위 내의 사항만 아니라 동시에, 또 영원불변의 것이나 불가능한 사항에도 관계된다고 생각하기 때문이다. 또, 억견은 참과 거짓에 따라 구분되고, 좋고 나쁘냐에 따라 구분되지 않으나, '선택'은 이와 반대로 오히려 좋으냐, 나쁘냐에 따라 구분된다.

그러므로 생각건대, 어떤 사람도 전반적으로 '선택'은 억견(Doxa, Belief)과 같다 하지 않지만, 그것은 또 어떤 억견(믿음, 소신)과 같다 하지 않는다. 왜냐하면 우리가 어떤 유의 인간이라 말하는 것은 우리가 여러 가지 선을 '선택'하는가, 아니면 악을 '선택'하는가에 따르는 것이지, 어떤 것을 억견하느냐에 따르는 것은 아니다.

뿐만 아니라, 우리는 관계되는 것 가운데 어떤 것을 취하든가 피하든가 '선택'하지만, 억견의 경우는 그것이 무엇인가, 그것이 어떤 사람에게 또 어떤 방식으로 유용한가를 억견하는 것이지, "그것을 취하는 일과 또 피하는 일을 억견 한다."고 말하지 않는다.

어떤 '선택'이 상찬받는 것은 그것이 올바른 방식으로 행해진 것에 의하기보다 오히려 당연히 '선택'되어야 할 것에 관계되어 있는 것임에 반하여, 억견이 상찬받는 것은 그것이 참된 방식으로 행해지는 사실에 근거를 둔다. 뿐만 아니라, 우리의 선택은 우리가 가장 판연하게 그것이 선임을 알고 있음에 반하여, 우리가 억견하는 것은 우리가 그다지 잘 알지 못할 때이다.

또, 같은 사람이 최선의 사항을 '선택'도 하고, 억견도 한다는 식의 의미로 가지 않는다. 일부 사람들은 비교적 선한 것을 억견해도, 그 악덕 때문에 바로 선택할 부분을 선택하지 않는다고 생각된다. 그때 억견이 '선택'에 선행하는가, 아니면 뒤를 따를 것인가는 당장 어느 쪽도 좋다. 우리는 그런 사실을 고찰하고 있는 것이 아니고, 다만 '선택'이 어떤 억견과 같은가 여부를 고찰하고 있는 것이다.

'선택'이 이상의 어떤 것도 아니라면, 그것은 어떤 본질을, 어떤 성질을 가지고 있는 것일까? '선택'은 수의적이라 보지만, 그러나 여러 가지 '수의적 사항'이 모두 '선택된 사항'이라 생각지 않는다. 오히려 '선택된 사항'은 '미리 생각한 사항'이라 말할 수 있지 않을까? 사실 '선택'은 사리든가 사고를 동반한다.

'선택된 사항'이란 명칭도 다른 여러 가지 사물에 앞서 취해진 것이라는 의미이므로, 역시 사량(思量, 생각하여 헤아림.)이란 사실을 시사한다고 생각된다.

3장 숙고, 자유와 책임

사람들은 그러나 모든 사항에 대해 사량하는 것일까? 모든 사항이 '사량적인 사항'에 속하는가, 아니면 어떤 사항에 대해 사량을 행하지 않는 것일까.

생각건대, '사량적 사항'이라 해도 그것은 치매 환자나 광인이 사량하는 사항을 의미하는 것은 아니고, 양식 있는 사람이 그에 대해 사량하는 것 같이 그런 사항을 의미한다고 풀이하지 않으면 안 된다. 때문에 어떤 사람도 영원불변의 사물에 관해 사량하지 않는다고 한다. 가령, 우주에 관해서든가, 대각선과 변과의 약분 불가에 관해서든가. 또, 운동 세계의 일이라 해도, 그러나 필연이든 자연이든, 또 그 밖의 어떤 원인에 근거해 항상 동일하게 생기는 사항―즉, 하지와 동지의 도래든가, 별이 나오는 것이든가―에 대해 어떤 사람도 사량하지 않는다.

더욱, 때와 경우에 따라 다른 방식으로 생기는 사항―가령, 가뭄이나 폭풍우―에 관해서도 이것 역시 똑같고, 우연에 기인하는 사항―가령, 보물 창고의 발견―에 관해서도 그렇다. "단지 사량은 인간적인 사항이라면 그 모든 것에 대해 행해진다는 뜻은 아니다. 가령, '어떻게 하면 스키타이 사람(Scythians)의 국정은 가장 잘 이루어지는 것인가' 하는 것을 스파르타 사람 사이에 사량하는 경우는 없다." 생각건대, 이 같은 사항은 어떠해도 우리에게 어떻다는 의미의 것은 아니기 때문이다.

우리가 사량하는 것은 이와 반대로 우리 힘의 범위 안에 속하고, 우리가 할 수 있는 사항에 관한 것이므로 지금 드러낸 이외의 사항이 이에 해당한다. 즉, 원인으로 자연·필연·우연*2 등이 있지만, 더욱 더 지성이든가, 모두 인간에 근거한 부분이 원인일 경우가 있다고 생각한다.

인간이 사량하는 것은 각자가 행하는 사항에 관한 것이다. 뿐만 아니라 여러 가지 학문에서도 엄밀한 학문, 자족적인 학문에 관해 사량이 행해지지 않는다. 가령, 문자에 관한 것과 같이(우리는 즉, 어떤 식으로 글자를 써야 하는가 일일이 주저하지 않는다.). 우리가 사량하는 것은 오히려 대강, 우리가 단지 항상 같은 방식으로 하는 것이 아니고, 행해지는 부분의 사항에 따른다.

가령, 의료든가 축재(蓄財)든가 하는 방면의 사항이 그것이고, 또 항해에 관해서, 체육에 관해서 보다(엄밀하지 않지만 그만큼) 좀 더 많이 우리는 사량하는 것이다. 그 밖의 경우도 이에 준한다. 뿐만 아니라 기술에 관해 사량하는 일은 학문의 경우에 사량하는 일 이상이 된다. 기술의 경우, 주저하는 일이 보다 많기 때문이다.

사량한다는 일은 '대충'이란 성질을 갖는다. 그러나 어떤 방식으로 결과를 볼 것이냐가 분명치 않은 사항, 즉 비결정적인 것을 포함하는 사항의 경우 행해진다.

그리고 사항이 중대한 경우, 우리는 충분히 판단할 수 있다는 신뢰를 자기 자신에게 걸 수 없게 되므로 '상담 상대(함께 사량해 주는 사람들)'를 동료로 끌어들인다.

***
2. 사물이 일어나는 원인으로 필연, 자연, 지성, 우연을 들 수 있다. 이 가운데 우리 사량(思量)의 대상이 되는 것은 인간적 지성이, 즉 인간이 원인이다. 인간의 지성적 사량이 일어나느냐 여부로 한정된다.

우리가 사량하는 것은 목적에 관해서가 아니고, 목적을 향한 여러 가지 구체적인 방법에 관해서다. 가령, 사량 대상은 의사의 경우 환자를 건강하게 할 것인가가 아니면 안 된다. 변론가의 경우 상대를 설득하는 것이 아니면 안 될 것이고, 정치가의 경우 좋은 정치를 베푸는 일이 아니면 안 될 것이다. 그 밖에 어떤 사람의 경우라도 그 목적에 관해서가 아니다. 도리어 사람들은 목적을 설정한 다음, 그 목적이 어떤 방식, 어떤 수단에 의해 달성될 것인가를 고찰한다.

그리고 이 목적을 달성할 몇 가지 방침이 있다고 보는 경우, 그 어떤 것으로 가장 쉽게, 가장 아름답게 달성할까를 고찰한다. 만약, 또 달성 방법이 하나라 하면, 어떤 방식으로 그 목적을 이 방법으로 달성할까, 그리고 이 방법은 또 어떤 방법을 필요로 할까 하는 식으로 첫째 원인(그것은 발견된 일에서 최후의 것이다.)까지 거슬러 올라간다.

생각건대, 사량할 때 사람은 지금 말한 방식으로 탐구 및 분석하는 것이다. ―마치 기하학의 작도(作圖)에서 하는 것처럼(물론 모든 탐구가 반드시 사량일 이유는 없고 수학적 탐구는 사량이라 말하지 않는다. 그러나 사량은 모두 하나의 탐구라 본다.)―그리고 분석에서 맨 끝에 오는 것이 달성에 첫째로 오는 것같이 생각된다.

그리고 만약, 어떤 불가능한 사항에 부딪혀 돈이 필요할 때 그 조달이 어려울 경우 해결을 단념하고, 또 만약 돈 조달이 가능하다고 보면 해결하기 위한 행동을 개시하게 된다. 가능이란 우리가 달성할 수 있다는 의미다. 가령 친한 사람에게 부탁하는 일이라도, 어떤 의미에서(그 근원적인 단초가 우리에게 존재하는 한) 우리에 의한다고 말하게 된다.

필요한 용구가 탐구되는 경우도 있고, 그 용법이 탐구되는 경우도 있는 것처럼, 꼭 그와 마찬가지로 소요 수단이 탐구되는 경우도 있고, 또 그 '어떤 방식으로', '무엇에 의해'가 탐구되는 경우도 있다.

이래서 이런 일이 되는 것으로 생각된다. 앞에서 말한 것처럼, 여러 가지 행위의 근원적 단초는 인간이다. 하지만 사량은 스스로 해야 할 여러 가지 사항에 관계되는 것이고, 이들 행위는 그것 이외의 사항을 목적으로 행해진다. 따라서 사량하는 일은 목적이 아니고, 목적을 위한 수단인 것이다.

그렇다 해서, 또 그것은 가령 이것이 빵이냐 아니냐, 그것이 어느 정도 구워졌는가 여부 등등 낱낱의 사항도 아니다. 이것은 모두 감각에 속하는 것이다. 실제, 또 어떤 경우라도 사량한다는 것이면 다하는 끝을 모를 것이다.

'선택'도, '사량'도 같은 사항에 대해 행하지만, 다만 선택받는 것은 이미 결정된 것에 다름 아닌 점이 다르다. 사량에 근거하여 결단된 사항이 선택된 것이기 때문이다. 사실, 각자는 행위의 근원적인 단초를 자기 자신의, 상세히 말하면 자기 자신의 마음속 지배적 부분까지 가져온 때, 그가 어떻게 할까 하는 탐구를 그친다. 결국 이 부분이 '선택'하는 이유다.

이 같은 사태는 호메로스가 묘사한 지난 옛날의 여러 가지 국가 제도 경우를 보면 분명할 것이다. 즉, 여기서 군주들이 스스로 선택한 부분을 국민에게 고시한 것이다.

'선택된 사항'은 우리 힘의 범위 안에 속하는 사항 가운데 사량을 거치고 욕구하는 바라 할 때, '선택'은 우리 힘의 범위 안에 속하는 사항에 대한 [3] '사량적 욕구'라고 말하지 않으면 안 된다. 우리는 사량에 의해 결단할 때, 이 사량에 근거해 욕구하는 것이다.

***

3. 엄밀한 용어법(用語法)으로 욕구는 '욕정'과 '소망' 내지 '의지'를 포함하는 의미였다.

이래서 '선택'은 어떤 사항에 관계되는가 하는 사실, 즉 그것은 목적에 대한 여러 가지 수단에 관계된다는 사실로 개략적 서술을 마치게 된다.

4장 희망과 소원

희망은 이와 반대로 목적에 관계된다. 이에 관해 이미 말한 바 있다. 하지만 일부 사람들은, 희망은 선한 부분에 관계된다고 생각한다. 또 다른 일부 사람들은 선으로 보이는 부분에 관계된다고 생각한다. 지금 만약 전자처럼 '바라는 바'라는 것이 흔히 있는 바의 것을 의미한다고 주장한다면, 목적을 옳게 선택하지 못한 사람이 희망하는 것은 희망하지 않은 것이 되고 만다.(왜냐하면 희망하는 것이 되기 위해 사실 그것이 선이어야 하는데, 지금의 경우 그것이 사실 나쁜 것이라는 이유 때문에)

또, 만약 후자와 같이 '바라는 것'이란 '선으로 보이는 것'에 다름 아니라 주장한다면, 본성적으로 바라고 원하는 것은 존재하지 않고, 각자에게 선으로 생각되는 것이 그대로 희망하는 것이 된다. 그러나 사람에 따라 선으로 보이는 것은 각각 다르므로 경우에 따라 서로 반대되는 것도 있다.

그러므로 만약 이 두 생각이 어떻든 불충분하다고 하면, 우리는 다음과 같이 말하게 될 것이 아닐까? '바라는 것'은 본래적 참 의미로 좋은 것을 의미한다. 그러나 각자에 있어 '선으로 보이는 것'에 다름 아니다. 따라서 선한 사람에게 참된 의미의 선이, 그리고 나쁜 사람에게는 임의의 것을 바라는 것이 된다. 마치 그것은 신체의 경우, 몸이 순조로운 사람들은 참으로 건강한 것이 건강이지만, 이와 반대로 병약한 사람들에게 그 것과 다른 것이 건강처럼 되어 있다.

(쓴 것, 단것, 따뜻한 것, 무거운 것, 그 밖에 어떤 것도 이와 똑같다.) 생각건 대, 좋은 사람은 각각의 사항을 올바르게 판단하는 것이므로 그에게 각 각의 사항도 사항의 참이 보인다. 결국 각각 각자의 '상태'가 다름에 따라 여기 독자 모습으로 나타나는 아름다운 것, 쾌적한 것이 있다는 뜻이고, 뛰어난 인간은 생각건대 각 방면 사항에서 참을 간파함에 가장 초월 적으로 느끼는 사람이라 할 것이다. 말하자면, 그는 기준이고 척도인 것이다.

대부분 사람들의 경우, 잘못이 일어나는 것을 쾌락 때문으로 안다. 그렇게 말하는 것은 쾌락이 바로 선이 아님에도 불구하고, 그러나 그들은 그것을 선으로 본다. 따라서 그들은 쾌를 선으로 선택하고, 고통은 이것을 악으로 몰아 피하는 이유를 갖는다.

5장 덕은 자유, 악덕은 책임

이래서 목적은 바라는 것, 우리가 희망하는 것을 의미한다. 그러나 목적에 이르는 여러 가지 방법은 우리가 이것을 사량하고 선택하는 것이다. 그렇다 하면 이런 방법에 대한 우리 행위는 '선택'에 기초를 둔 것이고, 임의적인 성질의 것이라 말하지 않으면 안 된다.

그런데 여러 가지 덕 분야의 활동은 목적에 대한 방법에 관계되고 있다. 그러므로 우리가 덕을 가지고 있나 여부는 우리 자신에 의존하는 자유스러운 사항이다. 덕에 대해서도 똑같은 사실을 말할 수 있을 것이다. 생각건대, 하는 일이 우리 자유에 속하는 사항의 경우 그것을 하지 않는 일도 또 우리 자유에 속하고, 하지 않는 것이 우리에게 가능한 사항의 경우 그것을 하지 않는 일 또한 우리에게 가능하다.

그렇다 하면, 만약 어떤 행위를 하는 일이 아름다운 사항이고, 동시에 그것을 하는 일이 자유에 속한다고 하면, 그것을 하지 않는 일이 추악한 것이고, 이 또한 자유에 속할 것이다. 또 만약, 그것을 하지 않는 일이 아름답고 또 가능하다면, 그것을 하는 일이 추악하지만 이것 역시 우리에게 가능할 것이다.

지금 아름다운 행위나 보기 싫은 행위를 하는 일도 우리 자유이고, 또 그것을 하지 않는 일도 우리 자유라고 하면, 그리고 이러한 하고 하지 않음이 좋은 인간, 나쁜 인간이라는 의미라면, 좋은 인간이 되고 나쁜 인간이 되는 일은 당연히 우리 자신에 의존하고, 우리 자유에 속하는 사항이라 할 수 있을 것이다.

"어떤 누구도 스스로 기꺼이 하등(下等) 인간이 되고자 하는 사람은 없다. 또 스스로 좋아하지 않는 행복도 없다." 이 말은 거짓과 참을 동시에 포함하고 있는 것으로 생각된다. 어느 누구도 스스로 좋아하지 않는 행복은 없다. 그러나 인간의 열악(劣惡)은 임의적인 성질의 사항인 것이다. 그렇지 않으면 우리가 앞에서 말한 부분과 어긋나지 않으면 안 되므로, 곧 우리는 인간이 행위의 근원적 단초이고, 자식의 어버이와 똑같은 의미로 행위의 어버이는 인간이란 사실을 부정하지 않으면 안 되게 된다.

그러나 만약, 앞에 말한 이 같은 사항에 잘못이 없다면, 그리고 우리 행위가 그 최초로 되돌아가 우리 속에 있는 근원적 단초 외의 것으로 가져갈 수 없는 것이라면, 대개 그 단초가 우리 속에 존재하는 한 그것은 역시 우리 자유에 의존하는 것이고, 임의적 성질의 것이라 생각지 않을 수 없다.

이러한 입론(立論)은 개인 각자의 행동이나 입법자들 자신의 행동에 의해 확실한 뒷받침을 받는 것으로 생각된다. 왜냐하면 그들은 나쁜 일 하는 사람들을—그 행위가 '강요'든가 '자기 책임에 속하지 않는 부분의 무지'에 기초를 둔 것이 아닌 한—징계 처벌하고, 아름다운 일을 행한 사람들을 드러내 기리는 것으로, 그것은 관계 행위를 각각 장려하려는 데서 나온 것이다.

그런데 우리 자유 범위 내에 속하지 않고, 임의적이지 않은 사항을 하도록 장려하는 사람은 없다. 열을 내지 않게 하든가, 고통을 느끼지 않게 하든가, 공복을 깨닫지 않게 하든가, 그 밖에 그런 일은 결심해 보아도 소용없다. 우리는 역시 의연히 그런 처음과 끝에 이르기 때문이다.

'자기 책임에 속하지 않은 부분'이라 한 것은, 만약 무지가 그 사람 책임에 속한다고 생각되는 경우, 무지는 그 자체에 대해서까지 처벌이 행해지기 때문이다. 가령, 술주정꾼에게 처벌이 배가 되는 것처럼.

생각건대, 그 단초가 그에게 존재하기 때문이다. 그는 술주정하지 않고 그칠 수 있는 부분에 대해 결정적인 힘을 가지고 있음에도 불구하고, 그가 술주정을 했다는 데 무지의 원인이 존재하고 있기 때문이다.

어떤 법률에 존재하는 사항으로 사람이 알고 있어야 할, 그리고 아는 데 곤란하지 않은 사항을 알지 못하는 사람들도 또 처벌되고, 그 밖에 대개 그것을 모르는 것은 부주의하기 때문이라 생각되는 사항도 마찬가지다. 그것은 관계되는 무지를 피하는 것이 사람들 자유에 의한 사항에 속하기 때문이라는 의미에서다. 생각건대, 주의를 기울인다는 일에 대해 사람들은 충분한 힘을 가지고 있다.

하지만 생각건대, 주의를 기울이지 않는 사람이 존재할지 모른다. 그러나 사람들이 이런 인간이 되는 원인은 그들 자신이 부주의하게 생활하고 있다는 데 있다. 또 부정한 인간이나 방탕한 인간이 되는 원인은 그 자신이 나쁜 일에 종사하든가 음주, 그 밖에 제 정신을 잃고 빠진 일에 있다. 생각건대, 각각의 사항에 관한 활동이 그 사항의 성질에 따라 그런 식의 인간을 만들어 내기 때문이다.

이 일은 특정 경기나 활동을 위해 준비하고 있는 사람들에 대해 보아도 분명하다. 그 사이 그들은 끊임없이 그 활동을 계속하고 있는 것이다. 그러므로 각각 성질의 활동에서 그 성질에 따르는 부분의 '상태'가 생긴다는 사실을 모르는 것은, 전혀 둔감한 인간의 증거다. 더욱이 또 부정을 일삼으며 부정한 인간이 안 되기를 바라고, 방탕한 행위를 하면서 방탕한 인간이 되지 않기를 바라는 일은 무리일 것이다.

만약 이와 반대로 그것을 한다면 부정한 인간이 되는 행위를, 그 일을 알지 못하고 이야기를 하면 그 사람은 스스로 좋아서 부정한 인간이 된다고 하지 않으면 안 된다. 그렇다고는 하지만, 일단 그렇게 된 사람이 하고자 하면, 부정한 인간을 끝내고 바른 인간이 될 것이라 말하는 것은 아니다. 환자도 또 그렇게 해서 건강하게 되기는 불가능한 것으로, 지금 만약, 무절제한 생활을 하며 의사가 말한 것을 듣지 않고 스스로 기꺼이 병든 사람이 되었다고 하자. 이 경우, 그때까지 병들지 않는 일이 그에게 가능했지만 일단 건강을 잃은 뒤에는 어느새 뜻대로 가지 않는다. 마치, 일단 돌을 던졌으면 자기는 그것을 되돌려 놓는 일이 불가능한 것처럼.

그러나 그럼에도 불구하고 그것을 던지는 일은 그의 자유에 속하는 것이다. 단초가 그에게 있기 때문이다. 이와 똑같이 부정한 사람이나 방탕한 사람도 처음에는 그런 사람이 안 되는 일이 가능한 것이었다. 따라서 그들 스스로 기꺼이 관계한 인간이 된 까닭에, 하지만 일단 관계한 인간이 된 이상, 그런 인간이 되지 않기는 벌써 그에게 가능하지 않은 것이다.

임의적이라 함은 단지 혼의 여러 가지 악덕만이 아니라 신체도 역시 어떤 사람들의 경우 임의적이다. 때문에 우리는 그런 경우 그들을 비난한다. 즉, 본래부터 추한 사람들이면 누구도 이를 비난하지 않지만, 체력의 부족이든가 부주의에 근거한 추한 사람들이라면 우리는 이를 비난하는 것이다.

허약자나 장애인에 대해서도 똑같다. 세상에 태어나면서부터 혹은 질병이나 부상으로 인한 시각 장애자라면, 이를 비난하는 사람은 없고 오히려 이를 동정하지만, 술을 폭음한다든가, 그 밖에 방탕에 근거를 둔 시각 장애자는 누구도 이를 비난할 것임에 틀림없다.

이래서 신체에 관한 여러 가지 나쁜 '상태' 가운데, 우리 책임에 근거한 것은 비난받지만 그렇지 않은 것은 비난받지 않는다. 그렇다고 하면, 혼의 경우에도 또한 그 여러 가지 비난받는 악덕은 우리 책임에 근거한 것이 아닐 수 없다.

그러나 혹시 사람이 말할지 모르지만,―"모든 사람들은 선으로 보이는 부분을 추구하지만, 그러나 이 보는 방법에 대해 사람들은 어떻게 할 힘이 없기 때문에 각자가 애당초 어떤 인간인가에 따라 목적도 역시 각 사람마다 각각 다르게 보인다.―만약, 각 사람에게 자기 자신의 상태에 대해 어떤 책임이 있다고 하면, 사물을 보는 방식에 역시 그 스스로 어떤 책임이 생길 수 있을 것이다. 하지만 만약 각 사람에게 이러한 책임이 없다고 하면, 어떤 사람도 악을 행하는 데 대해 스스로 책임을 지지 않는다. 다만 목적을 모르기 때문에 이 행위에 의해 최선의 사항이 행해질 것이라 생각하며 이 일을 하고 있다는 데 지나지 않는다.

목적을 추구하는 일은 자기가 자기를 선정하는, 자선적으로 행하는 일은 아니다. 사람은 그로 하여금 아름답게 판단하고 참된 의미에서 선을 택하게 되는 것이다. 말하자면, 사람은 누구나 좋은 시력으로 태어나기를 원한다. 때문에, 날 때부터 건강하고 아름답게 태어난 사람이 태생적으로 좋은 사람이다. 따라서 이것은 동시에 남한테 획득할 수도, 습득할 수도 없으므로 태어날 때부터 가지고 있는 그대로의 상태를 지속할 밖에 없다.

이 일에 관해 "잘, 바르게, 또 아름답게 태어났다는 사실이 궁극적이고 참된 의미의 생래적인 선이다.", 지금 이 주장이 참이라 할 경우, 그래도 역시 왜 덕만이 악덕 이상으로 임의적이어야 할까? 생각건대, 목적을 보이는 방법과 주는 방법은 좋은 사람이나 나쁜 사람이나 어떻든 균등하게 타고난 것인가, 혹은 균등하게 타고나지 않은 어떤 방식에 의한 것이라 말할 것이다. 그들은 함께 관계 방식으로 맡겨진 목적에 준거하면서 다른 모든 행위를—어떤 방식으로 하든—하는 것이다. 그 점 좋은 사람이나 나쁜 사람 사이에 차별은 존재하지 않을 것이다.

그러므로 지금 대개 목적이 어떤 성질의 것으로 각 사람에게 보이는가 하는 것은, 각 사람의 타고난 것이 아니고 역시 약간 그 사람의 노력 여하에 관계되는 부분이 있다고 해도, 혹은 또 목적은 각각 사람이 태어나며 받은 것이고 다만 좋은 사람은 그의 목적을 달성하기 위한 여러 가지 행위를 임의적으로 행하기 때문이라는 의미로만 덕은 임의적이라 해도, 그 어떤 것이라 해도, 만약 덕이 임의적이면 악덕 역시 이에 못지않게 임의적이지 않으면 안 된다.

사실, 나쁜 사람의 경우도 좋은 사람 못지않게 그 자신에 기인하는 부분이 잠정적 목적에 대해 그렇지 않다 하더라도, 그의 여러 가지 행위 가운데 역시 보이기 시작한다. 그러므로 만약 덕이 사람들이 말하는 것처럼 임의적이라 하면, (실제 우리는 자기 상태에 대해 스스로 어떤 방식으로 책임을 나누어 가져야 한다. 그리고 우리는 이러이러한 인간임에 따라 이러이러한 목적을 조정하고 있다.) 그 경우는 악덕도 역시 임의적이지 않으면 안 될 것이다. 그 점 양자, 어떻든 동격이다.

윤리적 성상(性狀)의 탁월성, 즉 덕에 관한 일반론은 이렇게 해서 끝났다. 곧, 덕에 속하는 영역—덕은 중용이고 '상태'일 것이다.—이 개략적이나마 설명되고, 또 덕은 덕을 만들어 내는 부분의 행위와 같은 성질의 행위를 하는 동향을, 그것도 즉자(卽自, 그 자신이 독립적으로 존재하는) 적으로 가지고 있을 일, 덕은 우리 자유와 책임에 속하고 임의적인 성질의 것일 일, 그것은 옳은 사리가 명하는 부분에 따른다는 사실이 논술되었다.

다만, '행위'와 '상태'는 임의적이라 해도 그 뜻은 같지 않다. 행위에 대해 우리는 그 단초에서 종국에 이르기까지—하나하나 쫓아가는 상황을 알고 있어—지배적인 힘을 가지고 있음에 반하여, '상태'에 대해 그 단초만큼 지배적 힘을 가지고 있지만, 그 후에 차례를 따라서 앞으로 나아감에 이르러 우리가 이것을 분명히 하기가 불가능하다. 마치 병약(病弱) 형성 과정의 경우가 그런 것처럼.

그러나 어떤 방식으로 행동하는가, 아니면 다른 방식으로 하는가 하는 것은 우리 자신의 자유로 할 수 있는 사항에 속하는 것이므로, 그 의미로 '상태' 역시 임의적인 것이다.

여기서, 우리는 여러 가지 덕에 관한 각론을 들어올리고, 각각 덕의 본질이 어떠한지, 그것이 어떤 사항에 또 어떤 방식으로 관계되는지를 논술해 간다. 덕에는 어느 정도의 것이 있나 하는 것도, 동시에 그것으로 분명해질 것이다.

6장 용감성은 공포 및 태연에서

용감은 '공포' 및 '태연'에 관해 중용이어야 할 것을 이미 분명히 밝혔다. 그런데 우리가 두려워하는 바의 것은 말할 것도 없이 두렵고 무서운 사항이다. 이것을 무조건적으로 말하면, 여러 가지 나쁜 사항이다. 사람들이 공포를 "여러 가지 나쁜 사항의 예기(豫期)"라고 정의하고 있는 이유다. 우리는 그러므로 모든 악, 가령 평판이 나쁜 것·가난·질병·친구 없는 외로움·죽음 같은 것을 겁내지만, 용감한 인간의 경우, 반드시 이 같은 모든 나쁜 사항에 관계되는 것은 생각하지 않는다.

왜냐하면 사항에 따라 겁내고 두려워하는 것은 당연하다. 또 아름다운 일 같고, 그리고 두렵지 않은 것에 추악 같은 것이 있다. 가령, 평판이 좋지 않은 것이다. 이를 두려워하는 사람은 좋은 사람이고 수치를 아는 사람이고, 두려움이 없는 사람은 수치를 모르는 사람이다. 이런 사람을 보고 용감하다고 일부 사람들이 말하는 것은 말을 돌려서 하는 것이다. 생각건대, 관계되는 인간도 용감한 사람과 어떤 유사점이 있다. 용감한 사람은 두려움이 없는 사람이기 때문에.

또, 빈궁이나 질병이나 모두 대개 자기 악덕에서 생기는 것이 아니고, 자기 자신에게 근거하지 않은 부분의 것은, 생각건대 두려워할 사항이 아니다. 이에 관해 두려워할 부분이 없다고 해서 관계자가 용감한 사람이라고 말할 이유는 없다.

우리는 서로 비슷함에 근거해 관계자를 용감한 사람이라 할지라도 실제 싸움의 위험 속에서 겁약자나 너그러운 인간이 있고, 재산 상실에 대해서도 전혀 태연한 사람들도 있는 것이다.

이래서, 또 자기 처자에 대한 모독이든가 남의 질투심이든가 어떤 그러한 부류의 사항을 두려워해도 겁약자라 할 수 없고, 채찍을 맞을 때 태연해한다고 해서 또 용감한 것도 아니다.

그렇다면 용감한 사람이란, 두렵고 무서운 사항 가운데 어떤 성질에 관계되는가. 그것은 그 최대의 것에 관계되는 것이 아닌가. 용감한 사람만큼 두렵고 무서움을 견뎌 내는 사람도 없다. 가장 두렵고 무서운 것은, 생각건대 죽음이다. 죽음은 극한이다. 사자(死者)는 벌써 선도, 악도 완전히 일체의 것이 없기 때문이다.

하지만 또 모든 경우, 죽음에 용감한 사람이 관계된다고 생각되지 않을 것이다. 가령, 해난 사고의 죽음, 또는 질병 악화의 죽음처럼. 그렇다면 어떤 경우의 죽음이 용감한 것일까? 그것은 가장 아름다움 속에서의 죽음이 아닐까? 이 같은 죽음은 그러나 전장에서의 죽음이다. 생각건대, 그것은 가장 중대하고 가장 아름다운 위험 속에서의 죽음이기 때문이다. 각국에서, 또 군주 치하에서 그에게 주는 영예도, 이 사실을 여실히 표시하고 있다.

이래서, 훌륭한 의미로 용감한 사람이라 하면, 아름다운 죽음에 대해, 또 일반적으로 눈 깜짝할 사이 죽음을 초래하는 사항에 대해 두려워하지 않는 사람에 다름 아니다. 이런 사태의 가장 두드러진 것은, 그러나 전쟁의 그것이다.

하지만 용감한 사람은 해난에서도, 질환에 있어서도 역시 두렵고 무서운 것을 모르는 사람이라는 의미가 아니다. 다만, 이런 사람들과 승선하는 것은 실행 방식을 달리한다. 그들은 곧, 구조의 희망을 버리고 이같은 죽음을 선택하는 것을 본인의 뜻이 아니라 생각한다. 승선은 이 경우에도 자기 경험으로 보아 낙관적이기도 하지만.

동시에 또, 처음 그들이 용감성을 발휘할 수 있는 것은 방어가 가능한가, 아니면 아름다운 최후를 이뤄낼 것인가 하는 장면의 일이지만, 지금과 같은 파국에서 그 어느 쪽 가능성도 없는 형편이다.

7장 악덕은 겁약과 무모에서

무엇이 무섭고 두려우냐 하는 것은 모든 사람에게 똑같지 않다. 하지만 어떤 사항의 무섭고 두려움은 초인간적이라 하기도 한다. 그러므로 이 같은 것은 적어도 제정신을 잃지 않는 한 모든 사람에게 무섭고 두렵다. 또 무섭고 두려운 것이 초인간적까지 가지 않더라도 그 크기와 정도에 여러 가지 차이가 있다. (예사로운 사항의 경우도 이와 똑같다.)

용감한 사람이란, 인간적인 방식에서 겁이 없는 사람이다. 때문에 그는 상통하는 사항을 역시 두려워한다. 다만, 그는 그와 같은 방식에서, 또 사리가 명령하는 바에 따라 '아름다움'을 위해 그것을 참아내는 것이다. 사실, 이것만이 덕이 목적하는 바에 다름 아니다. 사람이 이들 사항을 두려워하고 무서워하는 데 여러 가지 정도(程度)가 가능한 것이고, 뿐만 아니라, 또 무섭지 않은 사항을 무서운 사항인 것처럼 무서워하는 일도 가능한 것이다.

실수나 과오는 두려워할 일이 아닌 것을 두려워하든가, 그런 방식에서 별 수단이 없어 두려워하든가, 그렇지 않을 때 두려워하든가 등에 존재하는 것이고, 예사로운 사항에 대해서도 이에 준한다.

이래서, 그런 사항을 그런 목적을 위해 또 그런 방식으로 그런 때에 참아내고 두려워하는 사람, 또 이에 준하는 방식으로 태연한 사람이 용감한 사람에 다름 아니다. 생각건대, 사항이 값하는 바에 따라 사리가 명하는 방식으로 정감(情感)하고, 행위하는 사람이야말로 용감한 사람인 것이다.

모든 '활동'의 목적은 그 활동을 낳는 바의 '상태'가 목적하는 부분과 성질을 같이하고 있다. 용감한 사람의 경우도 역시 그렇다. 그래서 용감은 아름다운 것이고, 그 목적한 바 역시 그런 데 있다. (사람은 어떤 사실을 정의(定義)할 때도 그 목적을 가지고 하는 것이다.) 이래서, 용감한 사람이 두려움을 참아 내고, 용감성에 따라 여러 가지 행위를 하는 것은 아름다움 때문이 아니면 안 된다.

과도한 사람들 가운데 공포 없는 그것은 명칭도 없다. (명칭이 없는 경우가 빈번함은 이미 앞서 설명한 바 있다.) 만약 사람이 지진도, 너울성 파도도—켈트(Celt)인은 말하고 있다.—대개 어떤 사항도 무서워하거나 두려워하지 않으면 이 경우는 광인이든가, 고통에 대한 불감증의 사람일 것이다. 무섭고 두려운 사항에 대해 과도하게 태연한 사람은 무모하다.

그러나 무모한 사람은 실상 허세에 지나지 않고, 용감을 가장한 사람이라 생각된다. 그는 그러므로, 용감한 사람이 무섭고 두려운 사항에 관해 어떤 상태에 있는 것처럼 보이는 것을 바란다. 그러므로 그는 사정이 허락하는 경우 용감한 사람의 흉내를 낸다. 그들 대부분이 목숨을 모르는 비겁자밖에 안 되는 이유다. 그들은 애써 태연해하면서 실은 무섭고 두려운 사항을 참아 내지 못하는 인간인 것이다.

이에 대해, 무섭고 두려운 것이 지나친 사람은 겁약자다. 즉, 두려워하지 않을 것을 두려워하고, 두려워하지 않을 방식을 두려워한다. 그 밖에 그런 모든 일이 그에게 뒤따른다. 그는 태연할 일에 부족한 사람이기도 하지만, 그러나 보다 현저한 것은 고통에 대한 공포의 초과라는 부면이다. 따라서 겁약자는 쉽게 희망적이고 낙관적이다. 그는 모든 사항을 무서워하고 두려워하기 때문이다.

용감한 사람은 바로 그 반대다. 태연해할 수 있다는 사실은 희망적이고 낙관적이므로 모든 것이 처음부터 가능하기 때문이다.

이래서 겁약자도, 무모한 사람도, 용감한 사람도 똑같은 사항에 관계하며, 이 같은 사항의 관계에서 각각 다른 상태에 있다. 즉, 앞에 말한 양자는 초과 내지 부족이고, 후자는 '중'적인 상태에 있다. 뿐만 아니라 무모한 사람들은 성급해 위험이 닥치기에 앞서 단단히 마음먹다가도 그 와중에 들어가면 뒷걸음질 치지만, 용감한 사람들은 이와 반대로 행동이 한창일 때 기민하지만, 일이 있기 전에 오히려 평온하다.

이래서 앞에 말한 것처럼 용감성은 논술한 바와 같은 경우 우선 태연하고, 무섭고 두려운 사항에 관해 중용이다. 이런 사람은, 그런 행위가 아름답기 때문에 내지는 그것을 하지 않는 일이 추악하기 때문에 그 실행을 선택, 그것을 참아 낸다. 궁핍과 연애 같은 고통을 피해 죽음을 택함은 용감한 사람이 행할 일이 아니고, 오히려 그것은 겁약자가 할 일에 속한다.

생각건대, 번뇌에서 벗어나는 일이 '참을 수 없음'이 아니라, 자살하는 사람이 굳이 죽음에 이르는 것은 이 일이 아름답기 때문이 아니라 오히려 악을 피하려 하기 때문이다.

8장 용감성의 조건

이처럼 '용감'이란 이상과 같은 것이지만, 이와는 다른 별도의 다섯 가지 역시 용감으로 불린다.

1. 먼저 시민적인 것. 이것이 용감에 매우 닮은 것이다. 시민들은 법에 기초한 처벌이나 사람들로부터 나온 비난 때문에, 또 받아야 하는 명예 때문에 여러 가지 위험을 참아 내야 한다고 생각한다. 또, 이 때문에 가장 용감한 사람은, 겁약자가 존경하지 않고 용감한 사람들이 존경하는 사람들 속에 끼어 있다고 생각한다. 호메로스가 노래한, 가령 디오메데스(Diomedes)나 헥토르(Hector)는 이 같은 사람들에 다름 아니다.

> 누구보다 먼저 폴리다마스(Polydamas)가 비난함이 틀림없다.
> 또 헥토르는 마침내 트로이 사람들 모임에서 말할 것이다.
> "듀데우스(Tydeus)의 아들은 내가 무서워서……."라고.

이 종류의 용감성이 앞에 말한 용감과 가장 근사한 것은, 그것이 역시 일종 덕에 근거해 생긴 것이란 사실에 근거를 둔다. 즉, 이 종류의 용감성은 염치에 근거를 두었고, 아름다운 사물에 대한 욕구(명예에 대한 욕구이므로)와 비난(그것은 추한 것이다.)의 회피에 근거하고 있기 때문이다.

사람은, 혹은 사령(司令)의 강요에 따라 전사도 이 가운데 어울리게 할지 모른다. 하지만 이들은 염치 때문이 아니라 공포 때문에 그런 행동을 취하는 것이다. 추함을 피하기 위해서가 아니라 고통을 피하기 위해 하는 것이므로, 그만큼 전자만 못하다. 사실 사령하는 자는 강제한다. 가령 헥토르처럼.

> 만일 전장(戰場)을 버리고 떠나는 자가 내 눈에 띄면
> 개 먹이가 됨을 면하지 못할 것이다.

그리고 그는 자기 앞에 부하를 배치하고, 만약 퇴각하는 자가 있다면 이를 후려갈길 사람들도 이와 똑같은 일을 해 나간다는 의미다. 참호와 또 진지 앞에 포진하는 사람들도 역시 똑같다. 이는 모두 전투 강요에 다름 아니다. 그러나 사람은 강요 때문이 아니라 용감한 행위가 아름답기 때문에 용감할 필요가 있는 것이다.

2. 또, 개별적인 경험이, 즉 용감이라 생각하고 있다. 소크라테스가 용감을 인식이라 한 것도 여기에 근거를 둔 것이다. 이 같은 사람들은 장면이 다름에 따라 여러 모로 다르지만, 전쟁에서 직업적 군인이 바로 그것이다. 생각건대, 전투에서 내실 없는 두려움이 여러 모로 존재하지만, 가장 잘 내다보는 사람이 바로 이 사람에 다름 아니다.

그러므로 그들이 용감하게 보이는 것은 그들 이외의 사람들은 사항의 성질이 어떠한가를 모르기 때문인 것에 불과하다. 그 위에 그들은 경험에 근거한 공격과 방어 능력을 가장 많이 갖추고 있고, 그것은 그

들이 무기 사용 능력을 가졌고, 또 공방에 가장 적절한 무기를 소지한 데 기인한다.

말하자면, 그러므로 무장한 사람들이 무장하지 않은 사람들과 싸우고, 운동의 전문가가 아마추어와 경기하는 것 같은 형국이다. 사실, 이 종류의 시합에서 가장 승부에 강한 쪽은 가장 용감한 사람들이 아니고, 오히려 그쪽은 가장 강하고 가장 신체 단련이 잘 되어 있는 사람들이다.

하지만 군인들은 위험이 비정상이고, 병력 수나 장비에서 열세일 때 겁쟁이로 바뀐다. 헤르메스(Hermes)의 신전에서도 그랬지만,[*4] 개전 초에 도망간 사람은 군인들이고, 현장에 머물러 죽음으로 끝내는 쪽은 시민군(市民軍)이다. 생각건대, 후자에게 도망치는 일은 추해 보이고, 그와 같은 보신보다 오히려 죽음이 바람직한 데 반하여, 전자는 처음부터 자기 쪽이 유력하다고 생각, 억지로 하고 있어 실상을 아는 데 있어 추함을 두려워하는 이상으로 죽음을 두려워해 도망가는 것이다. 용감한 사람은 이런 사람이 아니다.

3. 또, 사람들은 격분도 용감 가운데 넣는다. 즉, 격분 때문에 말하자면, 자기에게 상처를 입힌 상대를 목표로 하고 덤벼드는 야수 같은 사람들도 용감하다고 생각되고 있다. 그것은 용감한 사람들도 격분적이라는 이유에 근거하고 있다. 사실, 격분은 위험에 대해 가장 의연하게 대처하는 것이므로 호메로스가 "격분에 힘을 주다", "기세와 격분을

***

4. 기원전 353년, 코로네이아 전투. 보이오치아에서 지원 온 용병부대는 가장 먼저 전장에서 도주했지만, 시민군(市民軍)은 아크로폴리스 사수(死守)에 힘을 쏟았다.

깨달았다", "콧김 없는 사나운 기세", "피가 솟구친다"라고 한 표현도 모두 여기에 근거를 둔다.

이들 표현은 어떻든 격분의 각성과 발동을 의미한다고 생각되는 것이다. 그러므로 용감한 사람들은 아름다움 때문에 용감한 행위를 하는 것이므로 격분은 다만 그들에게 힘을 더하는 데 불과하다. 그런데 야수의 경우, 괴로운 나머지 그런 행동을 일으킨다. 결국, 상처를 입었다든가, 공포를 느꼈다든가 한 이유 때문이다. 삼림에 안주할 때 덤벼들거나 하지 않기 때문이다.

따라서 야수가 고통이나 격분 때문에 뛰어나와 두려운 사항이 조금도 눈에 들어오지 않아 위험에 맞서간다고 하여 그것이 용감이라고 하지 않을 것이다. 만약 그렇다 하면, 굶주린 당나귀는 채찍을 맞아도 목초에서 멀어지지 않기 때문이다. 음란한 사람이라 해도 욕정 때문에 많은 과감한 행위를 하는 일이 종종 있다.

격분에 의한 용감성은 가장 태생적인 형태인 것 같다. 그것이 참된 의미의 용감성이기 위해, 또 '선택'과 '목적'이 덧붙여지지 않으면 안 된다고 생각한다.

인간도 성날 때는 고통을, 복수함에 있어 쾌락을 느낀다. 하지만 이것 때문에 싸우는 사람들은 싸움에 강함은 있어도 용감한 것은 아니다. 왜냐하면 그들은 아름다움 때문에도 아니려니와 또, 사리가 명하는 바에 따르는 바도 아니고, 도리어 정념 때문에 싸우고 있는 것이기 때문이다. 설령, 그것이 어떤 용감성에 가까운 것을 가지고 있다 하더라도.

4. 이래서, 희망적 및 낙관적인 사람들도 용감한 것은 아니다. 생각건대, 그들은 여러 차례, 또 많은 적들과 싸워 이긴 일이 있다는 이유에

따라 태연해하는 사람들이기 때문이다. 양자는 물론 어떻든 태연한 이유를 가지는 데 매우 유사하다. 그러나 용감한 사람들은 앞에 말한 사항 때문에 태연해하는 반면, 이쪽 사람들이 그러한 것은, 자기들은 가장 강한 인간이므로 어떤 해악도 받을 이유가 없다고 생각하고 있음에 다름 아니다. 술주정꾼이라도 그런 모양으로 나오는데, 이것 역시 낙관적으로 되기 때문이다.

이 같은 사람들은, 그러나 만약 그 같은 생각대로 결과가 나오지 않으면 도망가고 만다. 이와 반대로, 용감한 사람의 특성은, "인간에게 있어 두렵게 보이는 바의 사항이라 하더라도 이를 참아 내는 일은 아름답고, 참아 내지 못하는 일은 추악하기 때문에 참아 낸다."고 말하는 데 있다.

돌발적인 공포에서 두려움 없이 마음을 어지럽히지 않음은, 짐작되는 공포에서 그렇기보다 한층 더 많은 용감한 사람을 특징지을 일이 되는 이유다. 생각건대, 관계되는 경우에 관계되는 행동거지가 준비에 의거하는 일이 적은 만큼, 그만큼 보다 많이, 그것은 자기 '상태'에 근거하고 있기 때문이다.

미리 짐작할 수 있는 경우, 사람은 생각해 맞추어 보는 일이나 사리에 따르면 '선택'할 수 있지만, 돌연한 사항에 대해 자기 '상태'에 따라 처리할밖에 다른 방법이 없기 때문이다.

5. 또, 사태에 대해 무지한 사람들도 용감하게 보일 때가 있다. 이것은 낙관적인 사람들의 경우와 유사하지만, 그러나 이쪽의 사람들은 조금도 자신을 가지지 못하는 데 비해, 낙관적인 사람들은 자신을 가지고 있을 뿐, 이쪽은 열등한 것이다. 낙관적인 사람들 쪽은 잠시 동안

머무를 이유가 있다.

잘못 생각한 사람들은, 만약 실제가 그렇지 않다는 것을 알게 되든가, 아니면 그런 의심을 가지면 도망가고 만다. 아르고스(Argos) 군대가 상대를 시큐온(Sicyonians) 군대 의도로 실제 스파르타 군대와 부딪쳤을 때, 꼭 이런 사태가 발생한 것이다.

이로써, 용감한 사람들은 어떤 사람들일까, 그리고 용감하다고 생각되는 사람들은 어떤 사람들일까에 대한 설명을 마친다.

9장 용감성, 쾌와 고

용감은 태연 및 공포에 관계되지만 같은 정도로 관계되는 것은 아니고, 두려운 사항에 좀 더 관계된다. 생각건대, 용감하다고 하는 것이 어느 쪽인가 하면, 두려운 사항에 당면했을 때 마음을 어지럽히지 않고 이에 대처하는 사람이고, 걱정 없는 사항에 관해 그렇게 대처하는 사람은 아니기 때문이다. 그러므로 이미 말한 바와 같이, 용감한 사람이라 하는 것은 고통을 참고 견뎌 내는 일에 의존한다. 용감이 고통을 포함하는 이유이고, 그 상찬받는 바가 정당하다는 이유다. 생각건대, 고통을 인내하기는 쾌락을 삼가는 이상으로 곤란한 사항이기 때문이다.

그렇다 하여, 용감이 목적하는 바가 쾌적이 아니라는 의미는 아니다. 단, 그것을 둘러싼 여러 가지 사항에 의해 이 일이 감춰져 있는 것으로 생각할 일이다. 체육 경기의 경우 역시 그렇다. 이렇게 말함은 권투 경기자에게 그 때문에 경기가 실시되는 장소의 영관(榮冠)과 명예는 쾌적한 것이다. 다만 세게 맞는 일은 살아 있는 몸이기 때문에 아프고 고통스럽다. 그 밖에 이에 속하는 노고가 모두 그러하므로, 이러한 사항이 많고 많아 그 목적하는 부분도 (하찮은 것이기는 하나) 전혀 쾌락을 포함하지 않는 것처럼 보일 뿐이다.

만약 용감의 경우도 이와 같은 것이라면, 죽음과 부상은 용감한 사람의 고통으로 좋아하지 않는 부분이지만, 그러나 그는 이를 참는 것이 아름답기 때문에, 또는 이를 참지 못하는 것이 추악하기 때문에 억지로 이를 참아 내는 것이다. 뿐만 아니라, 그가 보다 완전하게 덕 전반을 가지고 행복한 사람이라면, 그만큼 더욱 더 죽음을 고통으로 여길 것이다.

생각건대, 살아 있는 최대 가치는 관계하는 사람의 경우다. 더구나 그는 스스로 알면서 이 최대의 선을 빼앗기는 것이고, 이 일은 큰 고통이 아닐 수 없다. 하지만 그럼에도 불구하고, 혹은 생각건대, 그 때문에 일층 더 그는 용감한 사람인 것이다. 그는 그것을 버리고 싸움에서 아름다움을 선택하는 것이기 때문에.

그러므로 그 목적에 도달하기까지 별도로 하고, 쾌적한 방식으로 활동하고 있다는 사실이 꼭 모든 덕의 경우 보인다는 뜻은 아니다. 다만, 군인은 이처럼 용감한 사람들이 꼭 최강은 아니고, 오히려 그렇게 용감하지 않지만 아끼는 어떤 선도 때마침 가지고 있지 않은 사람들이 가장 강한 군인이 된다는 일은, 생각건대 충분하다. 그것은 후자가 여러 가지 위험을 기다리고 막 맞닥뜨리는 사람이며, 목숨을 약간의 이득과 교환하는 인간이기 때문이다.

이상으로 용감에 대한 서술을 마치기로 한다. 그것이 무엇인가는 적어도 개략적이나마 이상의 서술로 파악하는 일이 곤란하지 않을 것이다.

10장 절제, 촉각 및 육체적 쾌락

용감에 뒤이어 절제에 대해 말하기로 한다. 이것은 어떻든 혼의 로고스 없는 부분 덕이라고 생각되기 때문에.

절제가 '쾌락'에 관해 중용임은 이미 우리가 설명한 바 있다. (사실 절제는 고통에 관계되는 일은 적고, 그 관계 형식도 쾌락의 경우와 같지 않다.) 그리고 방탕 역시 이와 같은 사항으로 보게 된다. 그러므로 우리는 여기서 절제와 방탕이 여러 가지 쾌락 가운데 어떤 성질의 것과 관계되는가를 규정할 필요가 있다.

쾌락 가운데 혼에 속하는 그것을 육체적인 그것과 구별해 본다. 이를테면, 명예 사랑과 학습 사랑의 경우를. 이 경우, 사람은 각각 그 애호하는 부분을 기뻐하는 것이지만, 그것을 감각하는 것은 육체가 아니고 오히려 지성인 것이다. 쾌락에 목메는 사람들을 절제적이라든가 방탕하다고 일컫지 않는다. 그 밖에 대개 육체적이지 않은 쾌락에 관계하는 사람들도 같아, 이야기를 듣든가 말하는 것이 좋아 모나지 않은 이야기에 하루를 지내는 사람들을 우리는 수다 떠는 사람이라고는 불러도 방탕하다고는 말하지 않는다. 또, 재산이나 친한 사람들을 잃은 일에 고통을 느끼는 사람들의 경우도 이에 준한다.

그러므로 절제는 육체적인 쾌락에 관계되는 것이 아니면 안 된다. 그것도 그 모두에 관계된다는 의미가 아니고, 시각에 의한 것—가령 색채, 형태, 회화 등과 같이—을 좋아하는 사람들은 절제적이라든가 방탕하다든가 말하지 않는다. 이 같은 사물을 좋아해도 알맞은 방식과 지나친 방식과 부족한 방식이 있다고 생각함에도 불구하고.

청각에 관한 사항도 이와 똑같다. 즉, 음악이나 연극을 지나치게 좋아한다고 해 방탕하다든가, 알맞은 방식으로 좋아하기에 절제적이라고 누구도 말하지 않는다.

후각에 관하여 좋아하는 사람들의 경우도 똑같지만, 다만 부대적 방식으로 그것을 좋아하는 일은 별도다. 사실, 우리는 사과든 장미든 향료의 향을 좋아하는 사람들을 방탕하다고 하지 않는다. 우리가 그렇게 부르는 것은 오히려 음식이나 화장품의 내음을 좋아하는 사람들이다.

즉, 방탕한 사람들은 이들 내음에 기쁨을 느끼지만, 그것은 내음을 통해 욕정의 대상이 상기됨에 다름 아니다. (그 밖의 경우에도 굶주린 사람들이 음식 냄새를 좋아함을 볼 수 있다.) 이 같은 것을 좋아하는 일이 방탕한 사람의 특징이다. 방탕한 인간에게 그것이 욕정의 대상과 다르지 않기 때문이다.

인간 외의 동물에서 이상의 여러 감각에 따라 쾌락이 생긴다는 일은 부대적 방식 외에 없다. 즉, 개는 토끼 냄새를 좋아하는 것이 아니고, 그 먹는 일을 좋아한다. 다만 토끼 냄새는 토끼를 냄새로 찾아내는 데 도움되는 일에 불과하다.

또, 사자는 소의 울음소리를 좋아하는 게 아니고 소를 잡아먹을 일을 좋아하는 것이지만, 소 위치가 가깝다는 낌새를 알아차리는 것은 그 울음소리에 의하는 것이다. 그래서 소 울음을 좋아하는 것처럼 보이는 것이다. 사슴 또는 산양을 찾아내고 좋아하는 경우도 이와 똑같다. 그것들은 다만, 맛있는 '먹잇감'이 걸렸다는 사실을 기뻐하는 데 지나지 않는다.

절제 및 방탕이 관계되는 부분의 쾌락은 이에 대해, 인간 이외의 여러 가지 동물에게 널리 공통하는 쾌락이다. 그렇다면 그것은 노예적인, 또는 동물적인 쾌락으로 보는 것이다. 촉각, 또는 미각이 곧 그것이다. 그러나 둘 가운데 미각은 거의, 또는 전혀 문제가 되지 않는다고 생각된다. 왜냐하면 미각에 속하는 것은 맛의 판단―시음자나 시식자가 하는―이지만,

이 일을 사람들 내지 적어도 방탕한 사람들은 그만큼 기뻐하지 않는다. 그들이 기뻐하는 부분은 모두 촉각에 의해 생기는 향락에 다름 아니다.

식사에서 그렇고, 음주에서 그렇고, 또 이른바 '아프로디테(Aphrodite)'적인 차림에서 그렇다. 어떤 남자 미식가가 자기 목이 학의 그것보다 길기를 기원한 일도 그 때문이다. 그의 쾌락이 촉각에 의존하고 있음을 알려 주고 있다. 이래서, 방탕에 관계되는 부분의 감각은 모든 감각 가운데 가장 널리 여러 동물에게 공통적인 그것이라 하게 된다.

그것은 우리가 인간인 한에 있어서가 아니라, 우리가 동물인 한에 있어 우리에게 속하는 부분의 것이기 때문에, 그것이 부끄러워할 일이라 생각되는 것도 정당하다 할지 모른다. 이래서, 이러한 사항에 기쁨을 느끼고, 그것을 가장 애호하는 것이 동물적인 것이다.

사실, 촉각에 근거한 여러 가지 쾌락 가운데 가장 자유인적인 것은 여기서 제외되어 있다. 가령 체육장에서 신체의 부대낌이든가, 온냉욕의 쾌락 같은 것. 방탕한 사람이 즐기는 바, 감촉은 전신적인 것이 아니고 일정 부분의 그것이다.

11장 절제, 방탕과 무감각

여러 가지 욕정[5] 가운데 어떤 것은 넓게 일반 공통적이고, 어떤 것은

***

5. 욕정(欲情)은 욕구의 비이성적인 부분이다. 단지 이 말의 용법은 항상 엄밀하게 통하는 것이 아니라, 이따금 좀 더 넓은 의미로 사용된다. 때로 이것을 '욕망'이라 번역해 쓰기도 한다.

개인적 후천적이라 생각된다. 가령, 음식에 대한 욕정은 본성적이다. 그것은 필요에 따라 누구라도 식품이나 음료를, 경우에 따라 양쪽을 모두 바라기 때문이다. 뿐만 아니라, 호메로스가 말한 덧붙인 침상(寢床)도 젊은 사람은 바란다. 하지만 이런 식으로든 저런 식으로든 하게 되면, 벌써 꼭 모든 사람이 바란다는 뜻이 아니고, 또 반드시 똑같은 것을 항상 바란다는 뜻도 아니다.

그것은 '우리의 사항'이라고 보는 이유다. 그러나 그렇다 하여, 누구나 약간의 본성적 기호를 적어도 가지고 있지 않다는 이유는 아니다. 실제, 각각 다른 사람에게 다른 사항이 쾌적한 것이고, 그래서 어떤 사항에 이르면 어떤 사람에게도 임의 사항 이상으로 쾌적한 것이다.

그런데 본성적인 욕정에서 잘못을 범하는 사람들은 소수이고, 그 방향은 하나, 과도의 방향이다. 곧, 지나칠 만큼 배부르게 손에 닿는 대로 먹고 마신다면, 본성적인 한도를 초과한다. 본성적인 욕정은 결핍의 충족에 다름 아니기 때문이다. 이 같은 사람들을 '미치광이 배'라 하는 이유다. 필요 이상으로 입과 배를 채우는 사람들이라는 의미로. 다만, 이런 경우는 매우 심한 노예적인 사람들이 아니면 찾아볼 수 없다.

그러나 개인적인 성질의 쾌락에 관해 많은 사람들이 그 같은 많은 방식으로 실수한다. 즉, 사람들이 '무슨 광'이라고 불리는 것은, 혹은 기뻐할 수 없는 사항을 기뻐하는가, 혹은 세상 사람 이상으로 기뻐하는가, 혹은 그런 방식이 아닌 데 기뻐하는가에 달렸지만, 방탕한 사람들이 정도를 넘기는 일은 이것들 어떤 점에 대한 것일 수 있다.

그들은 곧, 어떤 기뻐할 수 없는(곧, 혐오할) 사항을 기뻐하고, 이를테면 어떤 그런 사항을 기뻐하더라도 그래야 할 정도 이상으로, 또는 세상 사람 이상으로 기뻐하는 인간이다.

이래서 쾌락에 관한 초과가 방탕이고, 그것은 비난받아 마땅한 일이다. 그러나 고통에 관해 용감의 경우와 다르고, 고통을 참고 견뎌 내기 때문에 절제적이라든가, 참고 견뎌 내지 못하므로 방탕하다든가 하지 않는다.

방탕한 사람은 쾌적한 것에 직면하지 못하는 일을 정도 이상으로 고통이라 하기(관련 고통조차도 쾌락이 그에게 준다.) 때문에 방탕한 사람인 것이고, 절제적인 사람은 쾌락의 결여든가 쾌락을 삼가는 일 등을 고통으로 생각지 않기 때문에 절제적인 사람인 것이다.

이래서 방탕한 사람은 모든 쾌적한 것을, 또는 가장 쾌적한 것을 바라는 이유가 있고, 욕정에 이끌리어 다른 여러 가지 사항이 그치면 쾌적한 것을 택하게 된다. 그리고 그 때문에 그는 쾌적한 것이 빗나가도 고통을 느낀다. 그리고 그 욕정을 재촉 받는 일에도 고통을 느낀다. 사실 욕정은 고통이 따른다. 쾌락 때문에 고통을 겪는다는 일이 부조리처럼 생각되지만.

이와 반대로, 쾌락에 관한 사항에서 부족한 사람들, 즉 정도 이하밖에 쾌락을 즐기지 못하는 사람들은 그다지 눈에 띄지 않는다. 유통하는 무감각은 인간적이지 못하다. 인간 이외의 여러 동물까지도 먹이를 판별하고, 어떤 먹이는 기쁨을 느끼고, 어떤 먹이는 기쁨을 느끼지 못한다. 만약 어떤 사항도 쾌적하지 않다든가, 이것도 저것도 선택할 여지가 없다든가 하는 사람이 있다고 하면, 이는 인간임을 말하는 데 매우 멀다 할 수밖에 없다. 이 같은 사람은—그다지 눈에 띄지 않으므로—명칭이 없다.

절제적인 사람은 이들에 관해 '중'적인 상태에 있다. 그는 곧, 방탕한 사람이 가장 쾌락을 느끼는 사항에 쾌락을 느끼지 않고, 오히려 혐오를 느낀다. 또 모두가 즐기고 기뻐하는 사항을 기뻐하지 않고, 즐겨야 할 어떤 사항도 무턱대고 즐기고 기뻐하지 않는다. (따라서 그것이 존재하지 않아도 그것을 괴로워하든가 바라든가 하지 않는다. 혹은 해도 적당한 정도를 잃지 않는다.) 정도 이상으로 즐기고 기뻐하지 않고, 기뻐해서 안 될 때 기뻐하지 않는다. 모두 즐기는 어떤 방식도 취하지 않는다.

하지만 그는 대개 쾌적하고, 건강과 강장에 도움 되는 것이면, 그것을 적당한 정도로 자연스러운 방식으로 욕구를 채우고, 그 밖에 여러 가지 쾌락도, 만약 그것이 이들에게 방해되지 않고, 또 아름다움을 등지지 않고 돈의 낭비가 없다면 역시 똑같다. 왜냐하면 이들 조건을 거스르지 않으면, 사람은 상통하는 여러 가지 쾌락을 값어치 이상으로 사랑하게 되기 때문이다.

하지만 절제적인 사람은 상통하는 잘못을 범하는 사람이 아니고, 바르고 사리에 맞는 바에 따르는 사람인 것이다.

12장 방탕은 임의적

방탕이라 하면 겁약에 비해 보다 많이 임의적인 것으로 생각된다. 왜냐하면 전자는 쾌락에 의해 생기고, 후자는 고통에 의해 생긴다. (쾌락은 우리가 선택하는 바요, 고통은 우리가 피하는 바의 것이다.) 그런데 고통은 사람을 곤핍하게 하고 본성을 상실케 하는 데 반하여, 쾌락은 이 같은 일이 전혀 없다. 그러므로 방탕이 보다 많이 임의적이고, 그것이 보다 많이 비난받는 이유도 여기 있다.

이 방면 사항에 대해 자기를 습관 붙이는 일도 보다 쉽기 때문이다. 우리 생활에서 이를 위한 기회는 얼마든지 있는 것이고, 또 그 습관 붙이기는 위험이 따르지 않지만, 이에 대하여 두렵고 무서운 사항에 관해 그 반대의 사실을 말할 수 있기 때문이다.

겁약이라는 자체가 임의적(어떤 원칙이나 기준의 제한 없이 마음대로 하는 것)이라는 의미는 각각 겁이 많고 마음이 약한 행위가 임의적이라 하는 것과 같지 않다고 생각지 않으면 안 된다. 전자의 경우 무고통적인 데 대해, 후자의 경우 고통에 의해 매우 곤핍하다. 무기를 던져 버리든가, 그 밖에 추태를 연출하는 데 더없기 때문이다. ─후자가 강요적이라 생각되는 이유다.

그런데 방탕한 사람의 경우 이와 반대로 개개의 행위는 임의적이다(자기가 바라고 추구한다.). 하지만 그 전체는 그만큼 임의적이지 않다. 어떤 사람이라 해도 방탕한 사람 되기를 바라지 않기 때문이다. 방탕을 의미하는 '아고라시아(무징계)'라는 용어를 우리는 어린이의 '제멋대로 군다'는 의미에 적용하기도 한다. 사실, 양자는 어떤 유사성을 가지고 있다. 그 어떤 것이 근거가 되어 그렇게 부르게 되었는지는 상관없지만, 후에 다가오는 것이 앞의 것에 유래한다는 사실은 분명하다.

이 전용(轉用)은 나쁘지 않은 것 같다. 왜냐하면 여러 가지 보기 흉한 일을 욕구하는 부분의, 더구나 그 성장 속도 있는 부분은 징계적인 '예의 범절'을 필요로 하지만, 가장 현저한 것은 욕정과 어린이들이기 때문이다. 사실, 욕정 그대로 어린이들은 살아가기 때문에 쾌락이란 욕구가 가장 대단한 것도 그들인 것이다.

그러므로 만약, 그들에게 듣고 분별함이 없고 지배적인 것 밑에 설 수 없다고 하면, 그가 향해 가는 곳을 헤아릴 수 없을 것이다. 생각건대, 비

지성적인 존재에게 쾌적한 것에 대한 욕구가 충족되기 어렵다.

또, 그 만족 수단의 출처를 물어볼 수 없는 것이고, 욕정을 채우는 '활동' 역시 본격적으로 대비한 것에 기름을 붓는 격이다. 그리고 관계 활동이 강대한 경우 완전하게 숙고를 단념하게 된다.

따라서 욕정의 만족은 적당한 정도로 적어야 한다. 그리고 그것은 결코 '사리'에 대립하지 않을 일('듣고 분별함이 좋음'이든가, '예의범절이 좋음'이라 함은 바로 이 의미다.)을 필요로 하는 것이다. 마치, 어린이가 지도자의 명에 따라 살아가는 것 같이 혼의 욕정적 부분은 '사리'에 따라 갈 것을 요한다. 절제적인 사람에게 그 욕정적인 부분이 '사리'에 협화하지 않으면 안 될 이유다.

목표는 양자 모두 아름다움에 있고, 절제적인 사람은 알맞은 사항을 알맞은 방식으로 알맞은 때 바란다. '사리'도 역시 그런 방식으로 명하는 것이다.

절제에 대한 논술은 이 정도로 그친다.

4권 덕성에 대하여

1장 관후

계속 우리는 관후(寬厚)[1]에 대해 말하게 될 것이다. 그것은 '재화(財貨)'에 대한 중용이라 생각된다. 생각건대, 관후한 사람이 상찬받는 것은 군사에서가 아니고, 절제적인 사람이 상찬받는 사항에서도 아니고, 더욱이 판결의 건도 아니다. 오로지 재화의 증여 및 취득, 특히 그 증여에 관해서다. 재화란, 대개 그 가치가 화폐로 측정되는 것을 가리킨다.

방만(放漫) 및 인색함은 이에 대해 재화에 관한 초과와 부족이다. 양자 가운데 인색함은 항상 재화에 관해 보통 이상으로 열심인 사람들에 대해 사용되지만, '방만'이란 용어의 적용에서 이따금 우리는 다른 사항을 여기에 연결시킨다. 우리는, 즉 무억제적인 사람들이나 방탕한 생활로 낭비하는 사람들을 보고 방만하다고 한다. 방만한 사람들이 최저의 사람으로 생각되는 것도 이 때문이다. 그것은 결국, 그들이 몇 가지 악덕을 동시에 가지고 있음에 다름 아니다.

하지만 이 용어는 본래적이지 않다. 방만한 사람은, 즉 자기 재산을 파괴한다는 한 개 악을 가지고 있는 사람을 의미한다. 사실, 스스로 원인

***
1. '관후(寬厚)'는 본래 노예적에 대해 '자유인적'이란 의미다. '인색한'이 그 부정형이다. 원래 '비자유인적'이란 의미다. 관후는 대개 '자유인적'이라 옮겨 쓴다.

을 만들어 파멸하는 사람이야말로 방만한(비보신적인) 사람이라 할 수 있고, 재산 파괴는—삶이 재화에 의하기 때문에—일종의 자기 파괴라 생각된다. 그러므로 우리도 방만을 이 같은 의미로 풀이해 둔다.

유용성 있는 사물은 이것을 잘 쓸 수도 있고, 잘못 쓸 수도 있다. 부(富)는 관계가 유용한 것에 속한다. 각각의 사물을 가장 잘 쓸 수 있는 것은 그에 대한 탁월성 및 덕을 가진 바의 사람이다. 부의 경우에도 그 때문에 가장 잘 이를 사용하는 사람은 재화에 관한 '탁월성 및 덕'을 가진 사람이다. 즉, 관후한 사람이 이 경우다.

재화의 '사용'은 그래서 소비 및 증여를 의미한다고 생각된다. 취득 및 수장(收藏)은 오히려 '소유'에 속한다. 그러므로 관후한 사람이 관후한 사람다운 이유는 어느 쪽인가 하면, '적합한 사람들에게 준다.'는 사실에 있으므로 '적절한 사항에서 취하고, 그렇지 않은 부분에서 취하지 않는다.'는 사실에 존재하지 않는 것이다.

사실 덕의 덕다운 이유는 잘된다는 일보다 오히려 남에게 잘한다는 일에 존재한다. 또 추악한 행위를 안 한다는 일보다 오히려 아름다운 행위를 한다는 일에 존재한다. 그런데 새삼스럽게 말할 것도 없이, 준다는 사실에 남에게 잘한다든가 아름다운 행위를 한다는 일이 다르지만, 이에 대해 취득한다는 일이 잘된다든가, 또는 추악한 일을 안 한다는 일이 따른다.

뿐만 아니라 감사는 이익을 차지하는 사람에게보다 오히려 주는 사람에게 향하고, 상찬 역시도 그렇다. 또 취득하지 않는 일은 주는 일에 비해 용이하기도 하다. 사람은 남의 것을 취하지 않는 성향을 결하고 있는 이상으로, 자기의 것을 내는 성향을 결하고 있기 때문이다. 또 주는 사람들이 관후하다 말하는 일은 있어도, 취득하지 않는 사람들이 관후하다는 이유로써 상찬받는 일은 없는 것이다. (그렇다 해도 역시 정의(正義)로써 상찬받는 일은 있다. 취하는 사람들에게 이르러 어떤 의미라도 먼저 상찬받는 일은 없다.)

또, 관후한 사람들 정(正)도 덕에 근거하여 사랑받는 사람은 그다지 많지 않지만, 그것은 그들이 유익한 사람들이기 때문이다. 그런데 이 일은 그들이 준다고 하면 모른다.

덕에 따르는 여러 가지 행위는 아름다운 행위이고, 아름다움 때문에 행한다. 그러므로 관후한 사람도 아름다움 때문에, 그리고 올바른 방식으로 주는 사람이 아니면 안 된다. 즉, 그는 그런 적절한 사람들에게 대략 적절한 것을 적절한 때에, 또 그 밖에 대강 정당한 증여에 부수하는 일체의 조건하에 주게 될 것이다.

더구나 "쾌적하게 또는 무고통적으로", 이 말은 덕에 근거한 이상 쾌적해야 하고, 또는 무고통적이야 하므로 어떻든 고통이 느껴진다고 하면 안 된다. 만약 주지 않으면 안 될 사람들에게 아름다움 때문이 아니라 어떤 다른 원인으로 주는 것이라면, 이는 관후한 사람이라 부르지 않고 어떤 다른 용어로 불러야 할 것이다. 고통을 느낌과 동시에 주는 것도 관후한 사람이 아니다.

후자와 같은 사람은 어쩌면 아름다운 행위보다 오히려 재화를 선택하는 쪽의 사람일 것이다. 이 같은 선택은 그렇지만 관후한 사람에 속하지 않는 것이다.

하지만 관후한 사람은 취득하면 안 될 곳에서 취득을 하지 않을 것이다. 그 같은 취득은 재화를 존중하지 않는 사람에게 어울리지 않기 때문이다. 또, 그는 요구가 많이 있어도 안 된다. 만족하게 잘한다는 일은 남에게 잘하는 사람에게 어울리지 않기 때문이다. 그는 적당한 곳에서ㅡ

가령, 자기 자신이 소유하는 것에서부터—취할 것이다.

취하는 일이 아름답기 때문이 아니라 주는 일이 가능하고 필요하기 때문이다. 그는 또, 자기가 소유하는 곳을 허술하게 하지도 않을 것이다. 이것으로 사람들에게 도움 되기를 바라기 때문에.

또, 이 사람 저 사람의 구분 없이 주지도 않을 것이다. 적당한 사람에게 적당한 때 아름다움을 위해 주기 때문이다. 다만, 관후한 사람은 주는 방식이 거칠고 주는 자체가 과도해 그 결과, 자기 자신을 위해 남기는 부분이 지나치게 적어질 염려가 없지 않다. 참으로 자기를 돌보지 않는 일이 관후한 사람의 특색인 것이다.

더욱이 관후는 그 사람의 재력에 따라 말하게 된다. 왜냐하면 관후는 주는 재화의 많은 사실에 존재하는 것이 아니고, 주는 사람의 '상태'에 존재하기 때문이다. 그런데 이 '상태'는 자기 재력에 따라 좌우된다. 그렇다 하여, 보다 조금밖에 주지 않는 쪽이—적은 부분을 나누어 주는 것이면—보다 많이 관후한 사람임을 가로막는 것은 아니다.

재산을 스스로 획득한 것이 아니고 남으로부터 빌린 쪽이 관후하다고 생각되는 것은, 그들이 궁핍에 무경험하기 때문이기도 하지만, 어떤 사람도 부모나 시인과 똑같이 자기가 만든 사물에 보다 많이 애착을 갖기 때문이다.

그런데 관후한 사람이 부유해진다는 일은 쉬운 일이 아니다. 왜냐하면 그는 재화를 취득하거나 저장하는 체질이 아니기 때문이다. 반대로 내주는 쪽이다. 즉, 재화는 그 자신을 위한 것이 아니라 타인을 위해 내주기 위해 존재하는 것이다. 최대 가치 있는 사람들이 그것으로써 가장 빈궁하다고 해 우연한 운이 비난받는 것도 이 때문이지만, 아무 사정없이 그렇게 되는 것도 아니다.

다른 경우도 그렇지만, 재화를 소유해야 한다고 마음 쓰지 않는 사람이 재화를 소유한다는 일은 불가능하기 때문이다. 물론, 그는 주어서 안 될 사람에게 주든가, 주어서 안 될 때 주든가 등등은 하지 않지만.

왜냐하면 이런 일을 하면 벌써 그것은 관후에 따른 행위를 하는 것이 아니며, 만약에 이렇게 해서 소비한다면, 소비하지 않으면 안 될 일에 소비가 불가능하기 때문이다. 생각건대, 우리가 논술한 바와 같이 재력에 따라 소비할 사항에 소비하는 것이 관후한 사람이므로, 만약 이를 초과하면 방만한 것이다.

참주(僭主)들이 방만하다고 하지 않는 이유도 여기 있다. 사실 여기서 증여나 소비가 그 소유하는 바를 초과하는 일은 용이하지 않다고 생각한다.

이래서, 관후는 재화의 증여 및 취득에 관해 중용이기 때문에 관후한 사람은 응분의 사유로 응분의 정도를(그것이 작든 크든 상관없이), 그것도 쾌감을 느끼며 주든가 소비하든가 하면서, 동시에 또 응분의 장소에서 응분만큼 취할 것이다. 즉, 덕이 두 방면에 관계되므로 두 방면에 그 행위도 걸쳐 있다. 생각건대, 좋은 증여에 수종하려면, 역시 그와 같은 성질의 취득이므로 그렇지 않은 성질의 취득은 그것에 대립한다.

따라서 만약, 증여와 취득이 서로 수종적이라고 하면 두 방면이 동시에 한 사람, 즉 관후한 사람 가운데 양립한다. 하지만 양자가 만약 대립적 방식으로 실행하면 분명 그렇게 가지 않는다. 또, 만약 응분만큼 등지고, 아름다운 어떤 장소에 등지고 소비에 이를 때, 그는 그것을 고통으로 느낄 것이다. 다만 적당한 정도에 적당한 방식으로 생각건대, 쾌락이든 고통이든 적당한 사항에 적당한 방식으로 느낀다는 일이 덕의 증거이기 때문이다.

또, 관후한 사람은 재화상 속임을 당하기 쉽다. 즉, 그는 재화를 적어도 존중하지 않는 사람이다. 소비하면 안 될 것을 소비한 일로 고통을 느끼기 이상으로, 어떤 소비할 것을 소비하지 않은 것을 고통스럽게 생각하는 부분의―때문에 시모니데스(Simonides) 기분에 들지 않은 부분의―사람이기 때문에 부정에 걸리기 쉬운 사람이다.

방만한 사람은 여기서도 실수한다. 그는 쾌락도, 고통도 적당한 사항에 적당한 방식으로 느끼지 않는다. 이 사실은 우리 서술이 진전됨에 따라 좀 더 분명해질 것이다.

방만 및 인색함은 초과와 부족일 것, 그것도 두 가지 사항―증여와 취득에―있어서임은 이미 논술했다(소비도 증여 가운데 포함해 둔다.). 방만은 이래서 준다는 일, 또는 취득하지 않는다는 일에서 초과하고 취득한다는 일에서 부족한 것이고, '인색함'은 이에 반해 준다는 일에 부족하고 취득하는 일에 초과하는 것이다. 그것도 약간의 이득에서다.

그런데 방만의 두 방면이 병행하는 일은 그다지 없다. 어디서도 취득하지 않고 만인에게 준다는 일은 용이하지 않기 때문이다. 사사로운 사람의 경우, 즉 준다는 일로써 그 재산의 상실이 빨라지고, 방만하다고 생각되는 일도 바로 사사로운 사람이다.

만약 실제, 이 두 방면이 병립해 있다면, 이런 사람은 인색한 사람보다 훨씬 많다고 생각할 것이 틀림없다. 생각건대, 그는 나이 따라 고치고, 곤란에 의해 고치는 일이 충분히 가능하다. '중'을 향해 가는 일도 가능하기 때문이다. 그는 곧, 관후한 사람에 속하는 여러 조건을 구비하고 있다. 주기만 하고 취하지 않기 때문이다.

다만, 그중 어떤 것이 적당한 방식도, 좋은 방식도 아닐 뿐이다. 그러므로 만약 그것을 습관 붙이든가, 어떤 방식으로 바꾸어 가면 그는 관후한 사람이 될 수 있을 것이다. 주어야 할 사람들에게 주고, 취해서 안 될 사람으로부터 취하지 않게 되기 때문이다. 그가 나쁜 '윤리적 성상'의 사람이 아니라 생각되는 까닭이다. 참말로 준다는 사실, 또는 취하지 않는다는 사실에서 초과하고 있다는 일은 나쁜 사람이든가, 하급 관원이든가 하는 증거가 아니라, 오히려 바보 사람이란 증거다.

이런 식으로 방만한 사람이 인색한 사람보다 훨씬 많다고 생각되는 이유는 앞서 말한 부분에서도 나오지만, 하나는 또, 전자가 많은 사람들에게 이익을 주는 반면, 후자는 어떤 사람에게도 이익을 주지 않을 뿐 아니라, 자기 자신에게도 유익하지 않다는 데 있다.

그러나 실정은, 방만한 사람들의 대부분은 앞서 말한 바와 같이 취득해서 안 될 사람으로부터 취득도 하는 것이므로, 그 점으로 말하면 그들은 인색한 인간이다. 그들은 소비하고 싶지만 쉽사리 그것이 불가능하기 때문에 취득하고자 한다. 있는 것을 곧바로 탕진하기 때문이다.

따라서 그들은 다른 데서 조달할 필요에 쫓긴다. 하지만 동시에 그들은 아름다운 사실을 전혀 고려하지 않는 사람들이기 때문에 조작함이 없이, 그리고 모든 곳에서 받아들이게 된다. 생각건대, 그들은 주는 일을 바라고 있기 때문에, 그것을 어떤 방법으로 어떤 곳에서 받아들이는가는 전혀 문제로 하지 않기 때문이다.

마치 이와 똑같은 이유로, 그들의 증여도 역시 관후한 성질을 갖지 않는다. 왜냐하면 그것은 아름다운 수여가 아니고, 아름다움 때문에 이루어지는 것도 아니고, 적당한 방식으로 이루어지는 것도 아니다.

도리어 그들은, 이따금 당연히 빈궁한 사람들에게 부를 늘려 주는 일이 있고, 또 변명할 여지없는 '윤리적 성상'의 사람들에게 아무것도 주지 않으면서 간사한 사람이나 그 밖에 쾌락을 제공하는 사람들에게 많은 것을 주기도 한다. 그들 대부분이 또 방탕하기도 한 까닭이다.

생각건대, 그들은 함부로 소비하기 때문에 방탕을 위한 소비도 용이하고, 아름다움을 목표로 살지 않기 때문에 여러 가지 쾌락을 취하기에 이른다.

이래서 방만한 사람은 지도하지 않고 방치하면 이 방면으로 옮겨 가지만, 이와 반대로, 만약 형편 좋고 위안에 혜택 받으면, '중'적인 적당한 곳에 도달할 수 있다.

그런데 인색함은 고칠 수 없음과 동시에(사실 노인이 된다든가, 그 밖에 또 무능력하게 되면 인색하게 된다고 생각한다.), 그것은 또 방만보다 더 깊이 인간 본성에 뿌리박고 있다. 대개의 사람들은 재화를 나눠 주기보다는 모으기를 더 사랑하는 사람들이다. 뿐만 아니라 그것은 광범위한 범위에 미치고 있고, 많은 종별을 포함하고 있다.

즉, 똑같은 인색함이라도 거기에 많은 양식(樣式)이 있다고 생각되는 것으로, 대체 인색하다는 사실은 증여(나눔)의 부족, 또는 취득의 초과라는 두 가지 사실로 성립되지만, 모든 경우에 반드시 이런 완전한 의미의 인색함이 존재하는 것은 아니다. 때로는 두 방면이 분리 존재하는 것으로, 취득에서 초과하는 사람들이 있는 한편, 증여에서 부족한 사람들이 있다.

상세히 말한다면, 가령 노랑이·인색한 사람·수전노와 같은 명칭으로 불리는 사람들은 모두 증여 쪽에서 부족하지만, 그러나 남의 것을 추구하거나 취하지 않는 사람들이다. 이 가운데 적당함, 즉 '보기 흉한 모습에의 경계' 때문에 그렇게 된 사람들도 있다. 그것은 혹시나 해서 어떤 보기 흉한 모습을 강제 받는 일이 있으면 안 되기 때문에, 그를 위해 저장하고 있다고 생각되는 바, 또는 적어도 그렇게 주장하는 바의 사람들이 있기 때문이다.

　이 부류에 속하는 것은 '절약하는 사람'이라고, 모두 그런 식으로 부르고 있다. 그 용어 및 명칭은 어떤 것도 주려고 하지 않는다는 일의 지나침에서 온다. 그중에 또, 두려움 때문에 결국 '자기는 남의 것을 취하지만 남은 자기 것을 취하지 못한다.'는 평을 듣고 싶지 않아 남의 것에 손을 내밀지 않는 사람들도 있다. 그들은 이런 이유로 취하지도 않지만 주지도 않는다는 데 만족하고 있는 사람들이다.

　또, 어떤 사람들은 이와 반대로 모든 데서부터 모든 것을 취한다는 것으로, 취득 방면에서 초과하고 있다. 가령, 인색함을 영위하는 사람들—창녀들의 포주 등 모두 그런 부류의 사람들—이나 약간의 돈을 빌려주고 혹독한 이자를 받는 악덕 돈놀이하는 고리대금업을 하는 사람들같이. 이 사람들은 아무튼 취득해서는 안 될 곳에서 취득하고, 취득해서는 안 될 정도로 욕심껏 취득하는 것이다. 그들에게 공통적인 것은 더러운 '이득욕'이 있다고 보인다. 생각건대, 그들은 어떻든 이득을 위해, 그것도 작은 이득을 위해 세상의 비난과 오욕을 참고 있다.

　사실, 막대한 이익을 적당한 곳에서가 아니고, 또 취해서는 안 됨에도 취하는 곳의 사람들—가령 여러 나라를 침략하고 신전을 약탈하는 참주(그리스의 폴리스에서 비합법적으로 독재권을 확립한 지배자들)같이—을 우리는 인색한 사람이라 하지 않는다. 단, 그들을 악인이라든가, 경건하지 못하다든가, 부정하다고 말하는 것이다. 이와 반대로 노름꾼이나 노상강도는 비열한 사람의 부류에 속한다. 생각건대, 그들은 더러운 이득을 바라기 때문이다.

　왜냐하면 그들이 온 힘을 다해 억지로 오욕을 참는 것은, 어떻든 간에 작은 이득 때문이다. 한편으로는 남의 것을 강탈하기 위해 최대 위험을 무릅쓰고 일을 행하는 것이다. 다른 한편, 고리대금으로 친구에게 돈을 빌려 주지만 결과는 친구들로부터 도리어 큰 이득을 취한다. 그러므로 양쪽 다 이득을 취해서는 안 될 곳에서 이득을 취하는 더러운 이득을 바라는 인간에 다름 아니다. 그들의 그 같은 방식도 따라서 모두 '비열함'이다.

관후의 반대로 비열함이 거론되는 것은 당연하다. 왜냐하면 비열함은 방만(하는 짓이나 일 등이 야무지지 못하고, 맺고 끊음이 없음.)에 비해 보다 더 큰 악덕이고, 사람들은 앞서 말한 것처럼 방만 쪽에서 잘못하기보다 비열함에 의해 잘못하는 쪽이 많기 때문이다.

관후 또는 이에 대립하는 두 악덕에 대한 논술은 이 정도로 해 둔다.

2장 호화

계속해 호화(豪華)에 대한 논술이 기다리고 있다. 이것 역시 재화에 관한 하나의 덕이기 때문이다. 다만 호화는 관후가 널리 재화의 모든 행위에 관계되는 것과 달리, 단지 소비적 행위로만 관계된다. 그리고 소비 영역에서 호화는 규모의 장대함이 관후를 앞지른다. 호화는 용어 자체가 시사하는 바와 같이 '장대함'이란 규모에 어울리는 소비다.

'장대함'이라 해도 물론 상대적이다. 가령, 3단 삿대 군선을 유지하는 경우와 데로스로 축제 선박을 내는 경우는 경비면에서 같지 않다. 따라서 그것은 소비하는 사람, 그 사태, 소비 대상과의 관계상 어울리는 것이 아니면 안 된다. 사소한 사항이라든가 그만큼 대단한 일이 아닌 경우, 가치에 따라 소비하는 일일지라도, 이를 호장(豪壯)한 사람이라 부르지 않는다.―가령 "나도 이따금 방랑자에게 베풀기도 하였다." 등으로 말하는 경우―호화스런 사람은 장대한 사항에서 그런 부분이 있는 사람으로 한정된다.

즉, 호화스런 사람은 관후하지만, 관후한 사람은 그렇다 하여 반드시 호화스러운 것은 아니다. 이 같은 '상태'에 대해 그 부족은 작다고 불린다. 그 초과는 거칠게 크다든가 혹은 화려하다든가 대개 그렇게 말한다. 이것은 적당한 사항에 관해 크게 지나치다는 뜻이 아니고, 오히려 적절하지 않은 사항에서 적절하지 않은 방식이 화려한 것이다. 이 점 뒤에서 말하게 될 것이다.

호화스러운 사람은 식자와 달인 같은 사람들이다. 생각건대, 그는 바로 어울리는 부분을 보고 취할 수 있는 사람이고, 장대한 비용을 분위기에 맞는 방식으로 담당할 수 있는 사람이다. 사실, 최초에 우리가 말한 것처럼, 어떤 '상태'의 성질은 그 '활동'에 의해 규정될 뿐만 아니라, 또 그 관계되는 부분에 의해 규정된다. 호화스러운 사람의 지출은, 따라서 장대할 뿐 아니라 그 성과에 적절히 어울리지 않으면 안 된다.

그의 지출에 근거한 성과 역시, 따라서 그런 성질을 가지고 있다. 생각건대, 그렇게 함으로써 그의 지출은 장대하고, 또 그 성과에 어울리는 것이 되기 때문이다. 그렇다 하면, 성과는 지출만으로 값하는 것을 필요로 하고, 지출은 또 성과만으로 값한다는 사실, 혹은 또 그 이상의 것을 필요로 한다.

또, 호화스러운 사람은 관계 지출을 아름다움 때문에 한다. 이 일은 사실 모든 덕에서 공통되는 사항이다. 뿐만 아니라 계속 쾌감을 느끼며, 또 아낌없이. 왜냐하면 정밀한 타산은 소심한 사람이 하는 일이기 때문이다. 그는 오히려 어떻게 해야 가장 아름답고 가장 잘 어울리는 지출을 할까를 고려하는 것이므로, 지출이 어느 정도 필요한가, 어떻게 해야 최소 경비로 끝낼 것인가 등을 고려하지 않을 것이다.

그러므로 호화스러운 사람은 반드시 관후한 사람이다. 후자도 적당한 것을 적당한 방식으로 지출할 사정이 있기 때문이다. 다만 똑같이 '적당하게, 적당한 방식으로'라 하지만, 그 점에 있어 '호화스러운 사람'의 큰 사람다운 이유가, 즉 규모의 장대함이 여기 존재한다. 관후 역시 이점에 관계되어 있기 때문이다.

뿐만 아니라, 호화스러운 사람은 똑같은 지출이라도 좀 더 호화로운 성과를 창출할 것이다. 생각건대, '자재'와 '성과'는 그 탁월함의 뜻이 같지 않기 때문에 자재라면 가장 가치 있는 것─가령, 황금─이 가장 귀하지만, 성과의 경우는 장대한 아름다움이 귀하다. (사실, 당면한 것의 관조는 우리를 놀라게 한다. 호화스러운 성과는 그런 것이다.) 즉, 성과의 탁월성은 규모의 장대함에 있다.

여러 가지 지출 가운데 우리가 여기서 말하는 것에 해당하는 지출은, 세상의 존경을 얻을 수 있는 성질의 것이다. 가령, 여러 신들에 관한 것으로 헌납물이나 신전의 건조와 희생, 또 그 밖에 모든 이에 준하는 종교적 경영 등등. 그리고 또, 혹은 공공적으로 명예심을 만족시킴에 족한 사항도 여기에 해당한다. 가령, 대규모 합창단을 조직하고, 3단 삿대 군선을 장비하고, 나라의 공공 향응을 계획하지 않으면 안 된다고 생각하는 사람들 사이에 실시되는 이 같은 운영.

이들 어떤 경우라도 앞서 말한 것처럼 그것을 실시하는 사람이─그가 어떤 사람이고, 어떤 자력을 가지고 있는지가─역시 규준이 된다. 사실, 지출은 자력(資力)에 따르는 것이다. 즉, 그것은 단지 성과에 어울리고 있을 뿐만 아니라, 또 지출하는 사람에게도 어울려야 한다. 그러므로 빈궁하면 호장하기가 어렵다. '호사스러움에 많은 지출을 해야 할 자원'이 존재하지 않기 때문이다.

만약, 억지로 그것을 시도한다면 치매다. 왜냐하면 그것은 가치 있는 것에 등지고, 적절한 것에 등지는 일이기 때문이다. 생각건대, 바르게 지출하는 것이 덕을 가지는 이유다. 이에 대하여 자기 자신의 능력에 의해, 혹은 선조에 의해, 친척에 의해 그런 능력이 갖춰진 사람들에게 그것은 어울린다. 또, 출신 성분이 좋은 사람들이나 고명한 사람들에게도.

그것은 이들 자격이 모두 규모의 장대함과 가치를 예상하기 때문이다. 이래서, 호화스러운 사람은 어떤 사람보다 이상과 같은 사람일 것이고, 호화는 앞서 말한 것처럼 무엇보다 먼저 이상과 같은 성질의 지출에서 성립한다.

이것은 가장 장대한 지출이고, 또 가장 존경의 대상이 되는 지출이기 때문이지만, 사적인 지출 가운데 대개 일생 한 차례 정도밖에 실행되지 않는 사항—가령, 혼례 등과 같은 일—이나, 사적이라 하지만 혹은 나라의 주요 인사들이 관심을 갖는 것 같은 사항, 또 외빈을 맞고 보내는 일이라든가, 선물의 답례 등도 이에 준한다.

생각건대, 호화스러운 사람은 자기 자신을 위해서가 아니고 공공적인 여러 가지 사항을 위해 지출하는 것이지만, 선물은 여러 신들에게 바치는 헌납(獻納)물과 어떤 유사점을 가지고 있다. 또, 호화스러운 사람은 그의 부에 어울리는 방식으로 가옥을 건축할 것이고(가옥도 생각건대 어떤 의미로 나라의 머리 장식이기 때문에), 그는 오히려 성과 가운데 대개 영속성을 가지는 분야(관계 부분이 가장 아름답기 때문에)에 관해 지출할 것이다. 그 위에 각각 어울리는 부분을. 가령, 어울리는 부분이라 해도 인간과 신은 각각 같지 않고, 신전의 경우와 묘지의 경우도 각각 같지 않은 것이다. 뿐만 아니라, 영역에 따라 각각 다른 지출이 큰 지출이기 때문이다. 무조건적으로 말하면, 최고도의 호화스러운 지출은 장대한 사항의 장대한 지출이지만, 이 경우 그것은 이 사항을 위한 장대한 지출을 의미하는 것으로, 성과의 장대함은 지출의 장대함과 다르다.

즉, 최고로 아름다운 공이나 항아리는 어린이 선물로 호화스러운 것이다. 물론 그 가격은 약간 적은 것에 불과하지만. 이 때문에 호화스러운 사람은 어떤 영역에서든 호화스러운 방식으로(즉, 그 이상의 성과는 쉽게 얻어질 수 없다는 방식으로) 지출 가치에 따라 성과 만드는 일을 특징으로 한다.

호화스러운 사람은 이래서 이상과 같은 사람에 다름 아니다. 그것을 초과하는 조대(粗大)한 사람은 앞서 한 말과 같이 적절한 부분을 등지고 지출하는 일에 과도한 사람이다. 그는 곧 사소한 일에 많이 지출하고, 격조에 맞지 않게 화려함을 나타낸다. 가령, 회식을 혼례와 같은 방식으로 음식을 마련한다든가, 희극의 합창단 비용을 인수할 때 메가라(Megara) 사람들이 하는 것 같은 방식으로 첫 번 등장 시 보랏빛 의상을 입혀 보인다든가.[2]

더욱이 그는 이 모든 사항을 아름다움을 위해서가 아니라 부를 과시하는 수단으로 하는 것이다. 그는 그 때문에 감동을 준다고 생각한다. 그리고 많은 경비를 써야 할 가치 있는 부분에 조금밖에 쓰지 않고, 적게

***

2. 아리스토파네스(Aristophanes)의 희극 첫 막 합창단은 숯 굽는 사람, 기병, 벌, 구름 등으로 분장 출연하지만, 막간에 작가를 대신해 관객을 향해 말할 때, 그들이 분장을 벗어 놓은 모습이다. 뒤 막(幕)에서 그들은 관객과 같은 위치에 앉는다. 그리고 극은 통상 개선(凱旋) 행렬을 이루고 끝나지만, 이때 보라색 의상이 잘 어울린다. 개막 때는 어울리지 않았지만.

쓸 의미 없는 부분에는 많이 쓴다. 또한 소견이 좁은 사람은 이와 반대로 모든 사항에 관해 부족하고, 가장 많은 경비를 썼음에도 약간의 일로 아름다움을 망치게 만든다.

그는 무엇을 하더라도 의심하여 주저하고, 어떻게 하면 지출을 가장 적게 할 것인지를 고려하고, 그것조차도 지출을 꺼린다. 더욱이 모든 사항을 자신은 적당한 정도 이상으로 하고 있다고 생각한다.

이래서, 이 두 가지 '상태'는 악덕이기는 하지만 그렇다 해도 그것은—이웃 사람에게 유해하지도 않고, 특히 보기 흉한 악덕도 아니기 때문에—적어도 그 때문에 비난받을 일은 없다.

3장 긍지

긍지(矜持)는 크나큰 사항에 관계된다는 일이 추측은 되지만, 어떤 성질의 큰 사항이 그것에 관계되는지, 우리는 먼저 이 점을 명백히 해야 할 것이다. 그때, 그 '상태' 그 자체를 고찰해도, 또는 '그 상태를 소유하고 있는 사람'을 고찰해도 어느 쪽도 전혀 변함이 없다.

그래서 긍지가 있다고 하면, 그것은 자기가 큰 것에 값하고 있다고 생각하고, 사실 그것에 값하고 있는 사람을 의미한다. 생각건대, 자기 가치에 의거하지 않고 이렇게 생각하는 사람은 치매지만, 그것이 자기 탁월성 혹은 덕에 의거하는 것이면, 치매도 아니고 사리에 어긋나는 것도 아니다.

긍지가 있는 사람이면, 그러므로 지금 말하는 것 같은 사람이다. 즉,

만약 작은 것밖에 값하지 못하고, 그리고 자기가 그것밖에 값하지 못한다고 생각하면, 이는 절도 있는 사람이 될지언정 긍지 있는 사람은 아니다. 긍지는 규모의 크기를 예상하는 것이다. 마치 아름다움은 장대한 신체를 예상하고, 몸집이 작은 사람은 품위 있고 균형이 잡혀 있어도 아름답지 않은 것과 같이.

하지만 만약, 스스로 그것에 값하지 않고 큰 것에 값한다고 생각하면, 이 경우 오만한 사람이다.(스스로 값하는 것 이상으로 값한다고 생각하는 사람이 반드시 모두 오만한 사람이란 의미는 아니지만) 또, 스스로를 가치 이하의 가치밖에 없다고 생각하는 사람은 비굴한 사람이다. 그 가치가 크든 그 정도가 아니든, 혹은 또 작은 가치밖에 없는 사람은 더욱 그 이하의 가치밖에 없다고 생각한다고 해도.

그러나 가장 두드러진 것으로 생각한다면, 역시 큰 가치를 갖는 사람의 경우가 아니면 안 된다. 생각건대, 만약 그만한 가치가 없다면, 그는 어떻게 할지 모르는 사람이기 때문이다. 이래서, 긍지 있는 사람은 규모가 크다는 점에서 극단적인 데 반해, 적당한 방식이라는 점에서 '중'에 해당한다. 그것은 그가 요구하는 부분이 그의 가치에 따를 뿐이기 때문이다. 다른 양자(兩者)는 이와 반대로 초과하든가 부족하든가, 어느 하나다.

긍지 있는 사람은 이래서, '자기가 큰 것으로 더욱 최대의 것으로 값한다고 생각한다. 또, 실제 그에 값하는 사람'이라 하면, 그는 특히 한 가지에만 관계하지 않으면 안 된다. '값한다'는 사실은 여러 가지 '외적인 선'의 관계에서 말하게 된다. 그리고 그 최대의 것은 우리가 여러 신들에게 진설(陳設)하는 물건, 중요 위치에 있는 사람들이 가장 추구하는 물건, 가장 아름다운 행위에 대한 보상이 되지 않으면 안 되므로 관계되는 성질의 것에 영광, 명예가 있다.

사실, 명예만큼은 여러 가지 '외적인 선' 가운데 최대의 것이다. 따라서 긍지 있는 사람은 '명예'와 '불명예'를 적당한 방식으로 관계하는 것이다. 긍지 있는 사람들이 명예에 관계함은, 그러나 주장을 기다릴 것까지 없다고 한다. 긍지 있는 사람은 무엇보다 명예에 값한다고—물론 자기의 가치에 의거해—자임(自任)하는 바의 사람들이 말하기 때문이다.

비굴한 사람은 자기 진가와의 비교에도, 긍지 있는 사람의 요구 비교에도 부족하다. 오만한 사람은 자기 진가와의 비교에서 초과한다. 그러나 역시, 긍지 있는 사람은 요구를 초과하는 형편은 아니다.

긍지 있는 사람은 가장 큰 것에 값하는 형편에 있다고 하면, 그는 최선의 사람다운 일을 요구한다. 왜냐하면 보다 큰 것에 보다 좋은 사람이, 그리고 가장 큰 것에 가장 좋은 사람이 값하는 것이 상례이기 때문이다. 따라서 긍지 있는 사람은 참된 의미에서 좋고 탁월한 사람이기를 요구한다.

즉, 긍지 있는 사람은 어떤 탁월성, 또는 덕에서도 크기에 속한다고 생각하지 않으면 안 된다. 두 팔을 세차게 흔들며 줄달음질쳐 달아나는 일이 긍지 있는 사람에게 어울리지 않고, 부정을 저지른다는 일도 또한 그렇다.

사실, 어떤 것도 크다고 생각지 않는 사람이 무엇 때문에 추악한 행위를 저지를 것인가? 그 밖에 하나하나 고찰해 나가면, '훌륭한 사람은 되지 않는 긍지 있는 사람' 등으로 말하는 것은, 전혀 사리에 맞지 않음이 분명해질 것이다. 열악한 사람이 명예에 값한다는 일은 있을 수 없다.

명예라는 것은 탁월성 또는 덕에 대한 보상인 것으로, 그것은 좋은 사람들에게 돌아가는 것이다. 이래서 긍지는, 말하자면 여러 가지 탁월성의 머리장식 같은 것이라 생각한다. 그것은 그것들을 보다 큰 것으로 하는 것이지만, 또 그것 없이 태어나지도 못했을 것이다. 이 때문에, 참으로 긍지 있는 사람 되기란 매우 곤란한 사항이다. 긍지 있는 사람은 참된 의미에서 '뛰어난 사람이 될 일', '아름답고 좋은 사람이 될 일' 없이는 불가능하기 때문이다.

긍지 있는 사람은 이래서, 명예 또는 불명예에 관계된다. 그는 뛰어난 사람들로부터 받는 큰 명예에 조금 쾌감을 느낄 것이다. 당연하지만, 또는 오히려 거기 미치지 못하는 것을 획득했다는 이유로. 미치지 못했다는 것은 완전한 '탁월성 또는 덕'에 값할 만한 명예는 받을 수 없기 때문이다.

그러나 그는, 사람들이 그 이상으로 큰 것을 그에게 배분할 수 없기 때문에 어떻든 그것을 받기는 할 것이다. 하지만, 만약 아무것도 아닌 사람들로부터의 사소한 사유에 의한 명예라면(작은 명예라면) 그는 이것을 전혀 멸시하는 태도를 보일 것이다. 그에게 관계되는 바에 값하는 것이 아니기 때문이다. 불명예에 대한 것도 이에 준한다. 그에게 관해 불명예가 발생하는 것은[3] 정당할 수 없기 때문이다.

긍지 있는 사람은 앞서 말한 것처럼 무엇보다 명예 또는 불명예에 관계되지만, 물론 역시, 그는 또 부와 정치적 세력, 그 밖에 모든 호운 또는 비운에 관해서도 그것이 어떤 방식이 되든 상태가 좋은 방식으로 이에 대처할 것이다. 그리고 호운에 직면해도 무턱대고 기뻐하지 않고, 비운에 직면해도 무턱대고 괴로워하지 않을 것이다. 그는 명예조차 명예가 최대인 것처럼 태도를 취하지 않을 것이기 때문에.

즉, 정치권력이나 부는 명예를 최고의 가치로 치지만(적어도 이를 갖는 사람들은 이 때문에 명예 받기를 바라고 있다.), 이 명예조차도 작은 것으로 생각하는 사람에게 다른 여러 가지의 것은 당연히 아직 작은 것으로 될

***
3. "불명예가 생겼다."는 '불명예를 당했다', 또는 '질책을 받았다'로 옮길 수 있다. 명예는 입장을 바꾸면 존경이고, 불명예는 입장을 바꾸면 질책이다.

수밖에 없다. 그들이 오만한 것처럼 생각되는 것도 이 때문이다.

생각건대, 호운(좋은 운수)의 여러 조건도 역시 긍지에 대해 기여하는 바 있는 것처럼 생각되고 있다. 즉, 태생적으로 좋은 사람들은 존경에 값하는 것으로 되어 있고, 또 세력 있는 사람들이나 부유한 사람들도 다 마찬가지다. 즉, 그들은 그만큼 우월해 있다고 생각되고, 좋은 사물에 우월해 있다고 생각되는 것은 모두 존경받는 것이다.

그러므로 이 같은 여러 조건도, 사람들로 하여 일층 긍지를 갖게 하는 이유가 된다. 요컨대, 그것은 일부 사람들이 이 같은 사항을 존경하고 있음에 다름 아니다. 그러나 사실은 좋게 탁월한 사람만이 존경받아야 할 사람이다. 다만, 이에 덧붙여 이들 조건을 구비한 사람이 있다면, 그것은 일층 존경에 값한다고 풀이해야 할 것이다.

지금 만약 인간의 탁월성 없이, 다만 그 같은 좋은 여러 조건에 혜택받은 데 불과한 사람들이, 자기는 큰 사람에 값한다고 생각하고 있다면, 이는 정당하지 않고, 그들이 긍지 있는 사람이라 불리는 것도 정당하지 않다. 그러기 위해 완전한 탁월성이 없으면 안 된다. 그들은 그런 좋은 혜택을 받고, 반대로 그 때문에 오만하고 교사(驕奢)하다.

참으로 인간의 탁월성 없이 운 좋은 여러 조건을 상태 좋은 방식으로 가지고 가기는 쉬운 일이 아니다. 그들은 그것을 가지고 갈 수 없고, 그것으로써 다른 사람들보다 우월하다고 생각하기 때문에 남을 얕보고 스스로 터무니없는 짓을 한다. 생각건대, 그들은 긍지 있는 사람과 같지 않고, 단지 그것을 모방하는 일에 불과하다. 모방하더라도 그들은 자기가 가능한 사항만 한다.

그러므로 탁월성에 따라 일하는 형편이 아니니, 자주 남을 모욕하는 일이 생기기 쉽다. 긍지 있는 사람이 남을 모욕하는 것은 때로 정당해도

(그의 생각이 참이기 때문에), 평소 세상 사람들이 하는 짓은 터무니없는 일에 불과하다.

긍지 있는 사람은—그는 작은 사항밖에 존경하지 않기 때문에—사소한 일 때문에 위험을 일으킨다든가 위험을 사랑한다든가 하는 식의 사람은 아니지만, 큰일을 위해 위험도 두려워하지 않는 사람이요, 위험에 처하는 단계에 이르면 그는— '어떻게 해서든 살려고 하는 가치를 인정하지 않기 때문에—생명을 아끼지 않는 사람들이다. 그리고 그는 가치관이 누군가에게 잘해 주는 사람들 쪽이기 때문에 타인으로부터 도움, 혹은 자신이 잘해서 대가를 받는 일을 수치로 생각한다.

생각건대, 전자는 우월을 다투는 사람에 속하는 사항이지만, 후자는 열세한 사람에 속하는 사항이다. 그리고 그는 어떤 일을 잘 해서 받은 일에 대해 보다 더 많이 다른 사람들에게 보답한다. 생각건대, 이런 식으로 한다면 최초에 잘한 사람은 여분의 것을 떠맡게 된다. 도리어 잘해 받은 일이 될 것이기 때문이다. 또, 그들은 잘해 준 기억은 기억하고 있어도, 잘해 받은 일은 기억하지 않고(왜냐하면 잘해 받은 사람은 잘한 사람에게 뒤진다는 형편이지만, 긍지 있는 사람은 우월한 점을 바라기 때문에) 전자에게 듣는 일은 쾌한 일이지만, 후자에게 불쾌한 일이라 생각된다.

제우스(Zeus)를 향해 데티스(Thetis)가 자기 선행을 말하지 않은 이유이고, 또 아테네 사람들을 향해 스파르타 사람들은 그들이 잘해 준 일을 말하지 않고 도리어 자신들이 잘해서 받은 여러 가지 사항을 말한 이유다.

또, 긍지 있는 사람의 긍지 있는 사람다운 특색으로, "전혀, 또는 거의 아무것도 요구하지 않고, 나아가 스스로 사람들에게 도움을 준다." 하는 사실도 드러내지 않고, 뿐만 아니라 그는 "가장 요긴한 위치에 있는 사람들이나 좋은 운세의 혜택을 받은 사람들에 대해 거드름을 피우지만,

보통 사람들에 대해 조심해한다." 하는 사실도 특징으로 한다.

생각건대, 전자에게 우월하는 일은 곤란하기도 하고 당당하기도 한데 반해, 후자에게 우월하기는 용이하다. 또 전자에서의 경우는 당당하다는 사실이 천하지 않은 반면, 하층 사람들 사이에 그렇게 한다는 일은, 흡사 약한 사람들을 향해 완력을 휘두르는 것 같아 천하기 때문이다.

그리고 그는 세상에서 명예로 여기는 것 같은, 또는 다른 사람들이 최우위를 점하는 여러 사항에 관계하지 않으므로 그 명예가 크다든가, 그 성과가 크다든가 하는 경우 외에 태만하여 행동이 뜨다. 거의 행위하지 않지만, 그러나 행위하면 크고 뚜렷한 일을 한다.

또 반드시, 그는 공공연하게 증오와 친애를 표시할 것이고(사실 남의 눈을 꺼리어 다른 사람의 평판을 무시하지 못해 도리어 보다 진실을 희생한다는 일은 두려움을 안고 있는 사람이 할 일이다.), 노골적으로 언행(言行)할 것이고(그는 곧 상대를 문제로 삼지 않기 때문에 숨김이 없고, 또 세상 사람들을 상대로 핀잔의 자기 비하[4]로 말하는 것을 빼면, 사실 그대로를 말하는 사람이다.), 또 남─친한 사람은 별도로 하고─을 중심으로 산다는 일은 불가능하다. 그것은 노예적이기 때문이다. 간사한 사람 모두가 노비적인 이유 때문이고, 또 하층 사람들이 간사하기 때문이다.

또, 그는 쉽게 경탄하지 않는다. 그에게는 어떤 것도 크지 않기 때문이다. 또 그는 나쁜 일을 기억하고 있는 사람도 아니다. 생각건대, 긍지 있는 사람이 하는 부분은 언제까지나 기억하고 있다는 사실, 특히 나쁜 사항을 언제까지나 기억하기보다는 오히려 그것을 간과한다는 데 있다.

***
4. 비하(卑下)는 '아이러니' 등으로 말하지만, 양자 사이 거리는 있다. 소크라테스의 비하는 단순한 비하가 아니고 '무지의 표명'을 의미한다. 그것을 단지 '핀잔'으로 말하면 소크라테스의 특질을 말하는 데 불충분하다고 생각한다.

또, 그는 소문을 즐기지도 않는다. 그는 자기 자신에 대해, 남에 대해 말하지 않는다. 생각건대, 그는 자기가 칭찬받을 일이나 남이 비난받을 일에 관심을 갖지 않기 때문이다. 그러나 그렇다 하여, 무턱대고 사람을 칭찬하지도 않는다. 그렇기에 그는 또, 가령 적편에 대해서도 악평을 늘어놓지 않는다. 남을 비하하느라 일부러 하는 경우는 별도지만.

그리고 부득이한 사태와 사소한 사항에 그는 슬퍼하거나 남에게 도움을 청하는 일은 누구보다 적다. 생각건대, 관계 태도가 이 같은 사항에 대해 적극적인 사람에게 속하기 때문이다. 그리고 그는, 결실이 많은 자신의 실익보다 오히려 아름답고 실익 없는 것을 소유하고자 하는 데에 가치를 중요시 여기는 부류의 사람이다. 생각건대, 후자쪽이 보다 많이 자족적인 성질의 것이기 때문이다.

또 발걸음도 긍지 있는 사람은 조용하고, 목소리도 침착하고, 말의 어투 역시 안정되어 있다고 생각한다. 왜냐하면 작은 사항에만 열심인 사람은 성급하지 않고, 또 어떤 일도 크다 생각지 않는 사람은 쉽게 흥분하지도 않는다. 소리 높은 고성이나 몹시 서두르는 발걸음은 이 같은 사유에 근거한다.

이래서 이상과 같은 사람이 긍지 있는 사람이다. 따라서 긍지가 부족한 사람은 비굴한 사람이고, 지나친 사람은 거만한 사람이다. 이들도 나쁜 사람은 아니지만(나쁜 일을 하지 않는 사람이기 때문에), 그러나 그들은 실수한 사람이라 생각한다.

생각건대, 비굴한 사람은 여러 가지 선에 값하면서 스스로 값하는 부분의 것을 자기 자신한테서 빼앗아 버린다. 그의 경우, 어떤 의미의 악은 그가 자신은 여러 가지 좋은 일에 값하고 있다고 생각지 않는다는 사실, 혹은 오히려 자기 자신을 모른다는 사실에 존재한다고 생각한다. 만약 알고 있다면, 자기가 값하고 있다는 부분―그것은 여러 가지 선이기 때문에―을 바라는 것이 틀림없기 때문이다.

그러나 그렇다 하여, 이런 사람들을 치매라고 생각지 않는다. 오히려 내향적 기질의 사람들이라 생각한다. 하지만 자기에 대한 이러한 평가가 그 사람을 악화시킬 경우가 있다.

각자는 그 가치에 어울리는 일을 추구하지만, 비굴한 사람들은 아름다운 여러 가지 행위나 경영을―자기는 그것에 값하지 않는다고 생각―공경하되 가까이하지 않는 것 때문이므로 외적인 여러 가지 선에 대해 이와 똑같다.

거만한 사람에게 이르면 자만심에 의해, 혹은 교만해져서 스스로 모를 뿐 아니라, 그것도 노골적인 형태에 빠진다. 즉, 그들은 그런 사실에 값하지 못함에도 불구하고, 존경받을 일을 시작하면 결국 끝에 가서 정체를 폭로한다. 뿐만 아니라, 그들은 복장이나 겉보기로 자신을 거짓으로 꾸미고, 이로써 자기의 좋은 운이 사람 눈을 끌기를 바란다. 또 이 같은 사항 때문에 사람들에게 존경을 받으려 그 일을 스스로 털어놓는다.

긍지에 대립하는 것은 거만보다는 오히려 비굴이다. 이쪽이 보다 많기도 하고, 또 보다 나쁘기도 하기 때문이다. 이래서 긍지는, 앞에 말한 것처럼 크나큰 명예에 관계한다.

4장 명예심과 중용

하지만 최초에 말한 것처럼, 똑같이 명예와 관계하면서 마치 호화에 대하여 관후에 유사한 위치를 긍지에 대해 점한다고 생각하는, 어떤 하나의 덕이 존재하는 것처럼 생각된다. 즉, 이 덕은 관후의 경우와 똑같이, 역시 규모의 장대함과 거리가 먼, 오히려 적당한, 또는 사소한 것에 관해 우리를 적당한 존재로 놓아두는 것이다.

재화의 획득과 증여에 중용이 있고, 초과 또는 부족이 있듯이, 그와 같이 명예의 욕구에서도 정도 이상과 정도 이하가 있다. 명예를 여기서 찾을 부분이 있고, 또 그 찾는 방식이 있다.

사실, 우리는 명예심이 강한 사람을—그는 정도 이상으로, 또 정도가 맞지 않는 부분에서 명예를 추구한다는 의미로—비난하고, 명예심이 결여된 사람에게도 또—그는 아름다운 사항조차 존경받는 일을 바라지 않는 사람이라—비난을 퍼붓는 것이다.

다만, 우리는 최초에 말한 것처럼 이따금 명예심이 강한 사람을 남자다운 인간이라든가, 아름다움을 사랑하는 인간이라는 식으로 생각, 극찬하는 일이 있다. 반면에 또, 명예심이 결여된 사람을 우아하다든가 신중함이 있다고 생각, 상찬하는 일이 있다. 분명히 '어떤 사랑이 강하다', '어떤 마음이 강하다'고 하는 사실은 다의적(多義的)으로 하는 말이므로 '명예심이 강하다'는 말도 우리는 이것을 항상 같은 의미로 쓰는 것은 아니다.

상찬하는 경우 '보통 사람 이상으로'라는 의미로, 또 비난하는 경우 '정도 이상으로'라는 의미로 쓴다. 이 경우는 중용의 용어가 없으므로 양극단이 이 위치를—마치 빈자리를 겨누는 모양으로—다투는 모양으로 생각하지만, 그러나 초과와 부족이 존재하는 것이면 또 당연히, 그 중간도 존재하는 것이다.

여기에도 사람들이 명예를 정도 이상으로 욕구하든가, 정도 이하밖에 욕구하지 않기 때문에 그 적정 방식 역시 존재하므로 상찬받는 것은, 그러므로 이 같은 '상태', 즉 명예에 관한 명칭이 없는 중용에 다름 아니다.

그러나 그것이 지나친 명예심의 관계에서 명예심의 결여로 보인다. 명예심의 결여 관계에서 명예심의 초과로 보이고, 양자의 관계에서 무엇이라 할까? 그것이 동시에 이들 양자인 것처럼 보이는 것이다. 이러한 사태는 다른 여러 가지 덕의 경우에서 보이지만, 여기서 '중'적인 사람이 그 명칭을 가지고 있지 않기 때문에 대립은 단지 양극단 사이에만 존재하는 것 같은 관점을 보인다.

5장 온화, 유연한 태도

온화(溫和)는 '노함'에 관한 중용이다. '중'은 명칭이 없어(두 극단도 거기에 가깝지만) 우리는 '중' 위에 적용할 때 '온화'를 가지고 한다. 이는 오히려 부족한 쪽─명칭이 없는─에 기우는 경향이 있지만. 초과는 화 잘내는 사람이라 한다. 이 경우의 정념(情念)은 성내기 때문이다. 다만 이것을 과격하게 하는 부분은 매우 다양하다.

적당한 사항을 가지고, 적당한 사람들에 대해, 또 적당한 방식으로, 적당한 때, 적당한 순간에만 성내는 사람은 상찬받는다. 여기에 해당되는 사람은 온건한 사람이라 할 것이다. 상찬받는 부분은 그의 온건함 때문이다. 온건한 사람은 곧 마음이 어지럽지 않고, 정념에 좌우되지 않고, 사리가 명하는 방식으로, 또 적당한 사항에 대해 적당한 때에만 성내는 사람이라야 한다는 의미다. 그의 허물은 오히려 부족한 쪽에서 생긴다고 생각한다.

생각건대, 온건한 사람은 복수를 하기보다 도리어 반대로 너그럽게 상대를 용서하는 쪽이기 때문이다. 그 부족은—그것을 '자존심 없이'라 할까, 명칭은 뭐라 하던 좋지만—비난받는다. 생각건대, 적당한 사항에 대해 성내지 않는 사람들, 적당한 방식으로 적당한 때 적당한 사람들에 대해 성내지 않는 사람을 치매라 생각하기 쉽다. 즉, 그는 지각이 없고 고통도 느끼지 못한다고 생각되고, 또 성내지 않기 때문에 방위할 일도 없는 사람이라 생각될 것이다. 하지만 자기가 모욕을 당해도 참고 견디며, 가까운 사람들이 모욕을 당해도 방관한다는 일은 노예적이라 생각되는 것이다.

초과는 모든 점에서 발생하지만(곧, 적당하지 않은 사람들에 대해, 적당하지 않은 사항에 대해, 적당한 정도 이상으로 보다 빠르게, 보다 긴 시간에 걸쳐 등), 그렇다고 해서 이 모든 점이 같은 사람에게 속한다는 의미는 아니다. 사실, 그런 일은 불가능할지 모른다. 생각건대, 악은 자기 자신조차 망치기 때문에 만약 결여할 수 없는 악이라면, 이것은 이미 지탱이 듣지 않는 경우가 된다.

이래서, '화를 잘 내는 성질의' 사람들은 성내는 일이 빠르고, 적절치 않은 사람들에 대해, 적절치 않은 사항에 대해, 적절한 정도 이상으로 성을 내지만, 또 그 성냄을 멈추는 일도 빨라 그 점 역시 좋은 부분도 있다 하겠다. 결국, 이 부류의 사람들은 성냄을 억제하지 않고 거칠기 쉬운 그대로 남의 눈을 거리끼지 않고 응수하는 것이지만, 그렇게 하면 또 그들의 성냄은 진정되는 것이다.

'성내는 버릇이 강한' 사람들은 또 격렬의 정도가 넘는 사람들이고, 모든 경우와 모든 사항에 대해 신경질이 대단하다. 그 명칭이 알맞은 이유다. '집념이 강한' 사람들은 쉽게 성냄을 풀기 어려운 사람들이다. 오랫동안 성냄을 풀지 못한다. 결국, 격분을 억압하는 이유 때문이다. 응분의 대가를 치르고 나면 성냄이 진정된다.

복수는 성냄을 그치고, 고통 대신 쾌락을 가지게 하는 것이다. 그런데 이것이 실행되지 않기 때문에 그것이 무거운 짐으로 남는 것이다. 전혀 성냄이 분출되지 않을 뿐 아니라, 누구도 위로해 주는 사람이 없어 자기 스스로 성냄을 소화하는 데 시간이 걸린다. 자기 자신뿐만 아니라, 가장 친한 사람들에게 가장 형편이 나쁜 것은 이 부류의 사람들이다.

또, 우리가 '까다로운 사람'이라 부르는 사람들은 적당하지 않은 사항에 대해 적당한 정도 이상으로 보다 길게 성질을 부리고, 복수나 응징을 하지 않으면 마음이 개운하지 않은 사람들이다.

온화에 우리가 대립시킬 부분은 오히려 성냄의 초과 쪽이다. 사실, 그쪽이 세상에 많다. 복수하겠다는 쪽이 보다 인간적이기 때문이다. 뿐만 아니라, 함께 생활하는 데 까다로운 사람들 쪽 사정이 더 나쁘기 때문이다.

앞에서 말한 사실 역시, 지금 논의하고 있는 부분에서 명백해진다. 즉, 어떤 방식으로, 어떤 사람에 대해, 어떤 사항에 대해 어느 만큼의 시간을 성낼 것인가? 또, 어느 정도까지 옳은 행위이고, 혹은 잘못인가를 규정하기는 쉽지 않다. 사실, 과다한 방향이든 과소한 방향이든 조금밖에 벗어나지 않으면 비난받지 않는다.

우리는 때로, 그 부족한 사람들을 상찬하여 온건한 사람들이라 말하고, 분개하고 화내는 사람들을 그들이 사람 위에 설 수 있는 인간이라 하여 이를 남자답다고 생각하는 일조차 있다. 그러므로 어느 정도, 어떤 방식으로 벗어날 경우에 비난할 일인가를 이론으로 표현하는 일이 쉽지 않다. 사항은 개별적인 것으로 존재하므로 그 판단이 지각에 의존하는 까닭이다. 그렇지만 이하의 사실만은 명백하다.

'중'적인 '상태'—즉, 만약 우리가 이에 근거해 성내면 적당한 사람들에 대해, 적당한 사항에 대해, 적당한 방식으로 등등의 조건에 적합한 경우—는 상찬할 일이다. 이와 반대로 그 초과와 반대는 비난할 일이다. 그 정도가 약간밖에 안 되면 조금 많으면 그만큼 심하게, 또 매우 심할 경우 거칠게. 그러므로 분명히, 우리는 어디까지나 '중'적인 '상태'를 유지하지 않으면 안 된다.

이상으로 성냄에 관한 여러 상태의 서술을 마친다.

6장 아첨과 불유쾌

또, 인간의 접촉이나 교제에서, 결국 함께 살아가며 담론이나 매사를 함께한다는 생활면에서 어떤 사람들은 '기분 맞추기'라고 생각된다. 상대를 기쁘게 하기 위해 어떤 일도 모두 상찬하고 반대하지 않는다. 길에서 마주치는 어떤 사람에게도 고통이나 불편을 주지 않도록 마음 쓰는 사람들이 그 경우다.

또 이와는 역으로, 어떤 일에도 반대하고, 그리고 사람에게 고통 주는 일을 전혀 개의치 않는 사람들은 불유쾌하고 귀찮은 사람들이라 불린다.

이 같은 여러 '상태'가 비난받는 '상태'임은 말할 것도 없다. 이에 대한 '중'적인 '상태'—즉, 적당한 사항을 적당한 방식으로 수용하고, 또 같은 방식으로 비난도 한다. 이런 식으로 인간을 감쪽같이 속이는 것처럼—

가 상찬받는 상태라는 사실도 명백하다.

이 '중'적인 상태에 일정 명칭이 따로 없다. 그것은 친애(필리아)에 가장 유사하다. 이 '중'적인 상태에 있는 사람은(만약, 여기에 정애(情愛)가 덧붙여지면) 좋은 벗(필로스, 친애적인 사람)이란 말이 우리가 이해하는 사람에 다름 아니기 때문이다. 하지만 정념을 포함하지 않고, 상대에 대한 정애를 포함하지 않는다는 점에서 그것은 친애와 다르다.

생각건대 지금 경우에, 그가 각각의 사항을 적당한 방식으로 수용하는 것은 상대에 대한 애중 때문이 아니고, 도리어 자기가 점차 그런 인간이 되려 하기 때문이다. 즉, 그는 모르는 사람에 대해, 아는 사람에 대해, 다정한 사람들에 대해, 다정하지 않은 사람들에 대해 똑같이 그런 태도를 취하는 것이다. 물론 각각의 경우에, 여기 적합한 방식으로 한다는 일은 있어도. 생각건대, 다정한 사람들에 대해, 생판 모르는 사람들에 대해 똑같은 방식으로 마음을 쓰거나 고통을 주는 일은 적절하지 않기 때문이다. 이래서 일반적으로 말하면, 앞에 말한 것처럼 그는 적당한 방식으로 남과 접촉할 수 있는 사람이다.

하지만 그가 남에게 고통을 주지 않고 유쾌함을 준다는 사실을 마음 쓰는 것은(사실 관계자가 말하는 영역은 교제에서 생기는 쾌락이나 고통이 있다고 생각된다.), 어디까지나 아름다움이나 공익(公益)을 목표하는 것이므로, 대개 여기서 유쾌함을 함께하는 일은 아름답지 않고, 혹은 유해한 사항에 대해 도리어 그는 이를 비난하고, 오히려 고통 주는 쪽을 선택할 것이다.

즉, 만약 상대가 그것을 우쭐대는 기분으로 하면 추태(醜態)가, ─그것도 하찮은 추태가─ 또는 해악을 가져온다. 더구나 이에 반대한다는 일은 그다지 상대에게 고통을 주지 않는다는 경우, 그는 이를 수용하지 않고 도리어 비난할 것이다. 또, 그는 중요한 지위에 있는 사람들과 아무것도 아닌 사람들, 비교적 잘 알려진 사람들과 잘 모르는 사람들 등등에 따라 각각 다른 방식으로 접촉할 것이다. 각자에게 각각 어울리는 것을 배분하면서.

또, 자체적으로 유쾌감 주는 일을 선택하거나 고통 주는 일을 경계하지만, 만약 여기서 결과하는 바의 것—아름다움이나 공익 쪽—이 보다 중대하면 이에 따르는 것이다. 그는 마침내 다가오는, 보다 큰 쾌락을 위해 약간 고통 주는 일도 사양하지 않을 것이다. '중'적인 사람은 이래서 이상과 같은 사람이지만, 그는 명칭이 없다.

똑같이 상대를 오로지 유쾌함에서 떨어지게 하려는 사람이라 해도, 여기에 구별이 있다. 어떤 별도 사항을 목적함 없이 상대에게 일념으로 쾌적할 것을 마음 써 주는 사람은 '기분대로'이지만, 재화 또는 재화에 의한 어떤 이익 획득을 목적으로 하는 사람은 '간사한 사람'이다.

한편, 모든 것을 비난하는 사람은 불유쾌한 사람, 귀찮은 사람이란 사실을 이미 앞에서 말한 바 있다. '중'은 명칭이 없기 때문에 대립은 오히려 이들 극단 상호 간에 존재하는 것으로 보인다.

7장 정직과 진실

이상의 내용과 거의 같은 사항에 관계되는 것으로 '허식'과 '비하'에 대한 중용이 있는데, 이 중용 역시 명칭이 없다. 이 일련의 여러 '상태'를 논의하는 것도 나쁘지 않다. 왜냐하면 우리는 그 하나하나를 논의해 나감으로써 '윤리적 성상'에 관한 여러 가지 사항을 보다 잘 알 수 있고, 덕이란 모두 중용에 다름 아니란 확신도 우리가 모든 사항에 대해 사실임을 알게 됨으로써 일층 강화되기 때문이다.

일상을 함께함에 있어 만나는 상대에게 쾌락을 안겨 주는 일을 밑천으로 하는 사람들, 또 고통을 주는 것이 보통인 사람들에 대해 논의했지만, 우리는 또 여기에 그런 장면에서 진실인 사람들, 혹은 또 거짓된 사람들―그 언동에서, 동시에 또 그 외견에서―에 대해 말하기로 한다.

'허식가(虛飾家)'란, 일반으로 존중되는 제반 사항이 실제 그에게 속하지 않음에도 불구하고, 또는 그에게 실제 속하는 이상으로 그에게 속하는 것 같이 겉을 꾸미는 사람이지만, 비하하는 사람은 이와 반대로 실제 그에게 속하는 것처럼 하는 부분의 것을 부정 내지 과소화하는 사람이다. 이들 양자 사이에 '중'에 자리하는 것은 자기 있는 그대로의 사람, 결국 생활에서도, 언설(言說)에서도 사실 그에게 속해 있는 부분의 것을―즉, 그 이상도 그 이하도 아닌―자기 것으로 인정하고, 거리낌 없는 진실성 경향의 사람이라 생각된다.

이 같은 각각의 경우를 통해, 어떻든 그것이 어떤 목적을 위한 일이거나, 또 어떤 목적을 위한 일이 아님도 모두 가능하지만, 그러나 어떤 목적 때문에 하는 것이 아니라면, 누구도 자기 있는 그대로의 방식으로 말하고, 행동하고 하는 등, 그런 방식으로 살아가는 것이다. 속임수는 그 자체로 나쁜 것이고 비난받아야 할 것이며, 진실은 아름다운 것, 상찬받아야 할 것이다.

똑같이 중용을 깨달은 진실한 사람은 상찬받을 사람이고, 속임수의 사람들은 어떻든 비난받아야 할 인간이다. 허식가의 경우는 특히 더 그렇다.

우리는 이들 가운데 어느 누구든, 하지만 먼저 진실한 사람에 대해 말한다. 여기서 우리가 진실한 사람이라 하는 것은 약속에 대해 진실하다든가, 혹은 그 밖에 대개 부정의와 정의에 관계를 갖는 사항에서 진실하다는 것이 아니라(이것은 다른 덕에 속하는 사항이기 때문에), 도리어 이 같은 사항과 관계없는 사물의 영역에서 오로지 '상태'적으로 그 같은 인간이어야 함을 기본으로, 언어와 생활에서 진실해야 하는, 그 같은 사람을 의미하고 있다.

통하는 사람은 훌륭한 사람이라 생각되는 것이 틀림없다. 실제, 진실을 사랑하는 사람은 어떤 사항에서도 진실하므로 더욱 상태가 좋지 않은 사항에서는 더욱 엄격히 진실을 추구할 것이다. 즉, 관계되는 사람은 후자와 같은 사항에서 속임수를 추악한 것으로 경계할 것임에 틀림없다. 그는 그 자신으로도 속임수를 경계한 사람이었기 때문에.

통하는 사람은 상찬을 받을 수 있는 사람이다. 그가 진실을 떠난다 해도 오히려 과소(過小)한 방향으로 기운다. 사실 이것은 오히려 우아하게 보인다. 초과가 된다면 이것은 참기 어려운 것에 속하는 것이지만.

어떤 목적을 갖지 아니하고, 실제 이상으로 겉을 꾸미는 사람은 물론 좋지 않은 사람이지만(그렇다고 남을 속이는 것을 기뻐할 까닭이 없으므로), 그를 나쁜 사람이라 하기보다 오히려 천박한 사람이라 보게 된다. 하지만 만약, 그것이 어떤 목적을 위해 하는 것이라면 사정은 다르다. 그것도 평판이나 명예를 목적으로 하는 허식가라면 아직 비난이 가벼운 편이지만, 금전 때문이라든가 금전 대체물을 목적으로 속임수를 쓰는 자라면 추태가 심하다. (허식가라는 사실은 결코 능력의 문제가 아니고 의도적인 '선택'의 문제다. 곧, 내부에 존재하는 '상태'에 근거하는 그 같은 '상태'를 유지하는 인간이라 하여 처음으로 허식가가 된다.) 그것은 마치 똑같이 거짓말을 한다 해도, 거짓말 자체를 즐기는 인간이 있는가 하면, 평판과 이익을 찾아 거짓말하는 거짓말쟁이가 있는 것과 같다.

이래서 평판 때문에 허식하는 사람들은 상찬과 축복의 대상 되는 사항을 겉으로 꾸미지만, 이익을 위해 하는 사람들은 이웃들이 향수(享受)할 부분이 있을 것 같은, 그리고 자기는 사실 그런 사람이 아님을 눈치채게 하는 인간임을 보이는 것이다. 예를 들면 예언자, 지혜자, 의사 등.

그러므로 이 부류의 사람인 것처럼 겉을 꾸미는 자가 그들 대부분을 차지한다. 여기 지금 말한 조건이 잘 갖추어져 있기 때문이다. 비하하는 사람들은 사물을 지나치게 작게 말하기 때문에 오히려 소양 있는 윤리적 성상의 사람들이라 보인다. 생각건대, 그들이 그런 식으로 말하는 것은 이익 때문이 아니고 과시를 피하기 위한 것이라 생각하기 때문이다.

그들의 경우도 역시, 가장 많은 것은 보통 존중받는 부분의 사항에 대한 부정(否定)이다. 소크라테스와 같은 경우도 그 한 가지 예를 들면, 사소하지만 노골적인 사항에 대해 실제 이하로 겉 보이게 하는 일은 '불쾌감'을 준다고 해, 이 부류 사람들의 경우는 경멸에 값한다. 뿐만 아니라 비하가 이따금 허식에 다름 아닌 것으로 보일 수 있다. 예를 들면, 스파르타 사람의 허술한 옷차림처럼.

실제 초과뿐만 아니라 심한 부족도 역시 하나의 허식에 다름 아니다. 소양이 있다고 보이는 것은 적당히 비하를 다루어, 심히 속보이는 노골적이지 않은 사항에 관해 스스로 비하하는 취향을 갖는 사람들이다.

진실은 남에게 대립하는 허식가에게 있다고 생각한다. 이것이 보다 나쁘기 때문이다.

8장 기지(機智)

인생에서 휴양도 필요할 것이고, 휴양이라면 놀이와 즐거움이 있어야 하므로, 여기서도 어떤 장단에 맞는 서로의 어울림 같은 것이 있다. 여기 말해야 할—또, 똑같이 들어서 좋은—사항과 방식이 있다고 생각한다. 그리고 이러이러한 사람들 사이에서 말하고 이러이러한 사람들로부터 듣는다는 일도, 결코 어느 쪽도 좋다는 형편은 아닐 것이다.

관계되는 사항에 '중'에 대한 초과와 부족이 존재하는 것은 명백한 사실이다. 골계(말주변이 좋아서 그른 말도 옳은 듯, 옳은 말도 그른 듯하여 능히 사람으로 하여금 다르고 같은 것을 혼란시키는 것.)가 많은 사람들은 모든 방식으로 골계가 되지 않음을 늘 두려워한다. 외설적이지 않은 사항이나 야유받는 상대에게 고통을 주지 않도록 하려고 말하기보다 오로지 웃음을 자아내는 일을 목표로 하기 때문에, 그들은 어릿광대이고 비루(鄙陋)한 사람들이라 생각된다.

이와 반대로, 자기 스스로 전혀 골계적인 이야기를 하지 않고, 골계적인 이야기를 하는 사람들에게 화를 내는 것 같은 경우는, 분위기에 부족한 사람들이라 생각된다.

형편에 맞는 농담으로 즐거움을 주는 사람이면 '기지(機智)적인 사람'이라 부른다. 즉, '자유자재'의 인간이라는 본래 의미가 통한다. 생각건대, 이 같은 표면적인 움직임도 윤리적 성상의 운동이라 생각되어 어디까지나 육체가 그 운동으로 인해 판단됨과 같이 동일 방식으로, 또 운동에 의해 윤리적 성상이 판단되는 것이다.

하지만 골계적 사항은 도처에 널려 있고, 또 대부분의 사람들은 농담과 야유를 보통 정도 이상으로 즐기기 때문에, 어릿광대까지도 소양 있는 사람들이고 기지적인 사람들이라 부르고 있다. 그러나 양자는 다른 것이고 더구나 그 차이가 적지 않음은 우리가 논의한 부분에서 이미 밝혀졌다.

이처럼 '중'적인 상태는 '적절한 시기를 알고 있다.', '변별력이 있다.' 하는 바가 고유의 것이고, 변별력 있는 사람의 특징은 빈틈없는 사람이라든가 자유인으로, 조화되는 부류의 사항을 말하고 듣는 부분에 존재한다.

즉, 통하는 사람들은 같은 농담이라 해도 말하고 들을 때 어울리는 사항이 있다. 자유인의 해학은 하인의 그것과 다르고, 교양 있는 사람과 교양 없는 사람도 다르다. 사람은 옛 희극과*5 새 희극의 차이에서 이 사실을 이해하게 된다. 그것은 양자에 있어 전자는 외설적인 언사가 골계였지만, 후자는 오히려 감춰진 풍자가 골계인 때문에, 이 일은 기품에서 적지 않은 차이가 생긴다.

그렇다면 야유 방식이 좋다는 판정을 우리가 내리는 기준은, 그 사람이 자유인에 어울리는 사항을 말하고 있다는 데에 놓을 것이며, 혹은 듣는 이에게 고통을 주지 않거나, 또는 듣는 이의 기분에 맞춘다는 부분에 놓아야 할 것인가?

그러나 적어도 후자와 같은 표준은 의미가 없을 것이다. 그 이유는 싫은 사항도, 쾌적한 사항도 각각 상대에 따라 천차만별이기 때문이다. 또, 그가 듣기를 거부하지 않는 것은 역시 그러한 성질의 사항일 것이다. 생각건대, 그는 자기가 듣는 데 견딜 만한 사항만을 남에게 베푼다고 생각하기 때문이다.

***
5. 아테네 희극(喜劇) 역사는 전기(기원전 5세기), 중기(기원전 336년), 후기(기원전 250년), 그리고 각각 속하는 부분을 고(古) 희극, 중기 희극, 신(新) 희극으로 부른다. 고 희극은 아리스토파네스로 대표되는 전기의 것을 가리킨다. 신 희극은 아리스토텔레스 자신이 살던 시대의 그것이라 함은 말할 것도 없다.

그러므로 그는 어떤 것이라도 굳이 이것을 말할 이유가 없다. 사실, 야유를 한다면 이것은 일종의 우롱이다. 입법자들도 어떤 부류의 사항은 이 부분에 대한 우롱을 금하고 있다. 생각건대, 그들은 그런 야유를 금해야 했던 것이다. 소양 있는 자유인적인 사람은, 그렇기 때문에 이상과 같은 방식으로 행동하는 사람이다. 말하자면, 자기가 자기 법다운 것이다.

이래서, 이 경우 '중'적인 사람은─소양 있는 사람이라 불리든, 기지 있는 사람이라 불리든─이상과 같은 사람이다. 이에 대해 어릿광대는 골계에 예속하고 있다. 그는 웃음을 자아내는 것 같이, 경우에 따라 자기는 물론 남들도 용서하지 않는다. 또 소양 있는 사람이면 결코 말하지 않는, 또 듣기를 거부할 것 같은 성질의 사항을 말하는 것이다.

멋없는 사람에게 이 부류의 교제는 도움 되지 않는다. 그는 전혀 그것에 기여할 부분이 없고, 모든 사항에 대해 불만을 토로하고 성을 낼 뿐이다. 그러나 수양과 놀이는 인생에서 필수적인 것이라 생각된다.

이상, 우리가 논의해 온 인생의 세 가지 중용은 어떻든 담론과 행동에서 공동이라는 점에 관계되고 있다. 다만, 그 하나는 진실성에 관계되고, 다른 둘은 쾌에 관계되어 있다는 점이 다르다. 그리고 쾌락에 관한 중용 가운데 하나는 해학(諧謔)이고, 나머지 하나는 그 밖의 생활 전반에 걸친 여러 가지 교제이다.

9장 수치

수치(羞恥)를 하나의 덕으로 취급하는 것은 적절치 않다. 이것은 '상태'라 하기보다 차라리 하나의 정념인 것처럼 생각되기 때문이다.[6] 그러므로 지금 수치는 '면목 없음에 대한 일종의 공포'라 정의하고 있고, 또 그것은 두려운 사항에 대한 공포와 상통하는 부분으로 결과한다. 그것이 부끄러운 사람들은 얼굴이 빨개지지만, 죽음을 두려워하는 사람들은 얼굴이 창백해지기 때문이다.

그러므로 양자는 어떤 의미에서 육체적이라 본다. 이 일은 생각건대, '상태'보다 오히려 '정념'에 속한다고 생각한다. 이 정념은 모든 연령에 어울리지 않고 젊은층에만 어울린다. 생각건대, 젊은이들은 정념에 의해 살아가기 때문에 자주 잘못을 범하지만, 수치로 인해 그것을 가로막기 때문에 그들은 수치스러워야 할 것을 필요로 한다고 생각한다. 그래서 우리는 젊은 수치심 있는 사람들을 상찬할 이유가 있지만, 그러나 연상의 사람이 부끄러움을 탄다고 하면 어느 누구도 이 사람을 상찬하지 않음은 물론이다. 생각건대, 후자는 치욕이 생긴 것처럼 행위를 처음부터 할 일이 아니라 생각하기 때문이다.

즉, 수치는 나쁜 행위에 대해 생기는 것인 이상, 좋은 사람에게 생기는 것이라 할 수 없다. 가령, 참으로 보기 흉한 행위와 사람들의 억측에 의한 그것과 구별이 있다 해도, 이 사실에 전혀 변화는 없다. 우리는 그 어떤 것도 해서는 안 되므로, 결국 부끄러움 탈 일이 생기면 안 된다.

어떤 보기 흉한 호의를 보이는 사람이면 나쁜 사람에 속한다. "어떤 보기 흉한 행위를 했다면, 부끄러움을 탄다."라는 '상태'에서 이 일 때문에 자기는 좋은 사람이라 생각하는 것은 이상하다. 생각건대, 수치는 자

***
6. '수치(羞恥)'로 번역된 '아이도스'는 이따금 이것을 '염치'로 옮겼다. 수치는 하나의 정념이지만, 염치(廉恥)는 하나의 상태에 가깝다. 아이도스는 이 양쪽 의미를 흔드는 것이라 말한다.

기 임의적 행위로 생기는 것이니 좋은 사람은 결코 스스로 그런 나쁜 행위를 하지 않기 때문이다.

수치는 가언적(假言的, 일정한 조건을 가정하여 성립되는, 또는 그런 것)으로 좋은 것인지 모른다. 수치를 느끼는 사람은 만약 그런 행위를 하면 부끄러움을 타는 사람이기 때문에. 그러나 이것은 덕에 관한 한 용서되지 않는다. 가령, 아예 처음부터 수치를 모르거나, 또한 흉한 행위를 하고도 부끄러운 줄을 모르는 것은 모두 나쁘다. 또한 "그런 수치심의 행위를 하고 부끄럽게 느꼈다."라고 해도 좋다고 칭찬할 만한 것은 아니다.

억제(抑制)는 덕이 아니고 혼합적인 것이다. 이에 관해 후에 밝히게 될 것이다. 그럼 다음은 정의(正義)에 관해 논의하기로 한다.

5권 정의

1장 정의의 유형

우리는 지금 정의(正義),[*1] 또는 부정의에 대해 양자는 어떤 성질의 행위에 관계 되는 것인가, 정의는 어떤 성질의 중용(中庸)인가, '옳다'[*2]는 무엇과 무엇의 '중'인가를 고찰하지 않으면 안 된다. 이러한 고찰은 역시 지금까지 소론(所論)과 똑같은 방식에 따라 하지 않으면 안 된다.

모든 사람들이 풀이하는 정의[*3]라 하는 부분은 다음 '상태'에 다름 아님을 우리는 알게 된다. 곧, 정의는 사람들로 하여 옳은 행위를 하는 기질을 드리우게 하는 '상태', 결국 사람들로 하여 올바른 일을 하게 하고, 올바름을 원하고 바라게 하는 '상태'를 말한다.

***
1. '정의(正義)'의 경우도 그 다의성(多義性)은 복잡성을 갖지만, 이것을 오로지 '옳다'에 붙는 윤리적 성상 내지 윤리적 탁월성의 의미로 썼다.
2. '옳다'는 문맥에 따라 '올바른 행위', '올바른 배당', '올바른 요구' 등등 내지 '올바른 것'을 가리킨다.
3. 먼저 정의가 하나의 덕이라는 본연의 자세, 즉 상태임을 말하고, 이어 정의의 덕은 올바른 행위의 기반적 조건임을 말한다. 바꿔 말하면, 정의는 편의, 그 반대인 부정의(不正義)를 실마리로 하여 해명할 수 있고, 또 부정의가 무엇인가는 '부정한 사람'이란 뜻으로 명백해질 것이다. 뿐만 아니라 '부정한 사람'의 다의성에서 '바른 사람'의 다의성도 보일 수 있을 것이라 말한 후, '부정한 사람'의 이의성(異義性) 분석을 통해 '정의' 내지 '정(正)'의 구분에 먼저 도달한다. 그러나 이 부분 '정의론(正義論)'의 주제는 하나의 특수한 윤리적 탁월성의 정의(正義)였으므로 논의를 이것으로 한정한다.

부정의의 경우도 이와 똑같이 그것은 사람들로 하여 부정을 저지르게 하고, 부정한 일을 원하고 바라게 하는 '상태'를 의미한다. 그러므로 이 것을 가지고 우리 논의의 대체적인 기초로 삼고자 한다.

사실 학문과 능력의 경우에서 보면, '상태'의 경우와 같지 않아 결국 능력과 학문의 경우는 같은 능력과 학문이 서로 반대되는 사항 어떤 것 도 결과하는 일이 가능하지만, '상태'의 경우, 이에 대해 같은 '상태'가 서 로 반대 사항 어떤 것도 결과한다는 이유가 되지 않는다.

가령, 건강이란 '상태'에서 서로 반대적인 사항이 어떤 것도 나타나지 않고, 오로지 건강한 여러 가지 사항이 나타나고 그친다. 사실 우리는, 건강한 사람이 걸을 때 "그는 건강하게 걸음을 걷고 있다."고 말한다.

그런데 어떤 '상태'가 어떻다는 것은 종종 그 반대 '상태'에서 알게 되 고, 또 여러 가지 '상태'는 종종 그 주체로부터, 혹은 그 관계되는 기초적 실체로부터 알게 된다. 한 가지 예를 든다면, 지금 만약 '강장(強壯)'이라 는 것이 무엇인가가 명백히 밝혀지면 '가냘프고 약하다'가 무엇인지도 명백히 밝혀지고, 뿐만 아니라 여러 가지 '강장적인 것'에서 '강장'이라 는 사실이 명백히 밝혀지는 것이다. 또 '강장'에서 '강장적인 것'도 밝혀 진다.

즉, 만약 '강장'이 근육의 긴장에 다름 아니라 한다면, 또 필연적으로 '섬약(纖弱)'은 근육의 이완이 아니면 안 되고, '강장적인 것'[4]은 근육에 긴장을 가져오는 것이 아니면 안 된다.

또, 만약 한쪽이 여러 가지 의미로 말할 수 있는 것이면, 대체로 그 반

***
4. 건강한 음식, 건강한 공기는 우리도 말하지만, 여기서 유비적(類比的)으로 생 각하면 좋다. 단지, 건강의 주체를 의미할 뿐만 아니라 넓게 통하는 건강적인 것을 의미한다고 풀이된다.

대도 또, 여러 가지 의미로 말할 수 있다는 사실이 따르게 된다. 가령, 만약 '옳음'이란 사실이 다의적이라면 '옳지 않음'이란 사실도 또 그런 것이다.

정의, 혹은 부정의는 몇 가지 의미로 말하는 것으로 생각된다. 다만, 이들 몇 가지 의미가 가까워야 하므로 그 이의성(異義性)을 주의하지 않으면 안 된다. 만약 이것이 동떨어진 몇 개의 의미를 가지고(결국, 그 무엇의 차별도 현저하다.) 있는 경우라면, 이런 이의성을 좀 더 분명히 할 이유가 있다. 예를 들면, 동물의 머리 밑에 있는 쇄골(鎖骨)도, 문단속 때 쓰이는 그 자물쇠도 단지 명칭만을 똑같이 하여 부르고 있는 것과 같이.

그러므로 우리는 '부정한 사람'이라면 몇 가지 의미로 쓴다. 이 구별부터 시작하자. 부정한 사람이라 생각되는 말뜻은, 한쪽으로는 '위법적인 사람'이 있고, 다른 한쪽으로는 과다한 것을 탐내기 쉬운 '불균등적인 사람'이 있다. 따라서 올바른 사람이란 '적법적인 사람', 혹은 '균등을 취지로 하는 사람'이란 뜻을 함축하고 있다.

그렇다 하면, '정(正)'이란 '적법적'이란 뜻과 '균등적'이란 두 가지 뜻을 포함하고, '부정(不正)'이란 '위법적'이란 뜻과 '불균등적'이란 두 가지 뜻을 포함한다.

(부정한 사람이란 과다를 탐내는 사람이라 할 경우, 그것은 종종 좋은 사물에 대한 일일 것이다. 그러나 그것도 반드시 모든 선에 대해 말하는 뜻이 아니고, 그것은 오로지 운 좋다, 운 나쁘다로 이어지는 선에 한정된다. 이것을 물론, 조건 없이 말하면 항상 좋은 것이지만, 그러나 어떤 사람에게 항상 반드시 그렇다 한정할 수 없다. 사람들은 이 선(善)을 일념으로 기원하고 추구하지만, 실은 그렇게 하면 안 되는 것이므로, 그들은 무조건적인 의미에서 여러 가지 선이 또 자기의 선이 될 것을 기원하고, 자기에게 선이 되게 그런 것을 선택하지 않으면 안 된다.)

(부정한 사람은 반드시 항상 과다를, 결국 지금보다 더 많은 것을 선택한다는 의미가 아니고, 무조건적 의미의 나쁜 사물에 대해 말하면, 그는 도리어 보다 적기를 선택하는 것이다. 하지만 보다 작은 악은 어떤 의미로 선이라 생각되고, 과다를 탐한다는 일은 그런데도 선한 사물에 대해 하는 것이므로 그는 역시 과다를 탐하는 사람이라 생각된다. 우리는 이 경우, 불균등적인 사람이라 해둔다. 생각건대, 불균등이라 하면 이 양자의 경우를 포함, 그 어떤 것도 통하기 때문이다.)

지금 우리가 본 것처럼 위법적인 사람은 부정한 사람이고, 적법적인 사람은 올바른 사람이라 하면, 분명히 적법적인 행위는 모두 한 가지 의미로 올바른 행위다. 사실, 입법 규정 부분에 적합한 여러 가지 행위가 적법적인 행위지만, 우리도 이런 여러 가지 행위를 일컬어 모두 올바른 행위라 하고 있다.

그러나 법이 만반의 사항을 제정하고 있는 것은, 만인 공통의 공익을 목적으로 하는 것 내지 탁월성에 따라, 또는 어떤 그러한 방식으로 지배자 위치에 있는 사람들에게 공통적인 공익을 목적으로 하는 것이다.

이리하여 우리가 올바른 행위라 부르는 부분의 것은 한 가지 의미로 국가 공동체의 행복, 또는 그 여러 조건을 창출하고 수호할 행위를 말함에 다름 아니다.

법은, 그런데 용감한 사람에 속하는 행위(가령, 대오를 이탈하지 않고 도주하든가, 무기를 던져 버리지 않든가 하는 일)든가, 절제적인 사람에 속하는 그것(가령, 간음하거나 교만하거나 사치에 흐르지 않는 일)이든가, 온화한 사람에 속하는 그것(가령, 남을 구타하든가 매도하든가 하지 않는 일)도 명하고, 또 똑같이 그 밖에 모든 덕과 비덕(非德)에 걸쳐 혹은 행위를 명하고, 혹은 행위를 금지하는 것이다. 올바르게 만든 법은 올바른 방식으로, 또 조잡한 법률은 그다지 좋지 않은 방식으로.

이 같은 의미의 정의는 그러므로 완전한 덕에 다름 아니다. 다만 무조건적으로 같은 것이 아니고 남에 대한 관계의 그것이다. 정의가 이따금 덕 가운데 가장 뛰어난 것으로 생각, '저녁별도 새벽별도' 이 정도까지 탄상(歎賞)에 값하는 것이 아니라 생각하는 것도 이 때문이다.

우리는 속담으로 "정의 가운데 덕이 모조리 담겨 있다."고 말한다. 그리고 관련된 정의가 완전한 덕에 다름 아니라는 사실도 그것이 완전한 덕의 활용 때문이므로 그것이 특별히 완전하다는 것은, 이를 소유하는 사람은 덕이 남에 대해 작용이 가능하므로 단지 자기 자신만으로 머물지 않는다는 부분에 근거를 둔다.

사실 자기만의 사항에 있어 덕의 활용이 가능해도 남에 대한 사항에 그것이 불가능한 사람이 많다. "지배적 위치야말로 그 사람을 나타내 보이는 거울"이라는 비아스(Bias)의 말이 사리에 맞는 말이라 생각되는 이유다. 생각건대, 지배자는 당연히 남과의 관계를 예상해야 한다. 공동체의 지배자이기 때문이다. 이 똑같은 사유―결국 남과 관계한다는 사실―때문에 모든 덕 가운데 정의만은 '남의 것이(남을 위한) 되는 선'이라 생각하고 있다.

올바른 사람은 지배자나 공동체 다른 소속원에게 공익 있는 사항을 시행하는 사람이기 때문이다. 이래서, 가장 나쁜 사람은 자기와 친하게 지내는 사람에게도 그 비덕을 작용시키는 사람이다. 가장 좋은 사람은, 그 덕을 자기에 대해 작용하는 사람이 아니라 남에 대해 작용하는 사람이다. 사실 이는 곤란한 일이지만.

이상과 같은 의미의 정의는 이래서 덕의 어떤 한 가지가 아니고 덕의 전반이며, 또 그 반대인 부정의도 악덕의 일부가 아니라 악덕의 전반이다. 덕과 관계 의미의 정의가 그 자체로 다른 것은, 어떤 점에서인가는 이미 앞부분에서 밝힌 바 있다.

즉, 양자는 똑같은 것이라 해도 말하는 관점을 달리하는 것이다. 결국, 남과 관계에 보이는 한 그것은 정의이고, 이 같은 관계를 떠나 순수하게 관련되는 '상태'를 보이는 한 그것은 바로 덕인 것이다.

2장 배분과 교정

이에 대해 여기서 우리가 연구하는 것은 덕의 한 가지 '정의(正義)'에 다름 아니다. 사실 우리가 보는 바에 의하면, 어떤 그와 같은 정의가 존재하고 있는 것이다. 똑같이 우리 여기 관계되는 '부정의'도, 역시 특수한 의미의 그것이다.

관계되는 별개 의미의 정의가[5] 있을 것이라는 증거로서 첫째, 다른 여러 가지 비덕에 따른 행위를 하는 부분의 사람은 올바르지 않은 행위를 하고 있지만, 그러나 그는 '과다를 탐내는' 이유가 결코 아니다. 가령, 겁약하기 때문에 방패를 던져 버리든가, 성미가 까다롭기 때문에 말을 잘하지 못한다든가, 인색함 때문에 물질적 구원을 거부하든가 하는 경우.

그러나 사람이 '과다를 탐한다'는 이 같은 행위는 종종 이상과 같은 악덕의 어느 부분에 따르는 것도 아니고, 더군다나 그 모두를 따르는 것도

***

5. 넓은 뜻의 정의는 덕(德) 전반을 가리키는 것이지만, 여기 문제되는 정의는 그와 다르다. 결국 용감, 절제, 관후 등과 같은 덕 전반의 한 부분을 이루는 하나의 특수 정의다.

아니다. 하지만 우리는 그것을 비난하는 이상, 역시 그것은 어떤 사악(邪惡)에 따르는 행위이므로, 이 같은 사악이 곧 부정의에 다름 아니다.

그렇다 하면, 전반적인 부정의의 한 부분으로 어떤 별개 의미의 부정의가 존재하는 이유이고, 위법이라는 전반적인 부정(不正)의 한 부분으로 어떤 부정이 존재하는 이유다.

둘째, 더욱 더 만약, 여기에 이득을 목적으로 간음에 의한 돈벌이 하는 인간과 욕정 때문에 돈을 써 간음으로 손실을 보는 인간이 있다고 하면, 후자는 과다를 탐하는 부류가 아니라 오히려 방탕이라 생각되고, 전자는 부정이라 생각되지만 방탕이라 생각되지 않음에 틀림없다. 그렇다고 하면, 부정이어야 할 이유는 이득 보는 자에게 있음이 분명하다.

셋째, 그 위에 다른 모든 부정행위는 반드시 어떤 비덕에 돌려야만 한다. 이를테면, 간음한 경우는 방탕으로, 전우를 버리고 도망간 경우는 겁약으로, 남을 구타한 경우는 분노*6로.

그러나 만약 이득이 있다면, 이 일이 돌아갈 비덕은 부정의 외에 없다. 이래서 분명히 전반적인 부정의와 별개의 특수적 어떤 부정의가 존재한다. 그것이 그러나 같은 명칭으로 불리는 것은, 그 정의가 같은 부류에 속하기 때문이다. 결국, 양자 어느 것이 남과의 관계에서 성립하는 것이기 때문이다. 다만 좁은 뜻의 부정의는 명예나 재화나 신분, 안전―만약 이 모두를 망라할 수 있는 어떤 하나의 명칭이 있다면 그럴 것―에 관계되고, 이득에 기초한 쾌락을 그 목적으로 하는 것에 대해 넓은 뜻의 부정의는 모든 사항에 관계되는 것이다.

***
6. 앞에서 분노와 노함이 하나의 정념이었지만, 여기서 정념의 초과 상태를 이르는 명칭이다.

이래서 정의란 하나가 아니고 전반적인 덕이라는 의미의 것 외에, 어떤 또 다른 별도의 '정의'가 존재하고 있음이 분명하다. 이 같은 정의가 무엇이고, 어떤 성질의 것인가를 우리는 파악하지 않으면 안 된다.

'부정한'이란 말은 위법적이란 뜻과 불균등적이란 뜻을 가지고 있고, 그리고 '올바르다'는 말은 '적법적'과 '균등적'이란 두 가지 뜻으로 구별된다. 위법적에 해당하는 것은 앞서 우리가 논의한 바와 같이 의미가 부정의다. 불균등적이란 사실은 그런데 위법적과 같지 않고, 부분이 전체에 대한 것과 같이 이것과 다른 것이기 때문에 (왜냐하면 불균등적은 모두 위법적이지만, 위법적은 반드시 불균등적이지 않다.) 여기 말하는 '부정'과 '부정의'는 앞의 의미와 같지 않고 다른 모양의 것이고, 전자는 후자에 대해 부분과 전체의 관계에 있다. 곧, 이 의미에서 부정의는 전반적인 부정의의 한 부분이다. 정의에 대해 역시 이에 준한다.

이래서 우리는 이 같은 특수적인 정의, 특수적인 부정의에 대해, 또 똑같이 특수적인 의미에서 '올바르다'와 '올바르지 않다'에 대해 설명하지 않으면 안 된다.

그러므로 우리는 여기서, 덕 전반에 대응하는 것 같은 정의, 또 이에 준하는 부정의—전자는 덕 전반의 남에 대한 발현(發現)이고, 후자는 악덕 전반의 그것이다.—는 이것을 논외로 하지 않으면 안 된다.

또, 이에 따라 '올바르다'와 '올바르지 않다'가 어떤 방식으로 결정될 것인가가 명료해진다. 즉, 법이 결정하는 여러 행위의 대부분은 덕 전반의 관점에서 명 받는 부분의 것이라 해 지나치지 않다.

사실, 법은 각각의 덕에 따라 살아갈 것을 명하고, 또 어떤 비덕에 따라 살아가는 것을 금하고 있는 것이다. 그리고 덕 전반을 만들어가는 그것으로 법이 규정하는 여러 행위 가운데 대개 사회적 교육에 대한 관심으로부터 입법된 제반 행위가 존재한다.

더욱 단적인 의미에서 훌륭한 인간을 만들기 위한 개개의 인간 교육
에 대해, 과연 이것이 국정(國政) 문제에 속하는가, 아니면 그 외에 속하
는가 하게 되면, 이것은 뒤에 가서 우리가 결정하지 않으면 안 될 부분이
다. 좋은 인간이어야 한다는 사실과 좋은 시민이어야 한다는 사실은 반
드시 꼭 같지 않기 때문이다.

특수적 '정의' 내지 이에 따른 '옳다'는 사실의 일종이 명예, 재화, 그
밖에 대개 나라의 공민(公民) 사이에 나누어야 할 부분의 배분(配分) 때의
그것이다. (이것은 관계되는 부분에서 어느 누구는 남과 불균등한 취득을 할
때도, 균등한 취득을 할 때도 가능하기 때문이다.)

다른 한 가지는 여러 가지 인간 교섭에서 교정 역할을 다하는 부분
의[7] 그것이다. 그리고 후자는 또 두 부분으로 나뉜다.

생각건대, 인간 교섭 안에도 임의적인 것도 있고, 비임의적인 것도 있
다. 예를 들면, 판매·구매·대금·대여·기탁·고용 등과 같은 것은 임의
적이고(임의적이라 부르는 것은 이들 교섭이 갖는 단초가 임의적인 데 근거한
다.), 비임의적으로 갖는 교섭은 이를테면 절도·간음·유괴·노예 취급·
암살·위증 등과 같이 은밀한 가운데 행해지는 성질의 것과 이를테면 모
욕·감금·살인·강탈·학대와 같은 노골적이고 폭력적인 성질의 것이 존
재한다.

***

7. 이때의 '정(正)'을 교정적(矯正的) 및 광정적(匡正的)이라 하는 것은 아리스
   토텔레스가 수의적(隨意的), 곧 합의적 인간 교섭에서 당사자 A의 위약(違約)
   에 의해 B가 받은 손실, 불수의적(不隨意的)인, 즉 일방적으로 개시된 인간 교
   섭에서 가해자 A에 의해 B가 받은 피해를 각각 보상하고, 이전의 균형을 회복
   하기 위한 '정'을 생각하기 때문이다. 이때 광정을 행하는 것이 재판(裁判), 그
   장소가 법정(法廷)이다.

3장 배분의 정의

부정한 사람은 불균등한 사람, 균등을 주지로 하지 않는 사람이다. '부정'이란 사실은 불균등을 말하는 것이다. 그렇다고 하면, 분명 불균등이란 사실에 대해 그 '중'에 해당하는 부분의 것이 존재한다. '균등'이 곧, 그것이다. 사실, 대개 과다와 과소가 포함되는 어떤 행위에도 그 '균등'이 역시 존재한다.

이래서 만약 '부정'을 '불균등'이라 한다면, '정'은 '균등'을 의미한다. 이 논의는 또, 하지 않아도 만인이 용인할 부분이다. 그러나 '균등'이 '중'이라 하면, '정' 역시도 어느 의미에서 '중'이 아니면 안 될 것이다. 그런데 '균등적'이란 사실은 적어도 두 항목에 걸쳐 성립된다.

'정'이란, 그러므로 '중'이고 '균등'이므로, 그것이 '중'인 한 어떤 것과 어떤 것의(결국 '과다'와 '과소'의) '중'이고, '균등'인 한 두 항목 사이에 '균등'일 것이지만, 그러나 또, '정'인 한 그것은 당사자인 일정 사람들 사이의 '정'이 아니면 안 된다.

그렇다고 하면 '정'이란 사실은 반드시 적어도 4개 항을 예상하는 것이 아니면 안 된다. 그 사람에게 바로 그것이 '정'이어야 할 당사자가 둘, 거기서 '정'이 시현해야 할 부분에 있어 결국 문제의 사물이 둘이기 때문이다. 그리고 이들 사람들과 사물에서 동일한 균등성(均等性)이 존재할 것이다.

환언하면, 여기서 사물 사이 같은 모양의 관계가 사람들 사이에도 존재하는 까닭이다. 즉, 만약 당사자가 균등한 사람들이 아니면 그들은 균등한 것을 취득할 수 없는 것이어야 한다. 여기서부터 만약 균등한 사람들이 균등하지 않은 것을, 혹은 균등하지 않은 사람들이 균등한 것을 취득

배분(配分)하는 일이 있다고 하면, 여기서 투쟁과 분쟁이 발생하게 되는 것이다. 게다가 '가치에 상응'하는 관점에서 보아도 이 일은 분명하다.

생각건대, 배분에서 '올바르다'는 할당은 어떤 의미에서 가치에 상응하는 것이 아니면 안 된다는 점은 누구도 이의를 제기할 수 없을 것이다. 다만, 그렇게 말하는 부분의 가치는 만인이 같지 않다. 민주제 주장자는 자유인이어야 할 것을, 독재적인 정치 체제인 과두제(寡頭制) 주장자는 부(富)를, 혹은 그 일부의 사람들은 출생이 좋기를, 귀족제 주장자는 탁월성을 의미한다는 차이가 있다.

그렇다고 하면, '정'이란 사실은 '비례적'인 것의 일종에 다름 아니다. (비례적이란 사실은 단지 추상적 수에 고유한 것이 아니고, 모두 수적인 것 전반에 속한다.) 비례는 곧 동류와 동류 사이의 균등성이다. 그것은 적어도 4개 항으로 이루어진다. 불연속 비례는 4항에서 이루어지는 것이 분명하지만, 연속 비례의 경우도 같다. 1항이 2항으로 사용되고, 반복해 나오기 때문이다.

이를테면, 선분(線分) a가 선분 b에 대한 것은 선분 b의 선분 c에 대한 것과 같다는 식으로. 선분 b가, 그러므로 두 차례 나오는 것이다. 따라서 만약, 선분 b가 두 차례 조정(措定)되면 비례항은 4항이 된다는 의미다.

'정'이라는 것도, 그러므로 최소한 4항부터 이루어지고, 그 비(比)가 동일하다. 즉, 인간과 인간 사이, 배분될 사물과 사물 사이의 구분 방식도 똑같다. 그러므로 a가 b에 대한 것은 c가 d에 대한 것과 같을 것이다. 그러므로 또, 이것을 치환(置換)하면 a의 c에 대한 것은 b의 d에 대한 것과 같을 것이다.

따라서 전체의 전체에 대한 것도 같다. 전체는 배분을 받고, 그것과 결합된 전체를 말한다. 혹시나 하는 방식으로 부가(附加)가 있었다면, 그것이 올바른 결합 방식이다. 이래서 a를 c에, b를 d에 조합하는 일이 배분의 '정(正)'인 것이다. 이 경우 '정'은 비례(比例) 배반적(背反的)인 것에 대한 '중'에 다름 아니다. 생각건대, 비례적이란 사실이 '중'인 것이고, '정'은 그래서 비례적이라 말하는 것이기 때문이다.

이와 같은 비례를 수학자는 '기하학적 비례'라 부른다. 사실, 기하학적 비례에서 전체의 전체에 대한 것은 양자 각각의 양자 각각에 대한 것과 같은 것이다. 또, 이 경우의 비례는 '연속 비례'는 아니다. 사람과 사물이 수적으로 단일항이 될 수 없기 때문이다.

'정'은 이래서 이 일 결국 비례적이라는 것이고, '부정'은 이와 반대로 비례 배반적이라는 것이다. 그러므로 부정이 행해지는 경우 혹은 과다가, 혹은 과소가 발생하는 형편이므로, 바로 이 일이 사항의 실제에서 나타난다. 즉, 부정을 저지르는 쪽의 사람은 과다한 선을, 부정을 작용 받는 쪽의 사람은 과소한 선을 얻고 있는 것이다. 악은 이와 반대다. 그것은 보다 작은 악은 보다 큰 악에 비해 선이라 말할 수 있기 때문이다.

참으로 보다 작은 악은 보다 큰 악보다 좋다. 하지만 보다 좋은 것은 선이므로 보다 많이 좋아하는 것은 보다 큰 선에 다름 아니다. 이래서 '정'의 한 가지 부류는 이상과 같은 것이다.

4장 교정의 정의

나머지 또 하나의 부류는 여러 가지 임의적 및 비임의적 인간 교섭에서 올바름을 회복하기 위한 교정적(矯正的)인 그것이다. 이 '정(正)'은 앞서의 그것과 다른 형태를 갖는다. 그것은 공동적인 여러 가지 사물 배분에 관계되는 부분의 배분적인 '정(正)'인데, 항상 앞서 말한 비례에 따른다.

사실, 공동적인 자재(資財)를 토대로 배분할 경우, 그 올바른 배분은 당사자들이 보탠 자재 상호 간 존재하는 비율과 바로 똑같은 비율에 따라 실행하게 된다. 그리고 이 같은 의미의 '정'에 대립하는 부분의 '부정'은 '비례 배반적'이라는 데 다름 아니다.

생각건대, 지금과 같은 여러 가지 인간 교섭에서 '정'은 이것 역시 일종의 '균등'(그리고 '부정'은 불균등)이긴 하지만, 그것은 역시 앞서 말한 비례에 따른 균등이 아니고 산술적 비례에 따른 그것이다.

생각건대, 좋은 사람이 나쁜 사람으로부터 사취했다 해도, 나쁜 사람이 좋은 사람으로부터 사취했다 해도, 또 간음을 범한 자가 좋은 사람이라 해도, 나쁜 사람이라 해도 그것은 전혀 상관없다.

오히려 법이 고려하는 부분은 다만 그 해악의 차등뿐이다. 누가 부정을 했고 누가 부정을 당했는가, 누가 해악을 주고 누가 해악을 받았는가 하는 것이 문제. 법은 어떻든 그들을 균등한 사람들로 취급한다. 따라서 재판관이 균등화하고자 노력하는 자이면, 이 같은 의미의 '부정' — '불균등'이 여기 존재하므로 — 에 다름 아니다.

좀 더 구체적으로 말하면, 한쪽이 구타당하고 다른 한쪽이 구타하는 경우든가, 혹은 또 한쪽이 살해하고 다른 한쪽이 살해당하는 경우라 해도 '하다', '당하다'가 불균등하게 구분된다.

그러므로 재판관은 한쪽으로부터 이익을 빼앗은 일로 '벌(罰)'이란 손실을 가지고 그 균등화를 시도해 보는 것이다. 통하는 말을 쓰는 것은 여러 가지 그런 경우에서 이것을 단순화해 말하기 위함이다. 어떤 경우에는 이득이란 명칭은 처음부터 적절치 않다. 이를테면, 상해를 가한 사람의 경우처럼.

피해자의 손실 또한 역시 그렇다. 하지만 피해가 계량된 경우라면 사실 한쪽은 이득, 다른 한쪽은 손실로 부른다. 이런 까닭에, 과다와 과소의 '중'이 '균등'이라는 데 대해 '이득'과 '손실'은 각각 반대적인 방식에서 '과다'와 '과소'에 다름 아니다.(선의 과다와 악의 과소가 이득이고, 그 반대가 손실이다.)

이들 양자의 '중'이 여기서 말하는 '균등'이고, 원래 우리는 '균등'이란 사실이 '정'이라 해 왔다. 이래서 잘못된 것이나 부정 따위를 바로잡아 고치는 광정(匡正)적인 '정'은 이득과 손실의 '중'이 아니면 안 된다.

분쟁이 발생할 때, 사람들이 궁한 나머지 재판관에게 호소하는 것도 이 때문이다. 재판관에게 호소한다는 일은 '올바름'에 호소한다는 일에 다름 아니다. 재판관은 말하자면, 살아 있는 '정'이어야 할 의미를 가지고 있는 것이다. 그때 사람들은 재판관이 '중'적일 것을 요구하므로, 어떤 지방에서 현재 재판관을 '중'을 취하는 사람이라 부르고 있다. '중'을 취함으로써 '정'을 취한다는 의미다.

그러므로 재판관의 경우가 보이는 것처럼 '정'이란 역시 어느 의미의 '중'인 것이다. 재판관은 균등을 회복하는 것이지만, 그는 말하자면, 하나의 선분(線分)이 불균등한 두 부분으로 나뉠 경우 큰 부분이 전체의 반분을 넘고 있는 그만큼을 여기서 없애고, 작은 쪽 부분으로 덧붙여 주는 것이다. 그리고 전체가 거의 절반이 될 때, "자기 몫을 얻다."고 한다. 균등한 것을 얻는 것이기 때문이다.

'균등'은 여기서 산술적 비례에 따른 많고 적음의 '중'에 다름 아니다. '정'이란 명칭의 유래도 여기 있다. 그것은 절반적(折半的)이라 할 정도의 의미─반으로 쪼개는 것이기 때문에─이고 재판관은 곧 절반자를 의미한다.

상세히 말하면, 균등한 2자의 한쪽이 x를 빼앗아 다른 쪽에 덧붙이면, 후자는 x의 2배 정도 전자를 넘게 된다. 생각건대, 만약 한쪽이 빼앗겨도 그것이 다른 쪽에 덧붙여지지 않으면 단지 x만큼 초과한 데 불과하기 때문이다. 그렇다 하면, x를 덧붙인 쪽은 x만큼 반을 초과한 것이고, 반은 이미 또 빼앗긴 쪽을 x만큼 초과하고 있다.

이 사실에 따라, 우리는 무엇을 보다 많은 쪽에서 빼앗아야 할 것인가. 그리고 무엇을 보다 적은 쪽에 덧붙여야 할 것인가를 알 수 있을 것이다. 곧, '중'에 만족하지 않은 만큼 적은 쪽에 덧붙여야 할 것이고, '중'을 초과한 만큼 큰 쪽에서 빼앗을 필요가 있다. (aa′ → bb′ → cc′ 세 선분이 상호 동등하다. aa′에서 ae 부분을 빼앗기고 → cc′에 cd가 덧붙여진다. 그러면 dcc′의 전체는 ea′가 cd 및 cf만큼 넘친다. 따라서 또 bb′가 cd만큼 넘친다.)

이 사실은 다른 여러 기술의 경우도 똑같다. 생각건대, 능동 쪽이 일정 양 일정 성질의 사항을 실행하면, 수동 쪽은 같은 양 같은 성질의 그것을 수동하는 일 없다면 기술을 해치는 길밖에 없기 때문이다.

여기 '손실' 및 '이득'이란 명칭은 임의적인 교역에서 유래한다. 가령, 팔든가 사든가, 그 밖에 대개 법의 용인 아래 행하는 거래에서 자기에 속하는 이상을 얻는 것이 이득이며, 최초 자기에 속한 것보다 적게 밖에 얻지 못한 것이 손실로 불린다.

그리고 만약 이에 대해 과대도 아니고 과소도 아닌 바로 자기 몫 그 자체를 가지게 되는 경우, 사람들은 "자기 몫을 얻었다" 하고, 손이라든가 득이라든가 말하지 않는다.

그러므로 '정'은 여기서 한쪽의 뜻에 반하여 생긴 사태에서 어떤 의미의 이득 및 손실의 '중'이다. 사전(事前)과 사후(事後) 사이에 균등을 유지한다는 것에 다름 아니다.

5장 교역의 정의

하지만 일부 사람들에게 "응보할 수 있다."가 그대로 '정'이라 할 수 있음에 다름 아니라 생각되고 있다. 예를 들면, 피다고라스 학도(Pythagoreans)의 주장이 그랬다. 그들은 '정'이란, 서로 상대에 대해 응보할 수 있다고 단순하게 규정하고 있다. 그러나 단순히 응보적이라 하면 '배분적'인 '정'의 경우에 적합하지 않다. '교정적'인 '정'의 경우에도 역시 적합하지 않다. 그들은, 실행한 부분이 실행됨으로써만 구부러짐 없는 정의가 분명하다는 것이란 뜻으로, 그들의 '눈에는 눈'이라는 식의 '정'을 이 후자의 뜻으로 말하는 것이지만.

사실, 이 후자의 경우에도 이따금 타당하지 않은 일이 있다. 그것은, 만약 지배적인 위치에 있는 사람이 구타한 경우, 그는 지위가 약한 피해자로부터 보복을 당할 일은 없을 것이다. 만약 약한 자가 지배자를 구타했다고 하면, 그는 단지 벌로 똑같이 구타당함에 그치지 않고, 더욱 큰 징벌을 받게 될 것이다.

다시 그 행위가 임의적이냐, 비임의적이냐에 따라 많고 큰 차이가 발생한다. 그렇지만 교역적인 공동관계에서 결국 이 같은 '정'이 그 쐐기가 되고 있음은 움직일 수 없다. 물론, 그것은 비례에 근거한 응보적인 '정'이므로, 단지 균등성에 따른 그것은 아니기에.

실제, 비례적인 방식으로 상호 간에 '응보'가 실행됨으로써 나라가 유지되어 나간다. 생각건대, 사람들은 나쁜 사항에 대해 역시 나쁜 방식으로 대응하려 한다. 그렇게 하면, 그것은 노예적인 태도라 생각된다. 또 좋은 사항에 대해 역시 그들은 좋은 방식으로 대응하려 한다.

그렇지 않으면 상호 급부(給付)는 실행되지 않고, 사람들은 생각건대, 상호 급부라는 쐐기로 맺어져 있는 것이다. 호의(好誼)의 여신들 신전을 사람 눈에 띄는 장소에 세우는 것도 이 때문이다. 곧, 대응 급부가 잘 행해져야 하기 때문이다. 대응 급부를 행한다는 일은 사실 호의에 고유한 사항이기 때문이다. 호의를 다해 준 사람에 대해 곧, 이에 보답하는 봉사를 하고, 다시 또 스스로 시작하여 호의를 다하는 것이 아니면 안 되기 때문이다.

비례적인 대응 급부가 행해지는 것은 대각선적인 조합에 의한다. a는 목수, b는 제화공, c는 가옥, d는 신발. 이 경우, 목수는 제화공한테 제화공의 소산을 획득하고, 이에 대한 보상으로 자기는 제화공에게 자기의 소산을 급부하지 않으면 안 된다. 그러므로 양자 소산 사이 비례에 따른 균등이 나타나고, 그 위에 거래의 응보가 행해짐으로써 말하는 바, 사태는 처음 실현된다. 만약 그렇지 않다면 거래는 균등적이지 않고, 유지되지도 않는다.

사실 한쪽의 소산(생산물)이 상대 소산 이상일 경우, 충분히 있을 수 있다. 그러므로 양자의 소산은 균등화를 필요로 한다.(이 일은 다른 여러 기술의 경우에도 똑같다. 생각건대, 능동 쪽이 일정량 일정 성질의 사항을 이루면, 수동 쪽이 같은 양 같은 성질의 그것을 수동하지 않을 때, 기술은 해칠 수밖에 없기 때문이다.)

상세히 말하면, 왕래하는 공동관계에 발생하는 것은 두 사람 의사 사이가 아니라 의사와 농부 사이이고, 대체로 각각 다른 사람들 사이에 일어나는 일로, 균등한 사람들 사이의 일이 아니다. 돌아가서 이들 사람들은 균등화되기를 요구한다. 교역되는 사물이 모두 어떤 방식으로 비교할 수 있음을 필요로 하는 이유가 여기 있다.

이 같은 목적을 위해 화폐가 생기게 된 것이므로, 그것은 어떤 의미에서 중개자가 된다. 사실 화폐는 모든 사물을 초과와 부족에 따라 계량한다. 그러므로 그것은 몇 켤레의 신발이, 한 채의 집 내지 일정량의 식품과 같은가를 계량하는 것이다. 이래서, 목수의 제화공에 대한 것과 같이 몇 켤레 신발이 한 채 가옥과 맞먹는가를 따지게 된다.

그렇지 않으면 교역도, 공동관계도 있을 수 없다. 이것은 생각건대, 물품이 어떤 방식에서 균등한 것이 아니면 불가능하다. 따라서 앞서 말한 것처럼, 모든 사물이 어떤 한 가지 사물에 의해 계량될 필요가 있다. 이한 가지 사물은, 사실 모든 사물의 경우를 포함하는 수요에 다름 아니다.

생각건대, 만약 필요가 조금도 존재하지 않는가, 또는 쌍방에 같은 방식으로 존재하지 않는다면 교역은 성립되지 않고, 또 현재와 같은 방식으로 교역은 성립되지 않을 것이다. 그런데 합의에 근거를 두고 화폐가 수요를 말하면 대변(代辯)하는 위치에 서 있다. 생각한 대로 그것은 주화의 호칭을 가지게 되는 것이다. 그것은 본성적이지 않고 인위적이다. 곧, 이것을 변경하는 일이나 이것이 구실을 다하지 못하게 하는 일은 우리 자유이기 때문이다.

이래서, 농부가 제화공에 대한 것과 같이, 제화공의 소산이 농부의 소산에 대해 균등화될 경우, 거래는 응보적이 될 것이다. 물론 그들이 교역을 한 끝에, 이를 비례 형태로 이끌면 안 되는 것이므로(그렇지 않으면 당사자 한쪽이 x의 2배만큼 초과 이득을 얻고 있는지 모른다.) 돌이켜 쌍방이 자기 소산을 놓치지 않는 사이, 이를 비례 형태로 이끄는 것이 아니면 안 된다.

이상과 같은 방식에서만 그들은 균등적이고 공동관계적이다. 소요의 균등성이 그들 사이에서 성립되기 때문이다.

a는 농부, c는 식량, b는 제화공, d는 그의 균등화된 소산. 만약 관계 방식에서 응보가 이루어지지 않았다면 그들의 공동관계는 성립될 수 없다.

말하자면, 단일한 어떤 사물이라 하여 모든 사물을 포함하는 것이 수요라는 사실은 다음 사실에 의해 명시된다. 곧, 상호적인 수요가 존재하지 않는다. ─쌍방 또는 한쪽의 수요가 존재하지 않는다. ─경우에 따라 가령, 교역이 행해져도 그것은 갑이 소유하고 있는 것이 을에게 필요하다는 경우처럼 행해지지 않는다. 가령, 술의 대상(代償)으로 곡물 수출을 허가한다는 교역은 그러므로 균등화될 것을 요구한다.

화폐는 가령, 우리가 지금 현재 어떤 것도 필요로 하지 않아도, 만약 어떤 것이 필요하다고 할 때, 그것이 손에 들어온다는 미래 교역을 위한, 소위 보증으로 도움이 된다. 화폐를 가져가면 필요한 것을 얻을 수 있기 때문이다. 화폐라 해도 먼저보다 다른 경향을 피할 수 없는 것이기는 하다. 곧, 그것은 반드시 항상 같은 가치를 갖지 않는 것이지만, 그래도 다른 것에 비하면 보다 많이 지속할 경향을 띤다.

모든 것에 가격을 붙여 놓는 일이 필요한 것은 그 때문이다. 즉, 그렇게 하면 교역은 항상 가능하게 될 것이고, 생각하면 교역이 있어 공동관계가 있는 것이다. 이래서 화폐는, 말하자면 한 척도로서 모두를 약분(約分)함으로써 균등화한다.

사실, 교역 없이 공동관계는 없는 것이지만, 교역은 균등성 없이 성립하지 않고, 균등성은 약분 없이 존재하지 않는다. 처음부터 이렇게 현저한 차이 있는 여러 가지가 약분되는 일은 실제 불가능한 일이지만, 수요

부분의 관계에서 충분히 가능하게 된다.

곧, 그때 어떤 단일한 존재를 필요로 하는데, 이는 협정에 근거한다. 주화라는 명칭이 붙는 이유다. 이것이 곧, 모두를 약분적으로 점한다. 모든 것이 화폐에 의해 계량되는 것이다. a는 가옥, b는 10무나, c는 침대. 지금 집이 5무나가 되면 결국 5무나와 같다고 하면, a는 b의 2분의 1. 또 침대, 곧 c는 b의 10분의 1. 이 경우 몇 대의 침대가 한 채의 집과 같은가는 분명하다.

화폐 존재 이전에 교역이 이처럼 행해진 것은 분명하다. 사실 5대의 침대가 한 채의 집으로 바뀔 수 있다는 사실과 5대의 침대가 한 채의 집과 맞먹는다는 사실에 전혀 차이가 없는 것이다.

이렇게 하여, 부정은 무엇이고 정은 무엇인가를 논의했다. 이들 규정에 의해, '올바름을 행한다.'는 부정을 저지르다와 부정을 당하다의 '중'임이 명백하다. 생각건대, 부정을 저지른다는 것은 과다를, 부정을 당한다는 것은 과소를 얻는 것이기 때문이다.

정의도 어떤 의미에서 중용이지만, 그것은 역시 다른 여러 가지 덕의 경우와 같은 방식에서가 아니다. 정의가 중용인 것은 그것이 '중'에 관계되는 것이기 때문이다. 부정의는 양극 어디에도 관계되고 있다.

정의라고 하면, 그것은 올바른 사람이 자기 '선택'에 따라 올바름을 행하는 사람이라 말하는 근거다. 자기와 남과의 사이, 또는 남과 남과의 사이에 배분할 때, 바람직한 것은 이것을 자기에게 많이, 이웃에게 적게 배분하고, 유해한 것은 이와 반대 방식으로 배분하는 일 없이, 비례에 따라 균등하게 배분한다. 남남 간에 대해 이와 같은 방식으로 배분하는 체질의 사람이라 말하는 근거를 의미한다.

부정의는 이와 반대로 '부정'에 관계된다. 그런데 '부정'이란 유익한,

또는 유해한 사항에 상응하지 못하는 과다 및 과소를 포함한다. 부정의
가 초과이며 동시에 부족이기도 한 까닭은 여기 존재한다. 즉, 부정의는
초과 및 부족―자기에게 있어 무조건적인 의미의 유익한 것의 초과와
그 유해한 것의 부족―의 어떤 것에도 관계된다.

남과 남 사이에 배분하는 경우도 전체로 같다. 다만 비례의 배반(背反)
이 어느 쪽에 기우는가 짐작하기 어렵다.[8]

부정행위 가운데 비교적 작은 것은 부정을 당하는 일이고, 큰 것은 부
정을 저지르는 일인 것이다.

이상, 정의 및 부정의에 관한 각각 그 본성이 어떤 것이냐 하는 서술은
이것으로 마친다. '정'과 '부정'에 관한 개설(槪說)도 같다.

6장 정치의 정의

(하지만 부정을 해도 그 일이 즉각 이 인간이 부정한 인간임을 의미하지 않는
다고 보면, 사람이 어떤 성질의 부정행위를 했을 때 그것만 가지고 부정한 인간,
예를 들면, 도적·음탕한 인간·노상강도 등이라 말할 것인가. 그러나 그런 구별
을 굳이 해야 할 이유가 있을까? 생각하건대, 어떤 여자인가를 알면서 통정한 경
우에도, 그것이 '선택적'인 동기에 의한 것이 아니라 오히려 정념에 의한 경우가

***

8. 배분(配分)하는 당사자의 한쪽이 자기일 경우 부정의는 항상 자기에게 유리
   한 것을 요구하지만, 자기 이외 사람들에게 배분할 경우 부정의라도 꼭 갑에
   게 또는 을에게 유리한 방식으로 비례배반(背反)적인 것은 아니다. 이 점을
   빼면 모든 부정의는 전자의 경우와 똑같은 특성을 갖는다.

있다. 이 경우, 그 때문에 물론 부정을 하는 것이지만, 그렇다고 그가 부정한 인간이라 말할 수 없다. 예를 들면, 훔치기는 했어도 도적이라 하기에 못 미친다든가, 간음은 했지만 음탕한 인간이라 할 수 없다든가, 또 그 밖의 경우에도 똑같은 일이 생긴다.)

'응보적'이란 사실이 '정(正)'에 대해 어떤 위치에 있는가는 앞에서 말한 바 있다. 그러나 우리의 탐구 주제가 되고 있는 것은 무조건적 의미에서 '정'이며, 동시에 그것은 현실의 시민사회적 '정'임을 우리가 간과해서 안 된다.

시민사회적 '정'이란, 자족(自足)의 성립을 위해 생활의 공동관계에 서 있는 자유인다운 신분을 가지고 있고, 비례적으로 또 산술적으로 균등한 사람들 사이의 '정'인 것이다. 따라서 대개 이런 규정에 해당되지 않는 사람들에게 상호 간에 시민사회적 '정'은 존재하지 않으므로, 단지 어떤 동류성에 근거한 전용적(專用的)인 의미의 '정'이 존재하는 데 지나지 않는다.

'정'이라는 것은 대개 상호관계를 규정하는 법이 존재하는 사람들에게만 존재하는 것이다. 그런데 법이 존재하는 것은 부정의가 존재하는 사람들 사이에 있다. 사실 재판은 '정'과 '부정'의 판정을 의미한다. 사람들 사이에 '부정의'라는 악덕이 존재한다는 사실은 그들 사이에 부정이 행해진 것을 함의한다.(다만 그 반대는 반드시 그런 이유는 아니다.)

즉, 사람들은 자기에게 무조건적 의미의 선을 과다하게, 또 무조건적 악을 과소하게 평가하는 일이 실제로 존재한다. 우리가 인간을 속임수로 지배하려 하지 않고 미리 양해를 얻어 지배하려는 것도 이런 이유 때문이다. 인간은 자기를 위해 도모하고, 이상과 같이 행위하고, 참주(僭主, 비합법적인 수단으로 왕위에 오른 자)에 오르는 일이 있기 때문에.

하지만 지배자는 '정'의 수호자이고, '정'의 수호자라면 '균등'의 수호자가 되지 않으면 안 된다. 지배자가 올바른 사람일 경우, 약간의 과다도 스스로 소유하지 않는다고 생각되어(생각건대, '올바른' 지배자는 자기를 다룸에 무조건적 의미로 선의 과다를 가지고 하는 일은 결코 하지 않는다. 그것이 자기에게 비례적이지 않는 한. 그가 남을 위해 수고하는 사람이라는 이유이기도 하다. 또, 이 일 때문에 앞에서 말한 것처럼 정의란, '남의 것이 되는 선'이라고 사람들은 말하고 있는 것이다.) 그는 그 때문에 어떤 보수를 받는 것이고, 그것은 곧 명예요, 우대이다. 다만 이것으로써 충분치 않다고 하는 사람이 바로 독재자인 참주(僭主)가 된다.

주인이나 아버지의 경우 '정'은 이런 경우와 같지 않고, 유사적일 뿐이다. 왜냐하면 무조건적인 의미에서 '자기의 것'에 대해 부정의는 존재하지 않는다. 생각하면, 노예라든가, 일정 나이에 이르러 독립하기까지 내 자식은 마치 자기의 일부분과 같은 것이라고 여기는 등 어느 누구도 자기 자신을 해치는 일을 선택하지 않는다(자기에 대한 부정의가 존재하지 않는 이유).

그러므로 시민사회적인 의미에서 '부정'이나 '정'은 존재하지 않는다. 왜냐하면 이 같은 것은 법을 전제로 하는 것이고, 또 대개 법이 존재해야 할 일은 본성적인 사람들 사이에 존재하는 것이고, 그런 사람들은 그런데도 지배하고 지배 받는 일에 균등성을 갖는 사람들임에 다름 아니기 때문이다.

관계되는 '정(正)'이 오히려 자식이나 노예에 대해서보다 아내에 대해 존재하는 이유다. 사실 이것은 '가정적'인 성질의 '정'이라 한다. 그러나 이것도 역시 시민사회적 '정'과는 별개의 것이기는 하다.

7장 시민의 정의

시민사회적인 '정(正)'에도 자연법적인 것이 있고, 인위법적인 것이 있다. 자연법적인 것은 도처에서 동일의 타당성을 갖고, 그것이 올바르다고 생각하든 아니하든 상관없다. 이에 대해 인위법적인 것은 이렇든, 또 그 밖의 어떤 방식이든 본래 조금도 지장을 주지 않지만, 일단 이렇게 정한 이상 그렇게 하지 않으면 지장을 가져오는 사항이다.

예를 들면, 석방 대금이 1무나라든가, 희생은 1필의 산양이지 2필의 산양이 아니라든가 대개 개개에 대한 입법이 행해지는 사항(가령, 브라시다스(Brasidas, 스파르타의 전공(戰功) 장군)에게 희생을 바친다는 일)이나 여러 가지 정령(政令)적인 성질의 사항은 모두 여기에 속한다.

그런데 일부 사람들 사이에서는 여러 가지 '올바른' 일은 모두 그런 성질의 것이라 생각하고 있다. 생각하건대, 자연 본성에 의한 것이면 변동하지 않는다. 도처에서 같은 타당성을 가지고 있다(흡사, 불이 여기 있어도, 멀리 페르시아에 있어도 물건을 태울 수 있는 것처럼). 여러 가지 '올바른' 사항은 가변적이라는 사실을 그들은 알고 있기 때문이다. 변동적이라 해도, 그러나 그것은 단적으로 그렇다 할 수 있다는 의미의 것이 아니고, 어떤 의미에서 그렇다고 말하는 데 그친다.

여러 신들 아래 있다면, 어떤 의미에서든 이런 일은 없을 것이다. 그러나 우리 앞에 자연 본성에 의한 어떤 것이 존재하지 않는다는 의미는 아니지만, 여기서 모든 사물이 변동을 가져오지 않고, 역시 여기에 자연 본성에 의한 것과 그렇지 않은 것이 함께 존재하고 있다는 것이다.

하지만 '그것 이외의 방식에서 있을 수 있는 사항' 가운데 어떤 성질의 것이 자연 본성에 의한 것이고, 어떤 성질의 것이 그렇지 않고 인위법적

이며 계약에 의한 것일까. 똑같이 함께 변동적인 것이며. [9]

그러나 분명 같은 구별은 다른 경우에도 발견할 수 있을 것이다. 예를 들면, 자연 본성적으로 오른손이 강하다. 그러나 이 일은 어느 사람이라 하기보다는 양손을 이용할 수 있다는 일과 관계가 없는 것이다.

계약적이고 공익적인 '정'은 여러 가지 도량형(度量衡)에 유사하다. 왜냐하면 술이나 곡물의 도량형은 가는 곳마다 같지 않다. 도매하는 곳에서는 크고, 소매하는 곳에서는 작다. 이와 똑같이 여러 가지 자연법적이지 않은 인간적인 '정'은 가는 곳마다 동일할 이유가 없다. 여러 가지 국제(國制) 역시 그 예외가 아니다. 그래서 역시 최선의 국제는 모든 곳에서 자연 본성에 따라 단지 하나밖에 없다.

각각의 '올바른 사항'이든, 법적인 규정(規定)이든 개별에 대해 일반적인 관계가 있다. 왜냐하면 우리가 해야 할 부분은 많은 데 대해, 이들 각각은 하나인 것이다. 그리고 그것은 이 같은 것들이 일반적인 것임에 근거를 두고 있다.

'부정행위'와 '부정 사항'은 다르다. '정의적 행위'와 '올바른 사항'은 다르다. 곧, 어떤 일이 '부정한 사항'인 것은 자연 본성에, 또는 제도 법령에 의한 것이지만, 이 똑같은 사항이 행해짐에 처음 그것은 '부정행위'가 되고, 그에 앞서 그것은 또 '부정행위'가 아니라 단지 '부정한 일'에 불과하다.

'정의적 행위'도 이에 준한다. (더욱이 널리 통용되는 호칭은 오히려 디

***

9. '바르다'는 일은 자연법적이든 인위법적이든 불문하고 모두 가동적(可動的)이고 가변적임을 면할 수 없다. 그것은 '정'이 '인간적 사항'에 속하는 한, 당연한 일이다. 더구나 이 일은 자연법적인 '정'과 인위법적인 '정'과의 구별이 있음을 가로막는 것은 아니다.

카이오 프라그마(Dikaio Pragema, 정의로운 행동)가 참말이고, 디카이오마(Dikaioma)는 '부정행위의 광정(匡正)'을 의미한다.)

이 같은 법적 규정의 각각에 대해 어떤 성질의 것이고, 몇 가지 방법이 있고, 어떤 성질의 사항에 관계되는가는 뒤에 가서 고찰하게 될 것이다.

8장 정의와 부조리(不條理)

'올바른 사항', '부정한 사항'은 앞에서 말한 것과 같지만, '부정을 하다'라든가 '올바름을 행하다' 등으로 말할 수 있는 것은, 사람이 이 같은 사항을 스스로 나서서 행한 경우다. 만약 스스로 나서서 한 것이 아니면 그는 부정을 한 것도 아니며, 올바름을 행한 것도 아니다. (우연한 방식 외에 하는 것은 그들이 하는 자리가 때로는 올바르고, 또는 부정함에 지나지 않기 때문이다.)

그것이 부정행위(또는 정의적 행위)이냐 아니냐는, 그것이 임의적인가 임의적이지 않은가에 따라 정해진다. 즉, 그것이 일정한 기준이나 원칙 없이 하고 싶은 대로 하는 임의적일 때만 비난을 받는 것이다. 또 동시에 그 경우, 처음으로 그것은 부정행위가 된다. 따라서 어떤 부정이 있어도, 만약 그것이 임의적이란 사실이 덧붙여지지 않으면, 아직 그것은 부정 행위가 아닌 것이다.

임의적이란 표현은 앞에서 말한 것같이 그 행위가 자기 자유로 할 수 있던 사항이고, 더구나 사람이 스스로 의식하면서, 자세히 말하면, 자기는 누구에게 무엇을 가지고 어떤 목적을 이루었는가를—이를테면, 누구를 무엇을 가지고 어떤 목적으로 구타했는가를— 의식적으로 실행한 사항이다.

즉, 그 행위는 아무래도 우연한 성질의 것은 아니다. 남으로부터 강제에 의한 것이 아니면 안 된다. 예를 들면, b가 a의 손을 잡고 c를 구타했다면, a는 이를 자진하여 스스로 구타한 것이 아니다. 그것은 그의 의사에 따른 자유로운 일이 아니기 때문이다.

또, 자기를 구타한 상대가 실은 아버지인데, 그러나 자기는 상대가 인간이란 사실, 또는 마침 그 자리에 있는 사람들 중 하나라는 사실은 알고 있어도 그가 자기 아버지라는 사실을 몰랐다 등은 있을 수 있다. 똑같은 구별은 행위의 목적에, 또 보편적 행위 전반에 미친다.

이래서, 알지 못하는 형편의 사항, 혹은 알지 못하는 형편은 아니지만 자기 자유에 반하는 사항 내지 강요에 의한 사항은 자기 임의적이라 할 수 없다. 사실 자연 본성적으로 우리에게 속하는 사항도 그 대부분 우리가 이것을 알며 하든가 경험하는 것인데, 그것은 아무래도 임의적인 사항도 아니고, 우리 자유에 속하는 것도 아니다. 가령, 노인이 된다든가, 죽어간다든가 등과 같이.

또, 똑같이 '부정'이든가 '올바르다'고 해도 그것이 단지 우연한 방식 외에 없는 경우가 있다. 이를테면, 어떤 사람이 기탁 받은 물품을 좋아하지 않고, 공포 때문에 반환할지도 모른다. 그 경우, 우리는 이 사람을 보고 올바른 일을 했다든가, 올바름을 행했다든가 하는 것은 우연한 의미가 아닌 한 말할 수 없다.

같은 모양으로, 기탁 받은 것을 부득이하다고, 곧 좋아하지는 않지만 그대로 놓아두는 사람의 경우, 우리는 이를 우연한 의미에서만 부정을 했다든가, 부정한 일을 했다든가 말할 수 없다.

그런데 널리 '임의적인 사항'이라 해도 여기 우리가 그것을 '선택', 행하고 있는 사항도 있고, 또 '선택' 없이 행하는 사항도 있다. '선택'된 사항은 대개 미리 생각하고 헤아린 사항이고, 비선택적은 대개 미리 헤아리지 않은 사항을 말한다.

그렇다고 하면, 우리 공동관계에서 유해(有害)한 사항이 3개 있다는 의미인데, 그 가운데 모른다는 일을 동반하는 것이 바로 '실수'다. 즉, 행위의 상대가, 또 행한 행위가, 또 그 용구가, 또 소기의 결과가 자기가 생각한 바와 같지 않을 경우가 그것이다.

가령, 과녁에 명중시킬 의도가 없었는데, 또 그런 결과를 미리 짐작하고 화살을 날린 것이 아닌데, 이런 생각과는 달리 다른 결과가 종종 발생한다. 가령, 의도는 상해를 입힐 일 없이 가볍게 찌른 것인데, 자신도 모르게 크게 상처를 입힌 것과 같은 일들이다.

그 경우, 만약 전혀 의외로 해악이 발생했다고 하면 재난이고, 전혀 의외라 할 수 없지만 악덕을 수반할 이유가 없는 경우는 과실이다. (결국 과실이라 하면, 그 원인의 단초가 그 사람 자체에 존재하는 경우다. 재난이라 하면, 그것은 외부에 있는 경우다.)

이에 대해 미리 알고 있었지만 예측 없이 실행한 경우, 그것은 부정행위다. 이를테면, 격분하든가, 그 밖에 대개 인간에게 필연적인, 또는 자연적인 정념(情念)에 근거한 경우, 사실 이 같은 방식으로 타인에게 해악을 주어 과실을 범한 사람들은 부정을 행한 것이다. 이것은 부정행위지만, 그러나 이 같은 부정행위가 아직 그렇다고 꼭 부정한 인간도, 나쁜 사람도 아니다. 왜냐하면 해악이 비덕, 곧 덕 아닌 것에 근거하지 않고 있기 때문이다. 그러나 만약, 그것이 '선택'에 근거하는 것이면, 그는 부정한 인간인 것이고 나쁜 인간인 것이다.

격분에서 발하는 행위는 예측에 근거하는 것이 아니라 판정되지만, 이 같은 판정이 정당하다는 이유도 여기 있다. 즉, 관계되는 행위 최초의 단초를 이루는 격분에 맡겨 하는 사람이 아니라 그를 성나게 한 사람이고, 또 더욱 이 경우 쌍방 주장이 갈리는 것은 사실 여부에 관계되는 것이 아니라 오히려 사항이 옳은가 여부에 관계되는 것이다. 정의가 아니라 본 것에 대해 격분이 생긴 것이기 때문이다.

다시 말하면, 문제는 사람들이 사실 여부에 관해 서로 주장을 달리하는 인간 교섭의 장에서 있는 분쟁과 다른 것이다. 그런 경우라면, 쌍방의 한쪽이 반드시 나쁜 것이다. 망각으로 인해 사실에 관한 주장이 달라지는 것이 아닌 한.

이와 반대로, 지금의 경우 사람들은 사항에 관해 일치하지만, 어느 쪽 방식이 옳은가 하는 점에 주장이 갈리는 것이므로, (숙려하고 실행한 인간이라면 자기가 한 일을 모를 리 없다.) 그 결과 서로 자기가 부정을 당한 것이라—하지만 상대는 그런 일이 없다고— 꼭 믿고 있는 사정인 것이다.

만약 이와 반대로, '선택'에 근거하여 해를 입힌 것이라면, 그는 부정행위 그 자체에 그치지 않고 부정한 인간이 되는 것이다. 이 부정행위(비례적이란 점에 등지고, 균등이란 점에 등진 것이라면 부정행위지만)가 여기서 더욱 더 선택에 근거한 것이란 관점에서. 또, 똑같이 선택에 근거하여 올바르게 행위할 때, 그는 올바른 인간이다. 스스로 나서서 그 일을 했다 해도 단지 그것만이라면 그는 올바르게 행위했다고 말하는 데 그친다.

그러나 임의적이지 않다 해도 용서할 일이 있고, 용서하지 못할 일이 있다. 즉, 몰랐다는 이유만 아니라 실제 몰랐기 때문에 범한 자의 과실은 용서할 일이지만, 이와 반대로 몰랐기 때문이 아니라(모르기도 했지만) 자연 본성적이지 않은, 또 인간적이지 않은 정념 때문에 범한 사람은 용서

할 수 없는 일이다.

9장 부정행위 하기와 받기

사람은 그러나 '부정을 당하다'는 말과 '부정을 하다'는 말에 관해 우리가 규정한 부분이 과연 충분한지 여부에 대해 의문을 제기할지 모른다.

"나의 어머니를 내가 숨지게 한 것이다. 요는 그것이다."

"스스로 자진해 숨지게 하고 숨진 것인가, 아니면 어느 누구도 자진케 한 것이 아닌가."

에우리피데스(Euripides)의 이 기괴한 말은 과연 목표를 맞출 수 있을까? 즉, 자진해 부정을 당하는 일이 사실 있을 수 있을까? 그렇지 않으면, 그것은 있을 수 없는 일이고, 부정을 당하는 일은 모두 임의적이지 않은 것인가? 마치 부정을 하는 일은 모두 임의적인 것과 같이.

또, 처음 부정을 받는 일은 모두 이것이냐 저것이냐 할 것인가, 아니면 임의적인 일도 있고 임의적이지 않은 일도 있다는 것인가? 올바른 일을 함에 이와 똑같은 문제가 존재한다. 올바른 일을 행하는 일은 그 모두가 임의적이기 때문이다.

이래서 부정을 당하는 일도 올바름을 행하는 일도, 임의적이라 하든 임의적이지 않다고 하든, 어떻든 이 점에서 각각 부정을 하는 일, 올바른 일을 행하는 일에 같은 방식을 가지고 호응하는 것이 당연하다고 생각될지 모른다.

그러나 올바른 일을 행한다는 일에 대해 말해도, 만약 그 모든 것이 임의적이라 한다면, 이것을 부조리라 생각할 것이 틀림없다. 사실, 올바르게 취급되어도 그것을 스스로 나서서 그런 일이 일어난 이유가 아니라는 사람들의 경우도 또한 있는 것이다.

그리고 또, 이런 문제도 나올 것이다. 곧, 부정을 입은 사람은 모두 부정을 당했다고 할 것인가? 그렇지 않으면, 오히려 행해지는 경우도, 행하는 경우도 똑같은 사실을 보일 것이 아닐까? 즉, '올바른 사항'의 당사자가 되는 일은, 우연한 의미에 지나지 않는다는 일은 행하다 행해지다 어느 쪽도 동일할 수 있기 때문에 '부정한 사항'의 경우도 이와 똑같다.

사실 올바르지 않은 일을 행했어도 그것은 반드시 '부정을 하다'와도 같지 않고, 또 우연한 방식으로 부정을 입혔어도 '부정을 하다'와 같지 않으며, 또 우연한 방식으로 부정을 입혀도 그것은 반드시 '부정을 입혔다'와 같지 않기 때문에, '올바름을 행하다'와 '올바름이 행해지다'의 경우도 이에 준한다.

부정을 하는 사람이 없는데 부정을 입히든가, 올바름을 행하는 사람이 없는데 올바름을 행하든가 하는 일은 있을 수 없는 부분이다.

지금 만약, 부정을 한다는 일은 조건 없이 말하면, "자기 스스로 어떤 사람을 해친다."는 일이고, 자기 스스로 "상대와 용구와 방식을 알면서"라 한다면, 그리고 만약, 억제하지 못하는 사람은 나아가 자기 자신을 해치는 것이라 하면, 억제하지 못하는 사람은 자기 스스로 부정을 당하는 일이 된다. 또 자기가 자기에게 부정을 한다는 일이 가능하다는 일이 될 것이다. (자기가 자기에게 부정을 한다는 일이 가능한가의 여부는 이것도 한 가지 문제점이다.)

더욱이 억제하지 못하기 때문에 스스로 나아가 다른 사람에 의해 해침을 받는다—그리고 상대도 스스로 나아가 이것을 해친다. —는 일도 있다. 그렇다면, 나아가 부정을 당하는 일이 가능하다 할 것이다. 그러나 이것도 실은 오히려 지금 규정이 올바르지 않다는 것이 아닐까?

우리는 "상대와 용구와 방식을 알면서"만 아니라 "상대가 바라고 원하는 것과 반대로"라는 제약을 부가할 일이 아닌가? 이렇게 되면, 사람은 자진하여 해악을 받고 부정을 입는 일이 있어도, 그러나 자진해 부정을 입는 일에 대해 어느 누구의 경우도 있을 수 없다. 생각건대, 어떤 사람도—억제하지 못하는 사람이라 해도—그것을 바라고 희망하는 형편은 아니고, 스스로 바라고 희망하는 것과 반대로 행위하는 데 불과하다.

사실, 어떤 사람도 자기가 좋다고 생각지 않는 일을 바라고 희망하지 않는다. 억제하지 못하는 사람의 경우도, 그가 하는 일이 그가 하지 않으면 안 된다고 생각하는 부분과 일치하지 않는 것에 지나지 않는다.

또, 자기 것을 남에게 주는 사람의 경우 이를테면, 호메로스가 말한 "받은 청동 갑옷에 대해 황금의 그것을, 결국 소 9필에 해당하는 것을 소 100필에 해당하는 것으로" 감히 디오메데스(Diomedes)에게 바친 글라우코스(Glaucus)와 같이 부정을 받은 것은 아니다.

생각하건대, 주는 일은 자기 자유에 속하는 일이지만, 부정을 받는 일은 자기 자유에 속하지 않고 부정을 하는 사람의 존재를 필요로 하기 때문이다. 이래서 부정을 당하는 경우, 그 임의적이지 않은 일은 명백한 것이다.

더욱이, 우리가 논의해야 할 예정인 사항 가운데 두 가지 사항이 남아 있다. 첫째, 부정을 하는 것은 상당한 부분을 어기고 과다하게 배분해 준 사람인가, 아니면 그것을 빌린 사람인가. 둘째, 자기가 자기에게 부정을 한다는 일이 가능한가.

이들 두 가지 항목 사이에 어떤 관련이 없지 않아 생각건대, 만약 첫째에서 전자 쪽이 참이라 하면, 즉 만약 부정을 하는 것은 너무 많이 배분하는 사람으로 그것을 빌린 사람이 아니라 하면, 사람이 자기부터 과다한 것을 스스로 알면서 나아가 남에게 배분하는 경우, 그는 둘째 항목의 "자기가 자기에게 부정을 하고 있다."는 사실이 되기 때문이다.

그럼에도 불구하고 확실히 그 같은 행위는 절도 있는 사람들이 행하는 부분이라 생각된다. 좋은 사람은 과소를 취하는 성질의 사람이기 때문이다. 그렇더라도 과소를 취하고 있다는 것도, 그렇게 무조건적인 방식이라 할 수 없지만, 이 경우 그 이외의 선(善)을, 어떻게 하다 보면 상대보다 과다하게 취할 경우가 있기 때문이다. 이를테면, 평판이든, 무조건적인 의미에서의 아름다움이든.

더욱 이 문제에 대한 해결은 '부정을 한다'는 것에 대한 규정에도 해당된다. 즉, 이 경우 좋은 사람은 자기 바람과 희망에 반대되는 어떤 일을 할 이유가 없다. 그러므로 적은 것을 취한다고 하여 그것만으로 부정을 하는 일이 아니므로 가능한 한 손해를 보는 것으로 그친다.

배분자가 부정을 하고 있어도 그것을 빌린 사람은 반드시 부정을 하는 형편이 아님도 분명하다. 생각건대, 부정하는 것이 부정한 할당에 속하는 사람은 아니다. 스스로 나서서 그것을 한다는(부정한 행위를 하는) 일에 속하는 사람인 것이다.

이 "스스로 나서서 그것을 한다."는 행위의 단초가 존재하지만, 관계되는 단초는 배분자에게 존재하고, 무상으로 받은 수수(收受)자에게는 존재하지 않는다. 더욱이 '한다'는 말은 여러 가지 뜻으로 쓰인다. 생명이 없는 무기나 살인자의 손, 사형 선고를 받은 남자 노비의 경우도 어떤 의미로는 이 같은 뜻이 사람을 살해한다는 것과 같으므로, 수수자는 부정한 사항을 하는 것이기는 해도 그렇지만 "부정을 하고 있다"는 형편은 아니다.

또, 알지 못하여 올바르지 못한 판결을 내린 경우, 이것은 '적법적'이라는 의미에서 '정(正)'에 따라 말하자면 부정을 하고 있는 것은 아니고, 그 판결은 부정한 판결은 아니다. 다만 어떤 의미로 말하면 역시 그것은 부정한 판결이라 할 수 있다. 사실 적법적이라는 의미에서의 '정'과 엄밀한 의미에서 '정'은 다른 것이기 때문이다.

그러나 만약 알면서 부정한 방식으로 판결한 것이면 이것은 판결자 자신 역시 과다를 욕심낸 것이다. 결국, 감사든가 복수든가 하는 바의 과다를. 그러므로 만약 이 같은 동기에 근거하여 부정한 판결을 내린 것이면, 그것은 역시 과다를 욕심낸 것이므로 관계되는 판결을 씨앗으로 하여 부정 이득의 배당으로 받는 경우와 다름이 없다.

사실 이득의 배당을 받는 경우도 판결에서 토지를 유리하게 받았다고 하여 토지를 받는 것이 아니고, 결국은 금전을 받은 것이다. 사람들은 부정을 한다는 일은 자기 멋대로 할 수 있는 일이므로 올바른 인간이 되는 일도 용이한 일이라 생각한다. 그러나 실제 그렇지 않다.

이웃 남자 아내와 내통하든가, 옆 사람을 구타하든가, 뇌물 성격의 돈을 건네든가 하는 것은 물론 용이하고 자기들 마음대로 할 수 있는 일이지만, 그러나 "이러저러한 상태에 있는 일에 의해 그것을 근거로 행위한다."는 일은 용이하지 않고, 자기 마음대로 할 수 있는 사항도 아닌 것이다.

똑같이 사람들은 여러 가지 '올바른 사항'이나 '부정한 사항'을 알고 있는 것은 조금도 훌륭한 일이 아니라고 생각한다. 법조문이 보이는 부분을 이해하는 것은 곤란하지 않다는 이유로. (그러나 법이 보이는 부분은 우연한 방식의 '올바른 사항'밖에 아닌 것이다.) 그러나 실제 어떤 방식으로 행하고 어떤 방식으로 배분하면 그것이 올바른 행위이고 올바른 배분인가를 아는 것은, 건강에 관한 여러 사항을 아는 것 이상의 작업이다.

결국, 후자의 경우로 말하면, 봉밀(蜂蜜)이나 술이나 헬레보러스(Helleborus, 약물성 식물)나 뜸 요법이나 절개 수술 등을 이해하는 일은 용이하지만, 건강을 위해 어떤 방식으로 어느 때 이를 시술할 것인가 정하는 일은 의사의 일과 같은 정도의 과업을 의미하는 것이다.

바로 이와 같은 이유를 근거로 하여, 그러나 사람들은 올바른 사람에게 부정을 할 수 있는 경우가 이에 속한다고 생각한다. 즉, 올바른 사람은 부정한 사람에게 못지않게, 혹은 그 이상으로 어떤 부정도 할 수 있기 때문이라는 것이 그 이유다. 그것이 남의 아내와 통하는 일이든, 남을 구타하는 일이든 간에.

또, 용감한 사람의 경우로 말하면, 창을 팽개치든가 쉬운 방향으로 굴러 도망치든가. 그렇지만 '겁내 떤다'든가 '부정을 한다'든가 하는 일은 —단순히 우연한 의미에서가 아닌 한— '이 같은 행위를 한다'는 일만 의미하는 것은 아니다. '이 같은 상태에 있는 일로 이들 행위를 한다.'는 것을 의미한다.

그것은 마치 '의료 행위를 한다'든가, '건강하게 한다'든가 하는 일은 절개하지 않는다 내지 투약하지 않는다 하는 것을 의미하지 않고, 일정한 방식으로 이 같은 일을 한다는 의미와 같다.

'정(正)'의 요구는 여러 가지 '무조건적 선이어야 하는 부분'에 관여하는, 그리고 그들에 대한 초과와 부족에서 생길 수 있는 당사자 사이 사항이다. 생각하건대, 어떤 사람에게(예컨대, 아마 여러 신(神)들조차) 이들 선의 과잉은 존재하지 않는 것이고, 어떤 사람에게(즉, 낫기 어려울 만큼 나쁜 사람들에게) 어떤 작은 부분도 유익하지 않고 오히려 모든 선이 그들을 해친다.

그러나 그 밖의 사람들에게 이 같은 선은 어느 정도 유익하다. 그러므로 '정'의 요구는 인간적 사항에 다름 아니다.

10장 정의와 품위

'괜찮음' 및 '마땅함'에 대하여, 괜찮음은 정의(正義)에 대해 어떤 관계에 있는가, '마땅함'은 '정'에 대해 어떤 관계에 있는가를 말하지 않으면 안 된다. 사실 이것을 자세히 고찰하려면 양자는 무조건적으로 동일하지 않고, 그러나 아직 부류를 달리하는 것도 아니다.

대체 우리는 때에 따라, 괜찮음이나 뛰어난 업적을 이룬 사람을 기리는 부분부터 기릴 때 '의(宜)'라는 사실을 '선(善)' 대신 다른 여러 가지 경우에도 사용하고, '보다 괜찮음'이라 하면 '보다 좋음'의 의미로 쓸 때가 있다. 그러나 또, 때로 보다 깊이 생각하면 '의(宜)'라는 사실은 '정'이라는 사실과 별개의 어떤 것이라 해도 상관없이, 그것은 기리어져야 할 것이라 함은 골계적으로 생각하는 경우가 있다. 만약, 양자가 각각 다른 것이라 하면, '정'이 좋지 않든가 '의'가 좋지 않든가 할 터이지만, 또 양자가 같이 좋다고 하면 양자는 동일의 것이어야 할 것이라 본다.

'의'라는 사실에 관해 문제가 생기는 것은 대체로 이와 같은 것이지만, 이 같은 주장은 어떻든 어떤 의미에서 올바르기 때문에, 상호 간에 조금도 모순을 포함하지 않는다. 왜냐하면 '의'라는 말은 어떤 '정'보다 좋은 것임에도 불구하고 그것은 역시 '정'인 것이므로 어떤 별도의 '정'보다 혼히 있는 것은 아니다.

그러므로 같은 사항이 올바르게 있음과 동시에 괜찮게 있다고 할 수 있고, 또 이들 양자를 비교하고 어느 쪽도 좋지만 '의' 쪽이 보다 뛰어나다고 할 수 있는 것이다.

그러나 문제의 근원은 '의'가 '정'이라 해도 역시 그것은 법에 따르는 그것이 아니고, 오히려 법적인 '정'을 보정(補整)하는 것에 다름 아니다. 그리고 이 사실의 원인이 어디 있는가 할 때, 법은 모두 일반적인 것이지만 사항에 따라 다만 방식에 있어 일반적 규정을 적용할 수 없는 것이 존재한다.

그러므로 일반적으로 규정할 필요가 있음에도 불구하고 일반적 형태로 올바르게 규정할 수 없는 사항은 비교적 많이 통하는 부분을 채택하는 것이 법의 상례다. 그 지나친 부분을 모르는 바 아니지만. 더구나 법은 그렇다고 해서, 하여 올바르지 않다는 이유가 아니다. 생각건대, 잘못은 법에도, 입법자에게도 존재하지 않는다. 오히려 사항의 본성에 존재한다.

결국 '개개의 행위' 되는 소재가 본래부터 이와 같은 성질을 띠고 있는 것이다. 그러므로 만약, 법은 일반적으로 말하고 있지만 때로 일반적으로 규정되지 않는 사태가 발생하면 그 경우, 입법자가 남긴 부분은 결국 그가(입법자) 무조건적인 방식으로 규정함으로써 지나친 부분을 받아 부족한 사항—입법자가 그 경우를 당하면 그 자신도 규정 가운데 포함시킬 것과 같은, 그리고 만약 이미 그 사실을 알고 있다면 입법해 놓았을 것 같은—을 보충해 바로잡는 일은 올바르다.

'의'가 '정'이면서 어떤 종류의 '정'—무조건적인 의미의 그것이 아니고 무조건적이기 때문에 잘못이 되는 '정'—보다 좋은 것이 되는 근거다.

즉, 이것이 '의'의 본성에 다름 아니다. 법은 일반적이기 때문에 부족한 경우에 법을 바르게 보충하는 사실이.

사실, 모든 경우가 반드시 법에 바로 응하지 않는다는 원인도 여기 존재한다. 곧 그에 관한 법을 세울 수 없을 사항이 있으므로. 그렇다고 하면, '정령(政令)'이 필요할 수 있다는 이유다. 참으로 비고정적인 사물에 쓰이는 규정은 역시 또, 비고정적인 것이란 사실을 요한다. 마치 레스보스(Lesbos) 건축[*10]에서 납의 일정 규칙과 같이. 이 규정은 여러 가지 돌의 형태에 따라 변화하고 고정되어 있지 않은 것이지만, '정령'도 역시 여러 가지 사태에 대응하기 위한 것이다.

이래서 '의'는 무엇인가, 즉 그것은 '정'인 것이고, 더욱이 어떤 종류의 '정'보다 더 좋은 '정'이란 사실이 밝혀졌다. 괜찮은 사람이란 어떤 사람인가도 여기서 명료해졌다. 이 같은 성질의 사항을 '선택', 행하는 성질의 사람. 획일적이지 않고 오히려 가령, 법이 자기에게 유리해도 아주 적게 취하는 사람. 이래야 괜찮은 사람인 것이고, 관계 '상태'가 괜찮은 것이다. 그것은 어떤 의미의 정의(正義)이고, 어떤 그것과 구별되는 '상태'가 되는 것은 아니다.

11장 자신에 대한 부정

자기 자신에 대해 부정을 하는 일이 가능한가 여부의 문제도 이미 논

***

10. '레스보스(Lesbos) 건축'은 고대 유물에서 보는 것처럼 큰 다각형의 돌이 교묘하게 조합된 특징을 갖는 건축을 의미한다.

의한 부분에 근거하면 해명된다.

첫째, '올바른' 행위에 넓고 좁은 두 가지 뜻이 있다. 넓은 뜻은 덕 전반에 걸친 것, 그리고 넓게 법에 따라 정해지는 부분의 것이다. 자살은 이러한 의미로 '옳지'않은 행위의 예로, 법은 이를 방임하지 않는다. 법이 방임하지 않는 부분이면 이는 법이 금지하고 있는 부분이라 하겠다.

뿐만 아니라 지금 만약, 사람이 보복하는 방식이 아니라 법을 어기고 자살하여 해악을 가한다면, 그는 부정을 하는 형편이고, 자진해서 한다는 일은 그런데도 "어떤 사람을, 무엇을 가지고 해치고 있음을 알면서"라는 사실을 의미한다. 하지만 성난 성질에 맡겨 스스로 자살하는 사람은, 다만 당연함을 등에 업고 자진하여 이 행위를 하는 것이므로 법은 이를 인정하지 않는다.

그렇다고 하면, 그는 부정을 하고 있는 형편이다. 그러나 어떤 사람을 상대로 하는 것인가. 그것은 오히려 나라와 자기 자신에 대해 부정을 하는 것이므로 생각하건대, 자진하여 이를 불러오는 사람은 있어도 어느 누구라 해도 스스로 부정을 받아들이는 사람은 없기 때문이다.

나라가 이에 대해 처치를 강구하는 것도 이 때문이다. 즉, 자기를 사멸로 이끄는 자에 대해 일종의 폄책(貶責, 비난과 책임을 지게 한다.)이 행해진다. 그것은 자살자가 나라에 대해 부정을 하고 있기 때문이라는 의미에 다름 아니다.

둘째, '올바른' 말의 좁은 뜻으로, 이 의미에서 '부정한 사람'이란, 단지 부정을 한 사람의 일, 전반적으로 나쁜 사람이라 하는 것은 아니다. —풀이할 경우에도 자기에 대해 '부정'을 하는 일은 불가능하다.(이 경우는 곧, 앞서의 경우와 다르다. 여기 부정한 사람도 어느 의미로 나쁜 사람이기는 하나, 그것은 겁약한 사람도 나쁜 사람이라 하는 것과 같은 의미의 것으로, 사악(邪惡)

전반을 가지고 있다는 의미는 아니다. 따라서 그가 부정을 했다는 것도 사악 전반에 따르는 의미는 아니다.)

그 이유는 a, 자기가 자기에 대해 부정을 한다고 하면, a가 A에게 가해짐과 동시에 이 같은 a가 같은 A로부터 감해지는 것이 아니면 안 된다. 그러나 이 일은 불가능한 것이다. '정'이나 '부정'은 반드시 몇몇 당사자를 예상한다. b, 다시 또 '부정'한 행위는 임의적이다. 또 '선택'에 근거할 뿐만 아니라, 그것은 보복이 아니어야 한다. 이렇게 말하는 것은 자기가 먼저 당했기 때문에 같은 일을 보복적으로 하는 사람은 부정을 하는 것이라 생각되지 않기 때문이다. 그런데 만약, 자기가 자기에 대해 부정을 한다고 하면, 같은 사항을 함과 동시에 또 당하는 일이 된다.

c, 그 위에 그 경우는 자진해서 부정을 당한다는 좋지 않은 형편도 생기게 될 것이다. 또 이에 덧붙여 d, 자기에 대해 부정을 하고 있다 해도 각각의 특수한 부정행위를 따로 해, 누구에게도 부정하고자 하지 않으므로 어떤 사람도 자기 아내와 사통하지 않으며, 자기 집에 억지로 들어가지도 않는다. 자기 물건을 훔치지도 않는다.

셋째, 또 전반적으로, "사람은 자기에 대해 부정을 할 수 있는가 여부"의 문제는 앞서의 "사람은 자기가 임의적으로 부정을 당할 수 있는가" 하는 문제에 대한 우리 결론에서 결국 해결이 나오는 것이다.

(부정을 당하는 것도, 부정을 하는 것도 모두 나쁜 일이라는 것이 명백하지만 전자는 '중'에 비해 과소를, 후자는 과다를 갖는 일인데, 그 '중'은 마치 의료의 경우는 '건강적'이라는 사실, 체육의 경우는 '강장적'이라는 사실과 같이 "여기는 '올바름을 행한다'는 사실"이기 때문이다. —그러나 그중에도 부정을 하는 쪽이 보다 한결 나쁘다.)

왜냐하면 부정을 한다는 일은 악덕을, 그것도 완전한 악덕, 무조건적인 의미의 악덕을 전제로 하는 것이므로, 이것은 비난할 만하지만,—거의 이것을 전제(前提)하는 데 가깝다. 그것은 임의적인 경우라 해도 반드시 모두 부정의라는 악덕을 동반하는 사정은 아니기 때문이다.—이에 대해 부정을 당한다는 사실은 악덕이나 부정의를 전제하지 않고, 이래서 그 자신으로 말하면, 부정을 당하는 쪽이 비교적 나쁘지 않은 까닭이다.

이 일은 물론 우연하게 보면, 이쪽이 보다 큰 악한 일이라 해도 무방하다. 다만 우연한 사항이라는 것은 학술이 전혀 관여하지 않는 부분이고, 학술은 단지 늑막염이란 질병은 발이 돌부리에 걸려 넘어지는 것보다 중대하다고 가르치는 데 그친다. 만약 전쟁터에서 발이 걸려 넘어진 사람이 넘어짐으로써 이따금 적에게 잡히고 죽임을 당한다고 하면 우연하게 사태는 달라지지만.

그렇다고 하지만, 전용적(轉用的)으로 유사성에 근거하여 말한다면, 자기의 자기에 대한 '정'은 아니지만 자기에게 속하는 여러 부분 사이 '정'은 존재한다. 물론, 그러나 그것은 충분한 의미의 '정'이 아니고, 단지 주종적 내지 가정적인 것이다. 결국, 이들 경우에 보이는 것에 견주면, 혼(魂)의 '예고 있는 부분'과 '예고 없는 부분'에 대한 관계는 성립되어 있는 것이다.

'자기에 대한 부정의'가 가능하다고 생각되는 것은, 결국 이 부분의 사실이 사람들 시야 가운데 있기 때문일 것이다. 즉, 이들 부분 사이에서 각각의 부분이 자기 욕구를 돌리고, 어떤 것을 다른 부분으로부터 용서 받는 일이 있을 수 있다는 것이 그 이유다. 그러므로 마치 지배하는 자와 지배 받는 자 사이에 어떤 의미의 '정(正)'이 존재하는 것과 같이, 이 여러 부분 사이에 역시 이와 똑같은 일을 말할 수 있다고 생각한다.

이래서 정의에 대하여 동시에 또, 그 밖에 여러 가지 '윤리적 탁월성 내지 덕'에 대한 서술을 이상으로 마무리 짓는다.

6권 지성의 탁월성, 덕

1장 바른 도리와 지성의 탁월성

앞서 우리는 사람이 '중'을 선택해야 한다고 해, 초과도 부족도 다같이 좋지 않다는 사실, 그리고 '중'은 '올바른 도리'를 알려 주는 부분임을 말했다. 지금 우리는 이 '올바른 도리'를 구명(究明)하는 일에 착수해야 한다.

생각하건대, 지금까지 말한 어떤 상태에서도, 그리고 이것은 다른 경우에도 말할 일이지만 여기 한 개 표적이 있어, '도리'가 있는 사람은 여기에 눈을 고정시키며 그 상태를 가감한다. 여기 여러 가지 중용에 관한 어떤 한 가지, '사물의 정도나 성격 따위를 알기 위한 근거나 기준'인 준거(準據)에 따르는 것으로, 이 같은 중용이 초과와 부족 사이의 틀림없이 중용인 것도 우리에게 말하라면, 그것은 '올바른 도리'에 근거하고 있다.

그런데 이런 식으로 말하는 것은 물론 참이긴 하지만, 그러나 하등 이에 의해 판연한 것을 받는다는 의미는 아니다. 실제, 대충 그에 대한 학문이 성립되는 것 같이 여러 가지 준비로, 가령 이런 식으로 말하는 것이 물론 참임을 잃지 않는다.

"단련의 정도는 과도해도, 과소해도 안 된다. 그것은 중간이어야 한다. 올바른 도리에 따르지 않으면 안 된다."라고 말이다. 그러나 이것만 가지고는 지금 한 가지도 잘 모르는 것과 같다. 그러므로 그것은 마치 어떤 약을 아픈 환자에게 복용케 하는가는 "대개 의학이 명하는 바의 것을 이 학문에 정통한 사람이 명하는 방식으로"라고 말하면 알지 못하는 것과 같다.

그러므로 혼의 여러 가지 '상태'에서, 역시 이 정도의 진실이 논의되는 데 그치지 않고, '올바른 도리'는 어떤 것인가, 또 이것이 '준거'하는 것은 무엇인가를 그 위에 파고 들어가 규정할 필요가 있다.

우리는 앞서 혼의 여러 가지 탁월성 내지 덕을 구별, 어떤 것은 '윤리적 성상'에 대한 것이고, 또 어떤 것은 '지성'에 관한 것이었다. 여러 가지 '윤리적 성상의 탁월성', '윤리적 덕'에 관한 우리의 서술은 끝났지만, 나머지 여러 가지 '지성적 탁월성', '지성적 덕'을 논의함에 있어 먼저 혼에 대한 다음 서술을 선행시키고 싶다.

앞서 혼의 두 부분이, 즉 '도리를 갖는 부분'과 '도리가 없는 부분'이 존재한다는 사실을 말했다. 그러나 지금, '도리를 갖는 부분'에 대해, 역시 또 한 구분이 지어지지 않으면 안 된다. 곧, '도리를 갖는 부분'에 다음과 같은 두 가지가 있음을 이하 논술의 기초로 삼지 않으면 안 된다. 하나는 제반 사항 중 대개 "그 단초가 그 이외의 방식에서 있을 수 없는 것"을 고찰하기 위한 부분이고, 다른 하나는 '그 이외의 방식에서 어떤 일이 가능한 것'에 관계되는 것이다.

결국, 부류를 달리하는 이 양자에 대해 혼의 부분에서, 또 이들 각각에 대응하도록 본성적으로 되어 있는 각 부류의 다른 부분이 보인다. 참으로 사물과 혼 사이에 인식이 성립하는 것은 양자 사이에 어떤 동류성이나 근친성에 근거하는 것이다. 이 중 전자를 '인식적 부분', 후자를 '감안적(勘案的) 부분'이라 한다.

생각하건대, '사량한다'와 '감안한다'는 같은 말이지만, 어떤 사람이라 해도 "그 밖의 방식에서 어떤 일이 되지 않는"에 관해 사량은 하지 않는다. 따라서 감안 부분은 혼의 '도리를 갖는 부분' 가운데, 또 어떤 한 부분에 해당한다.

우리는 이래서, 이들 각각 부분의 최선의 상태가 어떤 것인가를 파악하지 않으면 안 된다. 최선의 상태가, 곧 각 부분 최선의 '탁월성', '덕'이기 때문이지만, 이 같은 '탁월성'이나 '덕'은, 그러나 각각 부분의 고유 기능의 관계에서 비로소 말할 수 있다.

2장 숙려(熟慮)의 선택

지금 우리 혼에 대해 우리가 실천이나 진리 인식을 취급하는 방법이 셋 있는데, 감각·지성·욕구가 그것이다. 그러나 이 가운데 감각은 어떤 실천의 단초도 되지 않는 것으로, 동물류는 감각을 가지고 있지만 실천에 관여하지 못하는[1] 것을 비춰 보면 명백하게 알 수 있다.

나머지 양자를 보면, 지성은 긍정과 부정에 대응하는 것이고, 욕구에는 추구와 회피가 있다. 그런데 지금 윤리적 탁월성 및 덕은 "우리 선택여하를 좌우하는 혼의 상태"이고, 선택은 그런데도 사량적 욕구에 다름 아니라 한다면 당연한 귀결로 '선택'이 잘 되기 위해 사리도 참이어야 할 것이고, 욕구 역시 정당해야 할 것이다.

***
1. '행위', '실천'은 어떤 이성적인 활동을 동반하지 않으면 안 된다. 엄밀한 의미의 실천은 인간에게 고유한 것이다. 동물 전반에 있어 가능한, 단지 직접적이고 반사적인 행동은 엄밀하게 보면 '행위'가 아니고, 단지 자발적인 '장소적 이동'에 지나지 않는다.

즉, 같은 것을 전자가 긍정하고 후자가 추구하는 것이 아니면 안 된다. 그래서 이 종류 지성의 작동, 이 종류 진리 인식은 실천적인 그것에 다름 아니다. 관조적인, 결국 실천적이지도, 제작적이지도 않은 지성의 경우에서 '좋음'과 '나쁨'은 '참'과 '거짓'이지만.

(참으로, 참을 인식한다는 일은 지성적인 모든 부분의 작업이기도 하다.) 실천 지성적 부분의 작업은, 역시 '올바른 욕구'에 맞는 진리 인식이 아니면 안 된다.

이래서 실천의 단초―운동의 시원이란 의미요, 목적이란 의미는 아니다.―는 '선택'이다. '선택'의 단초는 '욕구' 및 '목적적 도리'에 있다. 지성이나 지성 인식이 부족해도, 혼의 윤리적 '상태'가 부족해도 '선택'이 성립되지 않는 까닭이다. 참말로 '훌륭히 하는 일'도, 또 실천에서 그 반대도 '지성 인식'과 '윤리적 성상'의 양자가 없이 있을 수 없는 일이다.

물론, 지성 인식 그 자체는 무엇을 움직이려는 의미가 아니다. 다만 목적적 실천적인 그것이 움직이게 한다. 실천적인 지성 인식은 실제 제작이라는 과업을 지배하는 위치에 있다. 왜냐하면 모든 제작자는 무엇인가를 위해 만든다. 즉, 우리가 제작하는 부분은 무조건적 의미의 목적은 아니다. (오히려 그것은 어떤 일에 대한 관계에서, 또 어떤 사람의 목적에 지나지 않는다.)

이에 대해 우리가 성취하려는 부분은 목적 자체에 있다. 즉, '훌륭히 한다는 일'이 목적이다. 욕구가 목표하는 부분도 바로 여기에 존재한다. 이래서 '선택'은 '욕구적인 지성 인식' 내지 '지성적 욕구'에 다름 아니다. 인간이 사항(몇 가지로 나뉘어 정리되는 일들의 각각의) 근원 및 발단을 이루는 것은 이처럼 복합적인 주체로서 하는 것이다.

(과거의 사항은 결코 '선택'의 범위에 속하지 않는다. 이를테면, 트로이를 함

락시킨 일을 '선택'하는 사람은 없다. 사람이 사량하는 일도 과거의 사항에 관한 것이 아니고, 장래에 속하는 가능적인 사항에 관한 것이다. 있던 일은 없던 일일 수 없다. 무릇 이미 한 일을 없던 일처럼 한다―이것만은 신의 힘도 미치지 못한다.―고 하는, 아가돈(Agathon)의 말은 올바르다는 연유다.)

이래서 앞의 지성적 두 부분의 작용은 어떻든 진리 인식이라는 데 있다. 그렇기 때문에 양자가 각각 가장 잘 '참인식'을 가로채는 혼의 '상태', 그것이 바로 이들 양쪽 부분의 탁월성 내지 덕에 다름 아니다.

3장 체계적 지식

우리는 여기서 원점으로 돌아가, 이 양 부분의 덕에 대해 새롭게 논술해 나가기로 한다. 대체로 "우리 혼이 그것에 따라 긍정 또는 부정의 방식으로 참을 인식하는 부분"인즉, 우리는 5개 요소를 들지 않을 수 없다. 곧, 기술, 학(學), 지려(智慮), 지혜, 직지(直知) 등이 그것이다. 사념(思念)이나 억견(臆見)을 생략하는 것은 이것을 가지고 하면 거짓에 빠질 수 있기 때문이다.[*2]

학(學)이라는 혼 '상태'의 무엇인가는 다음 부분에서 명백해질 것이

***
2. '사념(思念)'은 여기서 '독사(doxa), 억견'과 같은 뜻으로 말하는 것으로 보인다. 그러나 그렇지 않다. 사념은 원래 억견보다 훨씬 넓은 개념이다. 그것은 명제를 구성하는 '어'에 대응하는 '개념'을 뜻함과 동시에 '명제'에 대응하는 '판단'을 뜻한다. 여기서는 물론, 후자의 의미로 쓴 것이다. 이 경우 역시, 다양한 경우에 따라 다양한 방식으로 말하지만, 본서에 '사념', '생각' 외에 '판단', '파악'으로 옮겼다.

다. (여기서는 엄밀을 기해야 하므로 여러 가지 동류에 근거하는 전용적인 의미의 혼입을 피하고 싶다.) 우리 모두가 인정하는 부분에 따르면, 우리가 학적으로 인식하는 부분은 "그 이외의 방식은 없는 것"이다. "그 이외의 방식이 있을 수 있는 것"이라면, 만약 그것이 우리의 관찰이 미치지 않는 부분에 생긴다면, 우리는 그것이 실제 그럴까 여부를 알지 못하기 때문이다.

그러므로 학에 관계하는 것은 필연적 사물에 다름 아니다. 따라서 또 그것은 영원적 사물이다. 모두 무조건적으로 필연적인 부분은 곧 영원적인 것이니, 영원적인 것은 그러나 불생(不生)이고 불멸(不滅)이다.

더욱 더, 모든 학은 사람을 가르칠 수 있는 것이므로 학의 영역에 속하는 사항은 배울 수 있는 내용이라 생각된다. 그런데 모두 가르치는 일은 우리가 '분석론'에서 말하는 것 같이 "미리 알려진 사항"에서 출발한다. 생각건대, 가르치는 일은 혹은 귀납에 의해, 혹은 추론에 의해 한다.

귀납은 기본 명제로의 귀납, 보편적인 것으로의 귀납이지만, 추론은 여러 가지 보편적인 것에서 출발한다. 여러 가지 기본 명제는, 그러므로 추론의 출발점이 되는 것, 그에 대해 추론이 존재하지 않는 것이므로, 여기 귀납이 행해지는 이유가 존재한다.

그러므로 학이란 '논증이 가능한 상태'인 것이고, 여기에 대개 '분석론'에서 우리가 규정하는 약간의 조건이 덧붙여진다. 즉, 사람이 어떤 방식으로 확신에 이르러 여러 가지 기본 명제가 그에게 알려진 경우, 그는 비로소 '학적으로 인식'하고 있다고 할 수 있다.

사실, 여러 가지 기본 명제가 그 결론 이상으로 그가 아는 부분이 되지 않는 한, 그는 단지 우연한 방식으로 '학'을 가지고 있는 데 불과하다.

'학'에 대하여 이상과 같이 규정해 둔다.

4장 기술의 지식

"그 이외의 방식으로 어떤 일이 가능한 사물"에는 제작의 영역에 속하는 것도 있고, 행위의 영역에 속하는 것도 있다. 제작과 행위는 다른 것이다. (이 점, 우리는 역시 공간(公刊)된 소론(所論)을 확신한다.) 따라서 '사리를 갖춘 실천 가능한 상태'는 '사리를 갖춘 제작 가능한 상태'와 다르다.

그러므로 양자 중 하나가 다른 하나에 포함된다는 일은 없다. 행위는 제작이 아니고 제작은 행위가 아니기 때문이다. 그런데 가령, 건축은 하나의 기술이고, 바로 또 하나의 '사리를 갖춘 제작 가능한 상태'인 것이므로, 대개 '사리를 갖춘 제작 가능한 상태'가 아닌 기술은 없고, 기술이 되지 않는 이 같은 성질의 '상태'는 없기 때문에, 당연히 기술은 '그 참을 잃지 않게 사리를 갖춘 제작 가능한 상태'와 같은 것이 아니면 안 된다.

모든 기술은 사물을 살리는 일에 관계되는 것으로, 기술을 사용한다는 것은, 역시 "있든 없든 가능한, 그리고 그 단초가 제작자에 의해 만들어질 존재하지 않는 사물"인 어떤 것이, 어떻게 하면 살릴 수 있을까를 연구하는 일에 다름 아니다.

참으로 기술이 관계되는 부분은 "필연적으로 생성 내지 존재하는 것"도 아니고, 또 "자연적으로 생성되고 존재하는 것"도 아니다. 후자는 곧, 그 자체 가운데 그 단초를 가지고 있는 것이다.

제작과 실천은 다른 것이기 때문에, 기술은 제작에 관계되는 것이니, 필연적으로 실천에 관계하지 않는 것이 아니면 안 된다.

어떤 의미에서 운은 기술과 같은 사항에 관계되어 있다. 아가톤(Agathon)도 이 같은 이유에서 "기술은 호운(好運)을 사랑하고, 호운은 기술을 사랑한다."고 말한 것이다.

이래서, 기술은 앞서 말한 것 같이 "그 참을 잃지 않은 사리를 갖춘 제작 기능의 상태"라 말할 수 있는 것이고, 기술의 무능은 이와 정반대로 "거짓에 빠져 쉽게 사리를 갖춘 제작 가능의 상태"인 것이다. 동시에 "그 이외의 방식에서 어떤 일이 가능한 사물"에 관해서의.

5장 실제의 지식

지려(智慮)에 관해 이런 방식으로 하여, 결국 대체 어떤 사람들을 우리는 '지려 있는 사람'이라 부르는가를 생각해 봄으로써, 그 어떤 파악이 가능해질 것이다. '지려 있는 사람'의 특징은, "자기에게 좋은 사항, 유익한 사항에 관해 훌륭한 방식으로 사량(思量)할 수 있다."는 데 있다.

그리고 결코 부분적인 방식으로, 이를테면 어떤 사물이 건강이나 체력에 좋은가에 대해서가 아니라, 대략 전반적인 방식으로 어떤 사물이 '잘 살 수 있다'는 데 좋은가에 대한 것이다.

그 증거에, 만약 사람들이 어떤 뛰어난 목적(다만 기술 영역에 속하는 것을 제외하고)을 달성하기 위해 훌륭하게 깊이 생각하는 경우, 우리는 그들을 눈여겨보고 그런 사항에 관해 지려 있는 사람이 되는 것이다. 그러므로 전반적인 방식으로 지려 있는 사람이라 하면, 역시 전반적인 의미에서 사량에 뛰어난 사람이라 하지 않으면 안 된다.

그러므로 "그 외의 방식에서 어떤 부분이 불가능한 사항"이라든가, "자기가 할 수 없는 사항"에 대해 어떤 사람도 사량은 하지 않는다. 그러므로 지금, 학(學)은 논증을 일삼는 것이고, 그러나 그 단초가 "그 이외의 방식에서 어떤 일이 가능한 것" 같은 그런 사물에 대해 논증은 존재하지 않는다(거기서 일체가 '그 이외의 방식에서 있을 수 있는 것'이 아니면 안 된다.) 고 하면, 또 만약, 그 반면에 "필연적인 사항에" 대해 사량이 행해지지 않는다고 하면, 지려는 학일 수 없고, 그것은 또 기술도 아니다.

학이 아니라 하는 것은, 행위가 "그 이외의 방식에서 어떤 일이 가능한 것"이기 때문이다. 기술이 아니라 하는 것은 실천과 제작이 종류를 달리한다는 데 근거한다. 그렇다면, 결국 지려는 "인간에 있어 여러 가지 선과 악에 관해 사리를 갖추고 참을 잃지 않는 실천 가능한 상태"임에 다름 아니다.

(사실, 제작의 경우는 그 목적하는 부분이 제작이라는 부분 자체와 별도로 존재하는 데 대해, 실천의 경우는 이 같은 일은 있을 수 없다. 그러므로 '잘하는 일' 자체가 목적인 것이다.)

이 같은 부분에 근거하여, 우리는 페리클레스(Perikles)와 그 같은 사람들을 지려 있는 사람이라 하는 것이다. 그들은 곧, 그들 자신에게 있어, 또 사람들에게 있어 여러 가지 선(善)의 어떤 것을 인식하는 능력 있는 사람들이기 때문이다.

"가정과 경제에 뛰어난 사람들"이라든가, "국정(國政)에 뛰어난 사람들"이라고 우리가 생각하는 것도, 바로 이 같은 사람에 지나지 않는다.

절제는, 결국 '지려를 보전하는 것'을 의미한다. 하지만 절제를 보전하는 판단이라면 역시 그 같은 성질에 국한된다. 모든 판단은 쾌(快)와 고(苦)가 손상되어 도착(倒錯)되는 이유가 아니므로, 가령 삼각형 내각의 화(和)가 2직각인가 여부의 판단 때와 달리, 다만 행위의 영역에 관한 여러 가지 판단의 우려가 있을 뿐이다.

생각하건대, 각각의 행위에 이르는 근원이 되는 것은, 그 행위의 목적이 되는 부분에 다름 아니지만, 일단 사람이 쾌락과 고통에 의해 손상됨에 이르면 즉시 그에게 그것이 행위의 근원이란 의미를 가지지 못하게 되고, 관계 목적 때문에, 또 그 연고로 모든 사항을 '선택'하고 행할 일이라 생각지 않으면 안 된다. 악덕은 실로 행위의 근원을 잃게 하는 힘을 가지고 있다.

이래서, 지려(智慮)는 "인간적인 제반 선에 관한 사리가 있어, 그 참을 잃지 않는 실천 가능한 상태"이어야 함은 필연적이다. 그러나 기술의 탁월성은 존재하지만, 지려의 탁월성은 존재하지 않는다.[3] 뿐만 아니라, 기술에서 스스로 나아가 한 실수는 그렇지 않은 실수보다 오히려 좋은 일임에 대해 지려의 경우는 여러 가지 덕의 경우와 같이 그쪽이 도리어 좋지 않은 것이다. 이래서 분명 지려는 그 자체 하나의 탁월성 내지 덕에 다름 아니다. 그러나 기술의 경우는 이와 다르다.

지려는 혼의 '사리를 가지는 부분'이 둘 있는 가운데, 그 한쪽 부분인 '탁월성' 내지 '덕'이 아니면 안 된다. 곧, 억견적(臆見的) 부분의.

억견은 "그 이외의 방식에서 어떤 일의 가능한 사항"에 관계되지만, 지려도 역시 그렇기 때문이다. 그러나 지려는 단지 "사리를 갖춘 상태"에 머무르지 않는다. 보통 그런 지성적 성질의 '상태'는 망각이 있음에 대해, 지려는 그것이 없다는 것이 그 참고가 될 만한 증거이다.

6장 이해

'학(學)'은 보편적인 것, 필연적인 것을 대상으로 이에 대해 행해지는

***
3. 기술(技術)은 여기서 분명 하나의 능력, 하나의 상태를 의미한다.

이해인 것이지만, 여러 가지 논증적 귀결은, 따라서 또 모든 '학'은 종종(種種)의 기본 명제 위에 서 있다.

('학'은 실로 사리를 갖춘 추리를 원칙으로 하는 것이다.)

그렇다고 하면, 학적 인식의 기본 명제 그 자체에 관계되는 부분은 '학'이 아니고 물론 '기술'이나 '지려'일 수 없다. '학'의 영역은 논증적인 성질의 것이지만, 기술과 지려는 "그 이외의 방식으로 있는 부분의 가능한 사항"에 관계되어 있기 때문이다.

그렇다고 해서, 또 '지혜'는 오로지 기본 명제에 관계된다고 하는 의미도 아니다. 생각하건대, 지자(智者)의 지자다운 까닭은 약간의 사항에 관하여 논증할 수 있다는 일 역시 존재하기 때문이다.

이래서, 만약 "그 이외의 방식으로 있을 수 없는 사항" 내지 "그것이 가능한 사항"에 관해 우리로 하여금 참을 인식케 하고, 결코 잘못된 인식으로 이끌지 않는 것으로 '학'과 '지려'와 '지혜'와 '직지'가 있다고 하면, 하지만 만약 그 가운데 3자는 어떻든 이에 해당되지 않는다 하면, (3자는 지려(Practical wisdom), 학(Scientific knowledge), 지혜(Theoretical wisdom)) 나머지 부분, 기본 명제에 관계되는 부분은 직지(直知, Starting point) 외에 없는 것이다.

7장 이론적 지혜, 실천적 지혜

그런데 지혜가 되지만, 이것은 여러 가지 기술의 경우 그 기술이 가장 확실하고 완벽한 사람들에게 돌아가는 일이 있으므로, 가령 돌 조각가 피디아스(Phidias)와 상(像) 조각가 폴리크리토스(Polyclitus)를 지자(智者)라 하는 경우가 그것이다.

이 같은 경우에, 그러므로 우리가 지자라는 명칭에 의해 의미하는 바는 기술의 탁월성 외에 아무것도 아니다. 하지만 우리가 어떤 사람들을 지자라고 할 때, 그것이 전반적인 의미일 경우가 있다. 부분적이지 않고, 또 대개 어떤 일에 대하여 말할 때, 결국 호메로스가 '마르기테스(Margites)' 가운데 한 말이지만.

여러 신(神)은 그를 땅 파기와 밭 짓기나
그 밖에 대개 어떤 일도 지혜로운 사람으로 만들지 않았다.

이때의 경우 지혜라 하는 것은 여러 가지 학 중에서 가장 엄밀한 것이 아니면 안 된다는 것이 분명하다. 따라서 지자라고 불리는 사람은 단지 근원에서 도출되는 부분을 아는 데 그치지 않고, 근원 그 자체에 관해서 또 그 참을 인식하고 있지 않으면 안 된다.

이래서 지혜는 '직지 플러스 학'인 것이고, 가장 존귀한 것에 관한, 말하자면 머리를 구비한 학(學)이 아니면 안 된다. 진실로 정치나 지려를 최고시하는 것 같이 인간이 우주에서 최선의 것이 아닌 한 부조리라 해야 할 것이다.

또, '건강적'이라는 것과 '좋다'는 것이 인간에 있으나 물고기에 있어 다른 것에 대해 '백(白)'이든, '직(直)'이든 어떤 경우도 동일하다. 흡사 그와 마찬가지로 '지적(智的)'인 것은 어떤 경우를 통해도 동일한 것임은 누구나 인정하는 부분이다.

'지려적(智慮的)'이라는 것은 경우에 따라 달라지는 것이지만, 생각건대 자기에 관한 제반 사항에 대해 연구하는 기교적인 것이 '지려적이다', '지려가 있다' 하고, 또 이런 사항을 맡는 것이다. 생각한 대로, 짐승조차 대개 자기 생활에 관해 예지적 능력을 갖는다고 보이는, 약간은 '지려가 있다'고 말하기도 한다.

'지혜'가 '정치'와 같지 않을 수 있다는 것도 분명하다. 진실로 만약, 우리 자신의 공익에 대한 인식을 '지혜'라고 하면, '지혜'는 얼마든지 존재하지 않으면 안 된다고 생각한다. 모든 동물에게 선(善)에 관계되는 단 하나의 인식은 존재하지 않는다. 각종 동물의 경우에 각각 다른 인식이 존재하는 것이다.

그것은 마치 만유(萬有)에 대한 단일의 의학이 존재하지 않는 것과 같다. 또 가령, "인간은 모든 동물 가운데 가장 뛰어난 것이기 때문이다."라고 주장해도, 이 사실에 대한 어떤 변화는 없다. 사실, 인간보다 그 본성의 저 멀리 신적(神的)인 무엇이 달리 존재하고, 우리 눈에 가장 두드러지게 드러나 비추는 이 종류의 것으로 천계(天界)를 조성하는 부분이 있는 것이다.

이래서, 이상 서술한 바, 지혜란 본성적으로 가장 존귀한 것을 취급하는 부분의 학이기도 하고, 직지(直知)인 것임을 분명히 알 수 있다. 그렇기 때문에 사람들은 아낙사고라스(Anaxagoras), 탈레스(Thales),[4] 그 밖에 이 부류의 사람들은 "지자이기는 하다. 지려 있는 사람이라 할 수 없지만"이라고—이들 지자가 그들 자신의 공익에 대해 무지임을 알고—말하지만, 또 "그들은 진귀한 사항, 놀라운 사항, 어려운 사항, 초인간적 사

***
4. 탈레스(Thales, 기원전 585년경)는 밀레토스 출신. 그리스 철학사의 벽두를 장식하는 인물이다. 아낙사고라스(Anaxagoras, 기원전 500–428)는 아시아 출신으로, 아테네에 온 최초의 저명한 철학자다.

항을 알고 있다. 그러나 이것도 저것도 도움 되지 않는 것들"이라고—그들이 인간적인 여러 가지 선을 탐구하지 않기 때문이라는 이유로—주장하는 것이다.

이에 대하여 지려는 "인간적인 여러 가지 사항", 그리고 "그에 관하여 사량(思量)할 수 있는 여러 가지 사항"에 관계되어 있다. 생각하건대, 지려 있는 사람의 기능으로 들 수 있는 것은 무엇보다 사량의 교자(巧者)이어야 하는 것이지만, 어느 누구도 "그 이외의 방식으로 어떤 부분 불가능한 사항"이나 "어떤 것을 목적으로 하는 부분—결국 실천에 의해 도달할 수 있는 선—을 갖지 못하는 사항"에 관해 사량을 하지 않는다.

그리고 무조건적인 의미로, "사량이 뛰어난 사람"은 실천에 의해 도달할 수 있는 여러 가지 선 가운데 인간에게 최선이 될 수 있는 것에 숙고를 통해 훌륭하게 적중해 갈 수 있는 사람을 일컫는다.

또, 지려는 단지 일반적 사항의 관계에 머물지 않는다. 그것은 개별적인 사항을 모르면 안 되는 것이다. 생각건대, 지려는 실천적이고, 실천은 그러나 개별적인 사항에 관계하기 때문이다. 어떤 사람들이 지식을 갖지 않고도 지식을 가진 사람들보다 실천에 더욱 더 구실하는 것도 모두 이 대문이다.

그것은 경험 있는 사람들의 경우에 특히 더 현저하다. 이를테면, 만약 사람이 "가벼운 고기는 소화가 잘 되고 건강에 좋다."는 사실은 알고 있어도 "어떤 고기가 가벼운지" 알지 못하면 이 사람은 건강을 얻기 어렵다. 그보다 오히려, "새 고기가 건강에 좋다."는 사실을 알고 있는 사람이 신체에 건강을 가져오는 일이 보다 쉬울 것이다.

지려는 실천적인 것이므로, 따라서 그 일반적인 부분과 개별적인 부분이 함께 필요하고, 또는 오히려 그 개별적인 부분이 더 많이 필요할 것

이다. 그러나 여기서도 어떤 고도의 동량적(棟梁的) 입장에 서는 인식이
역시 존재해 있지 않으면 안 된다.

8장 실제적 지혜와 정치

동량적(棟梁的) 입장의 인식은 이것을 정치학이라 불러 좋지만, 그
것은 지려와 똑같은 '상태'이고, 다만 양자는 말하는 관점을 달리하고
있다.

지금 '나라에 관한 지려', 즉 정치학이라는 관점에서 이를 관찰할 때
동량적 위치에 있는 것으로, 지려는 입법에 다름 아니다. 그러나 개별에
걸치는 것으로, 그것이 도리어 정치라는 범(汎) 공통적인 명칭을 받고 있
다. 또, 사실 실천적이고 사량적인 것은 후자 쪽이다.

'정령(政令)'이라는 규정이야말로 궁극적, 최종적인 실제 행위에 다름
아니기 때문이다. 이 방면에 관계하는 사람들에 대해 "국정을 행하고 있
다."는 일을 말할 수 있는 것도 이 이유에 다름 아니다. 그들이 오로지 말
하자면 직업적 기술자로서 그 중심에 해당하기 때문이다.

그러나 세상 무엇보다 자기 일신에 대한 지려야말로 지려란 생각이
일반적이고, 이 같은 것이 지려란 명칭을 얻게 된 것이다. 그러나 사실,
어떤 부류의 지려는 가정(家政)이고, 또 어떤 부류의 지려는 입법이든가
정치의 그것이므로 정치의 경우에, 또 더욱 여기에 평의(評議)와 사법(司
法)이 포함된다.

물론, 그러므로 자기 이해(利害)를 알고 있는 것도 일종 지식임에 틀림

없다. 그러나 역시 똑같은 지식이라도 그 차이는 크다. 결국 세인의 생각으로 지려 있는 사람은 자기 위함을 알고 여기에 전념하는 사람의 일이다. 그들에게 정치에 관계하는 동아리는 쓸데없는 세상 소문이나 희로(喜怒)밖에 비추지 않으므로, 그래서 에우리피데스(Euripides)의,

> 어째서 이 나를 지려 있는 인간이라 할까
> 번민을 피하고 대중의 수에 끼어
> 남들과 같은 길을 갈 수 있게 되었는데.
> 진실로
> 높은 쪽을 마음에 두고
> 쓸데없는 일을 마구 끌어들이면…….

이와 같은 대사처럼 탄식도 생기는 까닭이 있다. 실제, 사람들은 자기 자신의 선(善)을 찾는 것이고, 또 그렇게 하는 것이 당연하다고 생각한다. 그러므로 이 같은 생각에 근거하여 이 부류 사람들을 지려 있는 사람이라 하는 사태도 생기는 것이다.

그러나 진실은 생각건대, 자기 하나의 '잘'이라는 사실도 가정(家政)을 떠나, 또 나라 본연의 상태를 떠나면 있을 수 없는 것이다. 뿐만 아니라, 자기 한 사람의 일이라 해도 이것을 어떻게 처리할 것인가는 결코 자명한 사항이 아니고, 연구를 필요로 한다.

자, 앞서의 논점으로[*5] 돌아가 그 하나의 증좌(證左)로, 다음 사실을 드러

***

5. 아마 전 장(前章)의 끝 부분에서 지려(智慮)는 개별에 관한 인식을 필요로 한다는 논점을 가리키고, 이를 승계해 이른 말이다. 지려에 대한 그의 논의(결국, '개별에 관한' 것의 의미가 '자기 일신의 이해에 관한' 방식으로 풀이해 안 된다는)가 이를 중단한 것이다.

낼 수 있다. 연소자로 기하학자와 수학자가 되고, 그 방면 지자가 된 자가 있다. 그러나 연소자로 '지려 있는 사람'이 된 자는 없는 것으로 생각한다.

이 사실의 원인이라면 지려는 역시 개별에 관계되지만, 개별로 알려진 것은 경험에 근거한다. 하지만 연소자는 경험이 별로 없다. 오랜 세월이 경험을 만들어 내기 때문이다. 그리고 또, 사람은 이런 일도 문제로 삼을지 모른다. 왜 소년이 수학자는 될 수 있어도 지자 내지 철학자, 자연학자는 될 수 없는 것인가, 하고 말이다. 이 역시 이런 이유 때문이 아닌가. 수학은 추상에 의해 성립되지만, 이에 대해 이 같은 학문의 영역에서 여러 가지 기본 명제가 경험에 근거하게 된다. 따라서 연소자는 후자의 경우에 있어 확신이 서지 않고, 다만 말(언어)을 다루는 데 그칠 수밖에 없는데, 이에 대해 수학을 다루는 본질은 연소자에게도 결코 명석을 결하는 것은 아니다.

더욱이 사량의 경우, 과오가 보편적인 것에 대해 발생하는 일도 있고, 개별적인 것에 대해 발생하는 일도 있어, 가령 "모든 무거운 물은 나쁘다."는 사실이 잘못일 경우도 있고, "이 물은 무겁다."는 사실이 잘못일 경우도 있다.

지려가 '학(學)'과 같을 수 없는 것은 여기서 분명해진다. 그것은 앞에서 말한 것처럼 궁극의 '개(個)'에 관계되어 있기 때문이다. 사실, 해야 할 행위는 틀림없이 바로 이 같은 성질의 것이다.

지려는 이래서 '직지'와 꼭 대조적인 위치에 있다. '직지'는 그에 대한 증명이 존재하지 않는 것처럼 관계되는 것이고, 이에 대해 지려는 학의 대상이 되지 않고 오히려 지각의 대상이 되는 궁극적인 개(個)에 관계되어 있다. 물론 지각(知覺)이라 해도 개별 감각의 경우와 같은 지각이 아니고, 오히려 이 궁극적인 개(個)가 삼각형임을 우리가 지각할 때와 같은 성질의 것이다. 개별적인 방향에 역시 한계가 있기 때문이다. 이 같은 인식은 지려라 하기보다 오히려 지각에 가깝다고 하겠다. 개별 감각의 경우 또 다른 형태의.

9장 숙려, 사량의 교자

('탐구한다'와 '사량(思量)한다'는 그 사이 상위가 있다. 사량은 넓은 헤아림으로, 곧 특정한 성질의 '탐구'에 지나지 않는다.)

하지만 우리는, 사량의 교자(巧者)인 어떤 것을 파악하지 않으면 안 된다. 그것은 어떤 '학'일까, 또는 '억견'일까, 또는 '직감'일까, 혹은 또 일층 다른 어떤 종류의 것일까?

그것은 학이 아니다. 사람들은 자기가 알고 있는 사항에 대해 탐구하지 않는다. '사량의 교자(巧者)'는 이래서 사량을 예상한다. 그리고 사량하는 곳의 사람은 탐구하고 숙고하는 것이다.

그것은 또, 직감도 아니다. 왜냐하면 직감은 추리를 포함하지 않는다. 어떤 신속한 것임에 대해 사량은 장시간이 걸릴 수 있으므로, 실제 "사량의 결과를 가져오려면 빠르게, 사량은 느긋하게 하지 않으면 안 된다." 등으로 말하고 있는 것이다. 더욱이 혜민(慧敏)도 '사량의 교자'와 다르다. 혜민도 일종의 직감이기 때문이다.[6]

이래서 또, '사량의 교자'는 대개 어떤 성질의 억견도 아니다. 생각건

***
6. 혜민(慧敏)은 추리의 중간 과정을 의식함 없이 신속히 도달할 수 있는 능력을 의미한다.

대, '나쁘게 사랑하는' 사람은 과오를 범하고 있는 것이고, '좋게 사랑하는' 사람은 바르게 사랑하는 것이므로, '사량의 교자'는 분명 어떤 올바름이다. 그러나 이것은 '학'의 그것도 아니고, 또 억견의 그것도 아니다.

학의 경우에 '올바름'은 존재하지 않는다. 여기 과오가 존재하지 않기 때문이다. 또 억견의 올바름은 참에 다름 아니지만, 그러나 동시에 억견이 관계되는 부분은 모두 이미 결정된 것에 다름 아니다.

(하지만 추리 없이 역시 '사량의 교자'는 있을 수 없다. 그렇다고 하면, 나머지 '사량의 교자'의 '올바름'은 지성적 사고의 그것과 다름 아니다. 왜냐하면 여기서 아직 의견이 들어오지 않았기 때문에)

곧, 억견이라 해도 탐구가 아니고 이미 있는 어떤 의견이지만, 이에 대해 사랑하고 있는 사람은 그것이 좋은 방식이라 해도, 또 나쁜 방식이라 해도 역시 무엇인가를 탐구하고 숙고하는 까닭이다.

그러나 '사량의 교자'는 역시 사량의 어떤 '올바름'이다. 그러나 '올바름'이라 해도 다의적인 까닭에 그 어떤 의미라도 좋은 이유가 아닌 것은 분명하다. 사실 억제를 못 하는 사람이나 나쁜 사람이, 자기가 보기 시작하는 부분이 숙고에 근거해 시종 잘 적중할 것이다.

그럴 경우, 그가 올바르게 사량한 것이 되어도, 그러나 그는 그것에 의해 큰 악을 획득했다는 의미다. 그러나 '잘 사랑했다.'는 사실은 어떤 선이라고 생각된다. 사량의 그 성질의 '올바름', 결국 선에 적중할 '올바름'에 있어서만큼 비로소 '사량의 교자'라 하게 된다.

그러나 또, 잘못된 추론에 의해 이에 도달할 수 있다. 즉, 무엇을 할 것인가에 결론이 적정하다 해도, 여기 이르는 절차가 적정을 결하든가, 3단논법의 형식이 잘못될 수도 있다. 그러므로 이것도 '사량의 교자'라 할 수 없다. 그런 부분에 적중하기는 해도, 그러나 절차가 없기 때문이다.

더욱이 장시간 사량하여 잘 성취하는 일도 있고, 또 그 속도가 빠를 수 있다. 전자의 경우 그러므로 역시 '사량의 교자'까지 가지 못하므로,[7] '사량의 교자'라는 경우 유용한 사항에 대한 '올바름'이 적정한 일, 적정한 방식, 적정한 시간 등 여러 가지 점을 필요로 한다.

더욱이 '사량한' 일은 무조건적인 의미에 있어, 또 어떤 목적의 관계에 있을 수 있다. 그러므로 무조건적 의미에서 목적을 성취하는 것이고, 어떤 한정된 의미에서 그것은 어떤 특정 목적을 달성하는 부분인 것이다.

이래서, '지려가 있다'고 하는 사람들이 '잘 사량했다'는 사실에 속한다고 하면, '사량의 교자'는 그 참된 파악이 '지려'인 것처럼, 그 같은 목적에 대한 유용한 수단을 찾을 때, '올바름'이 아니면 안 된다.

10장 이해력과 포용

또, '사물을 아는 사람들'이라든가, '이해가 좋은 사람들'이라든가, 우리가 말하는 그 근본 되는 '사물 이해'라든가, 이해가 빠르다는 것 등은 결코 학문의 전반과 같지도 않거니와 억견과 같지도 않다.(만약 억견과 같다면, 모든 사람이 '사물을 아는' 사람들이 될 것이다.) 또, 특수한 여러 학문, 이를테면 건강에 대한 의학이라든가, 공간에 대한 기하학의 계열에 들어가는 것도 아니다.

***
7. "사량(思量)은 장시간이 걸릴 수 있다."고 앞서 말한 바 있지만, 그렇게 긴 사량은 실행의 기회를 놓칠 수 있다. '사량의 교자(巧者)'는 사량이 시간적으로 적당할 것을 요구한다.

즉, '사물 이해'에 관계되는 부분은 여러 가지 영원히 변하지 않는 제반(諸般)도 아니고, 그렇다고 해 또 생성의 세계에 속하는 것이면 무엇이나 하는 의미도 아니다. 그 영역은 도리어 사람들이 그에 대해 곤혹하고, 사량하는 사물로 한정된다. 곧, 지려에 관계되는 같은 사물에 그것이 관계되지만, 그러나 그렇다 하여 '사물 이해'와 '지려'가 같은 의미라는 것은 아니다.

'지려'는 명령적인 것이다. 결국, 무엇을 할 것인지 규정하는 것이 그 끝이고, '사물 이해'는 단지 판단을 내리는 데 그친다. ('사물 이해'와 '이해의 장점', '사물 이해하는 사람들'과 '이해가 장점인 사람들'은 어떻든 같은 뜻이다.)

그러므로 '사물의 이해'는 지려를 가지고 있는 것도 아니고, 지려를 획득하고 있는 것도 아니다. 오히려 그것은 이렇다. 학문의 능력을 실제로 발휘하는 경우 '배운다'고 말하는 부분에 '안다'는 말이 구사된다. 흡사, 이와 똑같은 일이 여기서도 결국 지려가 관계되는 부분에 관해 다르게 말할 부분을 판단한다. ─ 그것도 아름답게 판단한다. ─ 억견의 능력을 활용하는 경우에도 실행되고 있다.

(여기서 '아름답게'와 '잘'은 같은 뜻의 말이다.) 그리고 이 같은 부분에서, '사물 이해' ─ 따라서 또 '이해가 좋다'는 말이 생긴 것이다. 결국, 사물을 배우는 경우, 이 말을 구사할 때 발단하고, 실제 우리도 '배운다'고 말하는 부분을 이따금 '안다'고 말하는 것이다.[8]

***

8. '지려'가 명령적인데 대해, '사물 이해'는 단지 이해일 뿐이다. 다같이 양자가 관계부분이 같지만, 각각 태도를 달리한다. 태도에서 '사물 이해'는 도리어 관조(觀照)적인 '학(學)'에 가깝다. 사실 학의 영역에서도 '배운다'는 부분을 '이해하다'로 하고 있다. 가령, '수학의 이해', '자연학의 이해' 등으로 말한다. 그런데 지려 영역에 속하는 인간적 사항에 대해 '알다'는 관조적인 학의 영역에서 '알다'에 유래한다.

11장 숙려, 이해, 실제적 지혜

또, '동정이 넘친다'든가 '정리(情理)가 있다'든가 하는 경우, 소위 정리는 '마땅하다'가 어디 존재하는가에 대한 올바른 판단력을 의미한다. 그 증거에 우리는 '마땅한 사람'은 무엇보다 동정이 넘치는 사람이라 생각하고, 또 어떤 경우 그 사태에 동정을 갖는다는 일이 '마땅하다'에 다름 아니라 말하고 있다.

동정은 생각건대, '마땅하다'가 존재하는 부분을 올바르게 판단할 수 있는 정리에 다름 아니다. 올바른 판단은, 그러나 그 판단에서 '마땅하다'가 '참 마땅하다'일 것을 의미한다.

그러므로 이 종류의 '상태'는 이치가 당연하지만, 그 향하는 바를 같이 하고 있다. 우리는 실제 '정리', '사물 이해', '지려', '직지' 등을 모두 동등하게 동일한 사람들에게 으뜸으로 친다. 그들에게 정리도, 사물을 보는 견식도 이루어지고, 지려도 있고 사물을 알게 되었다고 말하지만, 그것은 이 능력이 어떻든 궁극적인 것, 개별적인 것에 관계되는 이유에 다름 아니다.

즉, 사물을 아는 사람이 되고, 정리에 밝고, 동정 넘치는 사람이 되는 것은 지려 있는 사람에게 관계되는 것같이, 그런 사항에 대처하고, 그가 어떻게 이를 판단하는 사람인가에 관계된다. '마땅하다는 의(宜)'가, 즉 모든 좋은 사람들의 대인 관계에 공통한다는 의미다.

그러나 대개 행위는 모두 개별적인 것, 궁극적인 것의 세계에 속한다. 지려 있는 사람은 곧, 이 같은 사물을 역시 알고 있는 사람이 아니면 안 된다. 사물의 이해와 정리 관계 부분도 이처럼 여러 가지 행위에 다름 아니다. 그러나 행위는 궁극적으로 '개(個)'라는 성질을 갖는 것이다.

직지(直知)에 이르면 두 방향에서 궁극적인 것에 관계되어 있다. 그것은 곧 최초에 온 여러 정의(定義)에도 관계되고, 또 최종적으로 개(個)에도 관계되는 것이다. 이에 대한 인식은 어떻든 추리가 관지(關知)하지 않는 부분에 속한다.

직지는 곧, 그것이 '논증'에 관계하는 경우에 여러 가지 움직일 수 없는 최초에 오는 여러 정의에 관계되는 것이고, 또 그것이 실천적인 것에 관계하는 경우 최종적인 '다른 방식일 수 있는' 개별에 관계되고, 따라서 또 소전제에도 관계된다. 사실 이런 개별이 단초가 되어 '목적하는 바'도 형성되는 것이다. 개별적인 사물에서 일반적 사물에 도달하기 때문에.

그러므로 우리는 이런 여러 가지 개별적인 것을 인식하는 지각이 있지 않으면 안 되므로 이 같은 지각을 행하는 것이 곧 직지의 기능에 다름 아니다.

이래서, 여기 거론된 여러 가지 '상태'는 본성적인 것이라 생각된다. 즉, 어느 누구라 말하기보다 자연 본성에 따라 지자(智者)는 아니더라도, 그러나 '정리', '사물 이해', '직지'를 가지게 됨은 자연 본성에 의한 것이라 생각되는 것이다. 그 증거로 우리는 이것이 나이 순서에 따르는 것이라는 식으로 받아들이고 있다.

결국 각각의 나이가 되면, 사물을 보는 눈도 생기고 정리도 알게 된다고 생각하는 이유도 된다. 여기에 자연 본성이 그 원인이 됨을 예상하게 된다. (직지가 단초이기도 하고 종국이기도 함을 알게 되는 이유. 생각건대, 논증을 하는 것은 바로 이들 사항으로부터이다. 이들 사항에 대한 것이기 때문이다.)

따라서 우리는 경험을 쌓은 연장자, 지려 있는 사람들 주장과 견해에 대해 그것이 가령, 논증을 결한 것이라 해도, 역시 그 자체에 주의를 기울이지 않으면 안 된다. 그들은 경험에 근거한 눈을 갖고 올바르게 사물을 볼 수 있는 사람들이기 때문이다.

이래서 우리는 지려란, 그리고 지혜란 무엇이며, 또 양자는 각각 어떤 사항에서 관계되는가를 논의하고, 양자가 각각 혼의 다른 부분의 탁월성 내지 덕이란 사실을 말해 왔다.

12장 지성의 탁월성

그러나 사람은 이 양자의 효용(效用) 여하에 따라 문제를 가질지 모른다.

지혜는 인간으로 하여금 행복을 길들이는 부분의 무엇인가를 전혀 그 연구 대상으로 하지 않는 것인가? 그것은 어떤 성질의 사물을 생기게 하는 일에도 관계하지 않기 때문에.

한편, 지려는 물론 그런 관심을 갖는 것이기는 하다. 하지만 도대체 무엇 때문에 지려가 필요한가? 생각건대, 지려는 인간의 여러 가지 올바른 사항, 아름다운 사항, 좋은 사항을 그 대상으로 하는 것이기는 하다. 그러나 이 같은 사물은 어떻든, 그것을 행한다는 일이 좋은 사람의 좋은 사람다운 이유이므로, 우리가 그것을 지식으로 삼음으로써 어떤 그것을 행할 힘을 덧붙인다는 의미는 아니다.

그것은 마치 '건강적으로 되는 것'이든가, '강장적으로 되는 것'이든가 ─건강이나 강장을 만들어 낸다는 의미가 아니고, 건강이나 강장 상태에 근거하여 행해지는 부분이라는 의미─의 경우에 흡사하다. 우리는 곧, 의학이나 체육학을 지식으로 하여 어떤 그런 일을 행하는 힘을 키운다는 의미는 아니다.

만약 또, 지려의 효용이 그런 부분에 있지 않고 그것은 좋은 사람 되기 위한 것이라 한다면, 이미 좋은 사람이 된 사람들에게 지려는 전혀 무용일 것이고, 뿐만 아니라 지려를 갖지 않은 사람들에게도 그것은 무용일 것이다.

스스로 지려를 갖는 것과 남의 지려를 듣고 따르는 것과 여기 어떤 다른 부분은 없을 것이고, 우리에게 후자로 충분하고, 바로 건강의 경우와 같을 것이다. 우리는 건강할 것을 바라지만, 그렇다 하여 스스로 의학을 배우는 것은 아니다.

설명을 덧붙이면, 지려는 지혜보다 뒤지지만, 그것이 지혜보다 유력한 위치를 점한다고 하면, 이것은 부조리한 일이라 생각될 것이다. (생각건대, 만들어 내는 위치에 있는 것이 지배하고 있어, 각각의 사항을 명령하고 있다는 사실이 실정이기 때문이다.)

그래서 우리는 여러 가지 사실에 대해 논의하지 않으면 안 된다. 지금까지 문제의 소재를 보이는 것에 그쳤다.

가장 먼저, 지혜도 지려도 각각 혼의 특정 부분인 이상, 가령 어떤 사물을 만들어 내지 않더라도 그 자체로서 바람직한 것을 상실하지 않는다는 점을 말해 둔다. 다음에 이 양자는 결코 만들어 내지 않는다는 의미는 아니다. 다만 의학이 건강을 만들어 내는 것이 아니고, 건강이라는 '상태'가 건강을 만들어 내는 방식으로 지혜는 행복을 만들어 내는 것이다.

지혜는 곧, 그것이 인간의 전체적 덕의 구성 부분이란 사실 때문에, 그것을 혼의 '상태'로 소유하는 부분, 그리고 그에 따라 행동하는 사람으로 하여, 바로 이 일로써 행복한 사람으로 달래 주는 것이다.

또, 인간의 인간적인 기능의 실현은 지려와 그리고 윤리적 덕에 기대할 수밖에 없다. 덕은 표적을 삼고 올바르게 사물을 달래 주고, 지려는 이 표적에 대한 여러 가지 수단을 써서 올바른 것을 달래 주는 역할을 다 하는 것이다.

(혼의 제4 부분, 즉 먹여 키우는 섭취적인 부분에 대해 다른 경우에 준하는 덕은 존재하지 않는다. 여기서 어떤 사항도 이를 행하는 것이나 행하지 않는 것이나 자기 자유라는 의미는 아니기 때문이다.)

그러므로 "여러 가지 아름다운 사항, 올바른 사항에 관해 지려를 가졌다고 해서 우리는 조금도 그런 사항을 실천하는 힘을 덧붙일 이유가 없다."는 논의에 관해, 우리는 조금 사항의 근본에 거슬러 올라가 다음 부분에서 출발하지 않으면 안 된다.

어떤 사람들이, 가령 올바른 일을 행해도 우리는 그것만으로 그들을 보고 아직 '올바른 사람들'이라 할 이유는 없을 경우가 있다. 이를테면, 법이 명하는 부분을 스스로 마치고 혹은 무식 때문에, 혹은 또 어떤 다른 사유 때문에 이루어 내고, 그 사항 그 자체 때문에 이루어 낸 것이 아닌 경우가(그들은 현재 그래야 할 사항을 하고, 대개 좋은 사람이 할 사항을 한 것이지만) 곧, 그것이다.

그러나 한쪽에서 사람이 어떤 상태에 있고, 그 위에 서서 각각의 사항을 행하고 있다. 그러므로 훌륭하고 좋은 인간이라 말하는 경우도 생각건대, 역시 존재하는 것이다. 결국, 스스로의 '선택'에 근거해 행해진 그 사항 그 자체 때문에, 이를 행한 경우가.

이래서 그 선택 방향을 올바른 쪽으로 달래 주는 것이 덕이지만, 그러나 대개 이렇게 잡는 방향의 실현을 위해 본래 행한 그런 사항을 행한다는 결과가 되면, 이것은 이미 덕의 기능에 속하지 않고, 오히려 그 외의 임무에 속한다. 이 점 우리가 주의해 일층 명료하게 말하는 부분이 아니면 안 된다.

사람들이 영리하다고 부르는 능력이 있다. 이것은 맡겨진 목표를 향해 나아가는 제반 사항을 실행, 수미일관(首尾一貫) 목표에 도달할 수 있는 능력이다.

그러므로 만약 목표가 아름다울 경우 그것은 상찬받을 능력인 것이고, 만약 목표가 나쁜 것이면 그것은 옳지 못한 지(知)에 불과하다. 지려 있는 사람도, 옳지 않은 지밖에 가지고 있지 않은 사람도 모두 영리하다고 하는 이유가 여기 존재한다.

지려가 곧, 이 능력은 아니지만, 그러나 이 능력을 배제한다는 의미는 아니다. 영리는 혼의 눈이고, 이 혼의 눈에 지려의 '상태'가 생기려면 여기에 덕이 결여될 수 없다는 사실은 이미 앞에 말한 바 있고, 또 명백한 사항인 것이다.

생각건대, '해야 할 사항', '행위'에 관한 추론(이른바 실천적 3단 논법)은 "이러이러한 것(그것이 이른바 무엇이든 말이다. 우리 논의를 위해 그것은 임의의 것이라도 좋다.)이 궁극 목적이고 최고선이다."는 사실을 그 근원적 단초로[9] 가지고 있다. 그런데 이 가운데 무엇인가는 좋은 사람이 아니면 명백하지 않다.

덕이 아니면 사람으로 하여금 그 방향을 전도(轉倒)시키고, 실천적 아르케(근원)에 관해 과오를 범하게 되는 것이다. 그러므로 좋은 인간이 아

***

9. 아르케, 근원은 여기서 '기본 명제', 결국 최종적인 대전제를 의미함과 동시에, 그 명제에 포함된 '선(善)'이라는 '어떤 것'을 의미한다고 생각된다. 그때 '선'이 최종적인 기본 명제에서 술어 위치를 차지하는 것으로, 말하자면 "술어이고 주어가 되지 않는 것"이라 생각한다는 것이 허락되면, 여기 매우 플라톤적인 '선 아이디어'라는 인식 사상이 아리스토텔레스적인 체계 속에, 아리스토텔레스적인 방식으로 추가되어 중요 위치를 점하는 것이 보인다.

니고 지려 있는 사람 되기란 불가능한 것이 명백하다.

13장 타고난 덕, 충만한 덕, 실제 지혜

여기서 우리는 덕이라는 것을 지금 다시 한 번 고찰하지 않으면 안 된다. 여기서도 역시, 지려에 대하여 '영리'라는 것—양자는 동일한 것이 아니고 동류적인 것에 지나지 않는다.—의 관계에 매우 닮은 것이 발견되기 때문이니, 본질적 의미의 덕에 대한 생래적인 덕의 관계가 곧 그것이다.

생각건대, 어떤 사람도 '윤리적 성상'을 각각 어떤 방식으로 생래적으로 받고 있다고 생각한다. 우리는 태어나면서부터 가령 올바르다, 절제적이다, 용감하다 등등의 자질을 갖추고 있다. 그러나 그럼에도 불구하고 우리는 이와 별도의 본질적인 의미의 선(善)을 찾고 있는 사정이므로, 여러 가지 이런 사물이 생래적인 것과 다른 방식으로 우리 것이 되는 일을 찾고 있다.

생각건대, 여러 가지 생래적 덕(德)이라면, 그것은 어린이나 짐승 가운데서도 발견되는 것이지만, 지성을 결하고 있으므로 그것은 도리어 유해한 것으로 생각된다. 여기까지 그렇다 하고, 적어도 실제 보이는 부분을 말하기는, 가령 시력을 상실한 강건한 신체의 주인공이 움직이자 돌연 시력을 갖지 않은 까닭에, 그 넘어지는 형태도 강한 결과가 된다.

흡사, 그와 똑같은 일을 지금 경우에도 말할 수 있다. 그러나 이것이 지성을 획득하는 데 이르면, 그 행위에도 현저한 차이를 보여 주게 되고,

먼저 상태도 이전은 그에 유사했지만 여기서 처음 본질적 의미의 덕이 되는 것이다.

이 같은 의미로 마치 억견(臆見)의 면에서 '영리' 및 '지려'라는 양자가 존재하는 것처럼 윤리적 성상면에도 '생래적 덕'과 '본질적 덕'의 양자가 존재하고 있는 것으로, 이 가운데 본질적 덕은 지려(智慮)가 결여되는 한 나타나지 않는 것이다.

일부 사람들이 "모든 덕은 지려다." 하는 것은 바로 이런 부분에 근거하는 것으로, 소크라테스도 어떤 면은 그 탐구가 올바르고, 또 어떤 면은 잘못을 일으키고 있다. 즉, "모든 덕은 지려다."라고 생각하는 것은 잘못이고, 그것이 "지려 없이 존재하지 않는다."고 하는 것은 지당한 주장이다.

그 증거로, 지금 모든 사람들이 역시 덕을 정의함에 있어 그것이 '상태'일 것, 그리고 그것이 향하고 있는 영역 여하를 말하는 이상 "올바른 사리를 따라 당면하라."는 사실을 덧붙일 것을 항상 잊지 않는다. 하지만 '올바름'은 '지려에 따른다.'는 뜻이다.

그러므로 모든 사람들이 이 같은 '상태', 결국 지려에 따르는 '상태'만이 덕에 다름 아니란 사실을 어떻든 잘 당면하고 있다 해도 좋다. 다만 조금 고칠 필요는 있다. 즉, 덕은 단지 올바른 사리에 따르는 '상태'에 머물지 않고 바로 올바른 사리를 갖춘 '상태'인 것이다.[10] 상통하는 사항에 대한 '올바른 사리'는 그래서 지려에 다름 아니다.

그러므로 소크라테스가 "여러 가지 덕을 사리라 하였다."(모든 덕은 인

***

10. '바른 도리에 따르는' 하면, 남의 도리에 듣고 따르는 경우도 포함될 수 있지만, '바른 도리와 함께한다'고 하면, 바른 도리에 따르는 방식이 자주적(自主的)이고 스스로 이성을 가지며, 말하자면 스스로 법칙이 되지 않으면 안 된다는 사실을 의미하고 있다.

식이라 하기 때문에)는 데 대해, 우리는 그것이 사리를 갖춘 것이라 한다.

이래서 앞에 말한 바에 따라 지려 없이 본질적인 의미의 좋은 사람이라 할 수 없고, 또 윤리적 탁월성 내지 덕 없이 지려 있는 사람이라 할 수 없음이 명백해졌다. 그러나 그뿐만이 아니다. 우리는 또 이에 의해, "여러 가지 덕은 각각 따로 떨어진 것이다."라고 변증(辨證)하는 부분에 따른 남과의 논의에도 대답할 수 있을 것이다. 말하는 부분의 논거(論據)는 이렇다.

"동일인이 모든 덕에 대해 탁월한 자질을 가지고 있다는 뜻이 아니다. 따라서 어떤 덕은 이미 획득했어도, 어떤 덕은 아직 획득하지 않았다는 사태도 존재하는 것이다."고.

사실 이 같은 일은 여러 가지 생래적 덕에 한하여 물론 있을 수 있다. 그러나 사람이 무조건적 의미로 좋은 사람이라 말하는 이유인 것같이, 여러 가지 덕에 관한 한 이 같은 일은 있을 수 없다. 여기서는, 즉 지려(智慮) 하나 존재하는 부분, 동시에 또 모든 덕이 존재할 것이기 때문이다.

뿐만 아니라, 지금 만약 지려가 실천적이지 못한다 해도, 우리는 역시 그것이 혼의 일부분 덕이기 때문에 이것을 필요로 할 것이란 점은 분명하다. 그러나 실제 '선택'이라는 것은 지려 없고 덕 없다 하면, 올바른 선택이 결점될 수 있음이 명백하다. 후자는 목적을 올바르게 조정(措定)하고, 전자는 목적의 올바른 여러 가지 수단에 도달하기 때문이다.

그러나 이상과 같은 중요성에도 불구하고 지려가 지혜에 대해 지배적인 힘을 갖는다는 등으로 말하는 의미는 아니고, 또 그것이 혼의 보다 상위적인 부분을 지배하고 있다는 등의 의미도 아니다.

그것은 흡사, '의학'의 '건강'에 대한 것과 같은 것이다. 곧, 그것을 사역(使役)하는 것은 아니고, 도리어 그것이 살 수 있게 주의를 기울이는 것이다. 그러므로 명령도 그 때문에 하는 것이고, 그에 대해 하는 것은 아니다.

　이런 생각은 마치 정치가 국가 만반의 사항에 관해 명령하기 때문이라는 관점에서 "정치가 여러 신을 지배한다."고 생각하는 것과 유사하다.

7권 억제 부족과 쾌락

1장 억제와 무억제

　이후 우리는, 다시 새로운 출발점에서 우리 논술을 진전시키지 않으면 안 된다. 즉, 먼저 윤리적 성상에 관한 바람직하지 않고 피해야 할 것으로, 악덕(惡德)·무억제(無抑制)^{*1}·수성(獸性) 등이 있다. 이에 대립하는 것으로, 앞의 두 경우는 아주 분명하다. 우리는 곧, 그것을 '덕', 또는 '억제'라 부른다. '수성'에 대립하는 것으로, 무엇보다 적절한 것은 '우리를 초월하는 덕', 어떤 영웅적인, 또 신적(神的)이라 할 덕일 것이다.

　'신적'이라는 말은 호메로스(Homeros)가 프리아모스(Priamos)를 통해, "헥토르(Hector)는 매우 뛰어난 인간이었다. 그는 '죽어야 할 사람의 자식이면서 신의 자식과 같아'서"라 말하게 한 의미로 말이다. 그래서 만약 사람들이 생각하는 것처럼 발군의 덕은 인간으로 하여금 신처럼 보이게 한다면, 어떤 이 같은 의미의 신적인 상태야말로 분명 짐승 같은, 혹은 야만적인 것에 대립할 것이다.

　사실, 짐승에게는 악덕이나 덕이 존재하지 않는 것처럼 신에게도 역시 이런 것이 존재하지 않으므로, 후자에 속하는 것은 '덕'보다 더 귀한

***
1. '무억제'는 '억제'와 대립한다. '억제'는 '어떤 힘이 있는 것', 그리고 또 '자제심', '극기'의 의미를 갖는 데 대해, '무억제'는 '억제'의 부정으로 '무력'이란 원뜻에서 '자제력이 없는 것'을 뜻하게 되었다.

것, 전자에 속하는 것은 '악덕' 아닌 어떤 다른 유의 것이다.

인간이, 스파르타 사람이 이르는 바, 신적인 사람(그들은 어떤 사람에게 아주 감탄할 때는 '귀신같다'는 말을 보통으로 한다.)일 경우도 드물지만, 똑같이 수적(獸的), 즉 짐승적인 사람이라 하기도 하는데, 세상에 드물다. 비교적 그것이 많은 경우는 야만인들 사이에 있지만, 또 그것은 어떤 질환이나 '발육의 기형'에 근거를 두고 말할 때가 있다.

이래서, 우리는 악덕이 보통 세상 사람을 뛰어넘어 있을 때, 그 사람에게 '짐승 같다'는 오명을 붙여 준다. 이런 식의 양태는, 그러나 후에 언급할 기회가 있을 것이다. 또 여러 가지 악덕에 관해 앞에서 이미 말한 바 있다.

후에 무억제라든가(참지 못하고 야무지지 못하다.), 그리고 억제라든가(참을성이 있다.), 이것이 우리가 여기서 논의해야 할 주제에 다름 아니다. 생각건대, 억제 또는 무억제가, 우리는 이것을 덕 또는 비덕으로 같은 상태라 풀이할 일은 아니고, 그렇다 하여 또 그것과 전혀 다른 유의 것처럼 생각할 이유도 없는 것이다.

그런데 우리는 여기서도 다른 경우와 마찬가지로, 사람들이 보편적으로 마음속에 품어 온 여러 가지 소견을 들어, 먼저 그 가운데 포함되는 여러 곤란한 문제들을 음미해 보고, 이렇게 함으로써 사람들이 이들 사정과 상태를 용인하고, 의심 없는 여러 견해에[2] 대해—그런 모든 견해에 대해, 가능하면 무엇보다 그렇게 가지 않더라도 되도록 많은, 가장 유력한 것에 대해—그 진실을 증명해 보이는 길을 취하지 않으면 안 된다.

즉, 여기 보이는 곤란한 점을 풀어헤쳐 사람들이 가져온 여러 가지 견해가 각각 그 의미를 확보하게 되면, 우리가 증명해 보이는 목적이 충분

***
2. 즉, 일반 대중 지혜의 결정이다. 지자 및 현자들이 남긴 지혜다.

히 달성되었다고 하지 않으면 안 된다.

a. '억제'와 '군건한 참을성'은 좋은 것, 칭찬받을 것에 속하고, '무억제'나 '참을성 없음'은 나쁜 것, 비난받을 것에 속한다고 일반적으로 생각하고 있다.

b. 그리고 '억제력이 있는 사람'은 결국 '숙고를 하는 사람'이고, '억제력이 없는 사람'은 '숙고를 하지 않는 사람'이라 생각된다.

c. 뿐만 아니라, '억제력이 없는 사람'은 나쁜 줄 알면서 정념 때문에 나쁜 일을 하는 사람이고, '억제력이 있는 사람'은 이와 반대로 욕정이 나쁜 욕정임을 알고 도리 때문에 이를 따르지 않는 사람이라 생각한다.

d. 그런데 "절제적인 사람은 억제력도 있고, 참을성 있는 사람이다."라고 널리 일반적으로 알려졌지만, 그러나 "이렇게 억제력 있고 참을성 있는 사람이, 곧 그대로 절제적인 사람일까?" 하고 물으면, 일부는 이를 긍정하고, 일부는 이를 부정한다. 긍정하는 사람들은, "방탕한 사람들은 억제력이 없는 사람, 억제력이 없는 사람은 방탕한 사람"이라는 식으로, 방탕과 무억제를 이렇게 생각하지만, 부정하는 사람들은 이와 반대로 양자를 판연하게 별개의 것이라 생각한다.

e. 또, 때로 사람들은 "지려 있는 사람이 무억제적일 수 없다."고 주장하면서, 또 때로는 일부 사람들을 가리켜 "지려가 있는 착한 사람인데 억제력이 없는 사람이다."라고 하기도 한다.

f. 다시 또, 사람들은 격분, 명예, 이득 등을 좇는 사람을 억제력이 없는 인간이라 할 때가 있다.

사람들 소견은 대개 이렇게 여러 가지 관점에 걸쳐 있다.

2장 무억제의 곤란함

그래서 사람은 이런 일에 문제를 갖는다. "올바른 판단을 내리면서 무억제에 빠지는 일, 이 일은 어떤 의미일까?"(b, c)

이 문제에 대한 일부 사람들의 태도는 이렇다. "참된 인식을 가지고 있다면, 그런 일은 일어나지 않는다."―가령, 소크라테스의 경우를 취할 때, 그의 소신을 따르면 인식이 실제 내재하고 있는 한 다른 어떤 것이 이것을 지배하고, 이것을 노예처럼 자유스럽게 끌고 다닌다는 등은 기괴할 뿐이다.

소크라테스는, 즉 말한 것처럼 사태를 전면적으로 멀리한, '무억제'인 것은 존재하지 않는다고 설명한 것이다. 결국 "어느 누구라 해도 하면 좋지 않다고 충분히 알면서, 뻔히 알고 있으면서 최고 선에 등지고 행위한다는 일은 있을 수 없는 일이다. 나쁜 일을 하는 것은 무지에 의한다."고 하는 것이 그의 주장이다.

그런데 이 같은 소크라테스의 논의는 널리 인정하는 바에 역으로 저촉하는 일이라, 우리는 그러므로 이 같은 사태에 관련해 여기 말하는 무지는[3] 대체 어떤 성질의 것인가를 탐구하지 않으면 안 된다.

무억제에 빠지는 사람도, 분명 적어도 정념의 한가운데 서 있기 전에 그의 행위가 좋다고 할 이유가 없기 때문이다. 한편, 이런 소론(所論)에 대해 그 어떤 부분은 찬성하지만, 다른 부분은 찬성하지 않는다고 한 사람들도 있다.

***

3. 소크라테스의 테제에 관련해 문제의 중심으로 압축되어 온 '무지'라는 의미의 해명은, '무억제'의 경우 '납득하다', '바르게 판단하고 있다'는 의미 해명으로 귀착된다.

그들은 곧, "인식 이상으로 강력한 것은 존재하지 않는다."고 하는 관점은 소크라테스에 동의하지만, "그러나 어느 누구도 자기에게 좋다고 생각하는 바에 등지고 행위하는 일은 없다."고 하는 소크라테스의 주장에 동의하지 않는다.

그리고 그 때문에 "무억제에 빠지는 사람은 인식을 가지면서 쾌락에 의해 극복된다는 의미는 아니다. 그들이 가지고 있는 부분은 사실, 단지 '억견(Doxa)'에 다름 아니었다."고 주장한다. 그렇지만 만약, 그것이 단지 억견이고 '인식'이 아니며, 쾌락에 대항하는 사념(思念)이 강력한 사념이 아니고 힘이 약한 것—이것도 저것도 마음속에 분열을 숨기는 사람들의 경우와 같이—에 지나지 않았다고 한다면, 그가 여러 가지 강렬한 욕정에 직면하여 자기가 가지고 있든 어떻든, 억견에 어디까지나 머무를 수 없다고 하면, 오히려 동정해야 할 '관서(寬恕, 죄나 허물을 너그럽게 용서할)'에 값할 사항일 것이다. 우리는, 그런데 무억제라는 악에 대해 이를 용서하지 않으므로, 이 점 남이 비난할 여러 가지 사항의 경우와 어떤 달리할 부분이 없는 것이다. (a)

그럼 여기 지려(智慮)를 놓아야 할 것인가. 지려는 어떤 것보다 더 강력한 것이기 때문이다. 그러나 이것은 이상하다. 왜냐하면 만약 그렇다고 하면 동일인이 지려 있는 사람이면서 동시에, 또 억제력이 없는 사람이 될 수 있다는 사실이 가능하기 때문이다. (e)

하지만 "지려 있는 사람이 자주적으로 최악의 일을 행한다."고 하는 일이 가능하다는 것은 어떤 사람도 인정하지 않는 부분임에 틀림없다. 덧붙이면, 앞에 보인 것처럼 지려 있는 사람의 본령은 그 실제 행동을 아는 이유이고(왜냐하면 그는 종국의 '개(個)'에 관계되는 것이므로), 뿐만 아니라 지려 있는 사람은 역시 또, 여러 가지 덕을 갖는 사람이 아니면 안 되기 때문이다.

더욱 만약, 억제력 있는 사람이라 불리는 것은 그 인간이 강렬하고도, 더구나 나쁜 욕정을 가지고 있기 때문이라고 하면, 절제적인 사람은 억제력 있는 사람으로 족하지 않고, 억제력 있는 사람은 절제적인 사람으로 족하지 않다. (d)

생각건대, '지나치다' 하는 것도, '나쁜 욕정을 갖는다' 하는 것도 모두 절제적인 사람에게 속하지 않는 부분이다. 그런데 억제력 있는 사람이기 위해 이런 욕정을 가지고 있지 않으면 안 된다. 생각건대, 만약 그 욕정이 필요한 성질의 것이면 이에 따르는 일을 방해하는 상태는 도리어 나쁜 상태라 하게 된다. 따라서 억제가 반드시 항상 감탄할 일은 아니다. (a)

또 만약, 그 욕정이 약한 것으로 더욱 나쁜 것이 아니면, 그것을 억제해도 적이 우러러볼 일은 아니라는 뜻이고, 나쁘기는 해도 그것이 약한 것이면, 이것 역시 대단한 일은 아니기 때문이다.[4]

그 위에, 만약 억제가 모든 억견을—경우에 따라 그것이 잘못이었다 해도—감쪽같이 고수해야 할 것이었다면, 억제는 오히려 나쁜 것이 되었을 것이다. (a)

그 반면, 무억제의 경우도 만약 그것이 어떤 성질의 억견이라도 모두 이것을 지키지 않을 일이었다면, '나쁘지 않은 무억제'도 가능하게 될 것이다. (a)

가령, 소포클레스(Sophocles)의 〈필로크테테스(Philoctetes)〉에서, 네오프톨레모스(Neoptolemus)의 경우와 같이 그것은 그가 오디세우스에 대

***
4. '억제'와 '절제' 그리고 '무억제'와 '방탕'의 비교 문제는 8장 주제로 다루어 새롭게 상론(詳論)한다.

해 일단 승낙한 사항을, 그러나 역시 허언이었다는 사실이 고통이 되어 지키지 못했다는 사실은 상찬받을 일이었기 때문이다.

뿐만 아니라, 다음의 소피스트적인 논의도 또 난점(難点)이 된다. —사실 소피스트란, 자기들의 솜씨를 뽐내기 위해 여러 가지 역설적 쟁론(爭論)을 벌이고 싶어 한다. 이것이 성공한 새벽녘에 그들의 논법은 사람들을 막다른 골목에 빠지게 한다. 생각건대, "도출된 결론에 만족할 수 없기 때문에 여기 머물 수 없지만, 그러나 이 논의를 풀어 나갈 방법을 모르기 때문에 앞으로 나갈 수도 없다."고 해서는, 우리 사고를 쇠줄로 묶고 마는 결과에 다름 아니기 때문이다.

이 같은 소피스트류의 논의를 가지고 하면, 무억제를 동반한 무지려가 덕이 되고 만다. 그것은 이 경우, 사람은 무억제 때문에 자기가 좋다고 판단한 부분과 반대적 사항을 행한다는 의미지만, 그는 좋은 사항을 악이라 하고, 그것을 하면 안 된다고 알고 있는 인간이므로, 그 결과 그는 도리어 여러 가지 선한 일을 하고, 악한 일을 하지 않게 되기 때문이다.

더욱이 "확신하는 입장에 서서 여러 가지 쾌를 실행, 추구, 선택하는 부분의 사람"은 "숙고에 근거하지 않은 무절제 때문에 이런 일을 하는 사람"이 많아진다고 생각하지 않으면 안 된다고 할 것이다. 왜냐하면 전자는 고쳐 생각, 확신을 뒤집는 일이 있기 때문에 비교적 고치기 쉽다.

억제력이 없는 사람의 경우 이와 반대로 "물에 빠진 사람에게 물을 마시게 하고, 물을 토해 내게 하는 수완이 없다."고 한 속담에 끌려서 행동하는 인간이라면, 확신을 뒤집을 때 이것을 하지 않는다는 것이 기대되지만, 그의 경우는 확신을 바꿔도 전혀 그 하는 바를 바꾸는 이유가 없는 인간이기 때문이다.

더욱이 또, 만약 모든 영역에 관해 무억제 및 억제가 존재한다고 하면

(f), 무조건적 방식으로 말한다면, '억제력이 없는 사람'은 어떤 사람을 의미한다 할 것인가? 누구라 해도, 모든 점에서 무억제를 갖춘 사정이 아닌데, 우리는 일부 사람들을 보고 무조건적 방식으로 '억제력이 없는 인간'이라 부르고 있다.

이래서 대개 이상과 같은 곤란이나 문제가 생기지만, 우리는 이들 각각에 대해 그 어느 부분은 이를 배척하고, 또 어떤 부분은 이것을 남겨 그 뜻을 확보한다는 조작을 하지 않으면 안 된다. 사실, 난점 및 문제 해결이야말로 '발견'이라는 것에 다름 아니다.

3장 억제력 없는 사람

이래서 첫째로 우리가 고찰할 것은, 그들은 그 불가함을 알면서 했는가의 여부, 동시에 또 이를 행한다는 경우 '알면서'는 어떤 의미이냐 하는 것이다. 둘째로, 또 더욱 '억제력이 없는 사람'이든가, '억제력이 있는 사람'은 어떤 사항에 관계되는 것이라 생각해야 할까? 결국, 그것은 모든 쾌락 및 고통에 관계되는 것인가, 아니면 어떤 특정의 그것에 관계되는 것인가? 또, '억제력이 있는 사람'이라는 것과 '참을성이 강한 사람'은 똑같은 것인가, 혹은 다른 것인가? 등등. 대개 이 같은 연구에 미치는 여러 문제에 관한 것이다.

(우리 연구의 출발점은 '억제력이 있는 사람'이 다른 경우와 구별되는 것은 그 관계되는 부분의 특이한 점에 의한 것인가, 아니면 그 관계 형식이 특이한 바에 의한 것인가. 바꿔 말하면, 억제력이 없는 사람이 그런 인간임은 단지 이러이러

한 사항에 관계된다고 할 때만인가, 혹은 그렇지 않고 도리어 일정 방식으로 관계되는 바에 의한 것인가, 혹은 또 이 어디에 근거하는 것인가 하는 데 있다.)

또 더욱, 억제 및 무억제는 모든 사항에 관계되는 것인가 여부가 문제로 될 것이다. 생각건대, 무조건적인 방식으로 말하는 '억제력이 없는 사람'이라 해도, 결코 모든 사항에 대해 그렇다는 의미가 아니고, 오로지 방탕한 사람이 관계되는 사항에 대해 그렇게 되는 것이고, 또 이들 사항에 관계되는 것일 뿐, '무억제적'일 것도 아니고—역시 일정 방식으로—그것들에 관계되는 바에 의한다.

결국 방탕한 사람은 현재 하는 '쾌'만 항상 추구할 것이라 생각, '선택'적으로 그 길을 가는 데 대해, 억제력이 없는 사람은 항상 쾌만 생각한다는 의미는 아닌데도 역시 그것을 추구하는 것이다.

그런데 "사람들이 그것에 등을 돌려 무억제에 빠지는 것은 참된 억견(臆見, 근거가 없이 짐작이나 상상으로 하는 생각)이고, 인식은 아니다."는 견해를 말하면, 우리 논의에서 실은 그것이 어느 쪽이든 전혀 똑같은 것이다. 그것은 억견하는 사람들 가운데도 이것저것 마음의 분열 경험 없이 도리어 자기는 판연하게 알고 있다고 생각하는 사람들도 있기 때문이다.

그런데 "억견하는 사람들은 확신의 정도가 깊지 않으므로 인식하는 사람들보다 자기 판단에 의지해 행위하는 일이 많다."고 하는 식으로 생각하면 그것은 오해다. 이 점에서 보면, 사실은 인식도, 억견도 조금도 다르지 않은 것이다. 사실, 어떤 사람들이 스스로 억견하는 부분을 믿는 일은 있을 수 있으므로, 이 일은 틀림없이 헤라클레이토스(Heracleitos)가 명시한 바와 같다.

다만 첫째, '인식하고 있다'는 말을, 우리는 이것을 두 가지 의미로 사용한다. 즉, "인식을 가지고 있다. 그러나 이것을 사용하지 않는다. 기능하게 하지 않고 있다는 사람"의 경우도, 또 "그 인식을 현재 사용하고 있다. 기능시키며 있는 사람"의 경우도 함께 동일하게 "인식하고 있다."고 말하고 있는 것을 보면, 해서 안 될 것을 한다 해도 인식을 가지고 있으면서 이를 기능하지 않는 것도, 이를 기능하면서 하는 것은 똑같이 '인식하면서'라 해도 여기 상위가 존재한다.

결국, 후자의 의미로 보면, "인식하면서 그것을 등진다."고 하는 것은 기괴하게 들리지만, 그러나 전자처럼 인식은 작용하지 않으며 이것을 한다는 의미라면, 그것은 있을 수 없는 일이 아니다.

둘째, 더욱 전제에 두 방식이 있기 때문에[5] 지금 보편적인 그것, 즉 대전제의 인식은 이것을 기능하게 한다 해도, 특수적인 그것, 소전제는 이것을 기능하게 하지 않는 경우, "양 전제의 인식을 가지면서 인식에 등지고 행위한다."는 것도 결코 있을 수 없는 일은 아니다. 해야 할 것은 여러 가지 개별적 사항이기 때문이다.

다만, 보편적인 것에도 역시 구별이 존재한다. 자기 자신에 대해 술어(述語, 논리의 판단과 명제의 주사에 대하여 진술하는 용어)되는 그것과 사항에 대해 술어되는 그것. 가령, "어떤 인간에게도 마른 음식물이 건강에 좋다."고 하는 경우와 같이. 이 경우 "자기는 인간이다." 또, "이 같은 성질의 음식물은 말라 있다."고 말하는 일이 가능하다.

하지만 이것이 이런 성질의 것인가 아닌가 하는, 이 후자에 관해서만 사람이 인식을 가지고 있지 않든가, 내지는 그 인식을 기능하지 않게 하는 일이 생길 수 있다. 그러므로 이들 방식이 다름에 따라 서로 달라서 어긋나는 상위(相違)가 나오는 사정이므로 이 후자의 의미라면, '알고 있

5. '3단 논법'의 '대전제'와 '소전제'를 가리킨다.

으면서' 하는 일이 결코 이상할 것이 없지만, 그러나 전자의 의미라면, 이것은 사실 놀라운 경과라 생각한다.

더욱이 셋째, 이상 설명한 이외의 방식에서 사람들이 인식(사물을 분별하고 판단하여 앎.)을 가지고 있는 경우도 보인다. 즉, 똑같이 "인식을 가지고 있지만 그것을 기능하게 하지 않는다."고 해도, 앞과의 다른 방식이 결국 인식을 가지고 있으면서도 가지고 있지 않은 것 같은 방식이 있음을 우리는 본다.

가령, 수면 중의 경우든가 광인이나 주정뱅이처럼 하는 것이 바로 그 경우다. 정념(情念)의 한가운데 서 있는 사람들 역시 이런 상태에 놓인 것이다. 사실 격분하든가, 성적인 욕정이든가, 그 밖에 이와 유사한 약간의 사항은 확실히 신체도 이상하게 변하고, 일부 사람들의 경우는 광태까지 야기한다. 그때, 인식을 생각하게 하는 여러 가지 말을 그가 말해도, 이것은 어떤 그의 인식의 증거라 할 수 없는 것이다.

즉, 지금과 같은 상태에 있는 인간이라 해도 논증을 말하고, 엠페도클레스(Empedokles)의 시구를 말하는 것이다. 그러나 학문이 얕은 초학자들도 역시 이와 똑같은 모양으로 그들도 언사를 엮어 나가기는 한다. 그것으로 아직 그들이 사물을 분별하고 판단할 줄 안다는 의미는 아니다.

알고 있다고 하면 몸에 지니고 있지 않으면 안 된다. 그러므로 시간이 필요하다. 이런 이유로 마치 배우들이 하는 것처럼, 무억제에 빠진 사람들도 인식을 말한다고 생각해야 할 것이다.

넷째, 또 더욱, 사람은 다음 방식을 가지고 이 문제에 직면할 수 있을 것이다. 그것은 마침내 무억제의 현상, 그 자체의 연유를 바르게 그 본질로 다가가는 방식으로 밝히게 될 것이다.

대체 지금의 경우, 여기 한쪽으로 대전제에 위치한 부분의 보편적인 견해가 있고, 다른 한편 소전제의 위치에 개별적인 것에 관계되는 그것이 있어, 이것은 이미 지각의 영역에 속하고 있다. 지금 이 양자로부터 한 가지 사실이 태어날 때, 이런 결론에 이른 것은 다른 경우(관조적인 사물에 관한 추론의 경우)로 말하면, 반드시 우리 혼이 긍정하는 부분이 되는 이유지만, 지금처럼 우리 행동 영역의 경우에서 반드시 그것은 우리가 즉각 수행할 부분이 된다.

이를테면, 만약 모든 달콤한 것은 즐겨 먹을 일이고, 그리고 이것(개별적인, 또는 한 개라는 의미)이 달다고 하면 즐겨 먹을 힘이 생기고, 또 그것을 방해하는 일 없을 경우 반드시 사람은 이 일을 동시에 행동으로 옮기는 것이다.

그런데 지금, 한쪽은 즐겨 먹지 않으면 이를 금지하는 보편적인 견해가 우리 가운데 존재하고, 다른 한쪽 역시 모두 단것은 쾌적하다는 별도의 보편적 그것이 존재한다는 경우, 그리고 이것이 달다고 할 경우(현실은 타락의 궤짝인 것이다.), 그리고 이따금 이에 대한 욕망이 내재하고 있다면, 이 같은 경우에 한쪽은 이를 피하도록 알려 주는 것이 있고, 동시에 다른 한쪽 욕망은 이를 향해 달음질친다.

욕망은 신체의 여러 부분을 운동시키는 힘을 가지고 있기 때문에[6]. 그렇다고 하면, 무억제에 빠진다는 것도 어떤 의미에서 사리든 추론이든 견해(Doxa)에 근거하는 까닭에, 다만 이 견해가 바로 사리에 어긋나는 것이다.

어긋난다 해도 그 자체로서가 아니라 오히려 부대적 방식에서 그렇

***

6. 결국 욕망 내지 욕정이란, 사리 모르는 욕구가 사리 있는 욕구로 의지가 바뀌어 몸을 움직이고 행동을 하게 된다는 것이다.

다. 이것은 옳은 사리에 어긋나는 것이요, 실은 욕정인 것으로, 견해 그 자체는 아니기 때문이다.

(수류(獸類)의 경우, 무억제가 있을 수 없는 것도 여기 근거한다. 짐승류는, 곧 일반적 사념(思念)을 갖지 못하고, 다만 개별적으로 표상능력이나 기억을 갖는 데 지나지 않기 때문에)

(이런 무지(無知)가 어떻게 하여 해소되고, 무억제적인 사람이 어떻게 하여 그 인식을 회복할 것인가에 대해 주정뱅이나 수면 중의 경우에 관한 것과 똑같은 설명이 적용되는 것이므로, 이 경우 고유한 설명이 있을 수 없다. 그것은 자연학자의 문제에 속하는 것이다.)

지금, 최종적인 전제는 감각적인 사항에 대한 견해이고, 이것이 우리 행위를 좌우하는 위치에 있지만, 이 같은 것을 정념의 한가운데 세운 사람은 있지 않은가, 혹은 있기는 해도 이것을 '가지고 있다'는 의미가 '인식하고 있다'는 의미는 아니다. 단지, 마치 주정뱅이의 엠페도클레스(Empedokles) 시구의 경우가 그것이라 한 것처럼 "입에 담다."라 하는데, 멈추는 그런 방식이다.

이에 덧붙여, 맨 끝장 위치에 있는 명사(名辭)를 보아도, 이것 또한 역시 보편적이지도 않고, 보편적 명사와 똑같이 참 '인식'에 이끄는 것도 아니라 생각되는 일도 있어, 소크라테스가 시도한 주장도 역시 여기서 결과하는 일로 된다고 생각한다. 실제, 훌륭한 의미로 '인식'이라 생각되는 부분이 현존하면서 무억제의 정태(情態)가 생길 일은 없는 형편이고, 또 이 같은 인식이 정념 때문에 끌고 다닐 일도 없다. 끌고 다닐 것은 감각적 인식밖에 없다.

이상, 알면서 무억제에 빠진다는 일이 가능한가 아닌가, 또 알면서는 이 경우 어떤 의미인가에 관해 이 정도로 해 둔다.

4장 무조건적 무억제

단순히 무조건적 방식으로 무억제적이라 할 경우가 있을 수 있는가, 아니면 사람이 무억제적인 것은 모두 어떤 특수한 영역에 대해서인가. 또, 만약 전자가 가능하다면, 그것은 대체 어떤 사항에 관계되는 것일까? 이런 일을 우리는 다음에 말하지 않으면 안 된다.

원래 '억제력이 있는 사람'이든가 '참을성이 강한 사람', 또 '억제가 들지 않는 사람'이든가 '참을성이 없는 사람', 이는 어떻든 쾌락 및 고통에 관계되는 것으로, 이 일은 명백하다. 그런데 쾌락을 주는 사물 가운데, 한쪽은 '필수적인 사물'도 있고, 다른 한쪽은 '그 자체는 바람직하지만 다만 초과에 빠질 일이 있을 사물'의 경우도 있는 것이므로, 그때 필수적인 것은 육체적인 그것(곧, 식사 요법이나 성욕에 관한 것. 결국 육체적인 것 가운데도 우리가 앞에서 방탕 및 절제가 관계있다고 한 그런 성질의 것)에 다름 아니다.

후자는 이에 대해 필수적이지 않으나, 그 자체는 바람직한 것(결국 가령 승리, 명예, 부 등등 대개 그런 성질의 선으로 쾌적한 것)을 가리키지만, 이런 후자에 속하는 사물에 대해 자기 내부가 되는 올바른 사리를 등지고 초과에 빠진 사람들의 경우, 우리는 이를 보고 결코 단순히 무조건적 방식으로 '무억제적'이라 말하지 않는다.

오히려 이런 경우 재화에 대해, 이득에 대해, 명예에 대해, 격분에 대해 등등이라 할 일을 덧붙이고, 무조건적이지 않은 방식을 가지고 '무억제적'이라 하는 것이다. 여기 결국, 그들의 경우는 본래 무억제와 별개의 것으로, 다만 그 유사성에 근거해 불린다고 이해하는 것이다. 마치 올림픽 경기 승자의 경우와 같이.

여기서도 인간 일반에 공통인 정의(定義)도 그의 그것과 과히 다르지 않지만, 그러나 양자는 역시 별개의 것이었다. 이런 일의 증거가 만약 무역제라 하는 것이었다면, 그것이 단적인 그것이었다 하자. 또는 특수한 것이라 하자. 어떤 것이든, 그것은 단지 잘못이라고 비난받는 데 그치지 않고, 더욱 그것이 어디까지나 악덕인 것처럼 비난받는 것이지만, 지금 같은 경우의 '무역제'에 대해 어느 누구 할 것 없이 이를 비난함에 이르지 못한다.

한편, 절제적인 사람이든 방탕한 사람이든 이와 관련해 말하는 성질의 여러 가지 육체적 향락의 경우 그 쾌를 선택하기 때문이 아니고, 오히려 자기 선택이든 지성 인식이든 이를 등지고 그 초과를 추구한다. 그리고 그 반면, 같은 모양으로 기갈이나 한서 및 촉각이나 미각에 관한 여러 가지 고는, 이를 피하는 사람, 이런 사람이 무역제라 할 때는 이러이러한 것에 대해(가령, '성냄에 대해')서와 같은 일을 덧붙이는 일 없이 단순히 무조건적 방식으로, 억제력이 없는 사람이라 말하고 있다.

(또, 그 증거로 참을성 없다고 하는 사람의 경우를 봐도, 역시 그것은 이런 성질의 향락에 관한 경우이므로 앞에 드러내 보인 어떤 것에 관한 것도 아니다.) 이런 관계가 있으므로 하여, 억제력이 없는 사람을 방탕한 사람과 동일시하든가, 억제력이 있는 사람을 절제하는 사람으로 동일시하는 가능성도 있게 된다.

(앞에 말한 사람들이면, 이를 이런 사람들과 동일시하는 일은 결코 생기는 것이 아니지만) 결국 양자가 각각 어떻든, 어떤 방식으로 똑같은 성질의 쾌락 및 고통에 관계된 부분에 이런 혼효(混淆)의 원인이 존재하는 것이다. 물론 그들은 똑같은 것에 관계되어 있다지만, 그 방식은 같지 않다.

방탕한 사람은 '선택'에 근거해 하는 일인 데 대해, 억제력이 없는 사람은 '선택'에 근거하여 하는 것이 아니고, 오히려 잘못 밟은 결과가 그리 된 것으로 그친다. 그러기 때문에, 방탕한 사람은 오히려 욕정 없이 내지는 그 정도의 욕정도 없이 육체적 쾌락의 과정을 추구한다. 그리고 그 반면, 약간의 고통도 회피하는 사람이다. 그것은 대개, 욕정이 거칠기 때문에 그렇게 되는 사람으로, 물리칠 수 없는 것이라 하지 않으면 안 된다.

사실, 전자와 같은 사람에게 그 이상 발랄한 청춘의 욕정이 있고, 필수적인 결핍의 강렬한 고통이 있다고 하면, 이런 인간은 도대체 무엇을 하여야 할지 전연 모를 일이다.

여러 가지 욕망과 쾌락 가운데 아름답고 훌륭한 종류의 사물에 관계되는 것이 있다. (사실, 앞에서 우리가 구별한 것처럼 쾌적한 사물 가운데는 본성적으로 바람직한 것도 있는 것이고, 그 반대의 것도 있으며, 또 양자 어디에도 속하지 않는 것도 있다.)

이를테면 재화, 이득, 승리, 명예에 관계되는 것이 바로 그것이다. 모두 이런 성질의 사물 내지 바람직하든 바람직하지 않든 어떤 것도 아닌 사물의 경우, 비난은 결코 이에 움직이든가, 이것을 바라든가, 사랑하든가 하는 이유를 가지고 살아간다는 이유가 아니라, 오히려 그 방식 때문에 결국 초과한다는 일 때문에 살아간다.

그렇기 때문에 그것이 가령, 어떤 본성적으로 좋고 아름다운 성질의 사물이라 해도, 만약 사리에 어긋날 정도로 이에 굴복하고 이를 추구한다면, 대개 이런 사람들은 역시 문제가 된다.

이를테면 명예, 자식, 부모에 관해 그 이상으로 진지한 사람들처럼. 사실 이 같은 일이 선에 속한다는 것은 사실이다. 이들 사항에 대해 진지한 사람들은 상찬받는다. 그래서 역시, 만약 사람이 니오베(Niobe)처럼 그 때문에 신들에게조차 경쟁하든가, 또는 아버지에 대해 그 하는 부분이 어버이 효행의 다른 표현을 갖는 사티로스(Satyrus)와 같다 하면(그의 행동은 전혀 상궤를 벗어난 것이라고 생각되었다.), 이들 사항에서도 역시 어떤 초과가 존재하는 것이다.

이래서, 이 같은 사항에 관해 앞에 말한 이유에 따라―그것은 어떻든, 어떤 본성적으로 그 자체 바람직한 것이기 때문에―비덕(非德)은 존재하지 않는다. 다만 그 초과는 좋지 않고, 피해야 할 것이다. 또, 똑같이 이런 사물에 대해 무억제(無抑制)도 존재하지 않는다.

무억제가 되면, 이는 바람직하지 않은 데 그치지 않고, 더욱 그것은 비난받을 사항에 속하기 때문이다. 다만 관계되는 정태(情態)의 무억제에 대한 유사성 때문에 사람들은 여기 제약을 붙이고, 이러이러한 것에 대한 무억제라는 식으로 말하는 것이다.

그것은 마치 "나쁜 의사다"든가, "나쁜 배우다"든가 하는 경우와 유사하다. 이런 의사와 배우를 누구도 단순히 무조건적 방식으로 '나쁜 자', '악인'이라 부르지 않을 것이다.

그렇다 하여, 마치 여기서도 그들 경우의 그것은 어떻든, 인간의 열악성이 아님에도 불구하고 단지 유비적으로 이에 유사하다는 데 근거해 이 같은 표현이 사용되는 것처럼, 똑같이 지금 우리 경우에도 분명히 절제와 방탕이 관계되는 것과 같은 것에 관계됨으로써, 무억제든 억제든 생각지 않으면 안 되는 것이지만, 그러나 격분에 대해, 우리는 역시 유사성에 따라 이것을 말하는 것이다.

여기, 제약을 붙여 "격분에 대해 억제력이 없다."는 식으로 말하는 이유이고, 명예와 이득의 경우도 이와 똑같다.

5장 병적 성질의 무억제

그런데 약간의 사물이 본성적으로 쾌적하고, 그 가운데 무조건적으로 그런 것도 있고, 개중에는 아직 여러 가지 동물과 인간의 여러 가지에 따라 다른 것도 있다는 사태에 덧붙여, 그 밖에 오히려 그렇게 가지 않는, 그리고 신체적 결함, 습관이라든가 열악한 천성에 근거해 쾌적한 것도 있기 때문에, 이런 후자의 각 경우에 대해 역시 전자의 경우에 대응하는 것 같은 상태가 발견된다.

즉, 여기 가령, 짐승의 그것과도 견줄 여러 가지 상태가 있다. 잉태한 여자의 배를 갈라 태아를 탐식한다고 하는 여인의 경우, 흑해안(黑海岸) 여기저기 야만인들 사이에 즐긴다는 생육식(肉食)과 인육식(人肉食), 향응을 위해 어린이들을 서로 주고받는 일, 그리고 팔라리스(Phalaris, 잔인성으로 악명이 높다. 팔라리스는 희생자들을 청동 황소 속에 산 채로 집어넣고 불에 구웠다고 한다. 그들의 비명은 황소의 울부짖음을 표현한 셈이다.)에 관해 말하는 부분 등이 여기 해당한다.

이런 일을 굳이 하는 상태는 수류에 어울리는 그것이라 할 일이지만, 한쪽은 질환에 의한 것, 또 일부는 정신 착란에 의한 것(가령, 어머니를 희생물로 바치고 감히 이를 먹은 남자라든가, 동료의 간을 먹은 노예의 경우와 같이)도 있고, 더구나 습관에 근거한 병적인 것도 있다. 이를테면, 머리털을 쥐어뜯든가, 손톱이나 그리고 또, 탄 부스러기나 흙을 갉아 먹든가 하는 일. 여기 더구나 남색(男色)도 들어간다.

이런 일은 일부 사람들의 경우 타고난 경우도 있지만, 약간의 사람들, 가령 어릴 때부터 방자(放恣)에 길들여 온 인간의 경우 습관에 근거한다.

지금 이런 식이 된 원인이, 만약 태어나면서 그랬다면, 대개 이런 사람들을 보고 억제력 없는 인간이라 할 사람은 없을 것이다. 그것은 마치 여성이 성애(性愛)에서 타동적이 아니라 수동적이란 이유로, 이것을 어떻다는 사람이 없는 것과 같다.

대개, 또 습관이 재앙이 되어 병적으로밖에 행동할 수 없는 사람들의 경우에도 이와 똑같은 모양으로 말할 수 있다. 그러므로 이런 상태에 있다는 것은, 어떻든 악덕이란 것의 한계 밖의 사항이므로 수성의 경우도 역시 이와 똑같은 것이다.

그리고 또, 만약 이 상태에 있는 사람이 억제한다든가, 억제할 수 없다든가 하는 일이 있다 해도, 여기 무조건적인 의미의 무억제(無抑制) 등으로 말하는 것은 역시 존재하지 않는다. 이 경우, 그것은 단지 유사성에 따라 말하는 무억제밖에 아니다.

그것은 마치 격분에 대해 이런 부분의 사람을 보고 우리가 "이 정념에 대해 억제력 없는 인간이다."는 말은 해도, 단지 무조건적인 방식으로 "억제력이 없는 인간이다."고 말할 수 없는 것과 똑같다.

사실, 무지려(無智慮)든 겁약(怯弱)이든 방탕(放蕩)이든 신경질이든 간에 모두 지나치게 그 정도가 심한 것은 혹은 수적(獸的)이고, 혹은 병적인 것이다. 이를테면, 본성적으로 모든 사항에, 가령 시끄러운 쥐의 소리에도 공포를 느끼는 사람의 겁약은 수적(獸的)이고, 족제비에 공포를 느끼는 사람의 경우는 질환에 기인하는 것으로 알려졌다.

또, 지려 없는 사람이라 해도 본성적으로 전혀 숙고하지 않는 성질로, 감각만으로 살아간다. 가령, 멀리 있는 야만의 어느 종족들의 경우와 같이. 수적이라 할 경우가 있고, 또 일부 사람들은 간질병 환자나 정신 착란에 근거한 병적인 무지려라 할 경우가 있다.

이들 사람들의 어떤 자가, 때로 단지 이런 상태에 머물러 이겨 내 보이지 않는 경우도 있을 수 없다는 이유는 아니다. 결국 이를테면, 파라리스 참주가 어린이를 잡아먹기를 즐기면서 이 욕망을 억제했다든가, 그가 무법적인 성적 쾌락을 억제했다든가 하는 경우, 또 역시 이겨 내고, 이런 상태에 있지 않았다는 경우도 있을 수 있다.

그러므로 마치 비덕의 경우에도 인간 수준의 것은 단순히 무조건적 방식으로 비덕이라 불리지만, 그 밖의 것은 수적이든 병적이든 제약을 붙여 부르고, 무조건적으로 그렇게 부르지 않는 것같이, 무억제의 경우 에도 이와 똑같아 여기서도 역시 수적, 혹은 병적 무억제가 발견된다.

그러나 역시, 단순히 무조건적인 방식으로 무억제라 불리는 것은 인 간적인 방탕에 대응한 그 것 외에 없다.

이상으로써, 무억제 및 억제는 방탕 및 억제가 관계되는 부분에만 관 계된다는 일, 그리고 그 밖에 관련되는 부분은 별종의 ─ 결국 전용적 의 미의, 따라서 무조건적 의미가 아님. ─ 무억제란 사실이 분명해졌다.

6장 격분에 대한 무억제

오히려 이때 우리는 '격분에 대한 무억제'가 되는 것은 욕정에 대한 무 억제에 비교하면 별로 추악하지 않은 것으로 간주하고 싶다. 그 이유를 말하면, 첫째, 격분은 역시 어떤 사리가 들리는 것이다. 단지 그것은 든 기를 해치는 데 지나지 않는다고 생각한다. 마치 눈치 빠른 하인이 이야 기를 확실히 듣지 않고 뛰어간 끝에 가서 용무를 그르친다든가, 개가 어 떤 소리가 들리면 그 소리가 가까운 사람인가 여부를 끝까지 확인하지 않고 마구 짖어대는 것같이.

이와 똑같이, 격분도 그 본성의 과열성과 성급성 때문에 듣기는 들으나, 명령 받는 부분을 채 듣기도 전에 복수로 치닫는다. 결국, 사리나 표상력(表象力)은 그것이 모멸이나 멸시를 당하게 되면 격분이 일어 그 상대와 싸우려고 한다. 말하자면, 여러 가지 상황을 추론하여 즉각 행동으로 옮기는 것이지만, 욕정은 이에 견주어 감각이 그것을 쾌적이라 알려주면 갑자기 그 향락으로 치닫는다.

그러므로 격분은 어떤 방식으로 사리를 따르는 것이 되고, 이에 대해 욕정은 이런 부분이 없다. 따라서 욕정이 추악한 의미를 갖는다. 사실 격분에 대해 억제력이 없는 사람의 경우 어떤 의미로 사리에 패했다고 할 수 있으나, 이에 대해 욕정에 따른 억제력이 없는 사람의 경우는 욕정에 패한 것이므로 사리에 패했다고 할 수 없는 것이다.

둘째, 더욱이 자연 본성적인 욕구에 따르는 것은 비교적 동정에 값한다. 사실, 욕정의 경우라 해도 만약 그것이 만인 공통이라면 역시 똑같은 것이다. 또, 욕정이 보다 공통적인 것이면 그럴수록 그것만은 또 동정도 많다.

그런데 격분이나 짜증은 초과에 대한 욕정이나 필수적이지 않은 욕정보다 한층 더 자연 본성에 근거한 것이다. 그 주변 사정은 이런 얘기에도 나타나 있다. 아버지를 구타한 남자가 그 변명을 하면서 "그이도 그의 친아버지를 구타한 일이 있고, 그 친아버지도, 또 자기 아버지를 구타했다. 그래서" 하고, 아버지도 자기 아들을 가리켜 "이 애도 크면 역시 나를 구타할 것이다. 바로 이것이 우리 집 혈통이기 때문이다."라고 한 것이다. 또 아들에게 끌려 나가는 아버지가 출입구에서 여기서 그치자 하고 명했다 한다. 자기도 자기 아버지를 출입구 밖에까지 끌고 가지 않았기 때문에.

셋째, 더욱이 책모적인 사람은 바르지 않은 사람이다. 그런데 화를 잘 내는 사람은 책모적이지 않다. 격분도 역시 마찬가지로, 그 사람은 도리어 도량이 넓고 활달한 성질을 가지고 있다. 이에 대해 욕정은 아프로디테(Aphrodite)의 실명을 가지고 말하면, "남 속이는 꾀를 짜내는 키프러스(Cyprus) 처녀"인 것이다. 호메로스는 그녀의 자수(刺繡) 띠에 대해 말한 부분에서 이렇게 말한다.

아무리 현명한 사람의
마음도 앗아가는 달콤한 속삭임

그러므로 이 종류의 무억제는 격분에 대한 무억제보다 보다 부정하고, 보다 추악한 것이다. 그러니까 그것은 단순히 무조건적인 의미의 무억제인 까닭에 어떤 뜻을 가지고 말하면, 그것은 하나의 악덕이라 말할 수 있을 것이다.

넷째, 어느 누구도 남을 업신여기는 행동을 할 때 고통을 느끼지 않지만, 화가 나서 행동할 때는 어떻든 고통을 느낀다. 남을 업신여기는 인간은 오히려 쾌락이 따르는데, 지금 만약 화를 부르는 것이 당연한 사항이면 그만큼 보다 부정한 사항이라 할 때, 욕정에 근거한 무억제가 격분에 대한 무억제 이상으로 부정이라 할 것이다. 사실, 격분 속에 교만의 모습은 보이지 않는다.

이래서, 욕정에 대한 무억제는 격분에 대한 그것보다 추악한 것일 터, 또 억제와 무억제는 육체적인 여러 가지 욕정이나 쾌락에 관계된다는 사실이 판명된 것이다. 물론, 이런 육체적인 욕정이나 쾌락 그 자체 사이에도 우리는 구별을 해놓지 않으면 안 된다.

최초에 말한 것처럼, 이들 가운데는 그 종류와 정도에서 인간적이고 자연 본성적인 것도 있고, 수적(獸的)인 것도 있고, 육체적 결함이나 질환에 의한 것도 있기 때문에. 이들 가운데 절제 및 방탕이 관계되는 부분은 오로지 최초의 것밖에 없다.

우리가 수류(獸類)를 보고 이를 절제다, 방탕이다 하지 않는 이유가 여기 존재하는 것으로, 다만 전용적(轉用的)으로 말할 경우는 별도다. 결국, 어떤 한 개 동물 전체가 음란하다든가, 흉포하다든가, 전설 정도에서 다른 종류의 동물과 현격한 차이를 가지고 있다는 경우, 생각건대 수류는 '선택'이나 감안(勘案)의 능력이 없다. 인간 동료라면, 마치 정신 이상인과 같이 우리 자연 본성의 한계 밖에 있는 것이기 때문이다.

가장 수성(獸性)이라는 것, 결국 수류의 상태는 악덕에 비하면 그렇게 나쁜 것은 아니다. 겁난다는 점에서 악덕 이상으로 보일는지 모르지만. 그것은 수류가 나쁜 인간과 다른 것이므로, 혼의 우수한 부분이 망가져 있는 것이 아니니, 그들은 처음부터 이 부분을 소유하지 않았기 때문이다.

다만 이 비교는, 마치 무생물과 생물 어느 쪽이 보다 나쁘냐고 하는 비교와 선택할 부분이 없다. 사실 악성(惡性)도 "운동의 단초를 자신 가운데 갖지 않는 것"의 경우가 비교적 무난한 것이다. 그런데 지성(知性)은 이런 단초를 가지고 있다.

(이런 비교는, 그러므로 '부정의(不正義)'라는 것과 '부정한 사람'을 비교하는 것과 같다. 양자는 해석에 따라 어느 쪽도 보다 나쁜 것이라 말할 수 있는 것이다.)

참말로 나쁜 인간은 수류(獸類)의 만 배나 나쁜 짓을 할 수 있는 것이다.

7장 인내 있음과 없음

촉각 및 미각에 근거한 쾌락과 고통, 그리고 이런 쾌고(快苦)에 대한 욕정과 기피―방탕 및 절제는 여기 관계되는 일을 앞서 규정한 바 있으나―에 대해, "대개 사람들은 극복하는 부분에서 지고 만다." 같은 그런 상태의 사람도 있을 수 있고, "대개의 사람들은 지게 될 부분에서 극복한다."는 상태의 사람도 있을 수 있다.

그 가운데 쾌락에 관한 전자(前者)가 '억제력이 없는', 또 후자가 '억제력이 있는' 사람들이다. 이에 대해 고통에 관한 전자가 '참을성 없는', 또 후자는 '참을성이 강한' 사람이다. 대개의 사람들 상태는 이 양자의 중간에 온다. 어느 쪽이냐 하면, 나쁜 상태 쪽에 기운다고 할 일이지만.

원래 여러 가지 쾌락 가운데 약간의 것은 필수적이지만(필수적이지 않은 것도 물론 있다.), 그러나 그것도 어느 한도까지다. 그 과정은 (그리고 그 부족도) 필수적이라 말하지 않는다. 욕정에 대해서도 이에 준한다. 그리고 고통의 경우도 역시 이와 같다.

그러므로 여러 가지 쾌적한 사물의 과정을 내지는 그런 쾌적한 사물을 초과적인 방식으로, 그것도 선택에 근거해 오로지 쾌락 그 자체 때문에 (곧, 다른 파생적인 것 때문이 아니라) 추구하는 사람은 방탕한 사람[7]이다.

즉, 그는 반드시 후회하는 일 없는, 따라서 나아지지 않는 인간이다. 후회를 모르는 사람은 더 이상 좋아질 수 없는 사람이므로―방탕한 사람의 반대는 쾌락의 추구에서 부족한 사람이므로―이들 양자의 중간에 위치하는 것이 절제적인 사람이다.

여러 가지 육체적인 고통을 그것에 지고 만다는 의미가 아니라, 오히

***
7. '방탕한'이란 말은 '징계할 수 없다'는 뜻이 포함된다.

려 선택에 근거를 두고 회피하는 사람도 역시 이에 준한다. ─ 하지만, 선택에 근거해 하지 않는다 해도 여기 쾌락에 의해 이끌리는 사람도 있고, 욕정에 근거해 고통을 잊기 위해 하는 사람도 있다. ─따라서 이 양자 사이에도 구별이 존재하고 있다.

(지금 만약, 사람이 욕정의 탓만이 아니고, 어떤 크고 격한 욕정 탓도 아닌데, 어떤 추악한 짓을 실행에 옮긴다면, 거친 욕정에 사로잡힌 사람보다 한층 더 나쁜 사람이라고 누구나 생각할 것이다. 또 만약, 화가 나서가 아닌데도 맹목적으로 누군가를 구타한다면, 이런 사람은 화난 끝에 구타하는 사람보다 일층 더 나쁜 사람이라 생각될 것이다. 결국, 이런 인간은 정념의 와중에서 어떻게 해야 할지 모르기 때문이다. 방탕한 사람은 억제력이 없는 사람보다 한층 나쁜 사람인 까닭이다. ─이 양자 가운데 후자 쪽이 오히려 '참을성 없다'에 가깝고, 참으로 방탕한 사람이라 할 수 있는 사람은 전자뿐이다.)

'억제력 없는 사람'에 '억제력 있는 사람'이, 그리고 '참을성 없는 사람'에 '참을성 강한 사람'이 대립한다. 곧, 참을성 있다는 일은 견딜 수 있다는 일이고, 억제는 극복해 낸다는 일에 다름 아니다. 그러나 '견뎌 낸다'는 일과 '극복해 낸다'는 일은 마치 '지지 않는다'는 일과 '이긴다'는 일이 다른 것처럼 다른 것이다.

억제 쪽이 참을성 강한 것보다 바람직한 것이란 이유다. 지금 대개의 사람이 여기 저항도 하고, 저항할 수 있는 여러 가지 고(苦)에 대해 저항력이 부족한 사람, 그것이 곧 참을성 없는 사람, 야무지지 못한 사람이다.

사실, 야무지지 못하다는 것도 일종 참을성 없는 것에 다름 아니다. 야무지지 못한 인간은 옷 걸치기가 싫어 이것을 질질 끌고 걷는다. 바로 이것은 병자의 흉내를 내는 것이라 할 일이지만, 그는 자기를 실제로 그 동류이면서도 비참한 인간이라 생각하지 않는 것이다.

억제와 무억제의 경우에도 이와 유사한 일을 말할 수 있다. 실제, 만약 사람이 강렬하고 과도한 쾌락, 또는 고통에 지고 만 상태라 해도 이것은 굳이 기이하다 할 수 없으나, 만약 저항해 지고 만 것이면 그것은 오히려 동정의 값을 한다.

가령, 데오데크테스(Theodectes)의 극에서 독사에 물린 필로크테테스(Philoctetes)라든가, 카르키노스(Carcinus)의 '알로페(Alope)'에서 케르키온(Cercyon) 등과 같이. 또, 크세노판토스(Xenophantus) 경우가 그랬던 것처럼, 이를 참아내려고 노력하는데 뜻밖에 바람이 불기 시작하는 것처럼.

그러나 만약, 대부분 사람들이 참을 수 있는 그것에 지고, 또는 그것에 대항이 불가능하다면, 이것은 참을성이 없는 것 아니면 무억제인 것이다. 다만, 그것이 만약 타고난 본성이든가, 혹은 병 질환 때문이라면 별도이다. 가령, 스키타이 사람(Scythian)의 왕족 사이는 참을성 없음은 태생적인 것이고, 여성은 남성에 비해 더욱 그렇다.

또, 방탕한 사람이라 생각되는 놀기 좋아하는 경우, 이것도 실은 참을성 없는 사람에 지나지 않는다. 놀이라는 것은 일종 휴식이기 때문에 잠시 일손을 쉰다는 의미가 된다. 그러나 놀이를 좋아하는 사람은 이 일에 정도가 넘는 사람이다.

또, 무억제라 해도 그 어떤 것은 성급함이고, 그 어떤 것은 취약함이다. 즉, 후자의 부류에 속하는 사람들은 사량(思量)을 해도, 그 사량한 부분을 정념 때문에 방비를 하지 못하는 사람들이다.

전자의 부류에 속하는 사람들은 침착하게 사량하지 못한 때문에 그 정념대로 이끌리는 사람들이다. (실제, 일부 사람들 사이에—싸울 때도 "선제 공격하면 적을 제압한다." 했기 때문에—그것을 미리 알고 일찍 자기 자신을, 결국 자기 감안 능력을 각성시켜 놓음으로써 가령 그것이 쾌든 고든, 그런 정념을 이겨 낼 수 있는 것을 내용으로 하는 궁리가 행해지고 있다.)

성급한 성질의 무억제는 민감한 사람들이나 조울증[8] 있는 사람들에게 많다. 이런 사람들은—전자는 그 빠름 때문에, 후자는 그 거침 때문에—어떻든, 표상력(表象力)에 따르는 경향이 강하다. 사리가 보여지는 부분을 기다리지 않는다.

8장 무억제와 악덕

방탕한 사람은 이미 말한 바와 같이 자신의 행동에 대해 후회하지 않는 사람이다. 그의 행동은 자기 '선택'에 충실한 자리에서 오는 것이기 때문이다. 억제력 없는 사람은 이에 대해 모두 후회하는 것을 알고 있다. 그렇다 하여, 사태는 우리가 드러낸 의혹에서와 같은 것이 아니고, 실은 방탕한 사람이야말로 더 이상 나을 수 없는 사람이다.

다만, 억제력 없는 사람은 방탕한 사람보다 나을 수 있는 사람이다. 곧, 비덕(非德)은 질환으로 말하면 요붕증(尿崩症)이나 폐로(肺癆), 무억제는 나간(癩癎)과 유사하다. 한쪽은 지구적(持久的)인 사악(邪惡)이고, 다른 한쪽은 지구적이지 않은 사악이다.

***
8. '조울증'은 체질적으로 '흑담즙'이란 체액의 과다와 관련해 생각되는 특이한 기질의 사람을 말한다. 이 사람은 한편 거친 열정, 강한 정념과 상상력을 특성으로 하고, 때로는 광기에 가깝다. 동시에 다른 한편 위험과 고뇌를 과대시하고, 겁 많고 우울증에 빠지는 일이 그 특성이다. 때문에, 때로는 자살로 끌리기도 한다. 얼핏 보아, 상반되는 양면의 특성을 가지고 있다. 뛰어난 철학자, 정치가, 예술가 등은 아무래도 흑담즙에 속할 것이다.

또, 모두 무억제와 악덕은 그 부류를 달리하는 것으로 말하고 있다. 사실 악덕은 자각되지 않고, 무억제는 자각을 동반한다.

더욱이, 억제력 없는 사람들 중 충격에 자신을 잊어버리는 사람들도 포함된다. 이것은 사리를 가지고 있으며, 그것을 지켜 가지 못하는 사람들보다 더 낫다. 후자의 경우는 전자와 같은 사람들에 비하면 약간의 정념에 지는 까닭이고, 또 전자와 달라 사량하지 않는 까닭은 아니다. 사실, 후자의 의미에서 억제력 없는 사람은, 곧 약간의 술로 결국 보통 사람들보다 조금 마시고 취해버리는 사람들과 같은 것이다.

그러므로 무억제가 악덕과 같지 않음은 분명하다. (더더욱 어떤 의미에서 생각건대, 악덕이라 말할지 모르지만) 이 사실은 무억제가 선택을 등지고 있음에 대해, 악덕은 '선택'에 따르는 것에 의한다. 하지만 그 반면, 실제 행위상으로 말하면 어느 쪽도 유사한 것이라 말할 수 있는 것이다.

마치 밀레토스 사람(Milesians)들 일을 말하고, "밀레토스 사람은 어리석지 않음에도 하는 짓을 보면 어리석은 사람들과 같다."고 하는 데모도코스(Demodocus) 말처럼, 무억제적인 사람들 역시 부정한 사람이 아닌데도 그 하는 짓을 보면 올바른 행동은 아니다.

한쪽은 초과적인—즉, 올바른 사리에 등지고—여러 가지 육체적 쾌락은 좋은 것이 아니라고 확신하면서도 추구하는 사람이 있고, 다른 한쪽은 이와 같은 쾌락이 좋다고 확신하며 쾌락적으로 사는 사람이 있다.

그러므로 전자는 생각을 바꾸고 태도를 바꾸는 일도 있지만, 후자는 그것이 없다. 덕은 단초(端初)를 보전하지만, 악덕은 단초를 보전하지 않기 때문이다. 행위의 영역에서 단초는 우리 행위의 목적하는 부분에 지나지 않는다. 그것을 수학의 영역에서 말하면, 하이포디시스(Hypothesis)에 해당한다. 그러므로 마치 수학에서도 그 단초를 교시해야 할 것이 사리가 아닌 것 같이, 실천의 영역에서도 사리의 양식은 없어도 태생적인, 혹은 습관에 기초를 둔 덕이 단초에 관해 옳게 억견(臆見)할 것을 교시할 위치에 있는 것이다.

절제적인 사람은 이래서 이런 사람이고, 그 반대가 방탕한 사람이다. 그러나 또, 정념 때문에 올바른 사리를 등지고 일탈하기 쉬운 사람이 있다. 올바르게 사리에 따라 행위하지 않는 정도까지 정념에 지배되고 있지만, 그런 성질의 여러 가지 쾌락을 끝까지 추구해야 한다고 확신하는, 그런 인간까지 지배받지 않는 부분의.

이것이 곧, 억제력 없는 사람이다. 이 경우는 방탕한 인간보다 많다. 단적인 의미로, 나쁜 인간은 아니다. 이 경우, 최선인 것은 곧 단초가 보전되어 있기 때문이다. 또, 바로 이와 반대되는 사람이 있다. 그것은 자기 확신이 어디까지나 순리적인 사람이고, 단지 정념의 작용으로 격발되는 일이 없는 사람이다.

이래서, 이상으로써 억제가 좋은 상태이고, 무억제가 나쁜 상태임이 명백해졌다.

9장 억제력

그러면 억제력 있는 사람이란 어떤 성질의 사리를, 또 어떤 성질의 '선택'을 준수하는 사람일 것인가? 아니면 올바른 '선택'을 준수하는 사람일 것인가? 그런데 또, 억제력 없는 사람이란 어떤 성질의 '선택'을, 또 어떤 성질의 사리를 준수하지 않는 사람일 것인가? 아니면 잘못 아닌 사리와 올바른 선택을 준수하지 않는 사람일 것인가? 이런 의문은 앞에 문제로 우리가 드러내 보인 부분이다.

그러나 사실은 오히려 이런 것이 아닐까? 곧, 부대적인 방식에서 어떤 성질의 것도, 그러나 본래적으로 말하면 참된 사리든 올바른 선택이든 억제력 있는 사람은 준수할 것이고, 억제력 없는 사람은 준수하지 않을 것이라 말할 것이다. 가령, 지금 a 때문에 b를 선택, 또는 추구하는 사람이 있다면 그는 본래적으로 a를, 하지만 부대적으로 b를 추구, 선택하고 있는 것이다.

본래적이란 무조건적이란 것을 의미한다. 그러므로 어떤 의미에서 어떤 성질의 억견(臆見)도 준수하는 것이 억제력 있는 사람인 것이고, 준수하지 않는 것이 억제력 없는 사람이라 말할 수 없다는 의미는 아니다. 그러나 무조건적으로 말하면, 참된 억견을 준수하는 것이 억제력 있는 사람, 이를 준수하지 않는 것이 억제력 없는 사람인 것이다.

그러나 자기 견해에 충실한 사람들이라 해도 우리가 심히 '강심장'이라 부르는 부분의 설득을 받아들이지 않고, 확신을 쉽게 바꾸지 않는 사람들이 있다. 이런 사람들은 억제력이 있는 사람과 어떤 유사점을 가지고 있다. (마치, 방만한 사람이 관후한 사람과 유사하다든가, 무모한 사람이 태연한 사람과 유사하다든가 하는 방식으로) 그러나 많은 여러 가지 점에서 양자는 다르다. 곧, 억제력 있는 사람이 움직임이 없는 것은 정념과 욕정에 의해 움직임 없는 것에 다름 아니다. 설득에 대해 그는 때와 경우에 따라 꼭 무반응은 아니기 때문이다.

강심장의 사람들은 이에 대해 사리에 따라 움직임이 없는 사람들이다. 그들은 여러 가지 욕정에 대해 저항력이 강한 때문은 아니고, 쾌락이 이끄는 대로 되는 경우도 결코 적지 않다. 또 강심장도 자기 주장을 고집하는 강심장도 있고, 무지에 근거한 그것도 있으며, 거칠게 자란 그것도 있지만, 자기 주장을 고집하는 사람들의 경우는 쾌락과 고통이 그 강심장의 동기를 이루고 있다.

즉, 이들 사람들은 그 확신이 무너지지 않고 끝나면 자기 승리에 만족을 느끼게 되는 것이고, 또 만약 자기 소신이 개폐(改廢) 운명에 좌우되어 '정령(政令)' 이상의 힘을 갖지 못하게 되면 여기 고통을 느끼는 사람들인 것이다. 그런 의미에서, 그들은 억제력 있는 사람에 가깝기보다 도리어 억제력 없는 사람에 가깝다.

또, 자기가 억견한 부분을 무억제 이유 없이 준수하지 않는 사람들도 있다. 가령, 소포클레스(Sophocles)의 〈필로크테테스(Philoctetes)〉에서 네오프톨레모스(Neoptolemus)와 같이. 그가 준수하지 않은 것은 쾌락의 내력이라 말하지만, 그러나 그것은 아름다운 쾌락 때문이었다. 결국, 진실을 말한다는 것이 그에게 아름다운 일이었음에 다름 아니다. 거짓을 말하여 일단 오디세우스(Odysseus)에게 설득된 그였지만.

사실, 쾌락 때문에 무엇인가 하는 모든 사람이 꼭 방탕한 사람이라든가, 나쁜 사람이라든가, 무억제적인 사람이라 할 이유는 없는 것이고, 다만 추악한 쾌락 때문에 하는 사람이 그런 것이다.

그러나 또, 육체적으로 쾌적한 사물을 적절한 것보다 적게밖에 기뻐하지 않고, 그 점 사리를 준수하지 않는다고 한 사람도 존재하는 것이므로, 억제력 있는 사람은 실로 이런 사람과 무억제적인 사람과의 사이에 위치하는 '중'적인 사람인 것이다. 결국, 억제력 없는 사람은 어떤 '보다 이상' 때문에, 또 지금 말한 사람은 어떤 '보다 이하' 때문에 사리를 준수하지 못하는 것이 되는 데 대해, 억제력 있는 사람은 사리를 떠나지 않는 사람인 것이다.

억제가 좋은 것인 이상 즉각 명백한 것같이, 이들 반대적인 두 상태는 어떻든 나쁜 것이 아니면 안 된다. 다만, 그 한쪽이 보이는 것은 소수의 사람들밖에 없고, 드물 수밖에 없기 때문에 마치 절제가 다만 방탕의 반대라 생각되는 것같이, 억제도 역시 다만 무억제의 반대라 생각되고 있음을 말하는 데 지나지 않는다.

유사성에 근거해 말하는 사항이 많지만, '절제적인 사람의 억제'라 하는 것이 말해지는 것도 역시 유사성에 근거한다. 생각건대, 억제력 있는 사람도 육체적인 여러 가지 쾌락 때문에 사리를 등지고 행위하지 않는 사람이고, 절제적인 사람도 역시 그렇다.

다만, 전자는 여러 가지 나쁜 욕정을 가지고 있음에도 불구하고 하지 않는 데 대해, 후자는 나쁜 욕정을 가지고 있지 않은 까닭에 하지 않는 것이다. 또, 후자는 사리를 등지고 쾌락을 느끼는 일 없는 사람인 데 대해, 전자는 그런 쾌락을 느끼기는 하면서, 그러나 이에 따라 이끌리는 일 없는 사람인 것이다.

또 똑같이, 억제력 없는 사람과 방탕한 사람도 이 또한 서로 유사하나 같지 않은 것이다. 양자 함께, 육체적 여러 가지 쾌를 추구하는 사람이기는 하지만, 후자는 그때 그렇게 해야 한다고 생각하는 데 대해, 전자는 결코 그리 해야 한다 생각하고 하는 사정은 아니다.

10장 억제 부족과 지려

같은 사람이 지려(智慮) 있는 사람이 되고, 동시에 또 억제력 없는 사람인 것, 이런 일은 역시 불가능하다. 왜냐하면 이미 보인 바와 같이 지려 있는 사람은 동시에 또, 윤리적 성상에서 뛰어난 사람인 것이다. 뿐만 아니라 사람은 단지 아는 일에 따라 지려 있는 사람인 것이 아니다. 그것을 실천하는 사람인 경우에 따라 그런 것이지만, 억제력 없는 사람은 이처럼 실천할 수 없는 사람에 다름 아니다.

그러나 이 사실은 영리하고 똑똑한 사람이 억제력 없는 사람인 것을 방해하는 것은 아니다. (때로, 일부 사람들이 "지려는 있는데 억제력 없는 사람이다."라는 식으로 생각하는 것도 이런 사정에 근거를 갖는다.)

생각건대, 영리함이든 똑똑함이든, 앞에 말한 방식으로 지려와 다른 것이므로, 곧 영리는 사리에서 지려에 근사적이지만, 그러나 '선택' 여하를 함의하지 않는다는 점에서 지려와 다른 것이기 때문이다.

무억제적인 사람은 그런 이유로 인식을 갖고, 또 이 인식을 작용하는 사람이 알고 있는 것과 같은 의미에서 안다고 말할 수 없는 사람이다. 그는 오히려 수면 중인 사람이나 주정뱅이 같은 방식으로 아는 것에 불과하다. 그리고 그는 스스로 불러와 나쁜 일을 하는 것이지만(그것은 그가 자기 하는 부분도, 그 목적하는 부분도 어떤 방식으로 알고 있기 때문에).

그러나 이로써, 그는 역시 나쁜 인간일 까닭이 없다. 그의 '선택'이 마땅함을 잃고 있는 사정이 아니기 때문이다. 그는 그러므로 어중간한 나쁜 인간이다. 그리고 그는 부정한 인간이라 할 수도 없다. 책략적이지도 않기 때문이다. 즉, 이런 사람들의 일부는 자기의 사량 결과를 각별히 지키지 않는 성질의 사람이고, 또 그 일부 조울중적인 성질의 사람과 같이 도대체 사량 같은 것은 하지 않는 사람이다.

그러므로 억제력 없는 사람은, 마치 모든 필요 사항을 법규로 규정한 훌륭한 법제를 가지고 있으면서, 그것을 조금도 실제 적용하지 않는 나라와 같다. 아낙산드리데스(Anaxandrides)가 이렇게 말해 조소한 것처럼.

> 이 나라가 의결을 했다고 하자
> 규정을 돌아보지 않는 이 나라가 말이지.

나쁜 사람은 이에 대해 법을 실제 적용할 부분에서, 다만 그 법이 열악한 법밖에 없는 나라와 같은 것이다.

무억제나 억제도 대부분 사람들 상태를 초월한 것과 관계되고 있다. 곧, 격을 높이는 능력에서 억제력 있는 사람의 경우는 대부분의 사람들 그 이상이고, 억제력 없는 사람의 경우는 그 이하인 것이다.

무억제 가운데서도 조울성(躁鬱性) 있는 사람들의 그것은 사량을 하지만, 그것을 준수하지 않는 사람들의 그것보다 비교적 낫기 쉬운 것이다. 또 습관에 근거한 무억제적인 사람은 본성적, 태생적으로 억제력 없는 사람들보다 낫기가 쉽다. 습관은 본성보다 변하기가 쉽기 때문이다.

사실, 습관이 바뀌기 어렵다는 것도 그것이 벗어나기 어려운 자연 본성에 가까운 부분에서 오는 것이므로, 그 점은 에우에노스(Euenus)도 말하고 있는 것과 같다.

> 친구여, 그것은 오랜 동안의 습관에서 온다.
> 오랜 동안은 마침내, 사람의 천성이 되는 것을

이상, '억제'는, '무억제'는, 그리고 '참을성 있음'은, '참을성 없음'은 무엇일까? 또 이것들이 서로 어떤 관계에 있는가에 대해 말했다.

11장 쾌락과 고통

하지만 쾌락 및 고통에 대해 고찰한다는 일, 이것 역시 정치를 철학하는 자의 임무에 속하는 것이다. 생각건대, 그는 그것을 전망 고찰함으로써, 비로소 우리가 무엇에 대해서도 그것이 선이고 악임을 단적으로 말할 수 있는 것처럼, '궁극 목적'을 설정하는 동량의 위치에 있는 사람이기 때문이다.[9]

뿐만 아니라, 이 문제에 대한 고찰은 우리에게 불가결한 것에 속한다. 그것은 우리가 앞에서 윤리적인 탁월과 열악, 결국 덕과 악덕은 고통과 쾌락에 관계된다고 했기 때문에. 그리고 대부분 세상 사람들은 행복이란 쾌락을 동반한다고 생각하고 있으므로.

그렇다고 하면, 기쁨에 근거 둔 '행복한 사람'이란 말도 나오게 되는 이유다. 그런데 일부 사람들은 어떤 쾌락도 선은 아니―그 자체로든, 부대적 방식이든―라고 생각하고 있다. 선과 쾌락이 동일하지 않다는 이유로. 또, 어떤 사람은 쾌락에 좋은 것도 있지만, 그러나 대부분 나쁜 쾌락이라 생각하고 있다. 또 더욱, 가령 모든 쾌락이 선이라 해도 그렇다 해서 쾌락이 최고 선이란 일은 있을 수 없다고 하는 생각도 존재한다.

지금, 쾌락이 모두 선이 아니라 생각되는 근거는 이렇다. 모두 쾌락은 "있어야 할 본성의 생성 과정에서 지각되는 것"에[10] 다름 아니다. 그런데 생성이나 과정이나, 결코 그 종국 내지 목적으로 하는 부분과 부류를

***

9. 쾌락을 가지고 최고 선, 인간의 궁극 목적이라 하는 이가 쾌락론자다. 쾌락론을 중심으로 찬반 토론을 벌이고 쾌락에 그 정당한 위치를 부여하려 한다.
10. 즉, 쾌락은 자기 본성을 향해 생성해 간다. 혹은 상실한 본성을 회복해 가는 과정을 자기가 지각한 것에 다름 아니다.

함께하는 것이 아니기 때문에, 가령 건축 작업도 가옥 그 자체와 부류를 함께하는 것은 아니다.

절제적인 사람은 쾌락을 피한다. 지려 있는 사람이 찾는 부분은 무고통의 일이므로 쾌적과는 거리가 있다. 쾌락은 우리 지려의 작용에 대한 장애가 된다. 그것도 우리가 그 쾌락에 기쁨을 맛보는 것이 심하면 심할수록 그만큼 또 장애도 크다. 이를테면 성적 쾌락과 같이.

실제, 어떤 사람도 이런 쾌락에 빠지면 전혀 지성을 작용시킬 수 없다. 쾌락 그 자체를 만들어 내는 어떤 기술도 존재하지 않는다. 더구나 선(善)은 모두 기술의 소산이 아니면 안 된다. 어린 아이와 하등 동물은 쾌락을 따르는 것이다.

또, 모든 쾌락이 반드시 좋은 쾌락이 아니라는 사실의 논거는 쾌락에 추악하고 지탄받을 쾌락도 있고, 유해한 쾌락도 있기 때문이라는 데 있다. 실제, 쾌적한 사물 가운데 불건전한 것도 존재하는 것이다. 그리고 쾌락이 최고 선이 아니라는 논거는, 쾌락은 궁극 목적이 아니고 그에 대한 과정이라는 데 있다.

사람들의 쾌락에 관한 소론은, 대략 이상과 같다.

12장 쾌락과 선

하지만 그런 근거를 가지고 쾌락은 선이 아니라든가 내지 최고 선이 아니라는 귀결이 나지 않는 것은 다음에 의해 분명해질 것이다.

먼저 첫째로, '선', '좋다'의 두 가지가 있다. 결국, 무조건적인 의미와 어느 누구를 말하는 상대적인 의미의 그것이 있다. 사람들 본성 내지 상태의 선을 말하는 경우에도, 그러므로 역시 이런 두 가지가 존재하는 이유가 있고, 이래서 또, 이들을 향한 운동 내지 생성 과정의 경우도 이와 똑같다.[11]

그리고 이것이 나쁜 것이라 생각되는 경우도 역시 이에 준하는 것이다. 무조건적으로 나쁘다 하지만 점차 좋아져, 오히려 이 사람에게 바람직하게 되는 경우도 있고, 이 사람에게 바람직하다 할 수 없으나 어느 때 잠깐 그에게 바람직하다—무조건적으로 바람직하지 않은 것임에도—고 할 수 있는 경우가 있다.

그중에 그 자체는 쾌락이 아님에도 불구하고 쾌락인 듯이 보이는 경우도 존재한다. 대략 고통이 동반되는 치료 목적 '과정', 이를테면 병자에 대한 시술에서와 같은 것이 곧 그것이다.

그 위에 좋은 것은 혹 '활동'이고, 혹 '상태'이기 때문에, 본래 있어야 할 '상태'의 회복에까지 이끄는 부분의 과정이 쾌적일 것은 부대적 방식에 지나지 않는다. 이 경우의 '활동'은 욕망의 그것이다. 이런 활동은 있어야 할 '상태' 내지 '본성'이 훼손되지 않는 잔존 부분에 의한 활동에 다름 아니다.

사실 또, 쾌락 가운데는 명백히 결여의 고통을 동반하지 않고, 욕망을 동반하지 않는 성질의 것도 발견된다. 가령, 관조(觀照)가 작용하는 쾌락이 그것이다. 이런 경우에, 그 본성에 결함이 있기 때문에 등으로 말하는 이유의 것은 아니다.

이런 사정의 증거로서 본성이 충족 복원되는 도상(道上)에서와 그 회

***

11. 아리스토텔레스는 운동이라는 사실을 본래 4개 범주로 나누어 말한다. 실체는 생성과 궤멸, 양은 증대와 감소, 질은 변화, 장소는 장소 운동이다. 그러나 때로, 생성을 빼고 나머지 3개 항만 운동이라 불러 생성과 구별한다.

복된 새벽녘은 기쁨이 되는 쾌적한 것이 동일하지 않는 것이 보통이다. 본성이 회복된 새벽녘은 무조건적인 의미의 쾌적을 기뻐하지만, 그 충족 및 회복되는 도상에, 오히려 그 반대 성질의 것을 쾌적으로 기뻐한다.

실제, 사람들은 신 것이나 매운 것도—이것은 어떻든 본성적으로 아직 무조건적 의미로 결코 쾌적하지 않음에도 불구하고—기뻐할 때가 있고, 따라서 또 이 쾌락도 무조건적 의미의 쾌락은 아닌 것이다. 즉, 여러 가지 쾌락이라 하는 것 사이에 구별이 존재하는 것처럼, 또 똑같이 여기 생기는 여러 가지 쾌락 사이에 구별이 존재한다.

그 위에 일부 사람들 주장인 "과정보다 그 지향하는 궁극의 목적이 보다 좋은 것이다." 하는 것에 대응해, 쾌락보다 어떤 보다 좋은 것이 그 밖에 존재하지 않으면 안 된다는 필연성은 존재하지 않는다. 쾌락은 과정이 아니다. 또, 쾌락은 반드시 과정에 동반하는 이유의 것은 아니다.

도리어 쾌락은 본래 '활동'에 다름 아니다. 그 자체 목적인 것이다. 그것은 우리가 어떤 능력을 획득하는 과정에서 생기는 것이 아니고, 도리어 우리가 기득의 어떤 능력을 작용해 활동하는 데서 생긴다. 그리고 목적이 그에의 과정이란 어떤 별도의 것임에도 반드시 모든 경우에 대해 말할 수 있는 이유는 아니고, 단지 본성의 완성에 이르기 위한 '과정'에 대해서만 그런 것에 지나지 않는다.

그러므로 쾌락은 "지각된 생성 내지 그 과정"이라는 주장은 정당하지 않다. 우리는 오히려, 쾌락은 "본성적 상태의 활동"이라 할 일이다. 또, 지각된 대신 "장애 없이"라 할 일이다.

그렇다 하지만, 일부 사람들 사이에 "쾌락은 좋은 의미로 선이다."라고 하는 입장에서, 그것은 생성 및 과정에 다름 아니라 생각된다. 이것은 그들이 현실 활동이라 할 것을 생성 및 과정과 동일시하는 것에 근거한다. 양자는 분명 별개의 것인데도.

또, 쾌적한 사항 가운데는 불건전한 것도 있다는 이유에 따라 쾌락을 나쁜 것으로 주장하는 것은, 마치 건강한 사항 가운데 돈 버는 데는 나쁜 것도 있다는 이유로, 건강한 사항은 나쁜 것이라 주장하는 것과 같다.

물론, 어느 쪽도 그런 의미에서 나쁜 것이다. 하지만 그 때문에 그것이 나쁜 것은 아니다. 사실, 관조(觀照)의 작용이라 해도 이따금 건강에 대해 해를 끼치는 경우가 발견된다.

또, 쾌락은 지려를 저해한다 하지만, 그러나 지려도 그 밖의 어떤 '상태'라도 이를 저해하는 것은 관계 '상태' 그 자체에 근거하는 쾌락은 아니고, 오히려 다른 것에 유래하는 쾌락인 것이다. 관조하고 학습한다는 것에서 생기는 쾌락은 사람으로 하여 많이 점점 더 관조하고 학습하게 할 것이다.

또, 어떤 쾌락에도 이를 산출할 기술이 존재하지 않는다는 것은 단지 당연한 추세에 지나지 않는다. 기술은, 즉 어떤 각각의 경우에 대해 보아도 결코 쾌락이라는 활동 자체를 산출하는 것으로 존재하는 것은 아니고, 관계 활동을 가능하게 하는 능력을 산출하는 것으로 존재하는 것이다.

향료 제작 기술도, 요리 기술도 역시 각각 '쾌락에 대한 기술'이라 생각하고 있다. 또, 절제적인 사람은 쾌락을 피한다는 주장, 지려 있는 사람이 찾는 부분은 무고통적인 생활에 있다는 주장, 어린이와 하등 동물이 쾌락을 추구한다는 주장, 이는 모두 한 가지 문제를 고려함으로써 설명하고 있다.

우리는 곧, 어떻게 해야 약간의 쾌락이 무조건적 의미의 좋은 것일까? 또, 어떻게 해야 모든 쾌락이 반드시 이런 의미로 좋은 것은 아닐까? 하는 사실을 말한 것이지만, 하등 동물이나 어린이가 추구하는 것은 이 같은 무조건적인 의미의 좋은 것은 말하지 않는 쾌락밖에 아니므로, 지려 있는 사람이 찾는 무고통이 되는 것도 이 같은 성질의 쾌락은 결여에 근거한 고통으로부터의 자유를 의미한다.

이런 성질의 쾌락은 욕망 동반 결여의 고통이 동반되는 부분의 쾌락, 결국 육체적 쾌락(이것은 그런 성질을 띠고 있다,) 내지 그 과정이다. 그것은 또, 방탕한 사람이 방탕한 사람인 이유인 것처럼 쾌락에 다름 아니다.

절제적인 사람이 관계된 쾌락 내지 그 과정을 피하는 것은 당연한 일일 것이다. 그러나 절제적인 사람에게도 결코 쾌락이라는 것이 없다는 뜻은 아니다.

13장 쾌락과 행복

또 더욱, 고통이 악이고 바람직하지 않은 것이라는 사실, 이것은 널리 용인되는 부분이다. 즉, 고통은 어떤 경우, 무조건적 의미의 악이다. 또 어떤 경우는 어떤 방식으로 우리 활동을 저해하는 것인 한 악이기 때문이다.

그런데 바람직하지 않은 것─그것이 바람직하지 않은 것이고, 악인 한에 있어─의 반대는 선이 아니면 안 된다. 쾌락은 그러므로 어떤 선이어야 할 것이 필연이다. 스페우시포스(Speusippus)는[12] 이에 응해 '보다

***
12. 스페우시포스 주장의 의미는 이런 해석이 가능하다. '보다 크다'는 '보다 작다'의 반대임과 동시에 '균등', 즉 '중'의 반대이기도 하다. 그리고 '초과'와 '부족'은 악이고, '중'이 선이다. 이와 똑같이, '쾌락'은 '고통'의 반대임과 동시에 '중'적인 '무고통'의 반대이기도 하다. '쾌락'도 '고통'도 똑같이 악이고, 선은 양자 사이 '중'뿐이다. '쾌락'이 '고통'의 반대이므로 선이라 하는 것은 잘못이다.

크다'는 '보다 작다'의 반대이기도 하고, '균등'의 반대이기도 하다는 논의를 유비적(類比的)으로 적용하려 했다. 하지만 이런 해결은 무리다.

쾌락은 사실 "본질적으로는 악이다." 등으로 말하는 것은 그렇다고 해도 주장할 수 없는 부분일 것이다.

또 가령, 여러 가지 쾌락 가운데 나쁜 쾌락도 있는 것이지만, 이 일은 어떤 쾌락이 최고 선임을 조금도 방해하는 것은 아니다. 그것은 마치 여러 가지 인식 가운데 나쁜 것이 있음에도 불구하고, 어떤 인식이 최고 선으로 어긋남이 없음도 똑같다.

지금 만약, 어떤 상태에 대해서도 각각 저해되는 '활동'이 존재한다고 하면, 우리가 갖는 모든 상태에 대한 '활동'은 그 저해 받는 것인 한 '행복'을 의미한다 해도, 혹은 또 그 상태 가운데 어떤 하나에 대한 '활동'이 저해 받는 것인 한 '행복'을 의미한다 해도, 그 어느 것이든 그 활동만큼은 생각건대, 당연 우리에게 가장 바람직한 것이 아니면 안 된다.

바람직한 것은 그래서 쾌락에 다름 아니다. 그렇다 하면, 최고 선은 무엇인가 어떤 쾌락이 아니면 안 될 것이다. 나쁜 쾌락(그것도 혹시 무조건적 의미의)도 많다고 하면.

이 이유야말로 누구도 행복한 생활은 쾌적한 것이 아니면 안 된다 하고, 쾌락을 행복 속에 일부러 집어넣는 것이다. 그것은 당연하다.

생각건대, 어떤 활동이라 해도, 만약 그것이 저해를 받는다면 궁극적인 것, 완전한 것일 수 없다. 행복은 그래서 궁극적이고 완전한 것에 속하고 있는 것이다. 행복이기 위해 육체적인, 그리고 외적인 여러 가지 선 및 운(運)을 아울러 필요로 하는 이유도 여기 있는 것이다. 결국 그런 면에서 저해 받는 일이 없기 위한 것에 다름 아니다.

가령, 수렁에 빠져도, 또 여러 가지 가혹한 비운에 빠져도 좋은 사람이면 행복한 사람이라 주장하는 사람들은 그것이 그들의 본심이든 아니든 상관없이 대개 무의미한 일을 말하는 것이다. 다만 운도 아울러 필요하다는 일 때문에 일부 사람들에게 호운(好運)이 곧, 행복과 같다고 생각되고 있지만, 물론 양자는 동일하지 않다. 호운도 과하면 도리어 저해적인 역할을 하게 되기도 하고, 어쩌면 어느새 '호운'이라 부르는 것이 옳지 않음을 알게 될 것이다.

호운의 한계는 실제 행복에의 관계에서 정해진다. 뿐만 아니라 하등 동물도, 인간도 모두가 쾌락을 추구한다는 것도 쾌락이 어떤 의미에서 최고 선임에 대한 하나의 증거다.

어떤 목소리도 아주 꺼져버리는 일은 없다.
일단 많은 사람들의,[13]

물론, '본성'이든 최선의 '상태'든, 그들 모두에게 동일하지 않고, 또 동일하다고 생각되지 않는다. 그러므로 그들 모두가 동일한 쾌락을 추구하는 이유는 아니지만, 그러나 역시 그들 모두가 쾌락을 추구하고 있는 것은 사실이다.

생각건대, 그들이 추구하는 쾌락도 사실은 그들 자신이 보고 쾌락이라 하는 것 내지 그들이 쾌락이라 주장하는 그것은 아니고, 도리어 모두 동일한 쾌락에 다름 아니다. 만물은 어떤 신적(神的)인 것을 본성적으로 가지고 있기 때문이다.

그래서 이 쾌락이란 명칭은 육체적 쾌락이 한결같이 영유되는 것으로

***
13. 헤시오도스, 〈일과 일상〉 763행, 그 생략된 부분을 보충한다.
일단 많은 사람들 입에 오르면 / 참으로 세상 사람 소리는 신에 가깝다.

되어 있지만, 이것은 육체적 쾌락이 사람들이면 가장 빈번하게 몸을 맡기는 쾌락이요, 또 그것이 여러 사람 공유의 쾌락이기 때문이다. 이들 쾌락만이 주지(周知)의 쾌락이기 때문에 그들은 육체적 쾌락만 쾌락인 것으로 생각하고 있는 것이다.

또 만약, 쾌락이나 활동이 선이 아니라고 하면 행복한 사람의 생은 쾌적한 것이라 말할 수 없는 것도 명백하다. 사실 만약, 쾌락이 선이 아니라 하면 무엇 때문에 그가 쾌락을 필요로 할 것인가?

그렇기 때문에 행복한 사람의 생애는 고통의 생애라 함도 가능하다. 만약 쾌락이 선도 아니고 악도 아니라면, 고통 역시도 똑같을 것이다. 따라서 고통이 바람직하지 않은 것이란 이유도 존재하지 않는 것이 될 것이기 때문이다. 그러므로 만약, 선한 사람의 활동이 그 이외의 활동보다 더 쾌적한 것이 아니라 하면, 그의 생활도 역시 그 이외의 생활에 비해 보다 쾌적한 것은 아니란 사실이 될 것이다.

14장 육체적 쾌락

그래서 육체적 쾌락의 문제지만, 지금 만약 "쾌락 가운데 현저하게 바람직한 쾌락도 있다. 아름다운 쾌락이, 즉 그것이다. 그러나 육체적인 쾌락, 즉 방탕한 사람이 관계되는 쾌락은 바람직하지 않은 쾌락이다."라고 설명하는 사람들이 있다고 하면, 이런 사람들은 "그러면 육체적 쾌락의 반대인 육체적 고통이 나쁜 것은 무엇 때문일까?" 하는 사실을 생각해볼 일이다. 악의 반대는 선이기 때문이다.

차라리 우리로 하여금 말하라면, 나쁘지 않은 것은 좋은 것이라는 의미에서 육체적 쾌락도 필수 쾌락인 한 역시 좋은 것이 아닐까? 혹은 차라리 그것은 어느 정도까지 좋은 것이 아닐까? 왜냐하면 대개, 보다 좋은 방향으로 초과가 존재하지 않는 '상태'나 '운동'에 대해 쾌락의 초과도 존재하지 않지만, 이와 반대로 대개 초과가 존재하는 것같이, 그에 대해 쾌락의 초과도 역시 존재한다.

여러 가지 육체적 선(善)의 초과는 존재하는 것으로, 나쁜 사람이 나쁜 사람인 것도 그 초과를 추구하는 까닭이고, 단지 필수적 쾌락을 추구하는 까닭은 아니다. 사실, 많은 사람들이 한 사람, 한 사람 어떤 방식으로 음식·음주·성행위를 즐기지 않는 사람은 없지만, 다만 나쁜 사람이 이 쾌락을 즐기는 것은 그런 방식이 아닌 것이다.

그리고 고통에 대해 그 반대를 말하게 된다. 곧, 나쁜 사람은 그 초과를 피하는 것이 아니라, 대개 전반적으로 고통을 피하는 것이다. 생각건대, 쾌락 초과의 반대는 고통이 아닌 형편인데, 쾌락 초과를 추구하는 사람에게 고통 아닌 이것이, 역시 또 고통이 된다.

우리는 그러나 사항의 참을 말할 뿐 아니라, 또 잘못된 원인도 말하지 않으면 안 된다. 그렇게 하는 것이 논의의 신빙성에 기여하기 때문이다. 결국, 참 아닌 사항이 무엇 때문에 참이라 보이는가 하는 것이 수긍될 수 있을 때, 사항의 참이 점점 그 신빙성을 증대한다.

우리는 그러므로 육체적 쾌락이 다른 쾌락 이상으로 바람직하게 보이는 것은 무엇 때문인가에 대해서도 말할 부분이 있어 그렇게 할 것이다.

무엇보다 먼저, 그것은 고통을 구축하기 때문이다. 즉, 사람들은 고통의 초과 때문에 이에 대한 치료로 초과적인, 대개 또 육체적 쾌락을 추구한다. 그러나 본래 치료의 의미를 가진(그렇기 때문에 추구된다.) 이 쾌락은 격렬한 것이 된다. 이런 격렬성도 고통과의 대조에 의한 것에 다름 아니다.

(쾌락이 좋은 것이 아니라 생각되는 것도, 결국 앞에서 말한 바와 같이 이런 두 가지 사유에 근거하고 있다. 즉, 첫째, 어떤 쾌락은 나쁜 본성이 하는 일에 다름 아니기 때문이다. 그것이 수류(獸類)와 같은 태생적인 것이라 해도, 나쁜 인간과 같이 습성에 의한 것이라 해도. 그리고 둘째, 어떤 쾌락은 부족한 것에 대한 치료에 지나지 않기 때문이다. 생각건대, '그렇게 된다'라 하기보다 '그런 상태에 있다'가 좋은 것은 말할 것도 없다. 이 경우의 쾌락은 목적에 이르는 도상의 일이다. 때문에 그것이 좋은 것임은 부대적 방식밖에 없다.)

게다가 육체적 쾌락은 거친 쾌락이기 위해 그 이외의 쾌락을 즐길 능력이 없는 사람들이 추구하는 부분이 된다. 사실, 이 사람들은 육체적 쾌락에 대한 일종 갈증을 일부러 거칠게 끊어내기까지 한다. 그때 육체적 쾌락이라도 무해한 것이면 억지로 비난할 일은 아니지만, 다만 그것이 유해한 것이면 좋다고 하지 않을 것이다.

이런 결과가 되는 것도 그들이 달리 즐거움을 갖지 않기 때문이지만, 그러나 그뿐만은 아니다. '쾌고(快苦)가 없는 사항'이 당자의 본성에 근거해 고통을 느낄 수 있다는 사람들도 적지 않다는 것이 그 한 가지 원인이다.

(이런 사람들이 발견되는 것도 자연학자 증언에 따르면, 동물은 항상 노고를 겪으며 있기 때문이다. 보는 것도, 듣는 것도 동물에게는 원래 고통적인 것이라고 그들은 주장한다. 그리고 우리는 벌써 여기 길들여진 것에 지나지 않는다고 한다.)

또 똑같이, 애늙은이는 생장 때문에 그들은 어디까지나 술주정뱅이 같은 상태에 놓인다. 그리고 젊음이 또 쾌감을 유혹하고 있는 것이다.

또, 본성적인 조울증의 사람은 항상 치료를 필요로 한다. 그것은 그들의 신체는 체질적으로 동통(疼痛)을 계속 느끼기 때문이다. 항상 그것은 치료하려는 거친 욕구를 괴로워하게 된다.

고통을 제거하려는 사람은, 이래서 이와 대응적인 것은—아니, 강렬한 것이 있으면 그 무엇인가를 묻지 않는다.—쾌락이다. 이런 것이 유인(誘因)이 되어 이와 같은 사람들은 방탕한 나쁜 사람이 되어간다.

고통과 무관한 쾌락에 대해 역시 초과는 있을 수 없다. 이런 쾌락에 관계되는 부분은 본성적인 쾌적한 사항이다. 곧, 부대적인 방식에서가 아니라, 쾌적한 사항에 다름 아니다. 부대적 방식의 쾌적한 사항은 치료적 의미를 갖는 쾌적한 사항을 뜻한다.

생각건대, 이 종류의 '쾌적한 사항'의 경우에 그것을 자극하고, 잔존하는 건강 부분의 어떤 작용이 행해져 치료 결과가 나오기 때문에 이 자극이 쾌적이라 생각되는 것이다. 이와 반대로, 본성적으로 쾌적한 사항은 그의 건전한 본성에 근거한 기능 수행의 자극을 의미한다.

다만, 동일 사항이 항상 쾌적하다는 일은 결코 우리에게 없다. 그것은 우리 본성이 단순한 본성이 아니고, 어떤 이것과 다른 것(우리에게 가변적 꼬임 같음.)이 우리 가운데 존재하고 있기 때문이다.

그 결과, 만약 한쪽이 어떤 일을 하면, 이 일은 지금 하나의 본성이 비본성적으로 된다. 양자 사이에 완전한 균형이 잡힐 경우, 한쪽 하는 일이 다른 쪽에 고통이든 쾌적이든 느껴지지 않는 것이지만. 즉, 만약 그 본성이 순수한 본성이라면, 항상 동일 작용은 가장 쾌적할 수 있을 것이다.

신(神)은 항상 하나의 순수한 쾌락을 즐긴다는 이유다. 생각건대, 활동에는 운동 그것만 아니라 무운동의 그것도 존재하는 것이다. 여기서 쾌락은 운동보다 오히려 적정(寂靜)에 존재한다. 시인이 말하는 "어떤 일의 바뀜도 감미(甘美)"인 것은 여기 어떤 나쁜 부분이 있음에 다름 아니다.

사실, 인간도 변화하기 쉬운 것은 나쁜 사람이 되는 것같이, 변화를 필요로 하는 본성은 나쁜 본성밖에 없다. 변화를 요한다는 일은 그것이 단순한 것이 아니고, 또 그것이 좋지 않은 것임을 보이고 있다.

이래서, 억제 및 무억제, 쾌락 및 고통에 대해 그 각각이 무엇을 의미하는가? 그리고 그것이 혹은 좋은 것이 되고, 혹은 나쁜 것이 되는 일은 어떤 이유에서인가가 설명되었다.

이제 남은 부분, 우리는 지금 사랑, 필리아에 대해 말하지 않으면 안 된다.

8권 사랑, 필리아(우정) I

1장 사랑에 대한 견해

앞의 뒤를 이어 친애(親愛) 및 우애(友愛)라는 '사랑', '필리아(Philia)'에[1] 대해 논의하는 것이 순서일 것이다. 그것은 하나의 탁월성이라 해서 좋을 것이다. 또는 탁월성과 떼어놓을 수 없는 것이기 때문이다.[2] 뿐만 아니라, 우리 생활에서 이만큼 빼놓을 수 없는 것도 없다.

실제, 어떤 사람도, 가령 다른 모든 좋은 것을 소유하는 사람이라 해도 친애하는 사람들 없이 살아갈 수 없을 것이다. 사실, 부유한 사람들, 나라에서 지배적인 위치에 있는 사람들, 나라의 패권을 장악하는 사람들에게도 친애하는 사람들의 필요는 절대적인 것이라 생각된다.

생각건대, 이 같은 융성이라 해도 그 시혜(施惠)―그것은 무엇보다 친애하는 사람들에 대해 실행되는 것이고, 또 이런 사람들에게 실행될 때,

***

1. '필리아'에 해당하는 적절한 우리말은 찾아지지 않는다. 그것은 '우애' 또는 '친애'라 옮길 수 있으나, 아무래도 충분한 느낌이 들지 않는다. 피터(Peter) 영역본에 따르면 8, 9권에 'Friendship or Love'라는 표제를 쓴 것도 이런 의심과 망설임으로 꺼림없이 표명한 것으로 본다. 그 정확한 의미는 결국, 아리스토텔레스가 말한 부분에서 이것을 독해할 수밖에 없다. 그렇다고 하면, 그것은 아리스토텔레스가 '필리아'라 부르는 부분의 가장 넓은 의미로 '사랑(애)'인 것이다. 결국, 아리스토텔레스에게 '사랑'은 무엇인가? 하는 질문에 대한 답이 바로 이 '필리아'론이다.
2. 대인적인 접촉 태도에 대해 중용을 논한 4권 6장을 참조하라.

가장 상찬받을 일이 된다. ─의 기회가 빼앗기고 있다면, 대체 어떤 도움이 되겠는가? 또, 친애하는 사람들 없이 어떻게 이런 위세를 보호, 유지할 수 있겠는가?

그것이 크면 클수록, 또 그만큼 실추하기 쉬운 것이다. 또, 빈곤 등 비운에 처하면 친애하는 사람들의 존재가 유일한 피난처가 될 것이다. 또, 친애하는 사람들은 젊은이들에게 과실(過失) 방지를 위해서, 노인들에게 그 도움을 위해, 동시에 노쇠로 인한 행동력 부족을 메우기 위해 도움이 된다. 혈기 왕성한 한창 나이 사람들에게는 여러 가지 아름다운 행동 수행을 위해 큰 도움이 된다고 사람들은 보고 있다. "둘이 모여 함께 가면" 하는 것과 같이.

사실 사람들은 인식하는 데도, 실천하는 데도 그것에 의해 힘을 더하게 된다. 뿐만 아니라, 부모의 자식에 대한, 또 자식의 부모에 대한 사랑은 인간만이 아니라, 조류와 대개 동물에서도 또 본성적으로 존재하는 것 같고, 동종의 사물 사이에서도 역시 이와 똑같다. 특히 이 경향은 인간의 경우 더 현저하다.

그러므로 우리는 남에게 친절한 인간애가 넘친 사람들을 상찬하는 것이다. 국외를 여행해 보면, 모든 인간이 어떻게 서로에 대해 가족적이고 친애적인가를 볼 수 있다. 또, 사랑이라는 것은 국내를 이어 주는 유대 역할을 다하는 것이고, 입법자들 관심도 정의보다도 오히려 이런 사랑에 있는 것으로 보인다.

즉, '협화(協和)'라는 것은 사랑에 유사한 어떤 것이라고 생각되지만, 입법자들이 희구하는 부분은 무엇보다 이 협화다. 구제(驅除)하고자 하는 부분은 무엇보다 협화의 적인 내부 분열에 다름 아니다.

사실, 만약 사람들이 서로 친애적이라면 어떤 정의를 요하지 않지만,

그러나 반대로 그들이 정당한 사람들이라 해도 역시 여기 오히려 사랑이라는 것을 필요로 한다. 사실 '정'의 최고는 "사랑이라는 성질을 가졌다.", 이것에 다름 아니라 생각한다.

하지만 사랑이라는 것은 단지 우리 생활에 불가결적인 요소로 머물지 않고, 더욱 그것은 아름답다. 곧, 우리는 우정의 사랑이 풍부한 사람들을 상찬한다. 친구가 많다는 사실은 아름다운 일의 하나로 손꼽고 있다. 그리고 사람들은 뛰어난 인간이라 하는 것과 친애적인 사람이라 하는 것을 동일한 것이라 생각하고 있다.

그런데 이런 사랑을 둘러싸고 이론이 있음이 적지 않다. 이를테면, 어떤 사람들은 이를 보고 일종 유사성이라 하고, 유사적인 사람들이 친애하고 친구가 되는 것이라 한다. "같은 패거리"라든가, "찌르레기는 찌르레기와 함께"라든가 하는 말 때문이다.

그러나 어떤 사람들은 이와 반대로 모두가 통하는 사람들은 도리어 상업적 동아리의 도공(陶工)과 같다고 주장한다. 뿐만 아니라, 사람들은 문제 자체를 좀 더 깊이 파고들고, 좀 더 자연학적으로 설명하려 한다.

에우리피데스(Euripides)는 "땅은 메말라 비를 애태우는데, 보라 하늘은 비를 머금고 땅에 내리려 하지 않아 애태운다."고 주장한다. 헤라클레이토스(Heracleitos)도 "대립하는 것이 상대에게 유용하다."는 것이다. "서로 다른 사물에서 무엇보다 아름다운 조화가 발생한다.", "만물은 투쟁에 의해 발생한다."고 주장한다.

이에 대해 엠페도클레스(Empedocles)와 그 밖의 사람들은 반대하는 입장이다. 그들은 즉, 유사한 것이 유사한 것을 찾는다고 한다.

문제가 이런 자연학적인 것으로 되면 여기서 놓아둘 수밖에 없다. 그것은 현재 연구에 속하지 않는 사항이기 때문이다. 대개, 그러나 인간적이고 여러 가지 윤리적 성상(性狀)과 정념에 관계를 갖는 여러 문제는, 우리가 이것을 우리 고찰로 문제 삼지 않을 수 없다. 이를테면, "사랑은 모든 사람들에게 생기는 것일까? 그렇지 않고 열악한 인간이면, 친구든가 친애적인 일이 불가능한 것일까?" 또, "사랑은 한 가지 종류인가? 아니면 여기 몇 가지 종류가 있을까?"

실제, 그것은 정도의 차이가 있다는 이유에서 한 종류밖에 없다고 하는 일부의 사람도 있으나, 그들이 근거로 드는 증거는 충분하지 않다. 종류를 달리하는 사이에 정도 차이는 있을 수 있다. (이에 대해 이미 앞에 말한 바 있다.)

2장 사랑의 종류는 하나가 아님

이들 문제는 생각건대, '사랑받아야 할 ', '친애에 값할 것' 중 어떤 것이 알려짐으로써 명확해질 것이다. 사실 모든 것이 사랑받는 것이, 아니 '사랑받아야 할 것'이 사랑받는 것이라 생각된다.

'사랑받아야 할 것'은 그래서 좋은 것인가, 쾌적한 것인가, 유용한 것인가 가운데 어떤 것이다. 하지만 유용한 것은 "그것으로 하여 어떤 선, 또는 쾌락이 발생하는 것"을 말한다고 생각하지 않으면 안 된다. 따라서 그렇기 때문에 그 자체 목적으로 사랑받을 것은 좋은 것과 쾌적한 것이 아니면 안 된다.

그때, 사람들이 사랑하는 것은 단지 좋은 것인가, 아니면 그들 자신에게 좋은 것인가? 그렇게 말하는 것도 이들 양자는 이따금 일치하지 않을 때가 있기 때문이다. 쾌적한 것에 대해서도 똑같이 말할 수 있다.

그러나 요는, 각 사람은 '각자의 좋은 것'을 사랑한다고 생각하기 때문에 무조건적인 의미에서 '사랑받아야 할 것'은 좋은 것이지만, 각 사람에게 '사랑받아야 할 것'은 각 사람에게 좋은 것일 수밖에 없다고 생각된다.

한 발 더 나아가 말하면, 각 사람은 각자에게 좋은 것을 사랑한다고 말할 수 없는 것으로, 각 사람은 오히려 각자에게 좋은 것으로 보이는 것을 사랑하는 것이다. 그렇지만 이런 구별도 실은 무의미한 것이다. '사랑받아야 할 것'은 애당초 '사랑받아야 할 것이라고 각 사람에게 보이는 것'을 의미하는 데 다름 아니기 때문이다.

이래서 사람들이 사랑하는 소이(所以)의 것은 세 가지가 있으나, 그러나 무생물을 사랑하면 이것을 사랑이라 부르지 않는다. 생각건대, 여기 상호적인 애정이 존재하지 않고, "무생물을 위해 선을 바란다."는 일은 있을 수 없다.

가령, 술을 위해 그 선을 바란다는 등의 일은 생각건대, 골계가 될 것이다. 만약 바란다고 하면, 자기가 술을 마실 수 있기 위해 술이 건재할 것을 바라는 일밖에 없다. 이래서 우리는 친애하는 사람을 위한 선을, 그를 위해 바라는 것이 아니면 안 된다고 말하는 것이다.

이런 식으로 그 선을 바란다 해도, 그러나 만약 상대가 그러기에 같은 일을 하는 것이 아니면, 이것은 단지 "호의를 보내고 있다." 하는 데 그친다. 상호 응수적인 호의일 때만 사랑인 것이다.

혹은 또, 상호 응수적인 호의라 할 뿐 아니라, "상대에게 그것이 알려져 있다."는 조건을 덧붙여야 할 것인가 하는 것은, 만난 일은 없지만 좋고 유용한 사람이라 생각되는 상대에 대해 호의를 보낸다 하는 경우는 얼마든지 있고, 또 상대의 어떤 사람도 역시 같은 정을 이 사람에게 보내

온다는 일조차 있을 수 있다. 이런 사람들은 서로 간에 호의적이라 보이기는 할 것이다.

하지만 쌍방이 상대에 대한 이 사실을 모르는데, 어떻게 사람은 "그들은 사랑하고 있다. 친애적이다." 하고 말할 수 있을 것인가?

사랑이 존재할 수 있으려면, 그러므로 앞에 제시한 어떤 하나의 동기 때문에 서로가 호의를 가지고 있고, 서로가 상대에게 여러 가지 선을 바라고 있다는 사실, 그리고 그것뿐 아니라, 이것이 각각 상대에게 알려져 있다는 사실이 필요하다.

3장 사랑의 세 종류

하지만 이처럼 동기(動機)에 종별이 있는 것이기 때문에, 따라서 애정 또는 사랑에도 또 종별이 존재하는 것이다. 이래서 사랑의 종류는 '사랑받아야 할 것'과 동수로 셋이 있다.[3] 사실 이들의 경우, 어느 것을 보아도 상대방에 알려진 상호적인 사랑이 존재할 수 있는 것이다. "서로 사랑하는 사람들이 상대방의 여러 가지 선—그 애정 성질이 다름에 따라 각각 다른 의미의—을 바란다."고 하는 일이 있을 수 있다.

지금, 유용한 까닭에 서로를 사랑하는 사람들은 상대방을 상대방 자신에 따라 사랑하는 것이 아니라, 자기가 어떤 선을 상대방으로부터 받게 되는 한 상대방을 사랑한다. 쾌락 때문에 사랑하는 사람들도 또한 이와 똑같다.

***
3. 즉, 선으로 인한 사랑, 쾌락으로 인한 사랑, 유용으로 인한 사랑.

가령, 기지적(機智的)인 사람들을 사랑하는 것은, 그들이 어떤 이러저러한 인물이라는 때문에서가 아니고, 자기에게 그들이 쾌적하기 때문이라는 데 불과하다. 그렇다 하면, 유용 때문에 사랑하는 사람들은 자기 선을 사랑하는 것이다. 즉, 사랑하는 상대의 '사람이 되어'라는 이유 때문이 아니라, 도리어 상대가 유용하고 쾌적한 한 사랑하는 것이다.

또 그러므로, 이들 사랑은 비본래적인 사랑밖에 안 된다. 여기서 사랑하는 상대는 그가 바로 그런 사람인 한 사랑받는 것이 아니고, 도리어 그들이 어떤 선, 또는 쾌락을 제공하는 한 사랑받고 있기 때문에.

이런 성질의 사랑은 그러므로 해소되기 쉬운 사랑이다. 이들 사람들도 언제까지나 그런 똑같은 사랑을 가지고 가는 형편이 아니기 때문에.

생각건대, 만약 그들이 벌써 쾌적하지 않고 유용하지 않았다면, 사람들은 그들을 사랑하는 일을 그만둘 것이다. 유용한 것도 항상 유용한 것이 아니고, 때에 따라 다른 것이 유용해진다. 그러므로 "그 때문에 친구였던 것"이 소실된 이상, 사랑도 또—이에 대한 관계에서 이 사랑이 성립하고 있기 때문에—해소함에 이른다.

유용을 위해 사랑이 행해진다는 것은 무엇보다 노인 사이에 그렇다고 생각된다. (그것은 이 나이의 사람들은 쾌를 추구하지 않는 대신 실리를 추구하기 때문이다.) 장년이나 젊은이들의 경우, 대개 공익을 추구하는 성질의 사람들 사이에 많다고 생각된다. 이런 친구들 사이는 그다지 일상을 함께하지도 않는다.

상대방이 쾌적한 인간까지도 가지 않는 경우가 많다. 따라서 상대가 그 때문에 특히 유리한 편이 되어 주지 않는 한 이런 교제를 특별히 필요로 하지 않는다. 그들에게 실제, 상대방이 선에의 기대를 갖지 않는 정도에서만 상대방이 쾌적한 것에 지나지 않는다. 다른 나라 사람들 사이에서도 사랑은 이런 사랑 가운데 포함된다.

젊은이들 사랑은 이와 반대로 쾌락 때문에 사랑이라고 생각된다. 생각건대, 그들은 정념에 따라 살고 있고, 그 추구하는 바는 그들 자신에게 그것도 눈앞의 쾌에 다름 아니기 때문이다. 다만 점차 나이가 들고 하면 그에 따라 쾌라 생각하는 부분도 또 달라진다. 그들이 빠르게 친해지는 반면, 또 빠르게 친한 관계를 그치는 까닭도 여기 있다.

즉, 쾌를 옮김과 동시에 그들 사랑도 옮겨지지만, 관련 쾌락의 변전(變轉)은 청년에게 더욱 빠르다. 뿐만 아니라, 젊은이들은 연애에 빠지기 쉽다. 연애는 대부분 정념적이고 쾌락을 동기로 한다. 그러나 그들은 지금 사랑하는가 하면, 곧바로 또 사랑하지 않게 되므로, 때로는 하루에도 변화가 생기기도 한다. 이런 사람들은 함께 지내고, 일상을 함께하길 바란다. 이런 사랑은 그 아름다움이나 감동을 음미하고 즐기는 관계 방식밖에 없기 때문이다.

하지만 궁극적인 성질의 사랑은 선한 사람들, 결국 탁월성에서 유사한 사람들 사이의 사랑이다. 생각건대, 관계자들 누구도 한결같이 바라는 것은 "선한 사람에게만 있는 상대방의 선"이지만, 상대방 사람들은 그들 자신에 따른 선한 사람들인 것이다. 그래서 상대방의 선을, 상대를 위해 바라는 사람들만 가장 충분한 의미의 친애한 사람들이 아니면 안 된다.

사실, 관계하는 사람들은 서로 상대방 사람들 그 자신 때문에 그런 관계를 유지하는 것이다. 부대적인 것에 따라 사랑하는 것은 아니다.[4] 그러므로 이들 선한 사람들의 사랑은 그들이 선한 사람인 한 영속한다. 그

***
4. '부대적인 것에 따라'는 '비본래적인 것에 따라', 혹은 '비본래적인 방식으로'의 뜻이다. 쾌락이나 유용성에 따라 교우가 성립되는 경우가 이에 해당한다.

러나 탁월성은 고정적인 것이다.

뿐만 아니라, 이 사람들은 양쪽 모두 무조건적 의미의 선한 사람인 동시에 상대방에게도 선한 사람이다. 그것은, 선한 사람들은 무조건적 의미의 선한 사람들이기도 하고, 또 상호 간에 유익한 사람들이기 때문이다. 또 똑같이, 그들은 쾌적한 사람들이기도 하다. 왜냐하면 선한 사람들은 무조건적 의미에서도, 또 서로 간에도 쾌적한 사람들이기 때문이다.

그것은 각 사람에게 자기 고유의 작용이든가, 이에 준하는 성질의 작용이 쾌적한 것이지만, 선한 사람들이 행하는 작용은 어떤 사람에게도 같든가 유사적이기 때문이다. 이런 사랑이 영속적인 것은 당연한 일일 것이다.

그것은 여기에, 대개 친애한 사람들에게 발견되는 여러 조건이 모두 들어 있기 때문이다. 즉, 모두 사랑이 존재하는 것은 무조건적 의미의, 혹은 사랑의 주체로서의 선, 또는 쾌락을 위한 것이고, 또 사랑은 양방의 어떤 유사성을 기반으로 하지만, 선한 사람들의 사랑은 바로 이들 드러난 여러 가지 점들이 모두 그들 인간 자신에게 따라 존재하고 있다.

결국, 유사성이라 해도 그 이외의 점에서도 모든 것은 그의 사람됨, 그 자체에 따라 존재하는 것이다. 단적으로 무조건적 의미의 선(善)은, 또 단적으로 무조건적 의미의 쾌(快)이기도 하다. 그리고 이것은 어떻든, 가장 사랑받아야 할 것에 다름 아니다. 이래서, 그들 사이 사랑은 가장 충분한 의미의, 또 최선의 그것이라 할 것이다.

다만, 이런 사랑은 당연히 희소한 일이라 하지 않을 수 없다. 이런 부류의 사람들은 적지 않기 때문이다. 하지만 그뿐만 아니라, 세월의 흐름과 다정한 마음씨를 쌓아가는 일이 오히려 그 이상 필요하다.

그것은 속담에 이르기를, "소금을 함께 먹었다."의 뒤가 아니면 서로 간에 안다는 일이 불가능하다. 때문에 사랑받을 사람이라는 사실이 어느 쪽에도 명백해지고, 상대의 신뢰를 넓히기까지 서로 간에 수용이 불가능하고, 참벗이 되는 일도 불가능하다. 사랑의 태도를 서로 보이는 일에 빠른 사람들은 친구 되지 않기를 바랄 수 있어도, 그러나 참친구는 되지 못한다. 즉, 그들이 실제 사랑받을 사람들이고, 그리고 그 일을 서로 아는 데 이르지 못하면.

사랑의 희망은 즉시 생기지만, 사랑이란 그러나 그렇게 가지 않는 것이다.

4장 사랑의 비교

이래서 이 종류의 사랑만큼은 시간적으로 말해도, 그 이외의 여러 가지 점으로 말해도 궁극적이고 완전한 사랑이다. 그리고 이런 사랑은 모든 점에서 같고, 또 유사적인 것을 서로 상대방으로부터 얻지만, 친구 되는 사람들 사이에 틀림없이 이처럼 사랑이 있을 것을 요한다.

쾌를 위한 사랑도 이 종류의 충분한 의미의 사랑과 유사한 점을 가지고 있다. 선한 사람들은 또 서로 쾌적한 사람들이기 때문이다. 유용한 사람들의 사랑도 똑같다. 선한 사람들은 또 서로 간에 유용한 사람들이기 때문이다.

다른 한편, 이들 쾌나 유용을 위한 사랑이라도 그들 사랑이 가장 영속하는 것은, 똑같은 것―가령, 쾌락―이 서로 상대로부터 얻을 수 있을 뿐 아니라, 더욱 그것이 같은 사항에서 얻어지는 경우다. 가령, 기지적(機智

的)인 사람들과의 한패 관계는 여기 해당한다.

그 반대의 예는, 사랑하는 사람과 사랑받는 사람과의 관계일 것이다. 그것은 사랑하는 사람과 사랑받는 사람과는 동일 사항에서 쾌락을 느끼지 않는 것이 보통이므로, 전자는 후자를 바라보는 일에, 후자는 사랑하는 사람의 보살핌을 받는 일에 쾌락을 느낀다.

그리고 한창 나이가 끝을 고함과 함께 그들 사랑도 역시 나빠지면 끝을 고하게 되는 것이다. (사랑하는 사람은 애인을 바라보는 것이 쾌적하지 않고, 사랑받는 사람은 보살핌을 받지 못하기 때문에)

단지 만약, 그들이 유사한 사람 되기를 바라고 있고, 다정함이 기연(機緣)되어 서로 '사람 되기'를 좋아하는 데 이를 경우, 사랑을 지속해 가는 사람들도 결코 적지 않은 것이다. 연애 관계에서 쾌가 아니라, 유용을 교환하는 사람들에 이르면 사랑의 정도도 일층 낮아지고, 일층 지속도 힘들다. 유용 때문에 친구가 되는 사람들은 공익(共益)의 소실과 동시에 그 사랑을 해소해 버리기 때문에. 그들은 서로 사랑하는 친구였던 것이 아니고, 편익을 사랑하는 친구였던 것이다.

이래서 쾌락을 위해, 유용을 위해서라면 나쁜 사람들의 한패였다 해도, 혹은 좋은 사람들 대 나쁜 사람들이었다 해도, 혹은 그 어떤 것도 아닌 사람 대 임의의 사람이라 해도 친구가 될 수 있지만, 피차의 인간 자신 때문에 친구일 수 있는 것은 분명 좋은 사람들만으로 한정된다. 사실, 나쁜 사람들은 어떤 이익을 얻을 수 있다면, 어떻든 서로 간의 인간 자신에게 기쁨을 느낄 일이 없기 때문이다.

또, 남을 헐뜯고 비방함으로써 해를 끼치는 일이 없는 것도 좋은 사람들 사이의 사랑뿐이다. 생각건대, 자기에 의해 오랜 음미를 거친 사람에 관해, 남의 언설(言說)은 어떤 사람 언설도 믿기 어렵기 때문이다.

이런 신뢰도, 또 상대가 결코 부정을 하지 않을 것이란 예상도, 그 밖에 대개 참사랑에서 요구되는 여러 가지 조건을 좋은 사람들은 모두 구비하고 있는 것이다. 이 밖의 사랑은, 그러나 그런 위험이 없다고 하는 보장은 전혀 없다.

물론, 세상 사람이 벗(친애하는 사람들과 동지)이라 말하는 가운데 유용을 동기로 하는 사람들도 포함되어 있고, ─마치 나라와 나라 사이에 우의(友誼)를 말하는 경우처럼(생각건대, 여러 나라 사이의 동맹이라는 것은 상호 이익을 목적으로 체결된다고 생각한다.) ─ 여기는 또, 쾌락을 동기(動機)로 하여 상호 애호하는 사람들도 포함된다(마치 어린이들 사이에 우정을 말하는 경우처럼)고 하면, 생각건대 우리도 또, 이런 사람들을 친구라 말할 수 있을 것이다.

그 경우는, 그러나 사랑에 몇 가지 종류가 있음을 말해둘 필요가 있다. 즉, 제1 의(義)적으로 훌륭한 의미의 사랑은 선한 사람들의 선한 사람들인 한에서의 그것이다. 그 밖의 사랑은 유사적으로 비교되는 의미의 사랑에 지나지 않는다. 왜냐하면 후자에 있어, 사람들은 여기에도 어떤 선, 즉 어떤 유사적(類似的)인 의미의 선이 존재한다고[5] 보고, 이런 의미에서만 친구가 되기 때문이다.

쾌도 역시 쾌를 즐기는 사람들의 선이기 때문이다. 이들 유사적 의미의 사랑이 양자 하나 되는 일은 그다지 없으므로, 동일한 사람들이 유용때문에, 또 쾌 때문에 친구가 되는 일은 적다. 실제, 부대적인 것이 몇 개 결합하는 일은 그다지 없다.

사랑은 앞에 말한 것같이, 몇 가지 종류로 나뉜다. 나쁜 사람들도 쾌

****
5. 즉, 쾌적이란 것도, 유용이란 것도 어떤 의미에서 선이다.

락 때문에, 또 유용 때문에―이 방면에서 만약 서로 간에 유사한 인간이라 하면―친구가 될 수 있을 것이고, 선한 사람들은 서로 자신 때문에(그들은 곧 선한 사람들로 유사한 사람들이기 때문에) 친구가 될 것이다.

그러므로 후자가 단적으로 무조건적인 의미의 친구인 데 대해, 전자는 부대적 의미의, 혹은 후자에 유사한 바에 따라 친구가 된다.

5장 사랑의 상태와 활동과 정념

하지만 여러 가지 덕의 경우 선한 사람, 훌륭한 사람이라 말하게 되는 것은 그 '상태'에 따른 경우도 있지만, 그 활동에 따른 경우도 있다. 또, 같은 구별은 사랑에서 발견된다. 생각건대, 같은 사랑을 말해도 한쪽은 일상을 함께하면서 서로 상대방에게 기쁨을 느끼게 선을 베푸는 경우가 있고, 다른 한쪽은 수면 중의 경우가 역시 그렇지만, 장소적으로 상대방과 떨어져 있어 사랑한다는 현실의 '활동'은 하고 있지 않다. 그러나 그런 '활동'도 하면 할 수 있는 상태에 있다는 식의 경우도 있다.

사실, 거리(距離)는 사랑을 무조건적 의미로 해소시키는 것이 아니고, 다만 그 '활동'을 해소시키는 것이다. 그러나 만약 그 별리(別離)가 오래 걸리는 일이면 그것은 사랑 그 자체의 망각도 가져온다고 생각되는 것으로, 그렇다 하면 "회동이 자주 있지 않아 사랑의 해소를 가져오는 일도 많아" 하고 말하는 수가 있다.

노인이라든가 물정에 어두운 이런 사람들은 어떻든 사랑에 인연이 먼 사람들이라 보지만, 그것도 그들에게 쾌적한 것이 그다지 발견되지 않는다. 그러나 어떤 사람도 자기에게 고통을 주는 사람이나 쾌적하지 않은 사람과 일상을 함께하기가 견딜 수 없기 때문이다. (사실, 괴로움을 피하고, 쾌를 추구하는 것이 무엇보다 우리에게 자연 본성으로 보인다.)

상대방을 수용하기는 해도, 그와 생을 함께하지 않는 사람들을 친애 등으로 말한다기보다, 오히려 호의적인 사람들이라 하는 것이 더 가깝다. 곧, 생을 함께한다는 일만큼 친애적 관계를 보이는 명백한 증거는 존재하지 않는다.

실리는 부족한 사람들이 추구하는 부분이지만, 일상을 함께한다는 사실에 이르면 행복한 사람들도 계속 추구하는 부분이다. 사실, 고독이라 하는 만큼 관계 사람들에게 어울리지 않는 일은 없다.

서로가 함께 시간을 보내는 일은, 그러나 만약 서로가 쾌적하지 않고, 같은 사항에 기쁨을 느끼지 않는다면 불가능하지만, 틀림없이 이런 조건을 갖추고 있는 것이 친우·동료 간 사랑이라[6]생각된다.

이래서, 가장 충분한 의미의 사랑은 이따금 설명한 것처럼 선한 사람들 사이의 그것이다. 생각건대, 사랑하고 좋아하는 것은 무조건적 의미의 선 또는 쾌다. 각 사람에게 있어 사랑하고 좋아하는 것은 그 자신의 선 또는 쾌에 다름 아니라 생각되지만, 선한 사람은 선한 사람에게 그 어느 쪽에서 말해도 사랑하고 좋아하는 사람이기 때문이다.

애정은 정념이지만, 이런 사랑은 하나의 '상태'라 생각된다. 생각건대, 애정은 무생물에 대해서도 가질 수 있지만, 사랑으로써 사랑을 갚는다는 일은 '선택'의 존재를 예상하게 된다. 이래서 '선택'은 '상태'에 근거

***
6. 'Hetaireia적인 사랑'이다. '헤타이레이아', 또는 '헤타이리아'는 주로 연배, 직업, 소속의 종교단체를 같이하는 사람들의 교우 조직이다. 다종다양하지만, 그 각 사람은 '헤타이로스'(여성은 '헤타이라')로 부른다.

한다.

뿐만 아니라, 그들이 그 사랑하는 상대방의 선을 상대를 위해 원하고 바란다는 일은 '정념'에 따라서가 아니라, 자기 가운데 정착한 '상태'에 따르는 것이 아니면 안 된다. 그들은 친구를 사랑함으로써 그들 자신의 선을 사랑하고 있다.

그것은 선한 사람이 친구가 되어 준다는 일이 이쪽에 선이 생긴다는 일을 의미하기 때문이다. 그러므로 양방 똑같이 자기의 선을 사랑한다는 의미지만, 동시에 또 상대에 대한 선의 원망(願望)도 상대의 쾌적이라는 데 따라 '균등한 것'을 가지고 상대에게 보답하는 것이다. '친함은 균등함'이라 하지만, 이 사실은 선한 사람들의 사랑에서 가장 두드러진다.

6장 우정의 형태와 비교

(물정에 까다로운 나이 많은 사람들은 무엇이건 쉽게 마음에 들지 않아 하는 성품이고, 남과의 교제도 기쁨을 느끼는 일이 적을 뿐 아니라, 그만큼 그들 사이에 사랑이 생기기 어렵다. 사실 교제는 무엇보다 명백한 사랑의 표징이고, 동시에 또, 무엇보다 많이 사랑을 만들어 내는 것이라 생각한다.

젊은이들은 즉각 친구가 되는데, 노인들은 그렇게 쉽게 마음을 열지 못한다. 사실 사람들은 자기가 기뻐하지 않는 상대와 친해지지 않으므로, 물정에 까다로운 사람들이 쉽게 친해지지 않는 것도 역시 똑같은 이유에서다. 다만, 통하는 사람들은 호의적일 수 있다. 호의적인 사람들은 서로 선을 바라고, 소용이 되기 위해 진행해 나가기 때문이다.

그러므로 그들이 온전한 의미로 친애적이지 않고 친구가 될 수 없는 것은, 일상을 함께하지 않고 상대에게 기쁨을 느끼지 않는다는 일에 다름 아니라는 뜻이다. 그러므로 이런 일이 더구나 사랑의 표징이라 생각되는 것이다.)

다수의 사람들에 대해, 궁극적인 의미의 사랑에 따라 친구가 되기는 불가능에 가깝다. (사실 연애는 친애의 초과로 분류한 것이다. 이런 사항은 본래 한 사람 인간을 상대할 성질을 가지고 있다.) 다수의 사람들이 동시에 동일 사람에게 뚜렷이 의식하는 일은 쉽게 있을 수 없고, 생각건대, 또 많은 사람들이 선한 사람이라 하기도 쉽게 있을 수 없다.

또, 다수의 사람들을 경험하고 그들과 친함을 쌓아나가는 일이 필요하지만, 이것 역시 매우 어려운 주문이다.

그러나 유용과 쾌 때문에 다수 사람들이 의식하게 하는 일은 가능하다. 왜냐하면 이런 상대라면 다수 존재하고, 그들에게 만족을 주는 일은 근소한 시간으로 족하기 때문이다.

이들 양자 가운데, 비교적 본질적 의미의 사랑에 가까운 것은 쾌로 인한 그것이기 때문에, 특히 그때 양방 함께 상대로부터 같은 것을 받고, 또 서로 간에 상대에게 똑같은 사항의 기쁨을 느낄 경우가 그렇다.

이를테면, 젊은이들 사이에 보이는 사랑은 그런 성질의 것이 있다. 사실, 이런 사랑은 비교적 다분히 관후한 것이 보인다. 유용으로 인한 사랑은 시장적(市場的)인 사람들에게 속하는 것이지만.

또, 행복한 사람들도 유용한 친구의 필요는 전혀 없다 해도 쾌적한 친구는 역시 이를 필요로 하는 것이다. 곧, 그들도 일부 사람들과 생을 함께할 일을 바라고 있기에. 다른 한편, 고통을 주면 일시적일 때 이를 견딘다 해도 간단없는 일이고 보면—가령, '선, 그것'이라 해도 만약 그것이 그에게 고통을 느끼게 하는 것이면—누구라도 이를 참지 못할 것이다. 행복한 사람들이라 해도 쾌적한 친구를 찾는 까닭이다.

그러나 생각건대, 그들이 찾는 사람들은 쾌적하며, 동시에 선한 사람들이다. 더욱이 그들에게 선한 사람들이어야 한다. 이런 일에 따라 이들 상대는 비로소 참된 의미의 친구다운 조건을 갖출 수 있기 때문이다.

권세의 지위에 있는 사람들을 보면, 그들은 친구를 분간해서 쓰는 것으로 생각된다. 즉, 그들 친구 가운데 혹자는 그들에게 유용한 인간이고, 혹자는 또 쾌적한 인간이다. 같은 사람이 그 양쪽을 겸하는 경우는 그다지 존재하지 않는다. 왜냐하면 그들은 '탁월성을 동반한 쾌적한 사람'이든가, '아름다운 사항을 수행할 유용한 사람'을 찾지 않는다.

오히려 그들은 쾌를 희구하여 기지 있는 사람들을 찾는다. 다른 한편, 또 자기 명령을 수행하는 데 뛰어난 사람들을 찾는다. 동일인에게 이것이 결합된 경우는 그다지 없다. 물론, 좋은 사람은 쾌적함과 동시에 유용해야 할 것은 이미 설명한 바 있다.

그러나 좋은 사람은 자기보다 우월적 지위에 있는 사람에 대해, 만약 상대가 인간적인 탁월성에서도 자기를 초월하는 사람이 아닌 한, 이와 친하지 않는 것이 보통이다. 상대가 탁월성에서 탁월하지 않은 경우에 열등한 지위에 있는 자기가 비례적으로 균등한, 그만큼 많은 애정과 존경을 상대방에 기울임으로써 상대에게 보답하는 일도 불가능하기 때문이다. 그러나 상대에 이런 사람이 그다지 없는 것이 보통이다.

어떻든 간에, 이상 우리가 설명해 온 여러 가지 사랑은 균등성(均等性) 위에 성립한다. 그것은 양방에서 똑같은 것을 얻게 되고, 서로 간에 똑같은 것을 상대가 얻기를 바란다는 식이지만, 그렇지 않으면 서로 다른 것을 교환한다는 의미이기 때문이다. 가령, 실리를 교환함에 쾌락을 가지고 한다는 것같이[7].

(다만, 이 실리와 쾌락을 위해 그것은 충분한 의미의 사랑도 아니다. 비교적 영속하기 어렵다는 사실은 이미 설명한 바 있다. 그것들은 한 가지 사실의 유사성 때문이든 비유사성 때문이든, 사랑이든 사랑이 아니든 생각된다. 곧, "탁월성에 따르는 사랑"에 대한 유사한 관점이라면 사랑으로 본다. ─왜냐하면 이들 사랑은 하나는 쾌를, 다른 하나는 유용을 포함하지만, "탁월성에 따르는 사랑"에도 속하기 때문에.

또, "탁월성에 따르는 사랑"은 비방에 의한 해를 깨고 영속적인 데 반하여, 이 종류의 사랑은 변동이 용이하고, 그 밖에 또 많은 점에서 다르므로 그 사랑에 대한 비유사란 관점으로 보면 그것은 사랑이 아니라고 보인다.)

7장 불공평한 우정

하지만 이와 종류를 달리하는 사랑이, 곧 일방적 우월 위에 서는 사랑이 존재한다. 가령, 부모의 자식에 대한, 또 모든 연장자의 연소자에 대한 사랑이나 남편의 아내에 대한, 또 모든 지배자의 피지배자에 대한 사랑과 같이.

이런 사랑도 역시 그 서로 간에 종종 상위(相違)가 있는 것으로, 부모

***
7. 여기서 '균등성' 위에 선 사랑이라 한 것은, 그러므로 사랑이 맺어지는 동기가 당사자 쌍방에게 같은 종류의 것이었는가, 혹은 가령, 실리를 찾는 자와 쾌락을 찾는 자 사이의 이종적(異種的)인 동기를 가지고 성립하는 사랑인가, 그 어떤 경우라도 서로 간에 주는 것과 받는 것이 균등할 경우를 가리킨다.

의 자식에 대한 그것과 지배자의 피지배자에 대한 그것과 같지 않다. 뿐만 아니라, 부모의 자식에 대한 것과 자식의 부모에 대한 것은 같지 않다. 또, 남편의 아내에 대한 것과 아내의 남편에 대한 것은 같지 않다.

즉, 이들 각 당사자의 탁월성과 기능도 다르고, 그들이 상대를 사랑하는 까닭도 각각 다르다. 따라서 그들 각각의 애정과 사랑도 또한 다르다. 양방은 그래서 상대로부터 각각 같은 것을 얻을 까닭은 없고, 같은 것을 찾을 리도 없다.

지금 만약, 양친에 대해 자식은 자기를 낳아 준 부모 되는 사람들에게 당연 할 일을 다 하고, 부모는 또 자식에 대해 그 할 일을 다 하면, 이런 양자 사이 사랑은 지속성이 있는 훌륭한 사랑이 될 것이다.

생각건대, 한쪽의 우월로 성립되는 모든 사랑에 요구되는 애정은 역시 이에 비례하는 것이 요구된다. 결국, 상대보다 훌륭한 사람은 자기가 상대를 사랑하는 이상, 상대에 의해 사랑받는 일은 당연하다. 보다 많이 실리를 주는 위치의 사람 등등의 경우도 이에 준한다.

즉, 사람이 그 가치에 따라 사랑받을 때, 여기 어떤 의미의 균등성(均等性)이 성립된다. 이 균등이야말로 때문에 역시 사랑의 특징을 이룬다고 생각한다.

다만, 균등이라 해도 '정'의 경우와 사랑의 경우는 같은 모양이 아니라 본다. 왜냐하면 '정'의 경우 균등은 무엇보다 먼저 가치에 따르는 그것이고, 양적인 그것은 두 번째 온다.[8] 사랑의 경우는 이에 대해 양적인 그것

***
8. 좁은 뜻, 결국 '균등'이란 의미의 '정(正)'에 두 가지 뜻이 있다. 하나는 '배분의 정'으로, 이것이 최초에 온다. 이 경우 균등성은 기하학적 비례에 근거한 그것이다. "각각의 가치에 따라"라는 것이 기본 원리다. 지금 하나의 '광정, 시정, 응보의 정'이 제2로 온다. 이것은 당사자가 균등일 것을 방침으로 하는 부분의 특수 형태의 '정'이다. 이른바 산술적 비례에 근거한다.

이 무엇보다 먼저 문제가 되고, 가치에 따르는 그것은 그 후에 온다.

이 사실은 인간적 탁월성 내지 열악성이나 유복함, 그 밖에 관한 것 등 큰 거리가 양방 간에 존재하는 경우를 보면 분명할 것이다. 이런 경우는, 사실 사람들은 벌써 친구가 되지 않는다. 뿐만 아니라, 친구가 되려 생각지도 않는다. 이를 가장 명백하게 보이는 것은 여러 신들에 대한 경우일 것이다.

사실, 신(神)들은 모든 선(善)에 대해 우리를 초월하는 최대의 것이라 말하지 않으면 안 된다. 또, 군주에 대해 보아도 명백하다. 곧, 군주에 대해서도 그에게 열등 정도가 심한 사람들은 친구 되기는 생각지도 않고, 또 최고도의 좋은 사람들 내지 지자들에 대해서도 마치 가치를 말할 때, 부족한 사람들은 친구 되기를 생각지 않는다. 그러므로 친구 될 수 있는 가능성은 어느 정도일까 하는 한계는 물론 엄밀하지 않다(점점 거리를 넓혀 가도 의연 사랑은 존속하기 때문에)고 해도.

그러나 가령, 신과 같이 거리가 뚜렷한 데 이르면, 벌써 사랑은 성립할 수 없다. 이 사실에서 또, "사람들은 친구를 위해 선의 최대의 것, 즉 친구가 신 되는 일을 일체 바라지 않는 것인가?" 하는 문제도 나온다는 뜻이다. 그것은 만약, 이런 일이 만일 실현되었다고 하면, 당연 그들은 친구를 상실하게 되고, 따라서 또 선을 상실할 형편이기 때문이다. (친구는 곧, 하나의 선인 것이다.)[9]

이래서 "사람은 친구의 선을, 친구 자신을 위해 바란다."고 말하는 것은 좋으나, 친구가 어떤 사람이든 그 어떤 부분을 상실하지 않고 있어야 하는 것이다. 그러므로 사람은 적어도 인간으로서 친구의 최대 선을 바

***
9. 친구의 선을 바라는 일이 친구의 상실을 바라는 일을 함의하는 것이면 무의미하기 때문이다.

란다고 해야 할 것이다. 다만 이것도 생각건대, 완전히 모든 그것이라 말하지 않을지 모른다. 각 사람은 무엇보다 자기를 위해 선을 바라는 것이기 때문이다.

8장 사랑하기와 사랑받기

세상 일반 사람들이 상대를 사랑하는 이상으로, 상대에 의해 사랑받기를 바란다는 것은 명예, 사랑, 때문에 다름 아니라 생각된다. 세상에 간사한 사람들이 많은 이유인 것이다. 생각건대, 간사한 사람은 '열세한 친구'인 것이고, 내지는 "이런 사람인 것처럼 겉을 꾸미는 부분, 즉 상대에 의해 사랑받는 이상으로 상대를 사랑하고 있다는 식으로 겉을 꾸미는 사람"이지만, 사랑받기는 존경받기에 가깝다고 생각된다. 존경받는다는 일은, 그런데 세상 사람이 바로 바라는 부분이기 때문이다.

그러나 존경도 존경 자체 때문이 아니라 부대적 방식에 따라 호감받는 것으로 생각된다. 그것은 세인이 권세 있는 사람들에 의해 존경받기를 기대하는 까닭이다. (생각건대, 무엇인가 필요한 경우 이 사람들로부터 얻을 수 있다고 생각하기 때문이다. 때문에 그들은 얻을 수 있는 편익의 증거로서 이 존경을 기뻐함에 다름 아니다.) 또, 훌륭한 사람들, 식자(識者)인 사람들에 의한 존경을 바라는 사람들은 자기에 관한 자기 면허 평가의 기초 굳히기를 바라는 것이다.

그 기쁨은, 따라서 "이 사람들 판정의 신뢰에 의한 편하고 훌륭한 인간이란 평정이 된다." 하는 부분에 존재하는 것이다. 이에 대해, 사랑받는 일을 사람들이 기뻐하는 것은 사랑받는다는 일, 그 자체 때문이 아니면 안 된다. 존경받는다는 일보다 사랑받는다는 쪽이 보다 좋은 까닭이다. 사랑이 자체적으로 바람직한 것이라 생각되는 까닭도 이에 존재한다.

그런데 사랑은 사랑받기보다 오히려 사랑하는 일에 존재한다고 생각한다. 사랑하는 일을 가지고 기쁨으로 삼는 엄마들이 바로 그 증거다.

일부 엄마들은 자기 자식을 남의 손에 맡겨 기르게 하지만, 그 경우 그들은 자기가 그 사정을 알고 있기 때문에 아이를 사랑하기는 해도, 이에 대해 아이로부터 사랑의 보답을 받는 일은—만약 양방 함께 가능하지 않은 경우에—결코 구할 수 없는 일이다. 다만, 아이들이 행복해하는 것을 보면 그것만으로도 엄마로서 충분한 것이라 생각, 다만 아이들은 사정을 모르기 때문에 엄마가 당연히 해야 할 일을 다 하지 못한다 해도, 엄마 자신은 역시 아이들을 사랑하고 있는 것이다.

사랑은 오히려 사랑하는 일에 있다고 보면, 친애하는 사람들의 탁월성은 사랑하는 일에 있는 것으로 생각된다. 따라서 서로 간에 사랑하는 일이 가치에 따라 실행되는 사람들은 지속성 있는 친구들이다. 그들 사랑은 지속성을 띠고 있다.

균등하지 않은 사람들이 역시 친구일 수 있는 것은 오히려 관계 방식에 있다고 본다. 이에 따라 그들은 균등화되는 까닭이기 때문이다.

친밀함은 균등함이다. 유사성에—특히 인간적인 탁월성에서 유사적인 사람들 사이의 유사성—다름 아니다. 생각건대, 이런 사람들은 그 사람 됨됨이에 근거해 지속성 있는 사람들이 되기 때문에 서로에 대해 시종 변함이 없는 것이다.

나쁜 사항을 상대가 요망하는 일도 없으려니와, 그런 사항을 상대에게 베풀 일도 없다. 도리어 그것을 가로막는 성질의 사람들이다.

사실, 스스로도 과오를 범하지 않는 친애하는 사람들에게도 과오를 범하지 않게 하는 것이 선한 사람들의 특징이기도 하다. 나쁜 사람들 사이에 이와 반대로 안정은 존재하지 않는다. 그들은 자기 자신이라 해도 부단히 유사적이지 않는 정도니까. 더욱이 잠깐 사이라면, 서로 간에 나쁜 인간임을 기뻐하고, 친구로 교제할 수도 있지만.

유용한 사람들과 쾌적한 사람들은 이와 비교하면 불충분하지만, 긴 세월 사랑을 지속한다. 즉, 쾌락과 실리를 서로 주고받는 동안에는.

서로 간에 정반대 사람들 사이에 생기는 사랑,—가령, 가난한 사람이 잘사는 사람에 대한, 또 무학자가 식자에 대한 사랑은—유용을 위한 사랑의 경우가 가장 많다. 즉, 여기서 사람은 틀림없이 결여되어 있는 것을 남에게 바라고, 그 대신 다른 것을 남에게 보내는 것이다. 사랑하는 사람과 사랑받는 사람과, 아름다운 사람과 추한 사람의 경우도 여기 속한다. 사랑하는 사람들이 이따금 자기가 사랑하는 것처럼, 상대 사랑을 받고 싶다는 요구를 가지고 있음이 골계로 보임은 그 때문이다.

이 요구도, 만약 자기가 똑같이 사랑받을 인간이라 하는 입장이라 할 텐데, 생각건대 당연하지만 그런 점을 조금도 가지고 있지 않다고 하면 골계일 수밖에 없다.

(반대적인 것이 반대적인 것을 추구한다는 것도 생각건대, 반대적인 것 그 자체에 근거하는 것이 아니라, 부대적 방식으로 그것을 추구하는 데 지나지 않는다. 욕구는 사실, 양자의 '중'에 관계되어 있다. 즉, 이것이 선인 것이다. 이를테면, '건(乾)'에 대해 '습(濕)'이 되는 것이 아니고, 양자의 '중(中)'에 다다르는 것이 선인 것이다. '난(暖)' 그 밖에 대해서도 똑같다. 그러나 이런 사항을 더 이상 다루지 않기로 한다. 너무 지나치게 다른 영역으로 들어가는 일이 되기 때문이다.)

9장 사랑과 정의

처음 말한 것처럼 사랑은 '정(正)'과 관계되는 것과 똑같은 사항에 관계된다. '정'이 발견되는 것과 똑같은 사람들 사이에서 발견되는 것으로 생각된다. 즉, 어떤 공동체에서도 일정한 '정'이 존재하지만, 여기 또 일정한 '사랑'이 존재한다고 생각된다.

선박의 승조원 동료와 군대 동료 사이에서 '친애하는 벗이여!' 하고 부르는데, 그 밖에 이런 공동체에 속하는 사람들 역시 똑같다. 그때 사랑은 '공동'이라는 사실이 뚜렷한 범위를 따라 그 한도까지 미친다.

'정'도, 곧 이와 똑같은 것이다. 사실, "친구의 것은 공용"이라는 속담이 옳다. 공동성에 사랑이 존재하기 때문이다. 다만 형제와 친우·동료 사이의 모든 것이 공동적이지만, 이와 반대로 그 밖의 경우는 특정한 것에 한정된다.

이 '특정한 것'이 비교적 많을 경우도 있고, 적을 경우도 있다. 생각건대, 여러 가지 사랑 가운데 비교적 친밀한 것도 있고, 서먹서먹한 것도 있다. 한편, '정'이 요구하는 사이도 차이가 존재한다.

곧, 부모의 자식에 대한 의무와 형제간의 서로에 대한 그것과 같지 않고, 친우·동료 사이의 의무와 같은 국민 사이 그것과도 역시 같지 않다. 그 밖에 친애 관계도 이와 똑같다.

부정(不正)도, 따라서 이 각각의 관계에서 다른 것이 된다. 사랑이 밀접한 관계에 있는 사람들에 대한 것만큼 부정을 늘린다. 가령, 단지 같은 국민보다 친우·동료로부터 재화를 빼앗는 편이, 또 이국인보다 같은 형제에게 도움을 거절하는 편이, 또 다른 어떤 사람들보다 부모에게 상해를 입히는 것이 두려운 일인 것처럼.

'사랑'을 늘려 가는 동시에, '정' 역시 그 요구를 중대하는 본성을 갖는다는 사실은, 양자가 같은 사람들 사이에 존립한다는 것, 그리고 양자가 미치는 범위가 같다는 사실을 나타내 보인다.

그러므로 여러 공동체는 모두 나라란 공동체의 한 부분인 것처럼 생각된다. 왜냐하면 여러 공동체에 속하는 사람들은 어떻든 어떤 공익을 위해, 즉 그들 생활에 필요한 어떤 무엇을 공급하기 위해 보조를 함께 맞추고 있지만, 나라 공동체 역시 원래 공익을 위해 결속도 되고, 존속도 되는 것이라 생각한다.

사실, 입법자들도 이를 목표로 하고 있는 것이다. '정'이란, 공통의 공익(公益)에 다름 아니라고 말하고 있다. 그런데 국외의 여러 공동체는 특수한 부분적 방식으로 공익을 희구하는 것에 다름 아니다. 가령, 선박의 승조원들은 재화 취득이든가 어떤 그런 항해에 의한 공익을, 또 같은 군대에 속한 군인들은 그 바라는 재화에 있든 승리에 있든 한 나라에 있든 어떻든 전쟁에 의한 공익을 희구하고 있는 것이다.

같은 부족에 속하는 사람들이나 같은 지구의 사람들도 이와 똑같은 모양이다. 그 밖에 공동체 가운데 쾌락을 위한 것도 있다고 생각된다. 이를테면, 단체든가 클럽과 같이. 이것은 제례와 사교를 목적으로 하는 것이기 때문이다.

이런 공동체는 나라의 하위에 있는 것이라 생각된다. 생각건대 나라 공동체는 눈앞의 공익이 아니라, 우리 생활 전체에 따르는 그것을 희구하고 있다.

사람들은 제례와 이에 관계 있는 모임을 시작함으로써 여러 신들에게 경의를 다 바침과 함께, 또 즐거운 휴식을 스스로 가질 수 있으므로. 사실 예부터 줄곧 전해 오는 제례와 행사는 만물(푸성귀나 해산물, 또는 곡식이나 과일 등에서 그해에 맨 먼저 거두어들이거나 생산된 것.) 차례 방식으로 곡물 수확 후에 행하는 것으로 보이지만, 이것은 농부들이 추수의 계절에 가장 한가한 시간을 누릴 수 있기 때문이다.

이래서, 모든 공동체는 국가 공동체의 한 부분이라 보지만, 이런 성질의 공동체 각각에 따라 역시 그에 상응하는 사랑이 존재하는 것이다.

10장 국제의 종류와 가족 관계

국제(國制)는 하지만 세 종류가 있다. 또 그 이른바, 퇴락한 일탈 형태에도 동수의 종류가 있다. 세 종류는 군주제, 그리고 귀족제, 제3으로 일정 자산을 자격으로 하는 것—이것은 제한 민주제의 이름을 붙이는 것이 적절하다고 생각되지만, 대개 입헌 민주제[10], 또는 공화제로 부르고 있다.—이다.

그리고 이들 가운데 최선의 것이 군주제이고, 최저의 것이 제한 민주제다. 군주제의 일탈 형태가 참주제(僭主制)다. 사실, 양자는 어떻든 단독 지배자제다. 하지만 그 차이는 매우 크다. 참주는 자기 공익을 생각하는 반면, 군주는 피지배자들의 그것을 생각하기 때문이다.

생각건대, 자족적(自足的)이고 모든 선에서 우월하지 않으면 군주가

***
10. '포리티아'는, 한쪽은 널리 '국제' 일반을, 혹은 지배 등 조직면에서 본 '나라 (포리스)' 그 자체를 의미했다. 플라톤의 저작 '국가'라 번역된 『포리티아』는 바로 이런 의미다. 다른 한쪽은, 그러나 그것은 또 국제의 한 특정 형태를 의미했다. 후자를 '공화제'라 번역하지만, 실질적으로 '제한 민주제'에 다름 아니다.

아니므로, 관계자는 그 이상 어떤 것도 필요로 하지 않는다. 그러므로 그가 생각하는 부분은 자기 이익이 아니라, 피지배자들의 그것이 아니면 안 된다.

사실, 이런 식이 아니면, 단지 추첨에 의한 '군주'와[11] 어떤 선별의 여지가 없다. 참주제는 이와 반대다. 그것은 참주 자신의 선(善)을 추구하는 것이기 때문이다. 이것이 최악의 국제임은 어느 것보다 명료할 것이다. 사실, 최선의 반대는 최악의 것이 아닐 수 없다.

군주제에서 참주제로 옮겨 간다. 단독 지배의 비위(非違)는 참주제다. 나쁜 군주는 참주가 되는 것이다. 귀족제에서 지배자들의 악덕에 의해 과두제(寡頭制)로 옮겨 간다. 이들 지배자는, 곧 나라에 속하는 것을 가치에 등진 방식으로 배분함으로써 좋은 모든 것을, 혹은 대부분을 사유화하고, 정권을 항상 같은 수법으로 수습한다.

부유해지는 일이 그들의 제1 의(義)인 것이다. 이래서, 가장 좋은 사람들 대신 소수 열악한 사람들이 지배하기에 이른다. 또, 제한 민주제(유자산자제)는 민주제로, 사실 이 양자는 경계를 접하고 있다. 왜냐하면 제한 민주제도 다수자의 국제임을 방침으로 삼고 있기 때문이다.

일정한 재산을 가지고 있는 사람은 모두 균등으로 간주하기 때문이다. 민주제는 나쁜 종류로서는 가장 그 정도가 뚜렷하지 않은 것이다. 왜냐하면 그 국제 본래 형태에서 조금밖에 벗어나 있지 않기 때문이다.

이래서, 여러 가지 국제는 무엇보다 이상과 같은 방식으로 변전한다. 관계 방식으로 옮겨 가는 것이 가장 빠른 길이고, 가장 쉬운 길이다.

***

11. '추첨에 의한 군주'라 할 때, 아마 아테네에서 1년 교체의 군주를 생각하게 될 것이다. 이는 추첨에 의해 선발되고, 어떤 군주로서의 기능은 갖지 않음에도 불구하고 원시시대부터 전해 오는 제사 맡는 일 때문에 '군주'라 부른다.

사람들은 이들 국제와 어울리는 모습, 말하자면 그 모형에 알맞은 것을 집안의 경우에서도 찾을 수 있을 것이다. 즉, 아버지와 자식들의 공동체는 군주제 형태를 갖는다. 왜냐하면 아버지 관심은 자식들에게 존재하기 때문이다.

호메로스가 제우스의 일을 아버지로 부르는 것도 이에서 나온다. 사실, 군주제는 아버지 지배임을 방침으로 삼고 있는 것이다. 하지만 페르시아 사람들 사이에서 아버지 지배는 참주제와 같다. 여기서 아버지는 자식들을 노예처럼 부리기 때문이다.

또, 주인 대 노예의 그것도 참주제적이다. 여기서 주인을 위한 공익이 경영되기 때문이다. 그러므로 후자는 바르다고 보이고, 페르시아적인 그것은 틀린다고 보인다. 생각건대, 당사자가 다름에 따라 지배 형태 역시도 달라지는 것이 당연하기 때문이다.

부부의 공동체는 귀족제적이라 보게 된다. 왜냐하면 남편은 자기 가치에 따라, 또 남편이 지배해야 할 사항에 관해 지배하지만, 그러나 그는 대개 아내에게 적합한 사항은 이를 아내에게 맡기는 것이다.

만약, 남편이 모든 사항에 힘을 휘두르면, 그는 이를 과두제로 바꾸는 것이 된다. 그 까닭은 그가 그 가치에 따라, 즉 아내보다 뛰어난 인간이라는 자격에서 그렇게 하는 것이 아니기 때문이다.

또, 때로는 아내가 지배하는 경우도 있다. 집에 있는 각시라 하기 때문에. 이 지배는, 그러므로 인간의 탁월성에 따르는 게 아니라 부력(富力)에 따라 행해지는 까닭이다. 그것은 마치 과두제에 의한 것과 같다. 제한 민주제적인 것에 유사한 것에 형제로 이루어지는 공동체가 있다. 사실, 형제는 균등하다. 다만 나이에 차이가 있다. 그러므로 나이가 너무 차이가 나면, 벌써 형제적 사랑은 존재하지 않게 되는 것이다.

민주제가 행해지는 것은 무엇보다 주인이 없는 집이든가(이곳은 모두가 균등하기 때문에), 또는 지배자가 약하고, 각 사람에게 권세가 있는 것 같은 집일 경우다.

11장 여러 가지 사랑의 형태

이들 국제 하나하나에 대해 사랑이―'정'이 미치는 범위와 똑같이 하고―보이는 것이다. 군주의 백성에 대한 사랑은 선을 베푸는 우월성이라는 모양으로 나타난다. 생각건대, 만약 군주가 선한 군주이고, 백성의 행복한 생활을 염려하는 것이 마치 목자가 양을 대하는 것 같다면, 그는 그들에게 선을 베푸는 형편이기 때문이다. (그러므로 호메로스도 아가멤논을 '백성의 목자'라 불렀다.)

부모 사랑 역시 관계 성질의 것이지만, 그러나 이것은 선을 베푸는 크기에서 더욱 그 이상인 것이다. 그것은 부모가 자식 때문에 존재한다는 일―이것은 가장 큰 선을 베푼 것으로 생각된다.―과 양육 및 교육에 연유하기 때문이다. 물론, 이를 또 할아버지도 맡고 있지만. 그러므로 본성적으로 부모는 자식들을, 할아버지는 자손을, 군주는 백성을 지배하게 되어 있는 것이다. 이런 사랑은 바로 일방적 우월성에 입각하는 것에 다름 아니다. 부모는 그러므로 보답 받는 뜻으로 존경받는 것이다. 그러므로 '정'도 이 경우 양방이 똑같지 않고, 그 가치에 따르게 되어 있다. 이 경우의 사랑도 역시 그렇게 되는 것이기 때문에.

남편의 아내에 대한 사랑은 귀족제의 그것과 같은 사랑이다. 여기 곧,

인간의 탁월성에 따라 보다 좋은 사람에게 보다 많은 것을 주고, 각 사람에게 적당한 만큼만 주게 된다. '정'도 역시 이와 똑같다.

그러나 형제 사이 사랑은 친우, 동료 사이 그것과 같다. 그들은 곧, 균등하고 같은 연배다. 그래서 통하는 사람들은 대체로 정념이나 관습이 같은 사람들인 것이다.

제한 민주제적 국제의 경우 사랑은 이와 유사하다. 그것은 제한 민주제에서 국민들이 균등한 좋은 사람들임을 방침으로 삼고 있기 때문이다. 그러므로 지배하는 것도 교체적이고 균등적이다. 따라서 사랑도 여기 관계된 성질을 띤다.

각종 일탈 형태는 '정' 역시 약간으로 한정되지만, 사랑도 같고 최악인 것은 사랑 역시도 가장 적다. 참주제에서, 곧 사랑은 전혀 존재하지 않든가, 매우 적게밖에 존재하지 않는다.

생각건대, 지배자와 피지배자로 통하는 어떤 공동적인 것도 존재하지 않는 경우, '정'도 없지만 사랑도 역시 있을 수 없기 때문이다. 이를테면, 기술자 대 도구, 정신 대 신체, 주인 대 노예의 관계를 보면 명백할 것이다. 그것은 이들 어떤 경우에도 그 사역자(使役者)한테 이익을 받기는 한다.

하지만 무생물에 대해 사랑은 존재하지 않고, '정' 역시도 존재하지 않는다. 마소의 경우도 똑같다. "노예로 보이는 한의 노예"에 대해서도 똑같다. 노예와 주인 사이는 공동적인 어떤 것도 존재하지 않기 때문이다.

사실, 노예는 생명 있는 도구이고, 도구는 생명 없는 노예에 다름 아니다. 그러므로 노예는 노예로 보이는 한, 이에 대한 사랑은 있을 수 없는 것이다. 단지 인간으로 보이는 한 그렇지가 않다. 왜냐하면 모든 인간에게 법과 계약을 함께할 수 있는 모든 인간에 대한 어떤 의미의 '정'은 존재한다고 생각된다. 따라서 '사랑' 또한 존재한다고 생각된다. 상대가 인간인 한의 사랑이.

그러므로 참주제에서 '사랑'도, '정'도 조금밖에 미치지 않으나, 민주제에서 한층 큰 한도까지 미친다. 생각건대, 여기서 사람들이 균등한 사람들이기 때문에, 서로 간에 통하는 공동적인 것도 많기 때문이다.

12장 혈족 사랑, 부부 사랑

어떤 사랑도, 앞에서 말한 것처럼 공동성에서 성립하는 것이 사실이다. 그러나 사람은 혈족의 사랑, 또 친우와 동료의 사랑을 특히 체념하여 생각할 수 있다. 이에 비하면, 같은 국민 사이나, 같은 부족 사이나, 같은 선박 승조원 사이 등의 사랑은 한층 더 협의(狹義)의 공동체 위에 서 있는 것으로 생각된다.[12]

말하자면, 이것은 어떤 '합의(合意)'에 따라 존재하는 것으로 보이기 때문이다. 다른 나라 사람과의 사랑도, 또 이 같은 성질의 것으로 간주할 수 있다.

혈족 사랑도 다양하지만, 그러나 그 종류 여하를 불문하고 모두 부모 자식의 그것에 이유 있다고 생각된다. 이 같은 사랑은, 곧 부모는 자식을 자기 일부로서 귀여워하고, 자식은 또 자기는 여기서 태어난 것이란 의

***
12. "좀 더 좁은 뜻의 공동성(共同性) 위에 선 것"이라 한 것은 『에우데모스 윤리학』에는 "필리아(사랑)라 하는 것에 혈족적인 것과 친구 동료의 것, 공동체적인, 즉 사회적인 그것이 있다."고 설명한 것 가운데 제3의 경우에 해당한다.

미로 부모를 사랑한다.

하지만 "이것은 자기들한테서 태어난 아이다." 함을 부모가 잘 알고 있는 것은, "그들을 부모로 자기가 태어났다."는 사실을 이들이 알고 있는 이상이다. 또 '낳은 것'이 '태어난 것'에 대해 자기 것이라는 근친의 느낌을 가지는 것은, '태어난 것'이 '자기를 낳은 것'에 대한 이상(以上)이다.

생각건대, A에서 태어난 a는 A의 것이다가―마치 치아, 모발 등등은 그것을 가진 사람의 것인 것처럼―이와 반대로, A가 a의 것이란 사실은 전혀 없든가, 혹은 비교적 관계가 적기 때문일 것이다.

뿐만 아니라, 시간의 장단으로 보아도 양자 사이 차이가 있다. 곧, 부모가 자식을 귀여워하는 것은 아이가 태어난 직후부터이지만, 아이가 부모를 사랑하는 것은 시간이 경과하고, 사리 판단이 서며, 지각이 생기게 될 때부터다.

이로부터 엄마가 아이를 아버지가 사랑하는 이상으로 사랑하는 까닭도 명백해진다. 이래서, 부모는 자식을 자기 자신처럼 사랑하는 것이다. (자기한테서 태어난 것은 말하자면 자기로부터 떨어져 나와 독립으로 존재하고, '제2의 자기'에 다름 아니기 때문이다.) 자식은 "자기들은 그들을 부모로 태어난 것이다." 하고 부모를 사랑한다.

그리고 형제도 서로가 같은 부모한테서 태어난 일로 해서 서로 사랑하는 것이다. 생각건대, 부모 관계의 동일성은 서로 간에 동일하게 태어났기 때문이다. 사람들이 "피를 나누었다."라든가, "같은 뿌리"라든가 그렇게 말하는 것은 여기에서 유래한다.

그러므로 형제는 별개 인간이면서, 어떤 의미로는 동일한 자에 다름 아니다. 함께 양육받은 일이나 연배가 같은 것도 그 사랑에 대해 큰 기여를 한다. 생각건대, 친근하기만 하면 동년배끼리 친구나 동료는 서로 사랑하기가 쉽다.

형제 사랑이 친구, 동료 간의 그것과 흡사한 까닭도 여기 있다. 종형제든가, 그 밖의 혈족도 이 사실에 근거를 두고—결국, 같은 사람들한테서 나왔다는 일로—친근감을 가지고 있다. 다만 그 시조가 가까운가 먼가에 따라 어떤 사람들은 비교적 가깝고, 어떤 사람들은 비교적 소원하다.

자식의 부모에 대한 사랑은—인간의 신들에 대한 사랑도 그렇지만—좋은 것, 우월적인 것에 대한 사랑의 의미를 가지고 있다. 사실, 부모는 최대 사랑을 베푼다. 그들은 존재라는 것과 양육의, 마침내 또 교육의 관련을 가지기 때문이다. 이 종류의 사랑은 또 쾌든 유용이든, 남과의 사랑보다 많이 가지게 된다. 부모 자식의 생활은 보다 공동적인 생활이기 때문이다.

형제의 사랑은 또 친구·동료 사이의 사랑과 똑같은 여러 특성이 찾아진다. 더구나 그것은, 그들이 어떻든 좋은 사람이든가, 모두 서로 간에 유사적인 사람들일 때, 보다 뚜렷하다. 형제는 누구보다 긴밀히 서로 간에 속해 있고, 태어나면서부터 서로 간에 사랑하는 위치에 놓여 있으며, 뿐만 아니라 같은 부모한테서 태어나 함께 양육되고 똑같이 교육받은 사람들은 사람됨에 있어 누구보다 서로 간에 유사하기 때문이다.

뿐만 아니라 이 경우, 긴 세월에 걸쳐 음미가 가장 충분하고 가장 확실하게 행해진 이유 때문이다. 그 밖의 혈족 관계에서도 그 친밀함은 각각 유비적(類比的)으로 다르다.

부부 사이에 사랑이 존재하는 것은 본성에 따르는 것으로 생각된다. 생각건대, 인간은 본성적으로 국가 사회적인 것 이상으로 배필적인 것이기 때문에 그런 것도 집은 나라에 앞서는 것으로, 보다 불가결적인 것이다. 생식은 여러 가지 동물에 통하는, 보다 공통적인 사항이기 때문이다.

다만 다른 동물과의 공통성은 여기까지고, 인간이 가정을 경영하는 것은 단지 생식 목적 때문만이 아니라, 생활이 요구하는 만반의 사항을 목적으로 한다.

인간의 여러 가지 기능은 일찍부터 분화되어 있다. 남성과 여성은 벌써 그 기능을 달리한다. 그러므로 그들은 각자의 것을 양자 공동을 위해 차출하는 것으로, 서로 간에 도움이 된다. 이런 사랑에 '유용'도, '쾌'도 포함된다고 생각하는 것은 바로 이 때문이다.

그러나 그들이 좋은 사람들일 경우 그 사랑이 탁월성에 따르는 것일 수 있다. 즉, 남성과 여성은 각자 고유의 탁월성이 있고, 서로 간에 관계되는 것에 기쁨을 느끼는 것이다. 또 아이는 양자의 유대라 생각된다. 아이가 없는 사람들은 일찍 헤어지기 쉬운 까닭이 된다. 생각건대, 아이는 양방에게 공동적인 선으로, 공동적인 것은 아이를 통해 서로를 결합시키기 때문이다.

남편의 아내에 대한 생활, 또 모든 친애하는 자의 친애하는 자에 대한 생활은 어때야 하는가 하는 문제는, 이들 각각의 관계에서 '정'이 어디 존재하는가의 문제와 다른 것이 아니라 본다. 즉, 친구에 대한 경우도, 남에 대한 경우도, 동료에 대한 경우도, 학우에 대한 경우 등은 각각 '정(正)'이 같지 않다고 보는 것이다.

13장 우정의 균등과 고충

사랑은 처음 말한 것처럼 3종이 있는데, 이 중 어떤 것에 대해서도 한편 서로 간에 균등성 위에 서 있는 친구도 있고, 다른 한편은 어느 쪽 우월성 위에 서는 친구도 있다. (곧, 같은 정도의 좋은 사람들이 친구 되는 일도 있으며, 좋은 사람이 나쁜 사람의 친구 되는 일도 있다. 또 쾌적한 사람들이 친구 되는 경우와 유용을 위해 친구 되는 경우도 이와 똑같이 서로 주는 이익에서 균등이 있는 일도 있고, 달라지는 일도 있다.)

어떤 종류의 사랑도 균등한 입장의 사람들은 균등성에 근거해 사랑한다는 일인데, 그 밖에도 균등해야 할 것이다. 불균등한 사람들 사이에서 상대의 우월에 비례할 것을 가지고 이에 보답하지 않으면 안 된다.

고충과 힐난이 생기는 것은 유용에 따르는 사랑에서만의 일이지만, 역시 여기 가장 많은 것이다. 이것은 당연하다. 왜냐하면 인간적 탁월성 때문에 상대를 사랑하는 사람들은 서로 간의 행복을 헤아리는 데 열심이지만, (이 일은 탁월성, 또는 사랑의 특징이기도 하다,) 그러나 이 일 때문에 경합하는 사람들 사이에 고충도 생기지 않고, 다툼도 생기지 않는다.

그것은 자기를 사랑해 주고, 자기에게 잘해 주는 이에 대해 누구라 할 것 없이 성을 내지 않는다. 소양 있는 사람은 오히려 자기 역시도 상대 행복을 헤아리는 것으로 앙갚음을 한다. 사랑하는 일에 상대를 넘는 사람일지라도, 그는 그가 바라는 부분을 이룬 형편이므로 상대에게 고충을 말할 리는 없다.[13]

그들 각자가 하고자 하는 부분은 '선'에 다름 아니기 때문이다. 쾌락으로 인한 친구 사이에 그런 일은 그다지 생기지 않는다. 생각건대, 함께 시간 보내기를 서로 기뻐한다고 할 때, 서로 간에 바라는 바는 양방 동시에 이루어지기 때문이다. 상대가 자기를 기쁘게 해 주지 않는다고 고충을 말하는 사람은 골계(滑稽)로 본다. 일상을 함께하지 않아도 지내는 형

***
13. 말하자면 '신뢰의 토대 위에 선 사랑'과 '합의 계약에 의한 사랑'

편이므로.

유용으로 인한 사랑은 이와 반대로 고충이 많다. 왜냐하면 서로 간에 실리를 위해 이용하는 친구들은 부단히 과다를 요구하는 것이다. 자기가 생각한 정도보다 조금밖에 얻지 못했다고 생각한다.

자기는 가치 있는 부분이 있어 요구하는 것인데, 그만큼 받지 못했다고 하여 서로 간에 힐난하게 된다. 그러나 잘해 준 쪽에서 보면, 잘해서 받는 쪽 요구만큼 도움을 줄 수가 없다.

대체로 '정'이란 사실에 불문적인 것과 성문적인 것의 두 양식이 있는 것처럼, '유용을 위한 사랑'에도 도의적인 것과 법적인 그것이 있다고 생각된다.

고충이 생기는 것은 대개 "사람들이 서로 간에 새로 교섭을 할 때와 교섭을 해소할 때다. 서로 이해하는 사랑의 의미가 같지 않아진다."는 경우에서다. 지금 법적인 사랑은 분명히 말한 조건 위에 서는 그것이다. 그 전혀 시장적인 형태의 것은 손과 손의 거래다. 더욱 자유인에 어울리는 형태의 것은 시간의 간극을 허용하지만, 그러나 "무슨 대상(代償)으로서의 무엇"이라는 합의하에 성립된다.

후자에서도 상대방이 맡는 부분은 명백하다. 이렇다 저렇다 말할 여지가 없다. 그 순연(順延)하는 일에 사랑의 출현이 존재한다는 데 불과하다. 어떤 나라들은 이 관계에 대한 소송이 허용되지 않는다. 신뢰에 바탕을 둔 상호 교섭이 비롯된 사람들은 손해를 견뎌 내지 않으면 안 된다고 간주되는 까닭도 여기 있다.

도의적 사랑은 이와 반대로, 명백히 말한 조건하에 어떤 사실이나 주장 따위에 근거를 두어 그 입장을 주장하지 않는 것이다. 따라서 친구란 의미로 선물을 하든가, 그 밖에 무엇인가를 주려고 하는 것이다. 그래서 그는 도의적 사랑에 어울리는 것, 혹은 그보다 많은 것을 돌려받지 않으면 안 된다고 주장하기에 이르는 일도 있다. 주는 것이 아니고 유용하게 하기 위한 이유로.

그는 교섭을 시작한 때와 그것을 해소한 때는 태도를 달리한다. 그 고충을 털어 놓은 까닭이다. 이런 일이 생기는 것은 모든, 또는 대개의 사람들은 아름다운 사항을 바라기는 해도, 그러나 역시 유리한 사항에 기울어지기 쉽기 때문이다.

보상받는 것을 전제로 하지 않고 친구에게 잘하는 일은 아름다운 사항이지만, 선을 베푸는 일은 유리한 사항에 속한다. 그것이 가능한 사람은, 그러므로 자기가 받은 것만큼의 것은 되돌려 주지 않으면 안 된다. 그것도 자진해 하지 않으면 안 된다. 생각건대, 사람은 상대가 그것을 좋아하지 않는데, 그 친구가 된다는 일은 피하지 않으면 안 된다.

그러므로 만약 처음 잘못을 범했다면 즉, 만약 잘하지 않던 사람으로부터 결국 친구 아닌 사람, 그리고 그 행위 그 자체 때문에 그리 해 주지 않은 사람으로부터—잘해 주는 것이면 마치 명백히 말한 조건하에 잘한 방식으로, 이 교섭을 해소하는 데 이르지 않으면 안 되는 것이다.

"반환할 수 있으면 반환한다."는 협정이었다면 아무 틀림이 없고, 만약 반환이 불가능하면 상대방 역시 그것을 요구하지 않을 것이다. 그는 그러므로 만약 가능하면 반환하지 않으면 안 된다.

다만, 사실은 최초에 "어떤 사람에 의해 어떤 조건하에 잘될 것인가" 하는 것을 생각해 두어야 할 것이다. 그 조건으로 좋다면 굳이 그것을 받고, 또 그렇지 않으면 거절하기 위해.

하지만 그때, "잘한 쪽의 이익"을 척도로 하여 여기 거울삼아 반대급부를 해야 할 것인가, 아니면 "그에게 잘해 준 사람의 선행"을 표준으로 할 것인가 하는 의문점이 생긴다.

생각건대, 받은 쪽 사람들은 "선행자(善行者)한테 얻은 것은 방금 전에 취한 아주 작은 것이고, 다른 사람들한테 얻은 것도 생긴 것에 다름 아니다."라고 작게 평가 주장한다. 상대는 또 이와 반대로 "자기들이 준 것은 자기로서 최대의 것이고, 자기들 이외 사람들한테서 얻을 수 없던 것이다. 위기적인, 또는 그런 절박한 필요에 따라 받게 된 것이다."라고 주장하기 때문이다.

그러나 어느 쪽인가 하면, 이 경우의 사랑은 유용을 위한 그것에 다름 아닌 이상, 받은 쪽 이익이 척도가 되어야 할 것이 아닐까. 왜냐하면 도움을 찾는 것은 그이기 때문에 상대는 그와 균등한 만큼 실리를 바라고 도움을 주고 있다.

그러므로 그가 실제로 이익을 얻은 만큼, 그만큼의 원조를 실제로 받은 까닭에, 그가 실제 받은 만큼을—또는 그 이상의 것을(생각건대, 그것이 일층 아름답다.)—반환하지 않으면 안 될 터이다. 인간적 탁월성에 근거한 사랑은 이와 반대로—물론 고충이 생길 것 같지 않지만—행한 쪽 사람의 의향 및 의도가 평가하거나 기준인 것처럼 생각된다.

생각건대, 덕이든 윤리적 성상이든, 어떤 것을 결정하는 일은 그 의도이기 때문이다.

14장 우정의 불평등

분쟁은 또, "일방적 우월성 위에 입각한 사랑"에서도 발생한다. 결국,

어느 쪽도 상대보다 보다 많은 것을 얻어야 한다고 주장하는 경우다. 그 결과, 사랑은 해소로 끝난다. 좀 더 상세히 말하면, 상대보다 선한 사람은, 자기는 그 사람보다 많이 얻는 것이 지당하다고 생각한다. 선한 사람은 보다 많이 배분 받아야 한다는 이유로.

또, 상대보다 유익하다는 사람도 이와 똑같은 것이다. 그들은, 상대는 무익한 인간이기 때문에 자기들과 균등할 수 없다고 주장한다. "만약 사랑 관계에 근거한 소득이 각자의 기능 값에 부응하지 않으면 부역(賦役)이 실행되기 때문에 사랑은 있을 수 없다."는 이유로.

결국, 재화(財貨)의 공동체는 보다 많이 출자한 사람들이 보다 많은 몫을 획득하는데, 사랑에서도 역시 그런 식이 아니면 안 된다고 그들은 생각하고 있는 것이다.

다른 한편, 궁핍한 사람이나 상대보다 나쁜 사람은 이와 반대다. 즉, 궁핍한 사람들에게 도움을 준다는 일이야말로 선한 친구의 의무가 아니면 안 된다고 그들은 생각한다. 그들에게 말하게 하면, 만약 조금도 은혜가 없다고 하면 선한 사람의 친구가 되든가, 세력 있는 사람 친구가 되어도 아무 소용이 없다는 이유인 것이다.

지금, 이 어느 쪽 주장도 다 옳다고 생각된다. 이 경우, 서로 간에 사랑으로 얻는 부분은 어느 쪽도 "상대보다 많게"가 아니면 안 될 것이다. 물론, 양방이 함께 똑같은 것을 "상대보다 많게"가 아니고, 우월한 사람은 존경을, 궁핍한 사람은 이득을 "상대보다 많게" 얻는 것이 아니면 안 된다.

생각건대, 탁월성과 선행(善行)에 대한 보상은 존경이고, 궁핍에 대한 부조는 이득이기 때문이다.

이 일은 국가 사회에서도 똑같다고 생각된다. 공공(公共)에 대해 어떤 선도 보여 주지 않은 사람은 존경받지 못한다. 공공적인 것은 공공을 위해 선을 베푼 사람에게 주는 것이지만, 존경과 명예는 공공적인 것에 다름 아니다.

공공이라 하여 재화도 얻고 동시에 존경도 받는 것은 아니다. 실제, 누구도 모든 것에 대해 "보다 적게"로 참는 사람은 없을 것이므로 재화에 관해 "보다 적게"로 다하는 사람은 존경을 받고, 뇌물을 좋아하는 사람은 재화를 받는 것으로 그친다. 이미 말한 바와 같이, "각자의 가치에 따라" 행동하는 것이 서로 간에 균등화하고 사랑을 보전하는 까닭인 것이다.

불균등한 사람들도 그 때문에 이런 식으로 서로 간에 교제할 것이고, 곧 재화(財貨)의 관점에서, 또 인간으로서의 탁월성이라는 관점에서 상대로부터 이익을 받는 사람은 이에 보답하는 데 있어 상대에게 존경을 가지고 하지 않으면 안 된다. 자기가 할 수 있는 한 힘을 다하여.

사랑은 가능한 부분을 수급(수요와 공급)하는 것으로, 가치에 따르는 것만을 반드시 수급하는 것은 아니다. 실제, 사랑이 수급을 목적으로 한다면 반드시 모든 경우에 바람직하지 않은 일이다. 가령, 여러 신들이나 부모에 대한 존경에서와 같이.

생각건대, 누구라도 그들에 대해 가치만의 것을 보답하는 것은 불가능하므로 가능한 대로 그들을 돕는 사람이 훌륭한 사람이라 생각된다. 자식이 아버지를 의절하는 일은 용서가 되지 않지만, 아버지는 자식을 의절해 좋다고 생각할 수 있다는 것도 이 때문이다.

즉, 맡는 부분이 있는 사람은 상대에 대해 그것을 보답하지 않으면 안 되지만, 자식은 어떤 일을 해도 그 받은 은혜를 충분히 보답할 일을 했다고 할 수 없다. 따라서 그는 부모에게 끊을 수 없는 부채가 된다.

이와 반대로, 상대는 이쪽을 돌보지 않아도 지장 없다. 아버지도 그러므로 그런 것이다. 동시에, 그러나 아들이 훨씬 비덕(非德)으로 정리가 갈라지지 않는 한, 아마 아버지와 인연을 끊는다는 일은 있을 수 없다고 생각된다.

생각건대, 본성적인 사랑의 정은 그만두더라도 아들의 도움을 받아들이는 것이 인간적이기 때문이다. 하지만―아들이 만약 나쁜 자식이라면―부모를 돕는다는 일은 되도록 피하거나 너무 내키지 않는 일일지 모르지만.

잘해 받는 일은, 원하든 원하지 않든, 남에게 잘하는 쪽이 그 이유가 하찮은 일이라고 피하는 사람들이 많기 때문이다. 이런 일에 관해서는 여기서 그치기로 한다.

9권 사랑, 필리아(우정) II

1장 우정의 논쟁과 해법

모두 유사적이지 않은 당사자들 사이의 사랑에서[*1] 서로 균등화하고, 그 사랑을 유지하는 것은 앞에 설명한 것같이[*2] '비례적'인 것에 다름 아니다. 이를테면, 신발 장인은 역시 신발에 대한 대상(代償)을 그 가치에 따라 받게 되고, 직조장(織造匠)이나 그 밖에 대해서도 역시 그렇다 하는 것처럼.[*3]

그런데 이런 경우라면, 공통 척도인 화폐를 받게 되고, 그러므로 모든 것은 화폐와 비교되며 이를 척도로 저울질하게 된다. 그러나 이것이 연애라는 성질의 것이 되면 그렇게 적용되지 않는다.

때로 사랑하는 사람이 "본인은 사랑이 지나칠 정도로 상대를 사랑하는데, 그 사랑이 자신에게 보답되지 않는다." 하고 (그는 어쩌면 사랑받을 어떤 것도 가지고 있지 않으면서) 고충을 말할 때가 있고, 또 사랑받는 사람

***

1. 사랑(필리아)이 맺어진 동기가 쌍방 당사자에게 같은 종류의 것이 아닌 경우를 말한다. '유사성에 따르는 사랑'에 대립하는 것이다.
2. 이 행문(行文)은 헷갈린다. 애정과 존경에 의해 '비례적으로 균등화'되는 것을 필요로 하는 것은 '균등성 위에 선 사랑'에 대립하는 것으로서의 '일방적 우월성 위에 선 사랑'이던 것이다. 여기 말하는 '비유사성의 사랑'은 아니었다.
3. 현재 대목에서, "가치에 따라"라 하는 것도 "목공(木工)의 화공(靴工)에 대한 것과 같이"라 한 것에 대응하고 있다. 물론, 5권에서 이른바 '교환의 정의'가 문제였음에 대해 여기서는 '정'이 아니라 '사랑'이 문제인 것이다.

은 "전에는 상대가 모든 것을 약속해 놓고, 지금은 그것을 조금도 실천하지 않는다."고 투덜대는 경우가 이따금 있다.

이런 사태가 생기는 것은 전자가 그 사랑의 상대를 쾌락 때문에, 또 후자는 자기를 사랑하는 사람의 유용 때문에 사랑하고 있음에도 불구하고 이 같은 일이 각각 상대에게서 만족을 찾지 못하기 때문이다.

그들의 사랑은, 곧 이것을 위한 사랑이므로 그들이 서로 추구한 사랑이 얻어지지 않을 때, 이 사랑은 해소(解消, 어떤 관계를 풀어서 없애 버림.)된다. 사실, 그들은 서로 인간 자신이 아니라, 여기 속하는 지속적이지 않은 것을 사랑하고 좋아한 것이다. 그들 사랑 역시, 지속적일 수 없는 까닭도 여기 있다.

(이와 반대로 서로의 "사람이 되어"에 대한 사랑은 이미 말한 것처럼 인간 자신에 따르는 것이기 때문에 지속한다.) 그들은 또, 만약 다른 것을 받고, 자기들이 요구하는 것을 받지 못할 경우 사이가 틀어진다.

생각건대, 만약 자기가 바라는 것을 얻지 못하면, 그것은 아무것도 받지 못하는 것이므로 어떤 사랑이나 관계를 지속할 여지가 없기 때문이다. 이를테면, 이런 이야기가 있다. 거문고 연주자에 대해 어떤 사람이 연주가 능숙하면 그만큼 더 돈을 주겠다는 약속을 했다. 이튿날이 되어 거문고 연주자가 약속을 이행해 달라고 하자 그가 말하기를, "내가 받은 쾌락에 대한 보수는 내가 그대에게 준 쾌락[4]을 가지고 끝난 것이다."

만약 이 경우, 양방이 희망한 것이 각자의 쾌락이었다면 그것으로 충분했을 것이다. 그러나 한쪽은 향락을, 다른 한쪽은 돈을 희망하고 있었다면, 그리고 한쪽은 그것을 얻었지만 다른 한쪽은 그것을 얻지 못했다

***
4. 즉, '보수를 기대한다는 쾌락'

면, 양자 공동 관계 조건은 만족하게 채워졌다고 할 수 없을 것이다. 생각건대, 사람은 자기가 필요로 하는 것에 관심을 갖기 때문에, 그가 자기 것을 주는 것도, 자기가 필요로 하는 목적을 추구하는 것도 다름 아니기 때문이다.

그때, "가치에 따라서" 하는 그 가치의 결정은 어느 쪽에 속하는 것일까? 그것을 제공한 사람일까, 아니면 그것을 받은 사람일까?*5 "제공한다"고 하면, 그는 가치 결정을 상대에게 맡기는 것으로 되기 쉽다.

전해지는 바, 프로타고라스(Protagoras)*6 방식은 바로 이것이다. 그는 곧, 어떤 사항을 교수한 경우에도 배운 자로 하여금 "그것을 인식하는 일이 어느 만큼이나 가치 있는 것으로 생각되는가"를 판정케 하여 그만큼의 보수 받기를 일상화했다.

이런 사항에 있어, 그러나 "보수는 뚜렷하게" 하는*7 방식으로 하는 것이 좋다는 사람들이 존재한다. 하지만 그 반면, 선취금(先取金)을 받고 후에 가서―약속이 과장된 이유 때문에―조금도 약속을 실행하지 못하는 사람들도 있다. 그러므로 이것은 고충의 대상이 된다.

그럼에도 불구하고 관계에 의한 보수를 소피스트들은 취하는 것이지만, 그것은 생각건대, 부득이한 일일 것이다. 그렇게 하지 않는 한, 그들이 받으려는 보수에 대한 인식에 대해 금전을 주는 사람은 없기 때문이다.

***

5. 즉, 그것을 최초에 받은 사람, 그리고 그것에 대해 보답할 위치에 있는 사람
6. 프로타고라스(기원전 5세기, 소크라테스와 같은 시대 사람)는 가장 초기의 '소피스트'의 한 사람. 고르기아스와 함께 당시 가장 유능하고 고명한 '소피스트'다.
7. 헤시오도스(Hesiodos, 기원전 700년경, 그리스 서사시인)의 〈일과 일상〉 370, "친한 사람에게도 보수는 판연해야 하고, 그 확실을 기해야 한다."의 부분을 인용한 것이다.

그들은 그러므로 금전적인 이익을 얻는 대신 그를 실행하지 않으면 당연히 고충의 대상이 된다.

지금, 사전 약속 없이 일이 실행된 경우, 만약 그것이 단지 상대 자신의 이유 때문에 실행된 것이면, 여기서 앞서 말한 것처럼 고충이 나올 수 없는 이유가 된다. (사실 탁월성에 따른 사랑은 이런 성질의 사랑이다.) 대상도, 상대급부의 의도를 기준으로 해야 할 것이다. (사실, '의도'만이 친애한 사람이든 탁월성이든, 특징짓는 것에 다름 아니다.)

철학을 전해 준 사람들의 경우도 이와 똑같다고 생각한다. 또, 실제 이 가치는 재화를 가지고 잴 수 없고, 또한 그들의 존경심을 보상하는 데 족하지 않음으로써 이 사람들에 대해, 아마 마치 신들이나 부모에 대한 경우처럼 가능한 것만 가지고 충분하다 할밖에 딴 도리가 없다.

그러나 급부가 이런 성질의 것이 아니고 어떤 형태의 교환 조건을 포함한 경우라면, 생각건대, 되도록 그 가치에 상응하면 어느 쪽도 생각하듯이 반대급부가 없으면 안 된다. 또, 만약 그렇게 가지 않는다 하면, 받는 쪽 사람이 그 가치를 결정하는 것이 그칠 수 없는 일일 뿐 아니라, 또 정당한 일이라 생각될 것이다.

그것은 그가 실제 얻은 공익에 해당하는 것을, 혹은 그 쾌락을 위해 값을 치르는 일을 그만두지 않은 것뿐인 것을 상대로부터 받아들이면, 상대방은 자기가 준 만큼의 가치를 반환 받은 일이 되는 이유가 되기 때문이다.

사실, 이것은 매매 경우에서조차 분명하게 이루어지는 것이고, 또 "일단 신용을 한 상대에 대해서는 서로 간의 관계에 의한 신용으로 끝까지 일을 처리하지 않으면 안 된다."는 취지에 따른다.

결국, 신임 받은 사람이 그 가치를 결정하는 편이, 신임한 사람이 그것을 결정하기보다 정당하다고 간주되는 이유다. 즉, 대부분의 경우, 소유하는 사람과 이것을 얻고자 하는 사람은 사물에 대한 평가를 달리하는 것이지만(그것은 누구라도 자기 자신의 것이든가, 자기가 주려고 하는 것이 자기 안목으로 보아 중요한 가치가 있는 것으로 비추이기 때문에).

그러나 그럼에도 불구하고 대상(代償)은 수익자 쪽이 결정하는 바에 따라 주게 되는 것이다. 다만 그는 생각건대, 얻은 뒤에 자기가 본 만큼의 것으로 평가하기보다 얻기 전에 평가한 만큼의 것으로 평가하는 것이 아니면 안 된다.

2장 아버지에 대한 배려

그런데 다음의 여러 문제가 또 곤란을 일으켰다. 이를테면, 이런 것이다. 사람은 만사를 아버지에게 배분한다. 만사를 아버지 말에 따라야 할 것인가? 또는 그렇지 않고 병이 났을 때는 의사를 신뢰하고, 장군의 선거 때는 싸움에 능숙한 사람을 뽑는다는 식으로 하지 않으면 안 된다는 말인가?

똑같이, 친애하는 사람들을 위해 다하기보다, 뛰어난 사람들을 위해 다하는 일을 먼저 해야 할 것인가, 아닌가? 또, 친구 동료를 위해 써버리기보다, 오히려 은인에 대해 은혜 보답하기를 먼저 할 것인가, 아닌가? 만약, 그것이 양립하지 않을 때에는.

그런데 모두 이런 사항을 엄밀히 규정한다는 일은 용이하지 않을 것이다. 생각건대, 개개의 경우에 따라 사항의 중대성이나 경소성(輕小性), 그 아름다움이나 어쩔 수 없음에 대한 여러 가지 종류와 그에 따른 다양한 차이가 존재하기 때문이다. 그렇지만 만사를 한 사람에게 배분하지 않는 일을 살피는 것은 어렵지 않다.

또, 여러 가지 선행에 보답하는 일은, 대체로 말하면 친구나 동료에게 은혜를 베풀기보다 먼저 해야 할 것으로, 가령 자기에게 이익을 안겨 주는 부채를 반환하는 일은 친구나 동료에게 주기보다 먼저 할 일이다.

그러나 생각건대, 이것도 반드시 언제나의 이유로 가지 않는 것이다. 가령, 해적 소굴에서 석방되는 몸값을 지불한 일이 있는 사람은 이 자기 해방 은인을 위해—그가 어떤 사람이든 상관없이—그 몸값을 지불하고, 이에 보답할 것인가(또는 그 사람이 독촉 받는, 단지 몸값 반환을 청구해올 경우 그에게 그것을 반환할 것인가?), 아니면 자기 아버지 몸값을 낼 것인가 하는, 둘 중 하나를 선택해야 한다고 하면, 곧 자기는 포로가 되더라도 우선적으로 아버지를 석방해야 한다고 생각될 것이다.

그래서 지금 말한 것같이 일반적으로 말하면, 은혜를 먼저 갚지 않으면 안 되는 일은 물론이지만, 그러나 만약, 다른 방면으로 융통하는 편이 효과적이거나 부득이할 때 보다 낫다고 하면, 오히려 후자 쪽으로 기울지 않으면 안 될 일도 있을 것이다.

사실, 때로는 이미 받은 은혜에 보답하는 일은 공정하지 않을[8] 경우도 있다. 만약, 이쪽이 좋은 인간임을 상대가 알고 있다면 이쪽에 잘해 주는 반면, 그에 대한 이쪽의 반응은, 이쪽이 나쁜 인간이라 보는 사람에 대해 하지 않으면 안 된다는 경우처럼.

***
8. '공평'이라 번역된 '이손'은 다른 대목에서 주로 '균등'이라 번역된 말이다. '정'은 '균등'이고, '균등'에 산술적인 그것과 기하학적인 그것이 있다고 했다. 여기서, "이손이 아니다"는 기하학적 비례적 균등성에 등지는 것으로, '오히려 균형을 잃고 있다.' 하는 정도의 의미다.

가령, 돈을 빌려 준 사람에게 돈을 갚을 때, 해서 안 될 일조차 때로는 있는 것이다. 상대방에게 돈을 빌려 준 사람은 일반적인 개념을 갖고 회수할 수 있음을 예상하면서 빌려 주었는데, 한편으로는 상대방에게서 돈을 회수할 수 없다고 할 경우.

그러므로 사태가 만약, 사실 그대로라면 이런 상대의 요구는 공정하지 않은 것이고, 또 만약 실제 그런 인간이 아니고 단지 세간에서 그렇게 생각하는 데 불과하다고 해도, 이런 상대 요구에 응하지 않는다 해서 형편이 좋지 않다고 생각되지 않는다.

이런 이유로 해서, 이따금 말한 것처럼 정념과 행위에 관한 여러 가지 논의의 엄밀성은 그 대상에서 그 정도를 낼 수 없는 것이다.

이래서, 모든 사람에게 같은 것을 배분해서 안 된다는 것, 그리고 아버지라 해도 모든 것을 배분하지 않는다는 사실을 보기가 어렵지 않다. 제우스에게도 모든 것이 희생으로 바쳐지는 것이 형편이 아닌 것처럼.

그리고 부모든, 형제든, 친구·동료든 은인일지라도 각각 다른 것을 나누어 갖게 된다면, 이들 각각의 사람들에게 고유한 것처럼 적당한 것이 나누어지지 않으면 안 된다. 또 사람들은 현재 그렇게 하고 있는 것으로 보인다.

가령, 혼인에는 동족이 초대된다. 생각건대 동족은, 또 동족에 관한 경영은 그들에게 공동적이기 때문이다. 장의(葬儀)에도 같은 이유에 따라 누구보다 동족이 열석하지 않으면 안 된다고 생각한다.

부모에 대해, 그 부양을 위해 다른 어떤 사람보다 더 힘을 기울여야 한다고 생각하고 있다. 우리는 부모 부양을 책임지고 있고, 또 자기 존재의 원인이 되고 있는 사람들을 위해 조력한다는 것은 자기를 위한 것이라기보다 아름답기 때문이라는 의미에서.

또, 부모에 대해, 신들에 대해서와 똑같이 그 위에 존경도 표하지 않으면 안 된다. 그것 역시 어떤 존경도 좋다는 의미가 아니다. 곧, 아버지에 대한 존경과 어머니에 대한 존경은 같으면 안 되고, 더욱이 또 그것은 지자에의 존경과 장군에의 존경이어도 안 된다.

아버지는 아버지에 어울리는 존경이, 똑같이 어머니는 어머니에 어울리는 존경이 표시되어야 한다. 또, 모든 연장자에 대해서는 일어서든가, 좋은 자리를 권하든가, 그 밖에 그의 나이에 따르는 존경이 표시되어야 할 것이다.

친구·동료나 형제에 대해서는, 그들에게 표시할 것은 "기탄없는 언사"라든가, "모든 것에 대한 공동(共同)"이란 사실이다.

모든 동족이나, 같은 지역민이나, 같은 국민에 대해서도, 또 각각 적당한 것을 배려하고, 그리고 근친성(近親性) 및 탁월성, 또는 도움 되는 정도에 따라 각각 상대에 속하는 고유의 것을 형편에 맞추도록 부단히 노력하지 않으면 안 된다.

그들이 같은 부류의 사람들일 경우 이는 비교적 용이하지만, 여러 가지 다른 사람들의 경우에는 좀처럼 귀찮은 일이다. 그럼에도 불구하고, 그렇다 해서 두 손 모아 공경할 일은 아니지만, 가능한 대로 그 식별에 힘쓰지 않으면 안 된다.

3장 우정의 관계 단절

상대방 사람들이 이전과 같지 않을 경우 사랑의 해소 가부에 관해서도 역시 곤란이 생긴다. 그러나 '유용'이나 '쾌' 때문에 친구들 사이에서 서로 간에 벌써 이것을 갖지 못하게 되었을 때, 그 사랑을 해소하기에 이를 때라도 이는 조금도 이상할 것이 없지 않은가? 그들은 이들 친구였기 때문이다.

그것이 없어지면 그들이 서로 간에 사랑하지 않게 되는 것은 당연한 일이다. 다만, 만약 상대가 '유용'이든 '쾌'든, 어떤 이유로 사랑을 유지하고 있으면서 마치 "사람이 되다" 때문인 것처럼 겉을 꾸미는 것이었다면, 사람은 이에 대해 고충을 털어놓을 것이 틀림없다.

사실, 처음 말한 것처럼 친애하는 사람들 사이에서 가장 분쟁이 생기기 쉬운 것은 서로 간의 상정(想定)과 실제 관계가 같지 않을 경우다. 만약 그러므로 사람이 스스로 오해하고 "사람이 되기 때문에 사랑받고 있다." 하고—상대는 조금도 그렇지 않은데도—생각했다고 하면, 책망을 자기에게 돌릴 수밖에 없음은 물론이지만.

만약 이와 반대로, 상대의 겉 보이기로 속았다고 하면, 속인 사람에 대해 고충을 털어놓는 일은 정당할 것이다. 이 경우 화폐 위조자에 대한 것 이상으로 고충을 털어놓아도 좋다.[9] 흉악한 일이 보다 존귀한 사항에 관계되어 있을 뿐.

그러나 상대가 좋은 사람 되기 때문에 친구로 받아들인 바, 상대가 나쁜 인간이 되었을 경우, 혹은 그렇게 생각하기에 이른 경우 사람은 그래도 역시 그를 사랑할 것인가. 그러나 이것은 불가능한 일이 아닐까?

생각건대, '사랑받을'은 모든 것이 아니고, 선한 것이 사랑받을 일이다. 이와 반대로 사랑받을 것도 아니지만, 사랑해 좋을 것도 아니다. 사

***
9. 아테네에서 화폐 위조자에 대한 처벌은 사형이었다.

람은 나쁜 것을 좋아하거나, 또 나쁜 것에 유사해도 안 되는 것이다.

서로 사랑하기는 비슷한 사람끼리일 것, 이미 설명한 바와 같다. 그러면 관계 경우는 불문곡직하고 해소해야 할 것인가? 아마 그 모든 경우가 아니라, 상대의 비덕(非德)이 나을 수 없는 경우 비로소 해소할 일이 아닌가?

교정의 희망이 보일 경우 상대의 "사람이 되다"를 위해 도움 주는 일은 자재(資財)를 위한 도움이 더욱 필요할 것이다. "사람이 되다"는 자재보다 좋은 것이다. 보다 많이 사랑에 고유한 것이기 때문에.

이런 절차로써 해소에 이른 사람은 조금도 형편이 아닌 일을 하고 있다고 생각되지 않는다. 그는 관계되는 사람을 친구로 한 것이 아니었고, 상대가 이전과 다른 사람이 되었을 때, 그는 그것을 고칠 수 없어 손을 빌리려는 것이기 때문이다.

또, 만약 한쪽은 변하지 않은 나쁜 인간인데, 다른 한쪽은 보다 좋은 사람이 되어간다. 인간적인 탁월성에서 전자를 멀리하는 일이 심하게 찾아오면, 그 경우 역시 후자는 상대를 친구로 대우할 것인가, 아니면 그것은 불가능할 것인가?

이 사실에서 무엇보다 분명히 알 수 있는 것은 양자 사이 틈이 큰 경우다. 가령, 소년시대 친구였던 사람들 사이의 사랑처럼. 곧, 만약 한쪽은 언제까지고 사고력에서 소년시절을 벗어나지 않는데, 다른 한쪽은 거의 최고 의미에서 성인이 되었다고 하면, 똑같은 사항에서 만족하고, 기쁨을 느끼고, 고통을 느끼는 일 없는 그들이 어떻게 해서 친구일 수 있겠나?

생각건대, 이렇게 되면 피차 인간에 대해서도 그 느끼는 바 일치를 보지 못하고, 이 같은 일치 없이는 친구 되기는 불가능한 것이다. 생활을 함께함에 견디지 못하기 때문에. 이 점 이미 말한 바 있다.

그런데 친구로 보이지 않는 사람에 대해 전혀 친구이지 않았던 것과 조금도 다르지 않은 것과 같은 방식으로 바라다볼 것인가? 아니다. 오히려 우리는 과거 다정한 추억을 간직하지 않으면 안 될 것이다.

그리고 마치 우리는 남보다 친구에게 호의를 다하지 않으면 안 된다고 생각하는 것과 같은 방법으로, 과거 친구들에 대해서도 예전 우정 때문에 역시 무엇인가 배려가 있어야 한다. 너무나 뚜렷한 비덕의 이유를 가지고 해소가 된 것이 아닌 한.

4장 우정과 자애

주위 사람들에 대한 '사랑'의 여러 양상이라든가, '사랑'의 규정에 맞춰 사용한 그 여러 가지 표징은, 어떻든 우리 자신에 대한 우리 그것의 여러 가지 표징에 유래되는 것으로 생각된다.

그것은 '친애하는 사람', '친구 되는 사람'. 이는 "여러 가지 선, 또는 선으로 보이는 것을 상대 위해 바라고 행하는 사람"이라 하는 것이고, 또 "상대방 존재와 삶을 상대를 위해 바라는 바의 사람"이라 한다.

이런 기분은 어머니가 자식에 대해 갖는 바의 것이고, 사이좋은[*10] 친구에 대한 기분에도 이런 것이 발견된다. 혹은 또, 그것은 "함께 시간을 보내는 사람"이고, "상대방과 의도를 같이하는 사람"이라 한다. 혹은

***
10. "기분이 맞지 않아 만나지 않아도, 그러나 역시 서로 간에 친애의 정은 잃지 않고 있는 사람들"을 의미하는 것이다.

"상대방과 고민과 기쁨을 함께하는 사람"이라 한다.

(이런 사태도 어머니의 경우에 가장 두드러진다.) 사랑도 역시 이들 여러 가지 특징 가운데 이것저것에 의해 규정되는 것이다. 그런데 선한 사람에게 이들 여러 특징이 모두 그 자신의 관계에서 발견된다.

(그렇지 않은 사람들에게서도 자기는 훌륭한 인간인 한 똑같이 말할 수 있으나, 어떤 일에서도 그러나 척도가 되는 것은 이미 말한 것처럼 인간의 '탁월성'이고, '선한 사람'이라 생각된다.)

즉, 그는 자기 자신과 뜻을 같이하는 사람이고, 똑같은 것을 그는 그 혼 전체로 욕구한다. 그리고 그는 자기에게 선한 사항, 또는 그렇게 보이는 사항을 바라고 행하는 것이다. (생각건대, 선한 일을 위해 수고를 아끼지 않는 것이 선한 사람의 특징이다.) 그것도 자기 자신을 위해—곧, 각자가 참 그것이라 생각되는 혼의 지성적인 것을 위해—서이다.

또, 그는 자기 삶과 보전을 바란다. 특히 자기 혼에서 "그것에 의해 지려가 행해지는 부분의 것"의 삶과 보전을. 사실 선한 사람에게 존재한다는 일은 바로 선인 것이다.

각 사람은 여러 가지 선이 자기에게 생길 것을 바라는 것이다. 만약 자기를 상실하고 '딴 사람이 되어' 있다면, 가령 전 세계의 선을 소유한다 해도 이를 선택하는 사람은 아닐 것이다. 그래도 좋다면, 현재 신은 벌써 '선'을 소유하고 있기 때문에[11].

오히려 누구라도 "그 있는 바의 것으로 있으면서"가 아니면 안 된다. 그래서 각 사람이 그것으로 있는 바의 것, 혹은 어떤 것에도 더구나 그것

***

11. 딴사람이 되지 않고서 '선'을 소유할 수 없다면, 누구도 그것을 바라지 않을 것이다. 왜냐하면 자기가 일부러 자기 이외의 것이 되어 '선'을 소유하는 것도 아니고, 신은 완전히 '선'을 소유하는 것으로 존재하는 것이기 때문에.

으로 있는 바의 것은 각 사람의 혼 속이 되는 "지성적으로 인식되는 것"에 다름 아니라 생각될 것이다.

또, 선한 사람은 자기와 함께 시간 보내기를 바란다. 그것은 사실 쾌적한 사항인 것이다. 그가 과거에 한 일의 기억은 기쁜 기억이고, 미래에 대한 그의 기대는 좋은 기대인 것이다. 관계 기대는 쾌적일 수밖에 없다. 뿐만 아니라, 그의 지성은 여러 가지 관조의 제목 및 대상에 궁한 바를 모른다.

또, 그는 누구보다 자기와 고뇌를 함께하고, 자기와 쾌락을 함께한다. 선한 사람은 같은 것이 항상 고통이고, 같은 것이 항상 쾌적인 것이므로, 그것이 때에 따라 여러 모로 달라지는 일은 없다. 결국, 그는 말하자면 후회 없이 잘되는 사람이다.

그런 까닭에 선한 사람은 이런 여러 모양이 전부 자기 자신의 관계에서 발견된다는 사실, 그래서 그가 친구를 보는 일이 자기 자신을 보는 것 같다(즉, 친구는 '제2의 자기'다.) 하는 일에 근거한다. 그래서 '사랑'은 이상과 같은 태도 중 어떤 것이라 생각하기에 이른다.

또, '친애하는 사람', '친구인 사람'은 이런 태도가 발견되는 사람에 다름 아니라 생각되는 이유일 것이다.

자기 자신의 관계에서, 과연 '사랑'이 가능할까 여부는 잠깐 놓아둔다. 그러나 인간이 둘, 또는 그 이상의 것으로 되었다 말할 수 있는 한, 여기 사랑이 있을 수 있다 생각되어 그럴 것이다. 앞에 설명한 바대로, 다시 또 사랑도 그 격한 감정이 되면 자기 자신에 대한 것이 되는 소견이 있다고 하면.

드러내 보인 태도는 세상 사람들에게도—그다지 좋지 않은 사람들 경우조차—존재하는 양상이 없지 않다. 아마 이들도 자기가 자기에게 만족감을 느끼고, 자기를 선한 사람이라 생각하는 한 그런 태도를 나누어 가지고 있을지 모른다.

실제, 대략 완전한 의미에서 나쁜, 손도 댈 수 없는 사람들에게 이런 태도는 전혀 존재하지 않고, 존재하는 모양조차 보이지 않는다.

그러나 어떻든, 나쁜 사람들에게 대략 이런 사태는 존재하지 않는다 해 거의 틀림없을 것이다. 나쁜 사람들은 자기 자신과 사이가 틀어진 사람이므로, 그들의 욕정과 바람 및 희망은 각각 그 도달하는 데가 다르다. 억제력 없는 사람들이 즉 그렇다.

사실 억제력 없는 사람들은 자기가 선이라 생각하는 것 대신 여러 가지 쾌적한 것을—그것이 유해함에도 불구하고—선택하는 것이다. 개중에 또 마음의 기약(氣弱), 혹은 나태 때문에 자기에게 최선의 사항이라 생각하는 바를 해 온, 그리고 그 열악성(劣惡性) 때문에 혐오 받는 사람들은 삶을 회피하고 자기 자신을 사멸시키는 일조차 있다.

그들은 곧, 자기 혼자 있으면 몹시 싫은 사항을 상기하고, 또 그런 사항이 장차 예상되든가 하지만, 다른 사람들과 있으면 그 동안은 그 사항을 잊고 말기 때문이다. 또 사랑받는 아무것도 갖고 있지 않기 때문에 그들은 자기 자신이 사랑하는 어떤 것을 느끼지 못한다.

이런 사람들은, 따라서 또 자기와 기뻐하고 즐거움을 같이하고 고뇌를 같이할 일도 없다. 생각건대, 그들의 혼은 내부 분열해 있고, 그 어떤 것은 그의 비덕 때문에 일정한 것에서 멀어져 가는 일에 고통을 느끼는 데 대해, 다른 어떤 것은 여기서 멀어지는 일에 기쁨을 맛본다.

하나는 여기에, 다른 하나는 저기에, 마치 그들을 갈라놓는 힘으로 견인하기 때문이다. 물론, 고통과 쾌락을 동시에 느끼는 일은 불가능하다 해도 쾌락하는 사이, 잠깐 고통받는 일은 있는 것이다. 그는 그런 맛을 느끼지 않았으면 하고 바라는 것이 보통이다.

사실 나쁜 사람들은 후회로 가득 차 있다. 이래서 나쁜 사람은 사랑받을 아무것도 가지고 있지 않으므로 자기 자신에 대해서도 친애하는 모양으로 놓이지 않는다고 보인다. 그러므로 만약, 이런 식으로 있음은 더 이상 없는 비참한 일이라 하면, 사람은 충분한 마음으로 비덕을 피해야 할 것이다. 그리고 좋은 사람이 되도록 노력해야 할 것이다.

좋은 사람이 되고부터 비로소 자기 자신에 대해서도 친애하는 사람이 되고, 남의 친구도 될 수 있는 것이다.

5장 사랑과 호의

'호의'는 사랑의 동류로 생각된다. 그러나 그렇다 해서 호의가 사랑인 것은 아니다. 왜냐하면 호의의 경우 상대가 지인이 아닐 경우도 있고, 또 이쪽 호의에 상대가 알아차리지 못할 경우가 있을 수 있으므로, 이에 대해 사랑의 경우는 그런 일은 결코 없기 때문이다. 이 사실은 앞에서도 이미 말한 바 있다.

하지만 또 호의는 애정도 아니다. 왜냐하면 호의는 절실한 느낌이 없고 욕구가 포함되지 않은 데 대해, 애정은 이들이 부수된다. 뿐만 아니라, 애정은 다정을 예상하지 않으면 안 되지만, 호의는 갑자기 생길 수도 있다. 가령, 경기자에 대한 경우와 같이. 즉, 사람들은 경기자에 대해 호의적이고 적극적으로 편들 때가 있다. 그래도 경기를 같이 거들 수 있는 형편은 털끝만큼도 없다. 생각건대, 그들은 지금 말한 바 같이 돌연 호의적이 되고 피상적 방식으로 애호하는 데 지나지 않는다.

호의는 이래서 사랑의 단초인 것으로 생각된다. 그것은 마치 연애의 단초가 시각을 통한 쾌락에 비교할 수 있을 것이다. 먼저 용모와 자태에 쾌락을 느끼지 않으면 어느 누구도 연애를 하지 않는다. 하지만 용모와 자태를 보고 기쁨을 느끼는 사람이 그렇다 해서 반드시 연애하는 것은 아니다.

옆에 없을 때도 상대를 그리워하고, 그 사람이 옆에 있기를 바랄 때 비로소 연애한다고 할 수 있다. 이와 똑같이 호의적이지 않으면 친구가 될 수 없지만, 호의적인 사람들은 그렇다 해서 반드시 친구가 되는 것은 아니다.

생각건대, 호의적인 사람들은 단지 상대의 여러 가지 선(善)을 바라는 데 그치고, 어떤 일을 함께하는 것도, 귀찮음을 떠맡는 것도 아니기 때문이다. 그러므로 굳이 호의에 대한 정의를 내린다면, 호의는 귀찮은 사랑이라 할 것이다. 그러나 그것이 시간을 경과함에 따라 다정하게 되기까지 이르면 사랑이 된다고 한다.

이 경우의 사랑은 '유용'을 위한 그것이 아니고, 또 '쾌락'을 위한 그것도 아니다. 호의도 역시 이를 목표로 생기는 것은 아님이다.

실제, 어떤 일을 잘해 상을 받은 사람이, 만약 자기가 받은 것의 답례로 주는 데 호의를 가지고 하는 것이면, 그것은 당연 거래나 흥정에 지나지 않는다.

또 만약, 상대로부터 편의를 얻을 것에 기대를 하면서 어떤 사람에게 잘하려고 하면, 이 사람은 상대에 대해 호의적인 것이 아니라, 오히려 자기 자신에 대해 호의적인 데 지나지 않는다고 생각된다.

그것은 마치 어떤 유용성 때문에 친절하게 해 주는 것이면 친구가 아닌 것과 같다. 호의는 모두 어떤 탁월성이든가 마땅함 때문에—어떤 사람에게 어떤 사람이 아름답다든가, 용감하다든가, 그 밖에 어떤 그런 것으로 보이는 경우에—생길 수밖에 없다. 경기자에 대해 말한 것처럼.

6장 사랑과 협화

'협화(協和)'라는 것도 사랑의 부류라고 본다. 협화가 단지 '견해 일치'일 수 없는 이유도 바로 여기 있다. 서로 모르는 사람들 사이에서도 '견해 일치'는 찾아볼 수 있지만, 그러나 어떤 일에 관한 것이든, 같은 의견이라 하여 협화하고 있다고 말할 이유는 없다. 가령, 천계(天界) 문제에 관해 같은 의견이라 하는 것처럼.

(이들 문제에 대해 화합한다는 것이 사랑을 의미하는 것은 아니기 때문이다.) 오히려 국민들이 서로 공익에 관해 같은 의견이고, 같은 사항을 의도하고, 공통된 견해를 실행에 옮기는 것과 같은 경우 관계국과 협화하고 있다고 말한다.

사람들이 협화하는 것은 그러므로 실천적인 사항에 관해서이고, 그중에도 중대한, 그리고 당사자 양방, 혹은 전부를 만족시키는 해결의 기대 같은 사항에 관해서다. 이를테면, "공직 임용은 선거제에 의하지 않으면 안 된다."든가, "스파르타와 동맹하지 않으면 안 된다."든가, "피타코스(Pittacus)*[12]가 그 자신도 그것을 긍정할 때 정권을 잡지 않으면 안 된다."

***
12. 피타코스(Pittacus, 기원전 600년, 그리스 7현인 중 한 사람, 레스보스 섬 미튜렌 사람)는 지배자로 선발되어 14년간 그 자리에 머물다가 물러났다. 그때, 온 국민은 그가 그 자리에 머물 것을 바랐지만, 그 자신만이 이에 반대했다.

하는 일이 전 국민의 견해가 되는 경우 국가는 협화하고 있는 것이다.

물론, 만약 '페니키아(Phoenicia)'의 그들처럼 양자 어느 쪽도 스스로 그 위치에 있음을 바란다면, 여기 내부 분열이 생긴다. 생각건대, 어떤 일이든 같은 일을 양방이 생각만 한다고 그것이 협화인 것이 아니고, 같은 일을 같은 사람에 대해 생각함으로써 비로소 협화인 것이다.

가령, 일반 민중도, 좋은 지위에 있는 사람들도 함께 최선의 사람들을 다스리는 일을 바라는 경우와 같이. 사실 이것이 실현되면 모든 사람에게 그 바라는 바의 것을 만족시킬 수 있기 때문이다. 협화는 이래서 세상에서 말하는 국민 사이 사랑, 국정적인 사랑이라 보인다.

그것은 실제 우리 공익이든가, 우리 생활에 기여하는 것에 관계되는 사랑인 것이다. 이런 협화가 존재할 수 있는 것은 좋은 사람들 사이에서다. 즉, 좋은 사람들은 자기에 대해서도, 서로 간에 대해서도 협화하고 있다. 그들은 말하자면, 동일 장소에 머물러 움직이지 않는 사람들이다. 그들이 바라는 바는 항상 같은 것이고, 좁은 해협처럼 흐름을 바꾸지 않기 때문에.

그들 역시 여러 가지 '정'이나 '공익'을 바라지만, 이것을 그들은 또한 공공적인 방식으로 추구한다. 나쁜 사람들은 이와 반대로, 약간 정도만 빼면 협화가 불가능하다. 그것은 마치 그들이 상호 간에 그다지 친구 될 수 있는 사람들이 아닌 데 대응한다. 왜냐하면 그들은 이익은 과다를 추구하나 노고와 헌금(獻金)은 부족하다.

그리고 자기는 어떻든, 그런 식의 일을 하려 하면서 이웃에 대해서는 감시의 눈을 번득이고, 그것을 방해한다. 사실 그들 사이에서는 서로 간에 감시하지 않으면 공공적인 것이 파괴되는 우려도 있는 것이다.

이래서, 서로 상대에게는 자신의 요구를 강조하면서 자기들은 정당함을 실행하려 하지 않기 때문에 그들 사이는 분열이 일어날 수밖에 없다.

7장 시혜자와 수혜자

또, 시혜자가 수혜자를 사랑하는 일은 잘해 받은 사람이 잘해 준 사람을 사랑하는 이상이라고 생각된다. 그리고 이런 일은 도리에 어긋나 '배리적(背理的)'이라 해서 그 원인을 찾고 있다.

대부분 사람들 소견에 따르면, 이런 일이 생기는 것은, 후자는 빌리는 쪽이고 전자는 빌려 주는 쪽이기 때문에 다름 아니다. 마치 대차(貸借)의 경우에서 빌려 받은 사람은 자기에게 빌려 준 상대가 존재하지 않기를 바라는 데 대해, 빌려 준 사람은 빌린 사람의 안전을 위해 신경을 쓴다. 이와 똑같이 선을 베푼 사람도 수혜자의 호의를 돌려받아야 하기 때문에 그 건재를 바라지만, 이와 반대로 상대 쪽에서 보면 이에 보답할 일 등은 따로 신경 쓸 일이 아니라는 것이다.

물론, 에피카르모스(Epicharmos)*[13]에게 말하라면, 관계되는 좋은 것은 "나쁘게 뒤틀고" 바라본 일이 아마 될 것이다. 하지만 인간의 본성은 그런 점도 있다고 생각된다. 많은 사람들은 배은망덕적이고 잘하기보다 잘해 주기를 바란다.

그러나 사항의 원인은 좀 더 본성적인 부분에 존재한다고 생각지 않으면 안 된다. 반드시 돈을 빌려 준 사람의 경우에 준해 생각할 일은 아

***
13. 에피카르모스(Epicharmos, 기원전 500년)는 시칠리아 섬 시라쿠사 출신의 희극작가다.

니다. 왜냐하면 돈을 빌려 준 사람의 경우, 애정이 있기 때문이라 할 수 없고, 건재하기를 바라는 것도 돈 반환을 위하는 것에 다름 아니다.

그러나 이에 대해, 잘해 준 사람들은 잘해 받은 상대를 친애하는 것이다. 가령, 그것이 조금도 유용하지 않고, 또 후에 가서도 유용하지 않았다는 인간이라 해도.

그것은 바로 여러 가지 제작자의 경우와 같다. 즉, 모든 제작자는 자기 작품을, 그 작품이 만약 생명을 받는다면 그를 사랑하는 이상으로 사랑한다. 그리고 이 일은 생각건대, 시인에게 가장 현저하다.

시인이 자기 자신의 시를 사랑하는 일은 매우 비상한 것으로, 그 자애는 마치 자기 자식에 대한 것과 같다. 시혜자 경우도 이와 유사하다고 생각한다. 그 시혜 상대는 그들 작품에 해당한다. 그들은 그러므로 이것을 작품이 그 작자를 사랑하는 이상으로 사랑한다. 이 원인은 이렇다.

자기가 있다는 것은 누구에게나 바람직하게 사랑할 사항이지만, 그러나 우리가 있는 것은 현실적으로(살아 있고, 일하고 있음에 따라)가 아니면 안 된다. 작자로서는 "그가 현실적으로 그것이라는 부분"은 어떤 의미로 그의 작품에 다름 아니다.

그러므로 그는, 자기가 있다는 것을 사랑하는 만큼 그 작품을 사랑하는 것이다. 이 일은 본성적이다. 생각건대, "가능적으로 그가 그것인 부분"이 그의 작품은 현실적으로 그대로 드러나 있기 때문이다.

동시에 또, 시혜자에게 있어 자기 행위가 갖는 부분은 아름다운 성질을 띠고 있고, 따라서 그는 이것이 발견되는 장소의 기쁨을 맛보게 되는 것이다. 그러나 이에 대해, 받은 쪽 사람은 그것을 준 사람에게 어떤 아름다운 것도 발견되지 않는 것이다. 가능한 한 그것은 공익으로 그친다. 그러나 공익은 그만큼 쾌적하게 사랑할 것은 못 된다.

또, 쾌적한 것은 현재는 활동이지만, 미래는 기대, 과거는 기억이다. 그 가운데 가장 쾌적한 것은 활동의 경우다. 그것은 또 똑같이 가장 사랑할 것이기도 하다. 선을 행한 사람에게 그의 행위 성과는 변하지 않는다.(행위의 아름다움은 시간을 두고 존속하는 것이므로) 다만 그것을 받은 쪽 사람은 그 공익이 지나가 버리는 것이다.

또, 여러 가지 아름다운 사항의 기억은 쾌적한 것이지만, 또 그만큼 쾌적한 것은 아니다. 다만 대망의 경우는 그 반대일지 모른다.

뿐만 아니라 사랑하기는 능동으로, 사랑받기는 수동으로 비교되지만, 행동이 보다 적극적인 쪽이야말로 애정이나 그 밖의 사랑을 특징짓는 여러 가지 사태가 귀속되는 것이다.

더욱 또, 누구도 노력해 얻은 것을 보다 많이 애착을 느낀다. 가령, 재화라 해도 돈을 번 사람은 빌린 사람에 비해 보다 많이 그것을 애지중지한다. 그런데 잘해 받는다는 일은 아무 노고 없이 가능하지만, 잘한다는 일은 귀찮은 일이라 생각된다. (어머니 쪽이 자식에 대한 애정에 더 나은 것도 이 때문이다. 생각건대, 아기 출생은 보다 많이 아버지보다는 어머니에게 부담이기 때문이다. 뿐만 아니라, 아이가 자기 아이인 사실을 보다 잘 알고 있음도 어머니다.)

이런 사실은 시혜자의 경우에도 특성적인 사항이라 생각된다.

8장 자애는 좋지 않은 것인가

우리는 누구보다 자기를 사랑해야 하는가, 또 사람은 다른 사람을 보다 많이 사랑해야 하는가 하는 것도 문제가 된다.

사람들은 "자기를 가장 많이 사랑하는 사람들"을 비난하고 이를 추악이란 의미로 '자애적(自愛的)인 사람들'이라 부르고 있다. 그리고 사람들 견해에 따르면, 나쁜 사람은 모든 것을 자기를 위해 실행한다. 그것도 나쁜 사람일수록 일층 그것이 현저하다. 그러므로 관계되는 사람에 대해 "그는 무슨 일을 해도 자기를 잊지 않는다."등으로 말하는 고충을 털어놓는 것이다.

좋은 사람은 이에 대해 모든 것을 아름다움 때문에 실행하는 것이다. 그것도 좋은 사람일수록 그것만의 일층 더 아름다움 때문에, 또 친구 때문에 행위하고 자기 이해(利害)를 가리지 않는다고 하는 것이다.

그러나 이런 논의에 대해 사물의 실제에 적합하지 않은 마디가 있고, 여기 이유가 없지 않다. 즉, 사람은 "가장 참된 의미에서 친애하는 사람"을 가장 사랑해야 한다고 말하지만, 어떤 사람의 "가장 참된 의미에서 친애하는 사람"은 그를 위해 그의 선을—가령, 누구 한 사람 그의 일을 모른다 해도— 희망해 줄 것 같은 사람에 다름 아니다.

그런데 관계 사태가 발견되고, 따라서 또 "친애하는 사람" 규정 그 외의 여러 가지 특성이 역시 발견되는 것은, 자기를 대하는 자기에게 가장 현저하다.

사실, 사랑의 모든 특성은 자기로부터 해서 반대로 다른 사람으로 옮겨 가는 일, 이미 설명한 바와 같다. 모든 속담도 같은 의견이다. 가령, "한 마음"이든가, "친구의 것은 함께하는 것"이든가, "친함은 같음"이든가, "무릎은 정강이보다 가깝다."든가 하는 것과 같이. 이 같은 사항은 모두 자기에 대한 관계에서 가장 적절히 말한 사항이다.

즉, 사람은 자기에 대해 가장 친한 것이고, 따라서 또, 사람은 자기만을 가장 사랑하지 않으면 안 된다. 이런 논의 가운데 어떤 것을 따를 것인가가 문제로 되는 것은 당연하다. 양자 함께 승복하지 않을 수 없음을 포함하기 때문이다.

그러므로 생각건대, 우리는 이런 양방 논의가 관계되는 부분을 구별하고, 양자가 각각 어느 정도까지, 또 어떤 의미에서 사항의 참을 인식하는가 결정할 일이다. 지금 양방 논의가 자애적(自愛的)이란 사실을 각각 어떤 의미로 푸는가를 파악한다면 그것이 거의 명백해질 것이다.

자! 이 말을 배척적 의미로 사용하는 사람들이 자애적이라 부르는 것은, "재화, 명예, 육체적 쾌락의 과다를 자기에게 고루 미치게 하는 사람들"에 다름 아니다. 사실, 세상 사람들은 이 같은 것을 바라고, 이 같은 것을 최선의 것으로 삼아 진지하게 추구함으로써, 이것에 사로잡히는 표적이 되는 이유도 여기 있다.

그런데 "이 욕구들에 대해 탐욕에 빠지기 쉬운 사람들"을 만족시켜 주는 것이 바로 욕정이고, 모든 여러 가지 정념이다. 혼의 무이성적인 부분에 다름 아니다. 이것이 세상 사람의 실상인 것이다. 그렇다고 보면, 자애(自愛)라는 용어도 대개의 경우의 그것―즉, 나쁜 성질의 그것―에 근거하고, 그런 영향을 미치게 된다.

그렇다고 하면, 이런 의미의 자애적인 사람들을 배척하는 일은 정당하지 않으면 안 된다.

세상 사람이 '자애적'이라 불러 익숙해지는 것은, 이것을 자기에게 배치하는 사람들에 다름 아닌 것은 많은 말이 필요 없이 명백하다. 실제, 만약 사람이 올바른 사항이든가, 절제에 속한 사항이든가, 그 밖에 대개 덕에 따르는 여러 가지 사항을 다른 어떤 사람보다 그 이상 실행하는 일을 항상 노력해도, 그리고 아름다움을 모두 항상 자기가 점유한다고 해도 누구도 이것을 '자애적'이라 말하지 않을 것이고, 또 이를 비난하는 사람도 없을 것이다.

하지만 오히려 관계되는 사람이야말로 자애적인 사람이라고 생각하지 않으면 안 된다. 왜냐하면 그는 가장 아름다운 것, 최고를 의미하는 좋은 것을 자기에게 배치한다. 자기 내부의 가장 우위적인 것을 만족시키고, 모든 사항에 대해 이것이 보이는 바대로 복종한다.

그래서 '나'라든가, 그 밖의 모든 조직체가 최고의 의미로 그것이라 생각되는 부분은 그 가운데 가장 우위적인 것에 다름 아니지만, 인간의 경우도 마치 이와 똑같다.

그러므로 자기 내부의 가장 우위적인 것을 사랑하고 이를 만족시키는 사람은, 또 가장 자애적인 사람이 아니면 안 된다. 그런데 "사람이 억제력이 있다 하고, 억제력이 없다 하는 것은 그의 지성이 통제력을 갖는가 여부에 관계된다."고 하는 것과 같이, 각 사람이 지성이어야 함을 함의하고 있다.

사람들이 스스로 수의적으로 했다고 생각되는 것의 가장 뚜렷한 행위는, 역시 사리에 따르는 행위에 다름 아니다. 이래서 각 사람이 지성이고, 혹은 무엇보다 특히 지성일 것, 그리고 선한 사람은 어떤 사람보다 더 이것을 사랑하는 사람이라는 사실이 명백하다.

선한 사람이야말로 가장 자애적인 사람이 아니면 안 된다는 까닭이 여기 존재한다. 물론 그것은 배척된 그것과 다른 별종의 자애다. 이 양자의 차이는 사리에 따라 살아간다는 것과 정념이 향해 가는 대로 살아간다는 차이에 필적한다.

또, 아름다움을 원하는가, 혹은 공익이 있다고 생각되는 것을 원하는가의 차이에도 필적한다. 이래서 여러 가지 아름다운 행위에 관해 발군의 신중함을 보이는 사람들은, 만인이 수용하고 상찬하는 부분이 되는 것이다.

만약 만인이 아름다움을 향해 경쟁하고, 가장 아름다운 사항을 실행하려 결사적이라면, 공공적으로 모든 실현되지 않으면 안 될 사항이 실현되고, 개인적으로 선의 최대의 것이 각 사람에게 획득됨이 틀림없다. 사실, 덕이란 이런 성질의 것에 다름 아니다.

그렇다고 하면, 선한 사람은 자애적이지 않으면 안 된다. 왜냐하면 그는 자애적임으로써 여러 가지 아름다운 사항을 이루고, 스스로도 이익을 볼 뿐만 아니라, 다른 사람들에게도 이익을 주기 때문이다.

그러나 나쁜 사람은 자애적이면 안 된다. 왜냐하면 그는 그렇게 함으로써 여러 가지 열악한 정념에 따라 자기에게도, 이웃에게도 해악을 끼치게 되기 때문이다. 이래서 나쁜 사람에게는 그가 해야 할 일과 그가 한 일이 일치하지 않지만, 선한 사람은 이와 반대로 자애적인 행동을 또 하는 것이다.

생각건대, 지성은 모두 자기에게 최선의 것을 선택하는 것이고, 선한 사람은 지성이 명하는 바에 복종하기 때문이다. 처음부터 이 사실은, 선한 사람이 친구를 위해, 조국을 위해 많은 일을 한다. 필요하다면 친구와 조국을 위해 목숨도 아끼지 않는다는 일면이 있음을 부정하는 것은 아니다.

사실, 그는 재화든가, 명예든가 모두 사람들이 빼앗은 여러 가지 선을 방기(放棄, 어떤 책임과 의무 따위를 내버리고 돌보지 않음.)한 일을 그만두지 않았다. 다만 그때, 아름다움을 자기가 점유하면서. 생각건대, 그는 긴 세월에 걸쳐, 미적지근하게 쾌락을 즐기기보다 짧고 거칠게 쾌락하는 쪽을 선택하고, 또 긴 세월을 아무렇지 않게 살기보다 1년이라도 아름답게 사는 쪽을 선택하고, 또 많은 사소한 행위보다 하나의 아름답고 큰 행위를 선택하는 것이다.

생명을 희생하는 사람들의 사태도 생각건대 이럴 것이다. 그러므로 그들은 큰 아름다움을 자기를 위해 선택하는 형편이다. 재산을 방기하는 것도 이로써 친애하는 사람들이 보다 많은 것을 얻으리란 조건이 아니면 안 된다.

곧, 친구에게는 재화가, 그에게는 아름다움이 얻어질 것이고, 그러므로 그는 자기 자신에 대해 '보다 큰'을 돌리는 형편이 된다. 또, 여러 가지 명예와 공직에 관해서도 이와 똑같다. 그는, 즉 이 모든 것을 친애하는 사람들을 위해 방기하기를 그치지 않을 것이다. 그 일이 그에게 아름다움이고 상찬받을 사항인 것이다.

이래서 그는 모든 것을 희생하면서 자기 행위의 아름다움을 획득하는 것이라 보면, 그가 선한 사람이라 생각되는 것도 당연한 일이 아니면 안 된다. 더욱, 행위조차도 친구에게 양보하는 일이 있을 수 있다.

자기가 그것을 행하기보다, 자기는 그것이 친구가 행하는 원인이 되어 주는 편이 보다 아름다운 경우가 있다. 이렇게 해서, 모든 상찬받을 일에서 선한 사람은 자기에 대한 아름다움을 다른 사람에게 보다 많이 돌린다.

관계 의미는, 그러므로 전술한 대로 사람은 자애적이지 않으면 안 된다. 하지만 많은 세상 사람들은 그와 같은 의미에서 자애적이지 않다.

9장 행복한 사람은 친구가 필요한가

또, 행복한 사람은 친구를 필요로 하는가 여부에 대해 판연하지 않은 부분이 있다. 즉, 사람들은 이렇게 주장한다. 행복하고 자족적인 사람들은 친애한 사람들, 친구들의 필요가 조금도 없다. 여러 가지 선은 이미 그들에게 갖추어져 있다.

그들은 그러므로 자족적인 까닭에 그 이상 어떤 것도 필요로 하지 않지만, 그런데 친구는— "제2의 자기"이므로—자기 힘만으로 이룰 수 없는 부분을 당연히 제공해 줄 것이다. "데몬(Demon)이 은혜를 받은 때, 어째서 친구가 필요할까?" 하는 말은 이쪽 소식을 말하고 있다.

하지만 다른 한쪽에서 말하면, 사람들은 행복한 사람에게 모든 선을 돌림에도 불구하고 그에게 친애한 사람들을—그것은 외적인 선 가운데 최대의 것이라 생각되는데—주지 않는다는 일은 이상하게 생각된다.

그런데 만약, 친구의 친구다운 이유는 잘해 받는다는 일보다 잘해 준다는 일에 존재하는 것이고, 선한 사람의 선한 사람다운 이유나 덕의 덕다운 이유가 선을 베푸는 일에 있다면, 그러나 만약, 길가 사람에게 잘하기보다 친애하는 사람에게 잘하는 편이 보다 아름다운 일이라 하면, 선한 사람은 혜택 받을 사람들을 필요로 할 것이다.

그렇다고 하면, 순경이든 역경이든 어떤 경우에도 보다 많은 친구를 필요로 하는가도 우리 연구 제목이 될 수 있다. 즉, 이 질문처럼 "역경에 처한 사람은 자신에게 선을 베풀어 줄 사람을 필요로 하고, 순경에 있는 사람들은 자신으로부터 혜택 받을 상대를 필요로 한다."는 사실을 상정(想定)하는 것이 아니면 안 된다.

또, 매우 행복한 사람을 고립적으로 놓아두는 일도 생각건대, 형편에 맞지 않는다. 어느 누구라 해도 외톨이로 모든 선을 소유한다는 일은 이를 선택하지 않는 것이 틀림없다. 인간은 국가적 및 사회적인 것이다. 생을 남과 함께하는 것을 본성으로 하고 있기 때문이다.

그 일은, 그러므로 행복한 사람의 경우에도 타당하다. 그는 즉, 여러 가지 본성적으로 선한 것을 소유하고 있지만, 그러나 분명 길거리 사람들이나 보잘 것 없는 사람들보다는 친애하는 뛰어난 사람들과 함께 살아가는 것이 좋은 까닭이다.

그리고 보면, 행복한 사람도 친애하는 사람을 필요로 하지 않으면 안 된다.

그렇다면, 우리가 최초에 내놓은 주장은 무엇을 의미하며, 어떤 의미에서 사항의 참을 인식하는 것일까? 그것은 아마 세상 사람 다수는 친구를 유용한 사람이라 생각하고 있음을 표시하는 데 그친다.

이런 의미의 친구라면 매우 행복한 사람은—그에게 모든 선이 존재하고 있다고 하면—털끝만치도 필요로 하지 않는다는 사실은 물론이다. 그는 또, 똑같은 이유로 쾌를 위한 친구도 필요치 않다. 혹은 필요로 하는 일도 드물다.

그의 생활은 그것만으로 쾌적하기 때문에 외래의 쾌락을 전혀 필요로 하지 않는다. 이런 친구를 그가 필요로 하지 않기 때문에 그는 친구를 필요로 하지 않는다고 생각하기에 이른다.

이런 논법으로 그가 친구를 필요로 하지 않는다고 단정하는 것은, 그러나 생각건대 잘못이다. 행복이 어떤 활동이란 사실은 처음 말한 바 있지만, 분명 활동은 하고 있지만 어떤 재물처럼 분명하게 여기 현존하는 것은 아니다.

지금 만약, 행복하다고 하는 것은 살아 있고, 활동하고 있다는 사실 가운데서 발견할 수 있는 것이다. 선한 사람의 활동은 그래서 처음 말한 대로 좋은 것일 뿐만 아니라, 또 그 자신에 기초한 쾌적이라고 하면, 그러나 사물이 쾌적한 이유의 하나는 그것이 자기 자신의 것이란 사실에 존재하는 것이다.

그러나 우리는 자기보다 이웃 사람들을, 또 자기 자신의 행위보다 이웃 사람들의 행위를 보다 잘 전망하는 것이라 보면, 그리고 친구인 좋은 사람들 행위만은 이들 본성적인 쾌를 둘이나 포함하고 있으므로, 좋은 사람에게 쾌적한 것이 아니면 안 된다고 한다면, 행복한 사람이라 해도 당연 통하는 친구를 필요로 할 것이다.

결국, 그는 "좋은 자기 자신의 행위"의 전망을 즐기지만, 이런 조건을 채워 주는 것이 친구다운 좋은 사람의 행위인 것이다.

또, 행복한 사람의 삶은 쾌적으로 경영되는 것을 필요로 한다고 사람들은 생각하고 있다. 그런데 고독하다면 그런 생활은 어렵다. 생각건대, 자기만 간단없이 활동한다는 일은 용이하지 않다. 다른 사람들과 함께라든가, 다른 사람들을 상대한다면 비교적 용이하다.

그러므로 친구를 가짐으로써 좋은 사람의 활동은 보다 많이 다양할 수가 있다. 그의 이런 활동은 자체적으로 쾌적하다. 사실, 행복한 사람에게 그렇지 않으면 안 된다. 좋은 사람은 좋은 사람인 한 탁월성에 따르는 여러 가지 기능에 기쁨을 느낀다. 열악성(劣惡性)이 나오는 기능에 불만을 느끼기 때문이다. 마치, 음악적인 사람들이 아름다운 음률에는 기쁨을 느끼고, 나쁜 음률에는 고통을 느끼는 것과 똑같다.

또, 탁월성의 어떤 훈련은 테오그니스(Theognis)도 말한 것처럼, 좋은 사람들과 삶을 함께함으로써 가능하게 된다.

그러나 또, 파고 들어가 사태를 고찰해 보면, 좋은 친구는 좋은 사람으로서 사항의 본성에 근거해 좋은 것이 아닐 수 있다고 생각된다. 대체로 본성적인 선이 좋은 사람에게는 선인 것이고, 그것은 또 자체적으로 쾌적이기도 하다는 사실은 이미 말한 대로다. 그런데 삶이란 사실은, 동물의 경우는 지각 능력으로 규정되고, 인간의 경우는 지각 및 사고 능력으로 규정된다.

그러나 가능한 '능력'이라 하면, 그 실현 '활동'까지 예상하게 된다. 엄밀한 그것은 오히려 '활동'에 존재한다. 인간의 삶이라는 것도, 그러므로 엄밀한 의미로는 지각하며 있는 사실, 또 사고하며 있는 사실인 것처럼 생각된다.

그래서 삶은 자체적인 선으로 하여 쾌적한 사항에 속한다. 왜냐하면 그것은 '한정이 있는 것'이고, 한정적이란 사실은 선의 본성에 속하고 있는 것이다. 그리고 본성적인 선은 좋은 사람의 선인 것이다.

(여기서부터 삶은 쾌적한 것이라고 누구도 생각하는 것이지만, 그러나 열등하고 퇴락한 삶이나 고통 가운데 지내는 삶도 똑같이 생각할 일은 아니다. 이런 삶은 사실, 여기 속하는 악이나 고통도 똑같이 무한정적인 것이다. 고통에 관해 다음 설명 때 좀 더 명백해질 것이다.)

지금 만약 살아 있는 그 자체가 선이고 쾌라 하면, (이 사실은 만인이 살기를 원한다는 일로 생각해 보아도 수긍이 간다. 더욱 그것은 옳고, 행복한 사람들에게 가장 뚜렷하다. 생각건대, 생활은 이 사람들에게만 가장 바람직한 것이고, 그들 삶이야말로 더 이상 없는 행복한 것이기 때문이다.) 그리고 만약, 사람이 보고 있는 경우는 보고 있다는 사실을, 듣고 있는 경우는 듣고 있다는 사실을, 걷고 있는 경우는 걷고 있다는 사실을 지각하는 것이지만, 그밖에 여러 가지 경우에도 역시, 우리가 활동하고 있는 사실을 지각하는 어떤 무엇이 존재하는 것이다.

따라서 우리는 지각하고 있을 때 지각하고 있다는 사실을, 또 사고하고 있을 때는 사고하고 있다는 사실을 지각하는 것이라면, 또 만약 지각하고 있는 것을 지각하고, 사고하고 있는 것을 지각한다는 사실은 우리가 존재하고 있음을 지각하는 것에 다름 아니라면(왜냐하면 우리 인간에게 존재한다는 사실은 지각하고 사고한다는 일이었기 때문에), 또 만약 살아 있다는 사실을 지각하는 것은 자체적으로 쾌적한 사항에 속한다고 하면(생각건대, 삶은 본성적으로 선인 것이다. 선이 자기 가운데 현존한다는 사실을 지각하는 것은 쾌적이기 때문이다.), 또 만약 삶이 바람직한 것이라면, 특히 좋은 사람들 경우에는 그것이 가장 뚜렷하다. ─그들의 경우에서 존재한다는 사실은 선일 뿐만 아니라 쾌적이기도 하기 때문에(생각건대, 그들은 자체적인 선을 지각함에 있어 쾌를 느끼는 사람들인 것이다.).

그렇다고 하면, 또 만약 좋은 사람의 자기에 대한 관계는, 곧 또 그 친구에 대한 관계이기도 하다고 하면(친구는 '제2의 자기'에 다름 아니기 때문에), 만약 이래서 모두 이상과 같다고 하면, 자기 존재 사실이 각 사람에게 바람직한 것같이 같은 정도로, 또 여기 가까운 정도에서 친구 존재 사실 역시 또 바람직하지 않으면 안 된다.

하지만 자기 존재 사실이 바람직한 것은, 자기가 선한 인간이란 지각에 근거하고 있고, 관계 지각이 자체적으로 쾌적이었던 것이다. 그렇다 하면, 사람은 친애한 사람에 대해서도 그 존재 사실을 동시에 역시 지각할 필요가 있다. 그런데 이 일이 가능하게 되는 것은 상대와 삶을 함께한다는 사실, 곧 담론과 사고를 함께한다는 사실에 있어서다.

이것이 실제 '삶을 함께한다.'고 하는 인간의 경우에서의 의미다. 목장 동물의 경우처럼 같은 장소에 서식하고 있다는 것만 가지고는 부족하다고 생각하지 않으면 안 된다. 이래서 행복한 사람에게는 자기 존재 사실이─그것은 본성적 선이고 쾌이기 때문에─자체적으로 바람직한 것이라면, 그리고 친구의 존재 사실도 그에게 이와 거의 같다고 하면, 친구도 역시 바람직한 것에 속하지 않으면 안 된다.

하지만 그에게 바람직한 것은 그에게 있어 현존한다는 사실이 필요한 것이다. 그렇지 않으면, 그는 그 점에서 부족한 부분이 있다는 뜻이 될 것이다. 그렇다면 사람은 행복하기 위해 좋은 친구들을 필요로 한다는 이유가 되는 것이다.

10장 얼마나 많은 친구가 필요한가

그러면 우리는 가능한 대로 많은 친구를 만들어야 할 것인가, 아니면 마치 손님을 기다릴 때 "다객(多客)도 아니고 무객(無客)도 아니고"라 말하는 것이 지당한 말이라 하듯이, 사랑의 경우도 역시 친구 없음도 아니고, 그렇다 하여 많은 친구도 아닌 것이 좋을까?

공효(功效)를 목적으로 하는 친구들 사이에 이 사실은 꼭이라 할 정도로 적합하다고 생각될 것이다. 다수 사람들을 위해 이쪽에서 할 수 있는 것은 전력을 다해야 할 것이고, 그것은 우리 일생이 그것을 하는 데 충분하지 않기 때문이다.

그러므로 자기 생애에 여벌 정도 이상으로 친구는 불필요하고, 우리가 아름답게 살아가는 데 도리어 저해적이다. 그러므로 그것은 전혀 불필요하다. 쾌락을 목적으로 하는 친구 역시, 마치 음식에서 양념처럼 조금 있으면 족하다.

그러나 인간의 탁월성에 근거하는 친구의 경우는 어떨까? 우리는 가능한 대로 많은 수의 그런 친구를 만들어야 할까? 그렇지 않으면 사랑의 범위에, 역시 어떤 적당한 정도의 것이 존재하는가? 마치 나라의 경우에서와 같이.

그렇게 말하는 것은, 열 사람으로 폴리스는 탄생할 수 없고, 또 10만 정도 되면 벌써 폴리스는 없어지기 때문이다. 물론 그 적당한 수라는 것은, 생각건대 어떤 하나에 한정되는 것은 아니고, 일정 한계 사이, 전체에 걸치는 것이기 때문에.

친구 수에 대해서도 요컨대, 역시 이런 의미에서 일정 한계가 있으므로, 사람이 삶을 함께한다는 일(이 일이 사랑의 최고 특성이라 생각되었다.)이 가능한 상대 수의 최대한이다. 다수의 사람들과 삶을 함께한다는 일, 즉 자기를 다수 사람들 사이로 분할하는 일이 불가능한 것은 더 말할 것 없이 명백하다.

또, 더욱 이 상대 사람들도―만약 그 전부가 서로 일상을 함께하게 된다면―서로 간에 친구이어야 할 것을 필요로 하지만, 이 일은 다수의 경우 바람직하지 않다. 또, 다수의 사람들과 함께 혈족처럼 기뻐하고 고민하는 일은 실행이 어렵다. 왜냐하면 어떤 사람과 함께 쾌락하는 한편, 동시에 또 다른 사람과 함께 비탄하게 되는 일이 당연한 문제이기 때문이다.

그러므로 생각건대, 사람은 터무니없이 많은 친구를 찾을 것이 아니라 삶을 함께함에 있어서 견딜 수 있을 정도의 수가 즐겁고 유익하게 함께 영유할 수 있을 정도가 좋다고 하는 것이다. 사실, 다수의 사람들을 상대로 친구 되는 일은 불가능하다고 생각지 않으면 안 된다.

몇 사람과 연애하는 일이 불가능한 것도 이와 똑같은 이유에 근거한다. 생각건대, 연애는 우애의 초과라 할 정도의 의미를 갖지만, 이 일은 한 사람을 상대할 때만 가능한 것이다. 긴밀한 우애도 역시 이와 같아 소수자를 상대할 수밖에 없다.

또, 실제에 있어서도 역시 그럴 것이다. 친구, 동료 사이의 사랑을 보면, 이런 사랑으로 맺어진 많은 수의 친구는 존재하지 않는다. 시로 노래한 사랑도 꼭 두 사람 사이의 것이다. 친구들이 많고, 만인에게 흉허물 없이 하는 사람들은—동포의 친분이면 몰라도—어느 누구의 친구도 아니라고 생각된다.

사람들은 그들을 기분 맞추기로 보기까지 한다. 동포의 친분 정도라면 기분 맞추기가 아니라 좋은 사람임을 솔직히 보이고, 다수 사람들에게 친구할 수도 있겠다. 그러나 인간적 탁월성에 근거하고, 또 상대의 '사람됨됨이' 그 자체 때문이라면, 다수 사람들과 상대해 친구 되기는 불가능하다. 소수라도 그런 상대를 발견하면 만족해하지 않으면 안 된다.

11장 순경과 역경의 우정

또, 친구를 찾는 것이 보다 많이 순경(順境)일 때인가, 아니면 역경(비운)일 때인가? 생각건대, 친구는 양자 어느 쪽에서도 찾게 된다. 역경에서는 도움을 필요로 하고, 순경에서는 생활을 함께할 상대든가, 잘해 줄 사람들을 필요로 하기 때문이다.

그것은 필요란 점에서 말하면, 물론 역경이 친구를 필요로 하는 간절함이 있다. 이 경우는 유용한 사람들을 필요로 하는 까닭이다. 그러나 아름다움이란 점에서 말하면, 순경에서 친구를 갖는 쪽이 더욱 낫다. 그 경우 좋은 사람들을 찾는 까닭도 여기 존재한다. 생각건대, 좋은 사람들에 대해 선을 베풀든가, 그들과 함께 지낸다는 일이 보다 바람직하기 때문이다.

사실, 친애하는 사람들이 곁에 있어 준다는 사실이, 순경에서만 아니라 비운을 당해서도 그 자체가 쾌적이다. 생각건대, 고통받고 있는 사람들은 친구가 고민을 함께해 줌으로써 고뇌의 경감을 느끼기 때문이다.

그러므로 "친구는 말하자면, 무거운 짐을 덜어 주는가, 아니면 덜어 주지 않아도 그들이 곁에 있어 준다는 쾌, 즉 그들이 내 고통을 함께해 준다는 상념이 고뇌를 줄여 주는 것인가?" 하는 의문도 생길 수 있다.

고뇌의 경감이 과연 이에 근거하는가, 또는 어떤 다른 것에 근거하는가 하는 사실은 논하지 않지만, 어떻든 지금 말한 것처럼 효험이 있음은 어느 정도 사실이라 보인다.

그러나 그들이 곁에 있어 준다는 사실은 어떤 혼합적 성질을 가지고 있는 것처럼 생각된다. 즉, 한쪽으로 친구를 눈앞에서 볼 수 있다는 사실 그 자체가 쾌적이다. 특히, 역경에 있는 사람은 그런 것이므로 또 고통을 완화할 어떤 도움을 그들이 주기도 한다.

(그것은 친구가 사람을 위로해 준다는 사실이 얼굴을 보여 준다는 것만 아니라, 또—만약, 그가 소양 있는 사람이면—말로서도 가능하다. 생각건대, 소양 있는 친구는 그 사람의 '사람됨'을 알고 있다. 그가 무엇에 쾌와 고를 느끼는지 알고 있기 때문이다.)

그러나 다른 한편으로는 자기 불행을 괴로워하는 것을 보는 일이 고통이다. 누구도 친구 고통의 원인이 되기를 싫어하기 때문에.

마치 이 때문에, 본성적으로 남성적인 사람들은 친구가 자기와 고통을 함께해 주지 않아도 된다는 배려심 때문에 그는 눈에 띄게 자기 고통이 없어지는 형편이 아닌 한, 친구가 고통받는 일을 참지 못하는 것이다. 뿐만 아니라, 대개 그는 푸념을 나누는 사람들을—자기도 푸념을 말하지 않는 인간이므로―참을 수 없는 것이다.

여자나 여자 같은 남자는 이와 반대로 탄식하는 동료를 좋아한다. 이 사람들을, 친구 입장에서 고민을 함께해 주는 사람들로 사랑한다. 그러나 우리는 말할 것도 없이, 어떤 일에 있어서도 좋은 사람 되기를 필요로 하는 것이다.

이에 대해 순경의 경우, 친구인 사람들이 곁에 있어 준다는 사실이 우리로 하여금 쾌적한 시간을 보내게 하고, 우리가 향유하는 여러 가지 선을 그들이 즐기고 있다는 쾌적한 상념을 갖게 한다.

그렇기 때문에 자기가 순경일 때에는 나아가 친구를 부르지만(선을 베푸는 것은 아름다운 일이기 때문에), 역경에는 그것을 사양한다고 생각된다. 그것은 악을 나누어 주는 일을 될 수 있는 대로 피해야 하기 때문이다. "내가 고민하는 것으로 족하다."는 말이 있는 이유다.

친구를 불러들이는 일이 그런대로 허용되는 것은, 친구 스스로 그것에 의해 그다지 번민하는 일 없이 이쪽을 크게 유익하게 할 수 있는 경우다.

자기 쪽에서 친구에게 다다르는 데 대해, 생각건대 이와 반대다. 역경에 처한 사람들에게 기다릴 것 없이 스스로 다다르고,(그것은 잘해 주는 일이 친구에게 어울리지만, 특히 상대가 그 필요는 있어도 더욱 그것을 요구해 오지 않는 경우에 가장 그렇다. 제때에 다다르면 양방에게 한층 더 아름답고 쾌적한 일이 된다.) 그러나 순경에 있는 사람들에게 그 작용에 기여하기 위해(사실, 이를 위해 친구의 필요가 있기 때문에) 자진해 다다른다 해도, 편익을 주기 위해 다다르는 일은 꽁무니를 빼는 것이 타당하다. 스스로 자진하여 이익을 받으려 하는 일은 아름답지 않기 때문이다.

더욱이 호의를 물리치는 것으로 불쾌한 인간이란 인상을 주는 일은,

생각건대 주의해 피하지 않으면 안 된다. 왕왕, 그런 일이 생기는 경우가 있기 때문이다. 그러므로 친구가 존재한다는 일은 모든 경우를 통해 바람직한 일이라 본다.

12장 함께하는 삶

이래서 마침 연애하는 사람들에게는 자기 애인을 본다는 사실이 가장 희망적인 것이고, 그들은 다른 감각 이상으로 이 감각을—연애가 존재하고 연애가 생기는 것은 가장 많이 시각에 근거하기 때문에—존중하기처럼 친애하는 사람들 사이에서도, 또 무엇보다 바람직한 것은 친한 상대와 삶을 함께한다는 사실이 아닐까?

왜냐하면 사랑은 나와 남이 공동인 것이다. 그리고 사람의 자기 자신에 대한 관계가 얼마 안 있어 또 그 상대에 대한 관계이기도 하다. 그런데 자기가 존재한다는 사실의 자각은 바람직하다. 그러므로 친구에 관해서도 똑같다.

그러나 이 같은 지각 활동이 행해지는 것은 삶을 함께한다는 사실에서는 아니기 때문에, 따라서 사람들은 당연히 이 일을 바라지 않을 수 있다. 더구나 사람들은 "존재하고 있다는 사실이 각 사람에게 의미하는 부분의 사항", "살아 있다는 사실을 그 때문에 택하는 것 같은 사항"에서 친구와 시간 보내기를 바란다.

그러므로 어떤 사람들은 함께 마시고, 어떤 사람들은 함께 주사위 놀이를 하고, 다른 사람들은 함께 체육이나 수렵을 하든가, 또 함께 철학을 한다. 어떻든 각각 인생에서 자기들이 가장 사랑하는 사항을 즐기면서 일상을 함께하는 것이다.

즉, 사람들은 친구와 삶을 함께하기를 원할 때만, "여기서 삶을 함께한다는 사실을 감각하는 것 같은 사항"을 행하고, 이를 공동하는 데 다름 아니다.

이래서 나쁜 사람들의 사랑은 나쁠 수밖에 없다. 생각건대, 그들은 안정성이 결여된 인간이지만, 그것이 나쁜 사항을 공동하는 이유이므로 서로 간에 동화됨으로써 나쁘게 되어가기 때문이다.

이와 반대로 좋은 사람들의 사랑은 좋은 것이고, 그것은 교제와 함께 증대한다. 그리고 그들은 활동하는 일에 따라, 그리고 또 서로 간 규정하는 일에 따라 점점 좋아져 간다고 생각된다. 왜냐하면 서로 간에 상대로부터 자기 기분에 든 점을 자기도 수용해감으로써 "좋은 사람으로부터는 좋은 일이"라 말하는 까닭도 여기 있다.

사랑에 대해서는 이 정도로 그친다. 다음은 쾌락에 대해 말하는 것이 순서일 것이다.

10권 쾌락과 행복

1장 쾌락에 대한 토의

이상 논술에 이어 쾌락을 논의하는 것이, 생각건대 우리 다음 작업이다.[1] 아마도 쾌락만큼 끈질기게 우리 인간 본성에 연결되어 있는 것은 없다고 생각된다. 사람들이 청소년을 교육할 때 쾌락과 고통을 가지고 방향타를 잡는 것도 여기 그 까닭이 있다.

뿐만 아니라 윤리적 성상의 탁월성, 또는 덕과의 관계에서 무엇보다 중요한 것은 기쁠 때 기뻐하고 혐오할 것을 혐오하는 데 있다고 생각된다. 이런 일은 사실 우리 생활 전체에 미치고 있다.

무엇을 쾌(快)로 하고 무엇을 고(苦)로 하는가는 인간의 탁월성에 대해, 또 행복한 생활에 대해 결정적인 무게와 힘을 갖는 것이다. 사람들은 각각 스스로 쾌라 하는 부분은 이를 선택하고, 스스로 고통이라 하는 부

***
1. 본서에는 이미 7권에 쾌락론이 있다. 그것을 a라 했다. 이하에도 쾌락론 b가 있다. 이것은 7권의 계속도 아니고, 보충도 아니다. 각각 독립된 것이고, 논의된 그 내용 자체에 대해 양자 사이 약간의 엇갈림은 없지 않다. 양자는 각각 똑같은 주제를 다루었으나 조건은 다르다. 그러므로 별도 문장 관계의 논구(論究)로 해석할밖에 없다. 전자 a는 『에우데모스 윤리학』에서 논의한 단계의 쾌락론, 결국 아리스토텔레스의 쾌락론 옛 원고에 속하는 것이고, 또 그래서 아리스토텔레스가 폐기하려 했던 것을 최초 유고 편집자 니코마코스가 굳이 보존할 것을 염두에 두고 여기 거둬들인 것이다. 따라서 본권의 쾌락론이 『니코마코스 윤리학』 고유의 것이었다고 풀이한다.

분은 이를 피하는 것이기 때문이다.

　이처럼 중대한 쾌락의 문제를 그러므로 불문에 부친다는 일은 어떤 경우보다 더 한층 허용되지 않는다고 생각될 것이다. 특히 이 문제는 견해 차이가 매우 큰 부분이기 때문이다.

　일부 사람들은, 즉 쾌락을 '선'이라 주장하고, 일부 사람들은 또 이와 반대로 쾌락을 전혀 나쁜 것이라 주장하고 있다. 더욱, 후자 가운데는 아마 실제 그렇다는 확신 아래 말한다 생각되는 사람들도 있지만, 그 가운데 또, "쾌락을 하나의 나쁜 것으로 보는 편이 우리 생활을 위해 좋을 것이다. 가령, 그것이 사실 나쁜 것이 아니라 해도."라는 생각에서 그렇게 말하는 사람들도 있을 것이다.

　결국, "세상 많은 사람들은 쾌락에 기울고, 여러 가지 쾌락의 노예가 되고 있다. 그러므로 반대 방향으로 이를 유도할 필요가 있다. 그러면 그들도 저절로 '중'에 도달할 수 있기 때문에" 하는 생각이다.

　이런 생각은, 그러나 그다지 재미있지 않다. 그것은 정념이나 행위의 영역에 속하는 사항에 대해 사리만으로는 실제 행동만큼의 신용으로 이어갈 수 없다. 만약, 그러므로 어떤 사리가 사람 눈에 띄는 행동에 배치된다면, 그것은 업신여겨 모욕을 받고, 누(累)가 진(眞)에까지 미친다.

　즉, 만약 쾌락을 비난하는 당사자가 이따금 쾌락 추구에 몰두하는 것이 목격되면, "그가 여기에 다다르는 것은, 역시 모든 쾌락이 이렇게 추구되어야 한다고 그가 믿고 있기 때문이다."라고 생각하기에 이른다.

　판별한다는 일은 세상 사람들에게 속하지 않는다. 그러므로 사리도 진실할 때만 비로소, 단지 지식 때문만이 아니라 우리 생활을 위해서도 매우 유용한 역할을 할 수 있는 것이라 생각된다.

　생각건대, 이 경우는 실제 행동에 호응하는 것으로, 사리는 신용을 넓히고, 그 때문에 또 이를 이해하는 사람들을 이에 따라 살아가도록 몰아대기 때문이다.

이런 논의는 이 정도로 하고, 우리는 쾌락에 관한 여러 주장의 검토에 들어가기로 한다.

2장 쾌락에 대한 논쟁

에우독소스(Eudoxos)는, 쾌락은 곧 '선'이라고 생각한 사람이지만, 그 이유는 이런 것이다. 만물은 사리를 갖든 갖지 않든 불문하고 모두 쾌락을 추구하는 것이라고 우리는 본다. 그러나 어떤 경우에도 바람직한 것은 좋은 것이고, 가장 바람직한 것은 가장 좋은 것이다.

만물 모두가 그러므로 동일한 것을 향해 움직인다는 사실은, 이것이 만물의 최고 선임을 드러내 보이는 것으로, (생각건대, 각각 자기의 선을─마치 식물(食物)에 대한 경우와 똑같이─발견하게 되는 것이다.) 만물의 선, 만물이 추구하는 것 이것이야말로 곧 '선'에 다름 아니다. 이 논의는 논의 그 자체 때문보다 더 많은 그의 윤리적 성상의 탁월성 때문에 신용을 넓혔다.

그것은 그가 눈에 띄게 절제적인 사람이라 생각된 사람이기 때문이다. 그래서 이것은 쾌락한 친구로서의 발언이 아니고, 사실 그대로라 생각된다. 그러나 또 이 일은, 지금의 논의와 반대 방면에서도 명백하다고 그는 설명하고 있다.

즉, 고통은 만물에게 자체적으로 바람직하지 않은 것이고, 그러므로 똑같이 그 반대는 바람직해야만 하는 것이다. 또, 무엇보다 바람직한 것은, "우리가 그것을 선택하는 것은 그 이외의 것 때문도 아니라고 하는 것"이 아니면 안 된다.

쾌락은, 그래서 관계되는 사실은 만인이 동의하는 부분이다. 생각건대, 어떤 사람도 무엇을 위해 쾌락하는가 묻지 않는 것으로, 이 일은 쾌락이 자체적으로 바람직한 것임을 함의(含意)하고 있다.

쾌락은 또, 어떤 선에 덧붙여져도 이 선을 보다 바람직한 것으로 만들게 된다. 이를테면, 바른 행위를 하든가, 절제적이라 할 경우에 쾌락이 덧붙여지는 것과 같이. 그러나 선이 증대하는 것은 선 그 자체에 의해서가 아니면 안 된다.

이 최후 논의에 대해 말하면, 이 사실은 쾌락이 선에 속하는 것임을 보임과 동시에, 그것은 쾌락이 조금이라도 다른 선 이상으로 선이란 사실을 보이는 것은 아니라고 생각된다. 왜냐하면 다른 선과 함께라면 단독의 경우 이상으로 바람직한 것이 된다는 사실은 모든 선의 경우에서 그렇다.

플라톤도 그러므로 이와 유사한 논의를 전개하고, 도리어 쾌락이 '선'이 아닌 것을 설파하려 했다. 즉, 쾌적한 생활은 지려(智慮)를 동반하면 지려를 동반하지 않은 것보다 일층 바람직한 생활이 된다.

하지만 이렇게 다른 것이 섞인 경우가 보다 훌륭한 선이라 하면, 쾌락은 선이 아니다. 왜냐하면 '선'은 어떤 것이 덧붙여져도 그것으로 바람직하기를 덧붙이지 못하기 때문이다. 또 이 밖의 어떤 경우에도, 대개 어떤 자체적인 선을 동반함으로써 바람직하기를 덧붙일 수 있는 것은 분명 '선'일 수 없다는 것이 명백하다.

(그러면 무엇이 이런 '선'일까? 그것도 우리가 관여할 수 있을 것 같은. 우리가 찾고 있는 '선'은 관계 성질의 것이 아니면 안 되기 때문이다.)

그러나 만물이 추구하는 것이라 해서 그것이 반드시 '선'이라 할 수 없다 주장하며 에우독소스(Eudoxus) 논의에 반대하는 사람들도 있지만, 이 것은 의미 없는 일을 말하고 있는 것이 아닐까?

"어떤 것도 그렇다고 생각되는 사항"은 사실 그렇다고 인정할 수밖에 없는 것으로, 이 확신을 반박하려는 사람도 도저히 그 이상 믿을 수 있는 것을 제시하지 못할 것이다. 생각건대, 만약 오로지 이성적일 수 없는 것만이 이를 추구하고 있다면, 이런 논박도 의미가 없는 것은 아닐 것이다.

그러나 지려 있는 사람도 이를 추구하고 있다면, 어떻게 해야 그들의 반박에서 의미가 찾아질 수 있을까? 생각건대, 가령 열등한 것의 경우에 조차 여기에 이것의 고유한 '선'을 추구하는 부분의 이것, 그 자체의 다 하지 못한 어떤 뛰어난 것이 찾아지는 것이 보통이다.

또, 쾌락의 반대적인 것에서부터 하는 에우독소스(Eudoxos) 논의에 대 해 한 반박도 역시 타당하지 않다고 생각된다. 즉, 논자들은 에우독소스 의 "고통이 악이라면 쾌락은 선이 아니면 안 된다."는 주장을 인정하지 않는다.

즉, 악이 악과 대립하는 일도 있고, 선악 양자는 "선악 어떤 것도 있지 않은 것"에도 대립하고 있기 때문에라고. 이 소론은 나쁘지 않으나, 그 러나 최소한 지금 문제에 적용한다면 맞지 않는다.

그것은 만약 쾌고(快苦) 양자 어떤 것도 악이 된다면 양자가 같이 바람 직하지 않은 것이 당연하고, 또 만약 양자가 선악 어떤 것도 아니라면 그 것은 바람직한 것도, 바람직하지 않은 것도 아니지 않을까? 또는 그 어떤 것이 아니면 안 된다.

사실, 그런데 사람들은 분명 고통을 악으로 피하고 쾌락을 선으로 수 용한다. 양자는 그러므로 선과 악이 대립하는 것과 같은 방식으로 대립 하는 것이 아니면 안 된다.

3장 쾌락은 선인가, 악인가

또, 쾌락은 '질(質)'에 속하지 않는 것이 사실이지만, 이 때문에 쾌락은 선에 속하지 않는다고 하면 안 된다. 실제 탁월성에 근거해 활동한다는 사실도 '질'이 아닌 것이고, 행복도 '질'은 아닌 것이다.

또, 사람들은 선은 한정적일 수밖에 없고, 쾌락은 무한정적이라 말한다. 그리고 쾌락이 무한정적이라 하는 논거는 그것이 정도의 차이를 받아들인다는 데 있다. 그러므로 만약, 그들이 쾌락하는 사람에게 정도의 차이가 있다고 해서 쾌락이 좋은 것이 아니라 하는 판단을 내린다고 하면, 정의든가 그 밖의 덕에 대해서도 이와 똑같은 논의가 적용될 것이다.

즉, 이 덕의 경우에도 어떤 덕을 갖느냐에 따라, 또 이들 덕에 따라 하는 행위도 각각 사람마다 정도의 차가 생기는 것은, 사람들이 분명 긍정할 수 없는 부분이다. 가령, 사람들은 보다 많이 정직한 사람이 되고, 보다 많이 용감한 사람이 되기도 한다. 정직한 행위를 하든가, 절도를 지키는 일에서도 또 다소간에 차이가 있을 수 있다.

또 만약, 쾌락 그 자체에 대해 그것이 무한정적이라 하는 판단을 내린다고 하면, 아마 그들은 잘못된 논거에 섰다고 말할 것이다. 똑같이 쾌락이라 해도 순수한 쾌락도 있고, 혼성적인 쾌락도 있을 것이기 때문이다.[2]

건강도 한정을 가지면서 다소간에 받아들이는 것처럼, 쾌락도 이와 똑같은 것이 아니면 안 되는 것일까? 즉, 건강이라 해도 동일한 균형이[3]

***

2. "쾌락은 무한정적이다."라 할 때, 그것은 혼성적인 쾌락에 대해서만 타당하다. 하지만 이것만 쾌락이 아니고 순수한 쾌락도 존재한다. 더욱, 쾌락의 이 같은 구분은 논자(論者)들의 스승으로 추앙되는 플라톤에게서도 발견된다.
3. '건강'을 일종의 '균형'에 있다고 한 생각은 플라톤 저작에도 보인다. 아리스토텔레스 자신은 '건강'을 '난(暖)과 냉(冷)의 균형'이라 한 정의를 애매한 말을 포함한 나쁜 정의의 보기로 인용하고 있다.

만인에게 존재하는 것이 아니고, 또 동일한 사람에게조차 항상 어떤 한 개 균형이 존재하는 형편은 아니다.

다만, 상실해 가면서 어느 정도까지 그것이 보증되는 것이다. 여기, 다소 정도의 차이가 존재한다. 쾌락의 경우 역시 이와 같은 일이 가능한 것이다.

사람들은 또 '선'은 궁극적이어야 하는 것이지만 운동이든 생성이든 궁극적이지 않은 것이라 생각, 다른 한편 쾌락을 운동 또는 생성 과정으로 보일 것을 시도한다.

그러나 먼저 쾌락이 운동이라 하는 것은 타당치 않은 것으로 생각된다.[4] 왜냐하면 모든 운동은 지속(遲速)이 고유한 것이다. 가령—예를 들면, 천계(天界)에서의 운동과 같이—자체적인 의미의 그것이 발견되지 않는 경우에도 다른 것에 대한 상대적 의미의 지속이 발견된다고 생각한다.

그러나 쾌락은 어떤 의미의 지속도 존재하지 않는다. 빠르게 쾌락에 도달한다는 일은—빠르게 노함을 일으키는 것과 같이—물론 있을 수 있지만, 빠르게 쾌락한다는 일은 다른 것과의 비교에서 상대적 의미에서도 있을 수 없는 일이다. 빠르게 걷는다든가, 증가하며 있다든가 그런 일은 있을 수 있으나. 그러므로 빠르게, 또는 천천히 쾌락으로 옮겨 갈 수 있으나, 쾌락에서의 빠른 활동, 즉 빠르게 쾌락하고 있다는 일은 불가능한 것이다.

또, 어떻게 해야 쾌락을 생성할 수 있을까? 생각건대, 임의의 사물에서 임의의 사물이 생기는 것은 아니다. 생성이 되는 이상 "여기에 사물

***

4. 운동은 여기서 넓은 뜻으로 해석되고 있다. 생성은 그 일종이지만, "쾌락은 생성이 아니다."라고 말하기에 앞서, "쾌락은 일반적으로 운동이 아니다." 하는 사실을 보이려 한 것이다.

이 생기는 부분"이 있다. 여기서 또, 사물의 궤멸도 발생하는 것이다. 쾌락도 만약 그것이 생성이라면 '쾌락'이 여기 생성인 것처럼 어떤 사물이 있어 이 사물의 궤멸 과정이 '고통'에 다름 아닌 것이라 생각된다.

더욱이 사람들은, 고통은 본성적인 것의 결핍이요, 쾌락은 그 충족이라 말하고 있다. 그러나 결핍이든 충족이든, 그것은 육체의 정태(情態, 움직이지 않고 가만히 있는 상태)를 의미한다. 그러므로 만약, 쾌락이 본성적인 것의 충족이라 한다면, 그 가운데 이런 충족이 생기는 부분—때문에 육체—이 쾌락을 느끼는 것이 아니면 안 된다.

그러나 쾌락을 느끼는 것이 육체라고 생각지 않는다. 쾌락은 이래서 충족이란 과정 그 자체라고 말할 수 없다. 물론, 충족이 이루어질 때 사람은 쾌락을 느끼게 될 것이고, 절개 수술을 받을 때 고통을 느끼는 것이 사실이지만.

그들의 이런 억견이 유래하는 부분은 음식물에 대한 쾌락과 고통에 있다고 생각된다. 생각건대, 우리는 음식물에 굶주려 일단 고통을 느낀 뒤 음식을 먹게 되면 그 충족에서 오는 쾌락을 느끼기 때문이다.

그렇다 해서 모든 쾌락이 이와 똑같은 형편은 아니다. 가령, 학문의 쾌락은 고통과 무관계한 쾌락인 것이고, 감성적인 쾌락에도 후각적인 그것은 역시 그러므로, 청각이나 시각에도 그런 쾌락이 적지 않다. 기억이든 기대에 대해서도 똑같이 말할 수 있다.

이때의 쾌락은 도대체 어떤 것의 생성을 의미하고 있는 것일까? 여기서 그 충족이 쾌락을 생성하는 것처럼 어떤 것도 결핍하고 있지 않은 것이다.

여러 가지 쾌락 가운데 특히 비난 대상인 성질의 쾌락을 들고 나오는 사람들에 대해 그것은 결코 쾌적이 아니라고 지적해야 할 것이다.

왜냐하면 나쁜 부분의 사람들에게, 가령 어떤 사항이 쾌적하다 해도 이것이 쾌적하다고—"이들 사람들에게는" 하는 조건을 붙이지 않는 한 —생각할 수 없기 때문이다. 병자에게는 단것, 쓴 것 등이 결코 건강한 것이라고 생각되지 않는 것처럼, 또 안질을 앓고 있는 사람들에게 백색으로 보이는 것이 백색이라 생각되지 않는 것과 똑같다.

혹은 또, 사람은 이런 식으로 말해도 좋을 것이다. 쾌락은 바람직한 것이지만, 그렇다고 해서 그런 부분에서 생긴 경우는 반드시 바람직하지 않다. 알맞게 풍부하다는 일은 바람직하지만, 그것이 배신에 의한 것이면 반드시 그렇지 않다. 건강하다는 사실은 바람직하지만, 그 때문에 아무리 먹기 싫은 것도 먹어야 한다는 사실이 필요하다면 반드시 바람직하지 않은 것과 똑같이.

혹은 또, 쾌락에 여러 가지 종류의 다른 것이 있기 때문이라고 해도 좋다. 곧, 아름다운 사항에서 생기는 쾌락과 추악한 사항에서 생기는 쾌락은 다른 것이다. 그리고 올바른 것이 아니면 올바른 사람의 쾌락을 향수할 수 없고, 음악적인 것이 아니면 음악적인 사람의 쾌락을 향수할 수가 없다. 그 밖의 경우도 모두 이에 준한다.

또, 친구와 간사한 사람의 차이도 쾌락이 반드시 항상 선이 아닐 것, 혹은 쾌락은 여러 가지 종류의 다른 것이 존재한다는 사실을 명시하고 있다고 생각된다.

그것은 "친구는 선 때문에 교제하고, 간사한 사람은 쾌락 때문에 교제한다."고 생각할 때, 후자는 비난받는 데 반해, 전자는 쾌락 이외의 것을 위해 교제한다는 이유를 가지고 있어 칭찬받는 것이다.

또, 어떤 사람이라도 아이들이 쾌락을 느끼는 것 같은 단순한 사항에 대한 쾌락을 가령 어느 정도 만끽한다 해도, 한평생 아이들 지성의 범위를 벗어나지 않은 채 살아가는 길을 선택하지 않을 것이다. 또, 가령 그 때문에 고통받을 두려움이 전혀 없다 해도 어떤 매우 부끄러운 행위를 하고 기뻐하는 일을 선택할 사람은 없을 것이다.

그 반면, 가령 그것이 조금도 쾌락을 가져다주지 않더라도 우리가 그에 대해 집중할 수 있는 사항이 많이 존재한다. 가령, 본다는 사실, 기억한다는 사실, 안다는 사실 등 여러 가지 탁월성을 갖는 사실같이.

실제, 이들 사항에 반드시 쾌락이 덧붙여져 오지만, 그러나 사태는 그것에 의해 조금도 변하지 않는다. 우리는, 가령 그것에 의해 쾌락이 생기지 않아도 의연히 이를 선택하기 때문이다.

이래서, 쾌락이 곧 '선'일 이유도 없고, 또 모든 쾌락이 바람직한 형편도 아니라는 사실, 더욱 쾌락 가운데 다른 쾌락은 종류를 달리하고, 또는 그 따라오는 공간을 달리한다. 자체적으로 바람직한 것 같은 그런 쾌락도 존재한다는 사실이 분명해졌다고 생각된다.

이래서 쾌락과 고통에 관한 사람들의 소론(所論) 검토는 충분하다고 생각한다.

4장 방해받지 않는 쾌락

하지만 쾌락은 무엇인가, 또는 어떤 성질의 것인가를 새롭게 밝히기 위해 우리는 문제를 근원까지 거슬러 올라가 다루지 않으면 안 된다.

본다는 사실은 아무리 짧은 시간이라도 그 자체 궁극적인 것이고, 완성된 것이라 생각된다. 생각건대, 본다는 사실은 그 '형상'을, 즉 '본다'가 '본다'인 까닭을 뒤에 가서 궁극적으로 완성하기 위해 어떤 것도 빠진 사정이 아니기 때문이다.

쾌락도, 또 이와 같은 성질로 생각된다. 쾌락은 하나의 전체이다. 어떤 단시간이라도 그것을 따로 떼어 봐도 "좀 더 길게 그것이 계속되면, 그 형상이 궁극적으로 완성되지만" 하는 사실은 없기 때문이다.

흡사, 이 때문에 쾌락은 운동이라 생각지 않는다. 생각건대, 모든 운동—가령 건축이라 할 때—은 시간이 걸리지 않으면 안 된다. 그 과정이 여기서 처음 막바지에 다다르는 것처럼, 어떤 끝장을 가지고 있어 그 추구하는 바를 이루어 내야 그 운동은 비로소 궁극적이 된다.

그러므로 운동은 여기 필요한 전 시간을 기다리라든가, 또 그 완성 시기라든가, 이에 비로소 궁극적이 된다. 그 부분을 보면, 또는 시간 진행상 운동은 모두 궁극적이지 않고, 관계 부분적인 운동은 운동 전체와도 다르다. 또, 상호 간에 재료의 종류와도 다르다.

이를테면, 기둥 돌을 쌓아 올린다는 일은 기둥에 배수구를 다듬는다는 일과 다르고, 이 두 작업은 더욱 신전 건축 그 자체와 다르다.

신전 건축 공사는 궁극적인 의미를 갖지만(왜냐하면 그것은 계획된 공간에 대해 뺄 수 있는 것을 가지고 있지 않기 때문에), 이와 반대로 초석이든가 장식의 제작은—어느 쪽도 단지 부분 제작이기 때문에—비궁극적이다.

여기에는 재료적인 차이가 포함되어 있는 것이다. 어느 만큼 짧은 시간이라도 "재료적으로 궁극적인 운동"에 접어들 수 있다는 이유가 아니고, 재료적 궁극적 완성을 갖는 운동은 만약 그것이 있다고 하면, 전 운동의 총 시간이 또 되지 않으면 안 된다. 그리고 보행 그 밖에 대해서도 이와 똑같다.

장소 운동은 어떤 장소에서 어떤 장소로 가는 운동인 것이다. 이런 운동에도 여러 가지 재료적인 차이가—가령 비상, 보행, 약진 등이—존재하지만, 그 익숙지 않은 보행 자체 가운데 똑같은 재료적인 차이가 존재한다.

즉, "어느 공간부터 어느 공간까지"라 해도 경기장 끝에서 끝까지의 경우와 그 일부분만의 경우라면, 또 어떤 한 부분에서와 다른 부분에서는 같지 않다. 이 선분(線分)을 지난다는 사실과 저 선분을 지난다는 사실은 똑같지 않다.

왜냐하면 사람은 단지 선분을 지난다는 이유가 아니고 장소에서 어떤 공간의 선분을 지나는 것이지만, 이 선분과 저 선분은 각각 다른 장소에 있기 때문이다.

엄밀함을 기하는 운동론은 다른 데서 행했다. 그러나 하여간, 운동의 경우에 있어 어떤 시간에 대해 보아도 반드시 궁극적 이유가 아니라, 다수 부분으로 이루는 부분적 운동은 그 자체로 비궁극적인 것이다. 각각 재료적으로 다른 것이라 생각된다.

"어떤 것에서 어떤 것으로"라는 사실이 그 재료를 구성하는 것이다. 쾌락의 경우는 이와 반대로, 그 형상은 어떤 시간에 대해 보아도 궁극적인 것이다. 그러므로 분명 운동과 쾌락은 서로 다른 것이다. 쾌락은 전체적인 것, 궁극적인 것에 속한다고 할 것이다.

그리고 이 사실은, "운동이 행해지는 것은 시간이 아직 없는 한 불가능한 데 반해, 쾌락한다는 일은 일정 시간을 기다릴 필요가 없다."는 사실로 해도 용인될 것이 틀림없다. 생각건대, 여기서 순간적인 '지금' 행할 수 있는 부분이 하나의 전체인 것이다.

또, 이런 부분만 해도 쾌락을 운동이다, 생성이다 하는 생각이 타당치 않음이 분명해진다. 즉, 운동한다든가, 생성한다든가 하는 것은 모든 사물에 대해 말하는 것이 아니고, 그것은 가분적(可分的)인 사물에 대해 말할 수 있어도 전체적인 사물에 대해 말할 수 없는 것이다.

가령, 본다는 사실에 대해 보아도, '점'이든가 '1'이든가를 보아도 똑같이 여기에 생성도 없지만 운동도 없다. 쾌락의 경우도 역시 똑같다. 쾌락은 곧 하나의 전체인 것이다.

모든 감각 활동은 가감적(可感的)인 것을 대상으로 행하게 되는 것이다. 그 활동이 궁극적으로 완벽한 방식에 따라 행해지는 경우는, 뛰어난 본연의 상태에서 감각이 감각에 속하는 가장 아름다운 사물을 대상으로 활동하는 경우이기 때문에.

(사실, 궁극적으로 완벽한 활동이라 생각되는 것은 이 같은 활동을 그만두는 것이 아니다. 여기서는 "감각이 활동한다."는 사실과 "감각 내재 기관이 활동한다."는 것과의 구별은 굳이 묻지 않기로 해둔다.)

따라서 각각의 감각에 대해 말하면, 그 최선의 활동은 "그 감각의 영역에 속하는 가장 뛰어난 대상에 대해 가장 뛰어난 본연의 상태에서 해당 감각 주체가 행하는 활동"일 것이다.

그런데 관계 활동은 가장 궁극적으로 완벽한 활동일 뿐만 아니라, 또 그것은 가장 쾌적한 활동이기도 한 것이다. 생각건대, 모든 감각에 따라 각각의 쾌락이 존재하는 이유이고, 또 똑같이 지성적 인식이든, 관조의 기능이든 그런 쾌락이 존재한다.

이런 쾌가 최대인 경우는 그 활동이 가장 궁극적으로 완벽한 활동일 경우에 다름 아니다. 가장 궁극적으로 완벽한 활동은 "소속의 최선 대상에 대한 본연의 좋은 상태에서 하는 주체[5] 활동"에 다름 아닌 것이므로, 쾌락은 활동을 하고 궁극적으로 완벽하게 달래 주는 것이라 할 것이다.

***
5. 만약 사고와 관조의 활동 경우라면, '좋은 존재 방식의 지성', 또는 '혼의 사고 능력적인 것'을 의미한다. 이하 일반적으로 존재가 '객체'임에 대해 '주체'라 번역한다.

다만, 쾌락이 활동을 완전히 길들이는 것과 감각 및 가감적 대상이—좋은 것이어서—그것을 완전히 길들이는 것은 같은 의미에서가 아니다. 그것은 마치 건강도, 의사도 "사람이 건강하다"는 일에 관계되지만, 그 의미는 그러나 각각 다른 것과 같다.

각각의 감각에 따라 그 쾌락이 있을 수 있는 것은 명백하지만(실제로 우리는 보는 것이나 듣는 것의[6] 쾌한 사실을 말한다.), 또 관계 쾌락이 생기는 가장 뚜렷한 것은 그 감각이 최선일 때이고, 또한 최선의 것을 대상으로 활동하는 경우라 하는 것도 명백하다.

만약 가감적 대상도, 감각의 주체도 함께 이런 뛰어난 것이라면, 관계 대상과 감각 주체 사이에 작용이 있고, 반드시 여기에 쾌락이 존재할 것이다. 이 경우, 쾌락은 활동을 궁극적으로 완벽하게 달래지만, 그러나 그것은 활동 주체에 내재하는 부분의 상태가 활동을 완벽하게 달래 주는 것과 같은 의미에서가 아니고, 말하자면 한창 젊은 시절 사람들의 '젊음'이란 식으로 어떤 부가적 완벽성으로 활동을 완벽하게 달래 주는 것이다.

이래서 가지적(可知的, 어떤 것을 알만 한) 대상, 또는 가감적 대상과 이를 판정하는, 혹은 관조하는 부분의 것이든가, 어떻든 더할 나위 없는 본연의 상태로 어떤 일을 지속하는 한, 그 활동 가운데 쾌락이 존속할 것이다.

생각건대, 작용을 받는 쪽도, 그것을 행하는 쪽도 함께 똑같은 것으로 머물고, 또 상호 간 관계를 바꾸지 않는 한 여기에 똑같은 것이 생기는 것은 본성적이기 때문이다.

어째서 그것으로 어떤 사람도, 이런 쾌락을 언제까지 지속할 수 없는 것인가? 그것은 아마 피로가 오는 것이라 말해도 좋을 것이다. 왜냐하면

***
6. 후각, 미각, 촉각은 말할 것도 없다.

모든 인간적 능력은 연속적으로 활동하는 일이 불가능하기 때문이다.

따라서 또, 쾌락도 연속적일 수 없는 것이다. 쾌락은 활동에 수반되는 것이기 때문에. 어떤 사항이 최초 한동안 새로울 때는 우리를 기쁘게 해도, 후에 가면 그 정도로 없어지는 것도 이와 똑같은 이유에 의한다.

즉, 최초에는 지성의 작용이 강하게 촉발되고 긴장해 이들에 관해 활동한다는—결국, 시각의 경우로 말하면 응시한다는—것이지만, 얼마 안가 그 활동은 이와 같지 않고 이완된 것이 되고 만다. 그러므로 쾌락도역시 최초의 생채(生彩)를 상실하기에 이른다.

쾌락을 바라지 않는 사람은 없다고 하겠다. 어느 누구도 살아가기를 희구하고 있기 때문이다. "살아간다"는 것은 어떤 활동이다. 각 사람은그가 가장 사랑하는 것에 관해, 그 가장 사랑하는 방면의 기능을 작용시키고(가령, 음악적인 사람은 청각에 의해·음률에 관해, 배움을 사랑하는 사람은지성에 의해 그 관조의 여러 대상에 관해서 등등) 활동하지만, 쾌락은 그런데이 활동을 궁극적으로 완벽하게 달랜다. 따라서 또, 각 사람이 추구하면서 사는 '삶'을 완벽하게 달랜다. 그러므로 사람들이 쾌락을 희구하는 것도 당연한 것이다.

쾌락은 각 사람에게 있어 "살아간다"는 일—그것은 바람직한 일이다.—을 궁극적으로 완벽하게 달래 주는 것이기 때문이다.

쾌락 때문에 우리는 살아가는 일을 선택한 것인가, 아니면 살아가는일 때문에 쾌락을 선택한 것인가는 지금 논외로 놓아두는 것이 좋다.

온전히 양자는 밀접하게 연결되어 있어 분리가 불가능한 것으로 보인다. 활동 없이 쾌락은 생기지 않고, 또 한편으로 모든 활동을 궁극적으로완벽하게 달래 주는 것은 쾌락이기 때문이다.

5장 무엇이 인간의 쾌락인가

이상 근거를 두고 쾌락이라 해도 여기에는 역시 여러 가지 재료적인 차이가 포함되어 있음을 생각하게 된다. 생각건대, 재료적으로 다른 것은, 또 각각 다른 것에 의해 완벽을 기한다. 가령, 여러 가지 자연물이나 기술적인 소산—즉, 여러 가지 동물이나 식물, 회화, 조상, 가옥, 도구—에 대해 보면, 이 사실은 분명해질 것이다.

이와 똑같이 재료적으로 다른 여러 가지 활동도, 또한 역시 재료적으로 다른 것에 의해 완벽을 기하리라 생각된다. 생각건대, 지성 인식의 활동은 감각에 따른 활동과 다르다. 뿐만 아니라, 후자 사이에도 감각 영역이 다름에 따라 그 활동도 재료적으로 달라진다.

그러므로 이들 활동을 궁극적으로 완벽하게 달래 주는 여러 가지 쾌락에도 역시 각각 재료적인 차이가 포함되고 있다고 생각된다.

또, 이 사실은 각각의 '쾌락'과 '이 쾌락에 의해 완벽을 기하는 활동'과의 사이에 존재하는 관계에서도 볼 수 있을 것이다. 즉, 어떤 '활동'을 증진하는 것은 그 활동에 고유한 '쾌락'에 다름 아니다.

생각건대, 쾌락을 느끼면서 활동하는 사람들이 무슨 일이든 그 사항을 보다 잘 확인하고, 그에 대해 보다 많이 정확을 기할 수 있을 것이다. 이를테면, 기하학 공부에 기쁨을 맛보는 사람들이야말로 기하학자도 될 수 있고, 그 여러 가지 사항을 보다 잘 파악할 수도 있을 것이다.

또, 똑같이 음악을 사랑하는 사람들이나 건축을 사랑하는 사람들도 각자의 작업에 기쁨을 느끼면서 일해야만 작업 능률도 오르고 발전도 있을 것이다. 쾌락은 이렇듯 활동을 촉진하는 것이지만, 활동을 증진하는 것은 그 활동에 고유한 쾌락이 아니면 안 된다.

생각건대, 재료적으로 다른 여러 가지 사물에 있어 그에 고유한 사물도 각각 재료적으로 다른 것이다.

같은 사실은, 또 여러 가지 활동은 어떤 것이든 그 밖의 영역에 근거하는 쾌락에 의해 저지되는 바에 따라 더 한층 분명하게 보일 것이다. 가령, 피리 불기를 좋아하는 사람들은 일단 피리 부는 소리가 귀에 들리면 학문적 논의에 정신을 집중할 수 없다. 현재 활동보다도 피리 불기에 보다 많은 기쁨을 그가 느끼기 때문이다. 그러므로 피리 불기의 쾌락이 학문적 논의에 관한 활동을 저지하게 하는 것이다.

똑같이 이런 일은 다른 경우에도, 즉 사람이 동시에 두 가지 사항에 대해 활동하는 경우에도 생긴다. 곧, 양자 가운데 보다 쾌적한 쪽의 활동이 다른 한쪽의 활동을 구축해 버림으로, 쾌락의 정도가 현저히 다를 때는 그것이 일층 더 뚜렷하다. 이 때문에 다른 한쪽의 활동은 하지 않게 되는 일까지 생긴다.

그러므로 우리는 어떤 일이 되건, 비상한 기쁨을 느낄 경우 그 밖의 일은 그다지 하지 않는 것이 보통이다. 우리가 다른 일을 하는 것은 현재 하고 있는 일이 그다지 기분에 들지 않을 때다. 가령, 극장에서 주전부리하는 일도 연기자가 좋지 않을 때 가장 자주 하게 되는 것이다.

고유한 쾌락은 그 활동을 통해 정확하게 달래 주고, 이를 보다 영속적으로 보다 좋게 달래 주지만, 이질적인 쾌락은 이와 반대로 그 활동을 저해한다고 하면, 양자 사이 얼마나 현저한 거리가 존재하는가는 명백한 것이다.

실제, 이질적 쾌락 작용은 고유의 고통 작용과 거의 선택의 여지가 없다. 고유의 고통은 사실, 그 활동을 근절시키기에 이른다. 가령, 어떤 사람에게 쓰는 일과 계산하는 일이 불쾌하고 고통인 것처럼.

이런 일이 고통으로 느껴지면, 그는 벌써 쓸 수 없고 계산할 수 없게 되는 것이다. 그러므로 고유의 쾌락과 고유의 고통으로부터 활동에 관한 정반대의 결과가 생기는 이유가 되지만(고유의 쾌락이든 고유의 고통은 그 활동에 대해 자체적으로 생기는 그들의 뜻이 있다.) 이질적인 쾌락은 지금 말한 것처럼 관계되는 고유 고통에 가까운 작용을 가지고 있다.

생각건대, 어느 쪽도 활동을 그르치는 것이므로, 다만 그 정도에 차등이 있을 뿐이다. 여러 가지 활동에는 좋고 나쁘고의 차이가 여러 가지로 있다. 어떤 활동은 바람직하고, 어떤 활동은 바람직하지 않은 것으로, 어떤 활동은 그 어떤 것도 아니지만 여러 가지 쾌락 사이에도 똑같은 구별이 있다. 각각의 활동에 따라 그 고유의 쾌락이 있기 때문이다.

이래서, 좋은 활동에 고유한 쾌락은 좋은 쾌락이다. 좋지 않은 활동에 고유한 쾌락은 좋지 않은 쾌락인 것이다. 사실, 욕망이라도 아름다운 사항에 대한 그것은 칭찬받을 일이지만, 추악한 사항에 대한 그것은 비난받아야 할 것이다.

그러나 활동에 즈음한 쾌락이 그 활동에 고유이어야 한다고 욕구와 활동 관계를 비교하지 않는다. 욕구는 시간적으로, 본성적으로 활동과 구별되지만, 쾌락은 이에 비해 좀 더 긴밀하게 활동에 연결되는 것이므로, 그 사이 구별이 없어야 할 것은 활동과 쾌락이 같은 것인가 하는 의심스러움을 받아들이는 정도다.

그렇다 해서 쾌락은 지성적 인식 그 자체라든가, 감성적 지각 그 자체라고 생각되지 않는다. (그렇게 되면 오히려 이상하다.) 단지 쾌락과 활동이 분리될 수 없다는 이유 때문에 양자가 똑같은 것처럼 일부 사람들이 보고 있음에 지나지 않는다.

이래서, 활동에 여러 가지가 있는 것같이 쾌락에도 역시 여러 가지가 있다. 시각은 순수성에서 촉각보다 낮고, 청각과 후각은 미각보다 낮다.

그러므로 그 쾌락에도 이에 준해 우열이 존재한다.

지성 인식에 관한 여러 쾌락은 감성적 여러 쾌락에 비해 보다 낮지만, 감성적 여러 쾌락에서는 똑같이 지성 인식의 경우 그 여러 가지 쾌락 사이에 우열이 존재한다.

각종 동물에는—그 기능이 그런 것처럼—쾌락 역시도 각각 고유한 것이 존재한다고 생각된다. 즉, 각자 활동에 따라 그 쾌락이 존재하는 것이다. 각각의 동물에 대해 이를 살펴보면 그런 일이 곧 밝혀진다.

가령, 말의 쾌락과 개의 쾌락과 인간의 쾌락은 각각 다르다. 헤라클레이토스(Heracleitos)도 당나귀는 황금보다 가루 먹이를 선택할 것이라 말한 것처럼. 즉, 당나귀에게 황금보다 여물이 쾌적한 것이다.

이래서, 재료적으로 다른 것의 쾌락은 각각 재료적인 차이가 있어도, 같은 재료의 쾌락은 그러나 당연 무차별이다. 이래서 인간의 경우, 쾌락에서 적지 않은 차이가 존재한다. 가령, 똑같은 것이 어떤 사람들을 기쁘게 해도, 어떤 사람들에게는 고통을 준다. 또, 어떤 사람들에게는 고통이요, 싫은 것이라도, 어떤 사람들에게는 그것이 쾌적하고 사랑해야 할 것이 되기도 한다. 그러나 달다고 하는 것에 대해 말해도, 역시 이와 똑같다. 열이 있는 사람과 건강한 사람은 달다고 생각하는 것이 다르다.

또 연약한 사람과 강장한 사람에게 따뜻하다고 생각되는 부분이 같지 않다. 이 사실은 그 밖의 경우에도 똑같다. 그러나 이 같은 어떤 경우도 사태는 뛰어난 사람에게 보이는 것 같다고 생각된다.

지금 만약, 이상과 같이 말해서 잘못이 아니라 하면,—또 그것은 잘못이 아니라고 생각된다.—그리고 대개 어떤 사항에 대해서도 그것이 척도가 되면, 탁월성 혹은 덕이 되는 것이다. "선한 사람이 되려 하는 한의 선한 사람"이라 한다면, 쾌락의 경우도 관계되는 사람에게 쾌락으로 보이는 부분이 쾌락인 것이고, 관계되는 사람들이 기쁨을 느끼는 부분이 쾌적인 것이라 말할 수 있을 것이다.

그때 관계되는 사람에게 싫은 사항이 일부 사람에게는 쾌적으로 보인다 해도, 조금도 놀랄 일은 아니다. 실제, 인간의 퇴락(頹落)과 도착(倒錯)은 그 사례에 궁색하지 않은 것이다. 그런 사항은 쾌적인 것이 아니고, 단지 그 사람들이나 그렇게 말하고 있는 사람들에게 그렇게 보이는 것으로 그친다.

그러므로 우리는 누구 눈에도 추하게 비치는 쾌락을 쾌락이라 할 수 없는 것은 분명한 사실일 것이다. "퇴락에 빠진 인간에게는"이란 한정을 붙이지 않는 한.

그렇지만 좋다고 생각되는 여러 가지 쾌락 가운데 어떠한 쾌락, 무슨 쾌락이 인간의 쾌락이라고 해야 할 것인가? 아마 이것은 '활동'이라는 것의 고찰에 근거하면 명백한 사항이 될 것이다. '활동'에 쾌락이 따르기 때문이다.

요컨대, 완벽하고 행복한 사람의 활동이 하나가 되든 몇이 되든, 이런 사람의 활동을 궁극적으로 완벽하게 해 주는 쾌락만이 엄밀한 의미에서 인간의 쾌락이라 말할 수 있을 것이다. 그 밖의 쾌락은 둘째, 셋째에 다름 아니다. '활동'의 경우가 그런 것처럼.

6장 행복은 무엇인가

여러 가지 탁월성, 사랑, 쾌락에 관한 서술은 모두 끝났다. 나머지 과업은 행복에 관한 개관이다. 우리는 사실 이것을 가지고 인간 만반의 경영에 따르는 궁극 목적으로 설정한 것이다. 그때 이미 진술한 부분을 반복 요약한다면, 그만큼 우리 서술은 간략화될 것이다.

우리는 행복을 상태가 아니라고 말했다. 생각건대, 만약 그것이 '상태'라고 하면, 일생 자기만 하는 단순한 식물의 생활, 결국 생물로서의 생활밖에 영위하지 않는 것이라 해도, 혹은 또 이 이상 더 없는 비운을 현실로 당하는 일이 있어도, 여기 역시 행복이 발견될 수 있지 않으면 안 되기 때문이다.

만약, 그러므로 이런 일은 납득하기 어렵고, 우리는 오히려 이미 설명한 것처럼 행복이 어떤 활동에 다름 아니라 한다면, 만약 그러나 '활동'은 "필요를 위한 활동, 결국 그 밖의 사항 때문에 바람직한 활동"도 있고, 또 "자체적으로 바람직한 활동"도 있다고 하면, 분명 행복은 "자체적으로 바람직한 활동"에 속하는 것이다. "그 밖의 사항 때문에 바람직한 활동"에 속하지 않는다고 하지 않으면 안 된다.

행복은 어떤 것도 결여되지 않는 자족적인 것이기 때문이다. 그러므로 "자체적으로 바람직한 활동"은 여기서부터 활동 그 자체 이외, 구할 것이 전혀 없는 것 같은 활동이 아니면 안 된다. 탁월성, 즉 덕에 따른 여러 가지 실천처럼 틀림없이 관계 성질의 활동에 다름 아니라고 생각된다.

아름답고 뛰어난 행위를 한다는 사실은 그 자체 이유로 바람직한 활동에 속하는 것이기 때문이다.

그러나 놀이가 쾌적한 것 역시, 그런 성질을 가지고 있다고 생각된다. 즉, 사람들이 관계 놀이를 바라는 일은 그 이외의 사항 때문이 아니다. 실제 놀이 때문에 신체와 재산을 돌아봄 없이 하는 경우에 그것으로써 이익을 보기보다 오히려 해악을 당하는 경우가 많은 것이다.

세상에 행복하다고 하는 사람들은, 그러나 이런 시간 보내기로 현실을 도피하고 있는 경우가 많다. 참주 아래서 관계 시간을 보내는 뛰어난 인간이 호평을 넓혀가는 까닭도 여기에 존재한다. 결국, 관계 인간은 참주가 찾는 놀이에 대한 쾌적한 상대는 부지런한 인간이다. 참주는 관계 상대를 요구하고 있기 때문이다.

이래서, 패권 있는 사람들은 그것을 가지고 소일거리로 삼고 있는 공간에서 이런 일이 행복을 구성하는 요소로 생각하고 있지만, 그러나 관계되는 사람들은 생각건대, 어떤 증거도 되지 않는다. 왜냐하면 뛰어난 활동의 원천인 탁월성이든 지성은 패자 지위에 있는 일에 존재하는 것이 아니므로, 가령 관계있는 사람들이 순수하게 자유인에 어울리는 쾌락의 맛을 모르고, 단지 육체적 쾌락으로 도피하고 있다 해도 그렇다 해서, 이런 육체적 쾌락이 보다 바람직한 쾌락이라 생각할 일은 아니다.

실제, 어린이들도 자기들 사이에서 존중되는 사물을 가장 좋은 것처럼 생각한다. 그러므로 마치 어린이나 어른에게 존중받는다고 생각하는 것이 다른 것처럼, 또 똑같이 나쁜 사람들이나 좋은 사람들에게 있어서 역시 당연히 그것이 달라진다.

이래서, 이미 여러 차례 말한 것처럼 존중받는 것과 쾌적한 것은 "뛰어난 사람에게 그런 성질의 사물"에 다름 아니다. 그런데 각 사람에게 가장 바람직한 활동은 각 사람에게 고유한 '상태'에 따르는 활동이다.

따라서 뛰어난 사람의 가장 바람직한 활동은 그의 탁월성에 따르는 길밖에 없다. 그렇다 해서 행복이 놀이에 존재한다는 일은 있을 수 없다. 사실 놀이가 궁극 목적이라든가, 우리가 놀이를 위해 일생 여러 가지 귀찮음이나 고난을 견딘다는 일은 이상하다.

사실, 대개 어떤 일을 보아도, 결국 모든 것은 그 자체와 별도의 목적을 위해 선택되는 것으로, 다만 행복만이 그 예외가 된다. 행복만이 궁극 목적이기 때문이다. 놀이 때문에 진지해지고 수고하는 것은 어리석고 전혀 아이들 같다고 생각한다.

아나카르시스(Anacharsis)의*[7] 말을 빌리면, 진지할 수 있기 위해 놀이한다는 것이 참이라고 생각된다. 즉, 놀이는 휴식의 의미를 갖는 것이다. 사람들이 휴식을 갖는 것은 연속적으로 노력하는 일이 불가능하기 때문이다. 때문에 휴식이 목적이 될 수 없다. 활동 때문에 휴식을 취하게 되는 것이다.

행복한 생활은 오히려 탁월성에 따르는 생활이라 생각된다. 관계되는 생활은 진지한 것이고, 놀이가 아니다. 진지한 사항은 골계적인 놀이 같은 사항보다는 훨씬 좋은 것이고, 또 혼(魂)의 보다 좋은 부분이든가, 보다 좋은 인간이든가, 어떻든 보다 좋은 것의 활동이야말로 보다 좋은 활동이라고 우리는 생각한다.

보다 좋은 것의 활동은 그것만으로 이미 보다 좋은 활동인 것이고, 보다 행복한 활동인 것이다. 또, 육체적인 쾌락이라면 임의의 사람이, 가령 그것이 노예라 해도 가장 좋은 사람과 똑같이 이를 향유할 수 있다. 그러나 어느 누구라 해도 행복에 관여하는 가능성을 노예에까지 미치지 않는 것이다. 우리 생활에 역시 관여시키지 않는 것같이*[8].

즉, 행복은 관계 시간을 메우는 일에 존재하지 않는다. 이미 설명한

***
7. 스키타이 왕족이다. 이른바 '7현'의 한 사람이라 할 때가 있다. 그리스 각지를 여행하고 기원전 594년경 아테네에 온 솔론(Solon)과 친교를 가졌다고 전해 진다. 많은 잠언(箴言)이 그에게 돌려지고 있다.
8. "노예와 하등 동물이 국가 공동체에 관계하지 않는 것은, 그들이 행복에 관계 하지 못하고, 자발적·자주적 생활에 관계하지 못하기 때문이다."(정치학, 3권 9장)

바와 같이 탁월성에 따르는 여러 가지 활동에 존재하는 것이다.

7장 행복은 탁월성의 활동

그런데 행복이 탁월성에 따른 활동이라고 하면, 당연 그것은 최고의 탁월성에 따르는 활동이어야 할 것이다. 최고의 탁월성은, 그런데 "우리 마음속이 되는 최선의 것"의 탁월성이 아니면 안 된다.

때문에 이것이 지성이 되든, 또 그 밖의 무엇이 되든, 어떤 것이 되든 그 본성상 지배 지도하는 위치에 있다. 아름다운 것, 신적인 것에 대한 상념을 가지고(그 자체가 역시 신적인 것이든, 혹은 우리 마음속에 가장 신적인 것에 의한 것이든) 있다고 생각되는 부분의 것―이런 것의 그 고유한 탁월성에 따르는 활동이 궁극적인 활동이 되지 않으면 안 된다.

그것이 관조적인 활동에 다름 아니란 사실은 이미 앞에서 설명한 바 있다.

이 사실은 이미 설명한 부분에 대한 것뿐만 아니라, 사항의 참에서도 합치한다고 생각될 것이다. 왜냐하면 이 활동은 우리의 최고 활동이다. 지성은 우리 마음속에 존재하는 최고의 것이고, 지성에 관계되는 부분의 것은 지식이 되는 최고의 것이기 때문이다.

더욱 또, 그것은 가장 연속적일 수 있다. 즉, 관조한다는 사실은 어떤 행위보다 연속적으로 행할 수 있는 것이다.

또, 행복에는 쾌락의 혼재(混在)가 필요하다고 한다. 그러나 탁월성에 따르는 여러 가지 활동 가운데 가장 쾌적한 것은 만인이 동의하는 부분,

지혜에 따르는 활동에 다름 아니다. 생각건대, 역시 철학은 그 순수성과 안정성이라는 점에서 경탄하기에 족한 쾌락을 포함한다고 생각된다.

그러나 지혜를 찾는 일보다 이미 인식을 가진 사람의 그 위에 선 일이 한층 더 쾌적한 것이 당연할 것이다. 또, 이른바 자족성(自足性)이 가장 많이 존재하는 것은 관조적 활동의 경우가 아니면 안 된다.

물론, 생에 필수적인 여러 가지 사물은 지자도, 정직한 자도, 그 밖의 어떤 사람들도 이를 필요로 하는 것이 사실이다. 그러나 이 같은 사물이 부족할 경우, 정직한 사람이면 여기에 역시 정직한 행위를 할 상대방 사람들이나 그것을 함께할 사람들을 필요로 하는 것이고, 절제적인 사람이나 용감한 사람이나 그 밖에 또 이와 똑같은 것에 대해 지자의 경우는, 가령 자기만이라도 관조적 활동을 할 수 있다.

그것도 보다 지자일수록 점점 더 그렇다. 과업을 함께하는 사람들을 가진 사람은, 생각건대 일층 좋지만 그래도 역시 관계 활동을 행하는 사람은 가장 자족적인 일을 상실하지 않는다.

또, 이 활동만이 그 자체 때문에 사랑받는다고 생각될 것이다. 사실 이 활동은 관조 활동 이외 어떤 일도 생기지 않지만, 이에 대해 실천적인 여러 활동은 우리가 많든 적든 행위 그 자체 외에 획득하는 부분이 있는 것이다.

또, 행복은 한가한 틈에 존재한다고 생각된다. 생각건대, 우리는 한가한 틈을 가졌기 때문에 매우 바쁜 것이고, 평화를 위해서 전쟁을 한다. 대체로 실천적 여러 가지 탁월성의 현실 활동은 정사와 군사 영역에서 행해진다고 생각되지만, 이들 영역에 대한 우리 일은 그런 비한가적(非閑暇的) 성질을 가지고 있다. 특히 군사적 여러 가지 일은 완전히 그렇다.

(어느 누구라 해도 전쟁하기 위해 전쟁을 택하든가, 전쟁 도발을 하든가 하지는 않는다. 만약, 실제 전투와 살육을 목적으로 가까운 사람들을 적으로 돌리는 사람이 있다면, 이는 온전히 흡혈귀라고 생각될 일이다.)

정치가의 일도 비한가적 성질을 가지고 있고, 뿐만 아니라 그것은 정치한다는 그것과 별도로, 패권이나 명예나, 혹은 또 "자기 자신과 국민들의 행복"—이것은 정치적 활동 그것과 별도이다. 우리의 탐구도 말할 것 없이 이것과 그것은 별도 사항으로 보고 있다. —을 획득하려는 데 다름 아니다.

생각건대, 지금 여러 가지 탁월성에 따르는 일 가운데 정치적이고 군사적인 그것은 가령 아름다움이나 규모의 크기에서 우월하지 않고 비한가적이며, 어떤 목적을 바라고 행하기 때문에 바람직하지 않다. 이에 비해 지성 활동은—바로 관조적이기 때문에—그 진지함에서 우수하고, 활동 그 자체 이외 어떤 목적도 추구하지 않는다.

그 고유의 쾌락을 내장하고 있다고 생각되어(이 쾌락이 또 그 활동을 증진한다.) 이와 같이 자족적, 한가적, 인간에게 가능한 한 무피로적(無疲勞的), 그 밖에 대개 행복한 사람에게 배분되는 모든 조건이 이 활동에 구비된 사실이 분명하다고 하면 당연한 귀결로, 인간의 궁극적 행복은 바로 이 활동이 아니면 안 될 것이다.

이 활동은 이래서 생애의 궁극적 영속성에 미치기를 요한다. 생각건대, 행복을 구성하는 어떤 조건도 비궁극적이면 안 되기 때문이다.

처음부터 이런 생활은 인간 수준을 넘는 생활임에 틀림없다. 왜냐하면 사람은 관계 생활을 영위할 수 있는 것은 그가 인간인 한에서가 아니라, 오히려 신적(神的)인 어떤 무엇이 그 사람 속에 존재하는 한에서의 것이므로, 이 신적인 것이 복합적인 인간에 섞이면 섞인 만큼, 그 활동도 다른 탁월성에 따라 활동에 섞여 있다.

따라서 지성은 인간을 넘어 신적인 것이라 한다면, 지성에 따르는 활동에 한결같은 생활도 역시 "인간적인 생활"을 넘어 "신적인 생활"이라 하지 않으면 안 된다. 사람은 그러나, "사람이면 사람 일을, 죽을 것이면 죽을 일을 지려하는 것이 좋다."는 권고에 따를 일이 아니다. 가능한 대로 불사(不死)의 덕을 입어 "자기 가운데 최고 부분"에 따라 살아가는 모든 노력을 게을리 해서는 안 된다.

그것은 부피는 작지만 능력과 존귀성은 모든 것에 훨씬 우월한 것이기 때문에. 또, 이것이 우리에게 지배적인 것이고 보다 좋은 것이라면 각 사람은 바로 이것이라고 생각해도 좋다. 그러므로 만약 사람이 그 자신의 생활 부분을 선택하는 것이 아니라, 그 밖의 어떤 생활을 선택한다면 바로 이상한 일이라 할 것이다.

그리고 이전에 한 일이 지금 경우에도 적합할 것이다. 즉, 각각의 것에 본성적으로 고유한 것이 각각의 사물에서 가장 좋은 것, 또 가장 쾌적한 것이다. 그런데 인간에게 고유한 것은 지성에 따르는 생활에 다름 아니다.

사실, 인간은 그에게 있는 다른 어떤 것보다 바로 이것인 까닭이다. 따라서 이런 생활이 또 가장 행복한 생활이 아니면 안 된다.

8장 행복의 두 종류

그 밖의 탁월성에 따르는 생활이 행복한 생활인 것은 제2 의(義)적인 것밖에 없다. 생각건대, 여기서 탁월성에 따르는 여러 가지 활동은 오로지 인간적인 성질의 것이기 때문이다. 왜냐하면 정직한 사항이든, 용감한 사항이든, 그 밖에 여러 가지 덕에 따르는 사항을 우리가 서로 간 상대해 행하는 것은 계약·노동·노역·그 밖에 여러 가지 행위에서, 또 여러 가지 정념에서 우리 각 사람에게 적당한 부분을 지키는 일을 갖지만, 행위나 정념은, 그러나 모두 인간적인 사항이라 보인다.

그 어떤 것은, 즉 우리 육체에 기인하는 것으로 생각되지만, 윤리적 성상의 탁월성은 정념에 대해 다분히 근친적인 관계를 갖는다고 생각된다. 그러나 '지려'도 역시 윤리적 덕에 대해, 후자는 또 '지려'에 대해 밀접한 관련을 가지고 있다.

즉, 지려의 단초는 윤리적 덕에 있고, 윤리적 덕의 올바름은 지려에 근거한다. 그래서 윤리적 덕은 정념과 불가분의 관계에 있다. 따라서 그것은 복합자(複合者)에 관계되는 부분의 덕이고, 탁월성이다.

이런 복합자의 탁월성이 인간적인 탁월성에 다름 아니다. 따라서 이같은 여러 가지 탁월성에 따르는 생활도 인간적인 그것이고, 이런 행복도 또 역시 이와 똑같다.

그런데 지성의 탁월성이 되면 이것은 육체를 떠난 독립적 성격을 갖는 것이 된다. (여기서는 이 정도로 말해 두기로 한다. 정밀을 기하는 일은 예정된 과업 이상으로 나오기 쉬운 까닭이다.) 또, 그것은 외적인 비용을 그다지 필요로 하지 않는다. 혹은 윤리적 탁월성의 경우만큼 이것을 필요로 하지 않는다고 생각될 것이다. 왜냐하면 처음부터 필수적 사물에 대해서는 양자 어느 경우에도 필요가 있고, 그것도 동등의 필요가 있다고 말하지 않으면 안 된다. (정치가는 육체라든가, 대개 그런 것에 관한 문제에 대해 보다 많이 부심하는 것이 사실이지만.)

이 점, 양자 사이에 큰 차이를 인정하기 어렵다. 그러나 양자의 각각

특유한 활동 관계는 외적 비용을 필요로 하는 차이가 크다는 사실을 발견할 것이다. 즉, 관후한 사람은 관후한 행위를 하기 위해, 또 올바른 사람은 반대급부를 위해 어떻든 재화를 필요로 할 것이고(생각건대, 희망은 그것만으로 바깥에 나타나는 것이 아니므로 올바르지 않은 사람들도 올바른 행위를 하고 싶지만 하는 식으로 꾸미는 것이다.), 용감한 사람은 덕에 따른 어떤 행위를 수행하기 위해 힘을, 절제적인 사람은 부절제(不節制)의 자유가 가능한 조건을 필요로 할 것이다. 그렇지 않으면 이 사람도, 그밖의 사람도 그런 인간임을 분명히 하는 길이 없다는 이유다.

또, 덕의 성립에 대해 보다 중요한 의미를 갖는 것은 의도인가, 아니면 실제 행위인가 하는 뜻이 불분명한 일도, 덕이 이 양자를 기다려 성립하는 것임을 보인다. 그러므로 완전한 의미는 이 양자에게 없어서는 안 된다.

그러므로 행위를 위해 많은 것을 필요로 하는 것이다. 그것도 보다 크고, 보다 아름다운 행위면 행위일수록 더욱 더 그것은 일층 뚜렷하다. 이에 대해 관조의 과업을 하는 사람은 적어도 이 활동에 관한 한 통하는 것을 전혀 필요로 하지 않는다. 오히려 그것은 적어도 관조 활동에 관한 한, 말하자면 방해적이기도 하다.

다만 그가 인간이고 다수의 사람들과 생을 함께하는 한, 덕에 따르는 여러 가지 행위할 일을 택할 이유 때문에, 따라서 그 역시 인간적 생활을 위해 통하는 것을 필요로 할 것이다.

궁극적인 행복이 어떤 관조적 활동에 존재한다는 사실은 다음만 보아도 알 수 있다. 우리는 어떤 무엇보다도 여러 신만이 행복하다는 생각을 가지고 있다. 그러나 신들은 어떤 행위를 두루 미칠까? 그것 또한 올바른 행위일까? 하지만 신들이 거래를 하든가, 기탁된 것을 반환한다는 일은 우스운 일로 보이는 것이 아닐까?

그러면 두려운 사항을 참아내고, 아름답기 때문에 모험을 억제하는 용감한 행위일까? 그렇지 않으면 관후한 행위일까? 그러나 신들은 누구에게 준다는 것일까? 또, 신들에게 화폐든가 또는 대개 그런 것이 있다고 하면, 이것은 이상한 일이 아닐까?

절제적인 행위는, 또 무엇을 의미하는 것이 아니면 안 되는 것일까? 신들이 나쁜 욕정을 가지고 있지 않다는 칭찬은 저속한 것이 아닐까?

만약, 이렇게 모든 경우를 더듬어 가면, 실천적 경영에 관한 어떤 사항이라도 모두 사소한 일이므로, 신들의 경우에는 어울리지 않는다고 볼 것이 틀림없다.

그럼에도 불구하고 사람들은, 신들은 살아 있다고—그러므로 활동하고 있다고—생각하고 있다. 신들은 엔듀미온(Endymion, 달의 여신, 루나의 사랑받은 그리스 미소년)처럼[9] 잠들어 있다고 생각하지 않기 때문이다.

이래서 살아 있는 바, 신으로부터 '행위한다'는 일은 물론 '제작한다'는 일이 제거된다면, 여기 관조한다는 일 이외 무엇이 남을까? 그렇다고 하면, 행복한 활동을 위해 무엇보다 더 나은 신의 활동은 관조적인 성질의 것이 아니면 안 된다.

따라서 또, 인간의 여러 가지 활동 가운데서도 가장 신에 가까운 것이 가장 행복한 활동이라는 사실이 된다.

인간 이외 여러 동물은 통하는 성질의 활동을 완전히 결여하고 있기 때문에 행복에 관계하지 않는다는 사실도 그 하나의 증거가 된다. 즉, 신들에게 있어 그 전체 생활이 행복한 것이고, 또 인간에게는 신의 관계 활

***
9. 신화(神話) 중의 인물. 대단한 미(美)청년으로, 달의 여신 셀레네(Selene)의 사랑을 받았다. 셀레네는 그로 인해 50인의 딸을 낳았다고 한다. 그는 끊임없이 계속 자고 있는 인물로 전해진다.

동의 어느 부분 유사한 모습이 여기 존재하는 한 행복하다 말할 수 있다. 하지만 인간 이외 여러 동물은 어떻든 전혀 관조적인 활동이 없으므로 행복하지 않다고 말할 수 있다.

이래서, 관조의 기능이 미치는 범위에서 행복 또한 이에 미치게 되는 것이다. 더욱이, 관조한다는 일이 보다 많이 찾아지면 찾아질수록 그만큼 '행복하다'는 사실도, 또 보다 뚜렷하다. 부대적인 것이 아니라 관조의 기능 그 자체에 따라. (관조는 자체적으로 존귀한 기능이기 때문에) 그렇다고 하면, 행복은 어떤 관조의 기능이 아니면 안 된다.

처음부터 인간인 이상, 외적인 호조건도 필요로 할 것이다. 우리 본성은 관조적인 활동의 목적으로 인해 자족적이지 않고, 육체 역시 건강하지 않으면 안 되고, 음식물을 비롯하여 그 밖의 도움도 받아야 할 것이다.

다만 외적인 것으로 볼 때, 여러 가지 선하지 않고 행복할 수 없는 것은 사실이라 해도 그렇다 해서, 행복하기 위해 여러 가지 다양한 것을 필요로 할 것이라는 등으로 생각해서 안 될 것이다. 왜냐하면 자족은 과잉에 존재하지 않는다. 실천도 역시 그렇다. 가령, 수륙(水陸)을 병합하지 않아도 아름다움을 실천할 수 있는 것이다.

즉, 적당한 정도만 해도 사람은 덕에 따라 행위할 수 있는 것이다. (이 일은 속에 담긴 본질이나 내용을 쉽게 알아차릴 수 있다. 좋은 사항을 행함에도 개인은 패자에게 뒤지지 않고, 오히려 앞설 수 있다고 생각되기 때문에) 그 정도면 충분하다. 덕에 따라 활동하는 사람의 생활은 이로써 충분히 행복할 수 있을 것이다.

솔론(Solon)이 행복한 사람을 묘사하여 다음 같은 사람이라고 한 것도, 생각건대 적절하다. 외적인 것을 적당히 공급받고, 스스로 가장 아름다운 사항을 행하며, 절도 있는 방식으로 그 생애를 보낸 사람.

실제, 적당한 만큼 소유하면 바로 이룰 수 있는 부분을 이룰 수 있다. 아낙사고라스(Anaxagoras)도, 또 행복한 사람이란 부자나 패자(覇者)이어야 한다는 것을 생각지 못한 것으로 짐작된다.

그는 행복한 사람이 일반 사람 눈에 어딘가 기묘한 인간으로 비친다 해도 자기는 놀라지 않을 것이라 말했다. 생각건대, 일반 사람은 외적인 사항밖에 주목하지 않고, 그것으로 사물을 판단하는 것이기 때문이다. 이래서 이들 지자의 견해도 우리 논의와 일치하는 것 같다.

물론, 그러므로 이런 일도 어떤 신뢰를 줄 수 있는 것이지만, 그러나 실천적 영역에 속하는 사항의 진부 판단은 역시 사항의 '실제'이든가, 우리 생활이든가 여기 근거하지 않으면 안 된다. 왜냐하면 이들 가운데 진부(眞否)에 대한 결정적인 것이 존재하기 때문이다.

앞에 말한 부분도, 그러므로 사항의 실제이든, 우리 생활이든 적용하고 고찰할 필요가 있다. 만약, 그것이 사항의 '실제'와 조화하면 받아들여 좋고, 만약 배치되면 단지 '언론'에 지나지 않는다고 생각해 좋을 것이다.

또, 지성에 따르는 활동을 하고, 지성을 중요시하는 사람은 최선의 사람임과 동시에, 또 가장 '신에게 사랑받을' 사람인 것처럼 생각된다. 왜냐하면 만약 사람들이 생각하는 것처럼 신들의 사람 일에 대한 마음 쓰임이 있는 것이라면 신들은 최선의, 그리고 신들에게 가장 근친적인 것을—그것은 지성이 아니면 안 된다.—기뻐하는 것이기도 하고, 신들로서는 지성을 가장 사랑하고 존중하는 사람들'에 대해 역시 좋은 보답을 주는 것이 마땅할 것이다.

이들 사람들은, 신들이 사랑하는 부분의 것을 배려하고, 바르고도 아름다운 방식으로 일하는 사람들이기 때문에. 하지만 모두 이런 일이 최고도로 찾아지는 것은 새삼스럽게 말할 것도 없이 지자에게 있어서다.

따라서 지자만이 가장 신에게 사랑받는 사람인 것이다. 똑같이 지자는 생각건대, 가장 행복한 사람인 것이다. 이래서, 이런 면에서 보아도 지자만이 달리 뛰어난 행복한 사람이라고 하지 않으면 안 된다.

9장 덕과 행복을 위한 정치의 중요성

자, 이상과 같은 사항이나 여러 가지 탁월성(덕)에 대한, 더욱 또, 사랑과 쾌락에 대한 개략적 설명이 충분히 이루어졌다면, 우리 예정은 목적을 달성했다고 생각할 수 있을까? 아니면, 실천이나 행위 영역에서 각각의 사항을 단지 관조적으로 고찰하고, 그것을 단지 아는 것만 아니라, 오히려 그것을 실행한다는 일이 궁극적 목적이라 해야 할 것이 아닌가?

덕에 관해서도, 그러므로 단지 그것을 안다는 것만으로 충분하지 않고, 우리는 덕을 스스로 소유하고 그것을 기능하게 하는 일로 노력하고, 혹은 또 만약, 우리가 좋은 사람이 되는 어떤 다른 길이 있다면 그런 일에도 노력하지 않으면 안 된다.

만약, 언설(言說)만 가지고 사람들을 좋은 사람으로 달래는 데 충분할 수 있다면, 테오그니스 (Theognis)식으로 말하면, 그것은 "막대한 사례를 가져오게 될 것이다."이고, 또 당연히 많은 사례를 지불해야 할 것이다.

실제는, 그러나 언설은 소수 젊은이들에게 자유인에 어울리는 자질을 갖춘 인간을 종용 자극하는 힘이 있다. "윤리적 성상에서 태어남이 좋은 인간, 아름다운 사물을 참으로 사랑하는 인간"으로 인하여 덕의 완성에 쉽게 이르게 할 수 있어도, 일반 젊은이들을 종용해서 선미(善美)의 경지로 이르게 하기는 불가능한 것으로 보인다.

생각건대, 일반 젊은이들은 염치도 없고 공포에 지배 받게끔 태어나서, 나쁜 사항도 그것이 추악하기 때문이 아니라, 징벌이 두렵기 때문에 삼가는 것이다. 그들은 곧, 정념에 의해 살아가기 때문에 그들에게 고유한 여러 가지 쾌락이나, 이런 쾌락을 낳는 사물을 좇아 이에 대립하는 여러 가지 고통을 피하는 것이다.

아름다움이든, 참된 의미의 쾌에 대해서든—그 맛을 알지 못하기 때문에—상념조차 가지고 있지 않다. 그렇다고 하면, 통하는 사람들을 어떤 말이나 설명으로 변용시킬 수 있을까?

실제, 오래전부터 그 윤리적 성상에 고착해 버린 부분을 변화시킬 수 없는가? 그렇지 않다면 용이하지 않은 것이다. 단지, 만약 우리가 좋은 사람으로 달랜다 생각되는 만반의 조건이 갖추어진 새벽녘 어느 정도 우리도 덕에 관계할 수 있는 것이라 한다면, 생각건대 우리는 이로써 만족할 것이다.

좋은 사람이 되려면, 일부 사람들 생각에 따르면 본성에, 다른 일부 사람들에 따르면 습관붙이기에, 또 다른 일부 사람들에 따르면 가르침에 의존한다. 그런데 만약 본성에 속한다면, 분명 이것은 우리에게 달렸다고 할 것이지만, 어떤 신적(神的) 원인에 의해 참된 의미에서 '운 좋은' 사람들이 받은 것이라 할밖에 딴 도리가 없다.

또, 이론이든 가르침이든, 아마 반드시 모든 사람에게 있어 힘이 있어서가 아니고, 그것이 효력이 있으려면 "아름다운 방식에서 기쁨이나 미움을 느끼는 것"같이, 미리 청자의 혼이 여러 가지 습관에 의해 공작되어야 함을 필요로 하는 것이므로, 이것은 말하자면 종자를 키우는 토양에 흡사하다.

바꿔 말하면, 정념대로 살아가는 사람은 충고적인 언설에 귀를 포개지 않을 것이고, 귀를 기울여도 이를 이해하지 못할 것이다. 이런 상태에 있는 사람을 어떻게 해야 설득, 번의시킬 수 있을까?

대체로 정념은 이론에 양보하지 않고, 그 양보는 강요에 대해서만 있다고 생각된다. 그렇다고 하면, 여기 덕의 완성에 고유한 윤리적 성상이 —즉, 아름다움을 사랑하고 추악함을 싫어한다는—어떤 방식으로 벌써 발견되어야 할 것을 필요로 한다.

이래서, 젊은 시절부터 덕을 쌓는 바른 유도를 받는다는 일이 역시 그런 취지의 법률 밑에서 육성되는 것이 아닌 한, 좀처럼 실행되기 어렵다. 그러므로 절제적으로 인내심 있게 살아가는 일이 세상 사람에게, 특히 젊은 사람들에게 쾌적이 될 수 없다.

그렇기 때문에 법률에 의한 그들의 육성이나 여러 가지 경영이 규제될 필요가 있다. 일단 습관으로 길들여지면 이런 일도 고통이 되지 않기 때문이다. 그러나 생각건대, 젊은 시절, 바른 육성이나 배려를 받는 것만으로 충분하지 않다.

역시 성인이 된 뒤부터도 이런 경영을 계속하고, 여기 습관 굳히는 일을 필요로 하는 것이다. 그리 되면, 역시 이에 관한 법률이 필요하게 된다. 그러므로 대개 전 생애에 걸쳐 우리는 법률을 필요로 하게 될 것이다. 생각건대, 세상 사람은 이론보다 필수적인 것을 따르고, 아름다움보다 처벌에 따르는 것이기 때문이다.

마치 이 때문에 일부 사람들은 "입법자는 일방 덕을 권하고 종용하며, 그 아름다움을 설명해야 하지만,—왜냐하면 습관 굳히기에 따라 이미 좋은 유도를 받은 사람들은 이 설명에 따르기 때문에—그러나 이에 의해 설득되지 않는 어리석은 자질의 사람들에 대해 징계와 처벌을 가지고 다루고, 그래도 치유되지 않는 사람들은 단연 추방할 일이다."고 생각하고 있다.

생각건대, 아름다움을 지향하고 살아가는 좋은 사람은 이론에 따르지만, 쾌락을 일삼는 나쁜 사람은 하물 운반의 마소처럼 고통을 받는 것으로 징계되는 것이다. 또, 그때 "그들이 즐기는 쾌락에 가장 단적으로 대립하는 성질의 고통을 받지 않으면 안 된다."고 주장하는 까닭도, 여기 존재한다.

그러므로 만약 지금 말한 것처럼 좋은 사람 되기 위해 아름다운 육성이나 습관 굳히기를 교육 받는 일, 그리고 이를 근거로 좋은 경영으로 살고 자진해 나가는 행위이면, 그렇지 않다 하더라도 나쁜 행위는 대개 하지 않고 가는 것이 필요하다고 하면, 이런 일의 실현을 위해 사람들 생활이 어떤 지성에 의해 다루어지고, 강제권을 갖는 바른 지령에 의해 다루어지지 않으면 안 된다.

그런데 아버지 계고(戒告)는 강권성이 없고, 강제력을 갖지 못한다. 그러므로 대개 한 사람 인간의 계고는 이와 똑같을 수밖에 없다. 군주든가, 어떤 그런 위치에 있는 사람의 경우는 다르지만.

이와 반대로, 법률은 어떤 지려나 지성이 발하는 말인 동시에 강제력을 가지고 있다. 뿐만 아니라, 상대가 인간이면 사람들은 자기 충동에 거스르는 자를—가령, 거스르는 일이 바른 것이라 해도—적시(敵視)하는 것이지만, 그것이 법률일 경우 좋은 일을 명령하고 원한을 살 필요는 없다.

그런데 입법자가 젊은층 육성이라든가, 여러 가지 경영에 대한 배려를 하고 있다고 생각되는 것은 단지 스파르타(Sparta)만 아니고 다른 소수 나라에 지나지 않고, 대부분 나라에서 이런 사항은 등한시된다. 각 사람은 자기가 하고자 하는 대로 살아간다.

키클롭스(Cyclops)적인 방식으로 "아내와 자식들에게 위세를 부려"가면서. 때문에 가장 좋은 것은 물론 공공적인 바른 배려가 있어야 할 일이지만, 그러나 공공 정황에서 이 배려가 전혀 없을 경우 각 사람이 각자의 자식이나 친애하는 자들이 덕에 이르도록 돕고, 각 사람의 손으로 공고히 해야 할 일을 수행하는 일이 필요하다고 — 적어도 그것을 의도할 필요가 있다. — 생각될 것이다.

이런 임무에 참을성 있게 참는 가능성이 비교적 많은 것은, 앞에서 말한 대로라면 역시 입법자적 소양을 쌓은 사람이라고 생각할 것이다. 생각건대, 공공적 배려는 분명 법률을 통해 수행되고, 좋은 배려는 뛰어난 법률을 통해 이루어진다.

그런데 법률은 성문법이든 불문법이든 좋은 것이고, 또 법에 의해 교육 받은 인간은 한 사람이든 다수이든 좋다고 — 마치 음악이나 체육이나 그 밖에 여러 가지 경영에서도 그런 것처럼 — 생각될 것이다.

사실, 나라에서는 나라의 법제와 풍속 습관이 힘을 가지고 있지만, 이에 해당하는 것으로 가정에서는 아버지 말이나 습관붙이기가 있다. 더욱, 후자의 경우가 서로 간의 친밀성과 아버지의 선(善) 베풀기 때문에 오히려 이런 힘은 더욱 강하다. 집안사람은 본성적으로 애정과 순종을 가지고 출발하기 때문이다.

그리고 개별적 교육은 또 공동적 교육보다 뛰어난 점이 역시 있으므로, 그것은 마치 의료의 경우와 같다. 일반적으로 말하면, 몸에 열이 있는 사람은 안정과 절식이 유효하지만, 어떤 특정 사람의 경우는 꼭 그렇지 않으므로, 또 권투의 달인도 모든 사람들에게 반드시 똑같은 방식으로 때리지 않는다.

개별적인 것이 더 많이 정밀을 기할 수 있는 것은, 그러므로 배려가 사적으로 행해지는 경우라고 생각될 것이다. 생각건대, 여기서 각 사람 각각이 적절한 처치를 받는 일이 보다 많기 때문이다.

처음부터, 그러나 하나하나의 경우에 따라 가장 뛰어난 배려를 하는 일이 가능한 것은, 역시 의사와 체육인, 그 밖에 모두 "무엇이 모든 사람들에게, 또는 이러이러한 사람들에게 잘 맞는가 하는 사실을 일반적 방식으로 잘 아는 사람"에 다름 아니다.

사실, 학문은 보편에 관계된다 하고 있고, 사실 또 그것은 그런 것이다. 더욱이, 이 사실은 어떤 사람이 비학문적 사람이면서 특정 한 가지 사실에 대해 개개의 경우에 결과하는 바를 경험에 의해 정밀하게 알고 있어, 아름답게 배려하고 있음을 조금도 방해하지 않는다.

가령, 일부 사람들은 자기가 자기 몸에 대한 최선의 의사라 생각하고 있다. 조금도 남에게 도움은 되지 않더라도. 생각건대, 그러나 이런 일에 관계없이 적어도 어떤 학술의 식자가 되려고 뜻하는 사람은 보편으로 다다르고, 가능한 대로 이를 지식으로 하지 않으면 안 된다고 생각할 것이다. 지금 한 말처럼 보편에 관계되는 것이기 때문이다.

이래서, 그러므로 상대가 다수이든 혹은 소수이든 이를 배려에 의해 달래고, 보다 좋은 인간이기를 바라는 사람은 어떤 경우에도 입법자적 소양을 쌓는 일에 노력할 일이다. (우리가 법을 통해 좋은 사람이 될 수 있다고 한다면) 생각건대, 어떤 사람도, 즉 우리 앞에 끌고 나온 사람을, 누구 할 것 없이 모두 아름다운 상태로 이끌어 간다는 일은, 어느 누구도 할 수 있는 일이 아니고, 만약 누군가 할 수 있다면 그 식자에게만 비로소 가능하기 때문이다. 마치 의료라든가, 그 밖의 모든 어떤 배려와 지려가 관계되는 사항의 경우가 그런 것처럼.

그렇다 하면, 대체 어디서 또 어떤 방법으로 사람은 이처럼 입법자적인 소양을 획득하는 일이 가능했을까? 이 사실이 다음 고찰할 문제가 된다. 다른 경우를 기준으로 말하면, 그것은 정치가로부터 온 것이라 하게 된다. 입법도 정치의 한 부분으로 생각되었기 때문이다.

그러나 정치의 경우와 보통 학문 능력의 경우가 똑같지 않은 점이 보이는 것은 아닌가? 왜냐하면 다른 경우를 보면, 분명 같은 사람이 능력을 주기도 하고, 또 이 능력에 기초를 두고 활동도 하고 있다. 가령, 의사 및 화가와 같이.

그런데 정치적 사항에 있어, 이를 교수로 칭하는 것은 소피스트(Sophist)에 다름 아니다. 그러나 이를 실제 하고 있는 것은 소피스트들 누구도 아니다. 도리어 지성 인식에 의하기보다 오히려 무엇인가 어떤 능력과 경험에 의해 그것을 하고 있다고 생각되는 실제 정치가들인 것이다.

실제 정치가들은 관계 사항에 관해 쓰지도 않고 말하지도 않아, (법정 및 민회 변론보다 이쪽이 확실히 뜻있는 작업인데도 불구하고) 또 그들 아들이든, 그 밖에 친애하는 사람들 누군가에게 정치할 수 있는 능력을 가르친다고 하는 것도 아니기 때문이다. 만약, 그들에게 이 일이 가능하다면 그들은 당연 그렇게 했을 것이다.

나라에 기여하는 것으로 이 이상 좋은 것도 없을 것이고, 또 관계 능력을 그 이상 자기나, 따라서 또 자기가 가장 친애하는 사람들의 것이 되기 바라는 것은 없기 때문이다. 물론 경험이 이 경우 적지 않게 중요성을 갖는 것으로 생각된다.

그렇지 않으면, 정치에 대한 숙달에 의해 정치적으로 능력 있는 사람이 되기는 불가능했었을 것이다. 정치에 관해 식자 되기를 바라는 사람들이 경험도 역시 아울러 필요하다고 생각하는 이유 때문이다.

다른 한편, 소피스트 가운데 이 능력을 가르친다고 하는 사람들도 있지만, 그들은 도저히 그것을 가르칠 만한 수준이 안 된다. 왜냐하면 대개 그들은 정치란 어떤 성질의 것인지, 또 어떤 성질의 사항이 관계되는지 모르기 때문이다.

생각건대, 만약 그것을 알고 있다면, 정치는 변론과 동일하다든가, 또는 그 이하의 것이라든가 그런 일은 말하지 않을 것이고, 또 "여러 가지 법률 가운데 호평받는 것을 모아보면, 입법한다는 일이 그렇게 어려운 일이 아니다." 등으로 생각할 리도 없을 것이기 때문이다.

그들은 실제, 가장 좋은 법률을 제정하는 일이 그들에게 가능하다고 생각하고 있다. 마치 제정의 이해를 필요로 하지 않는 것처럼, 또 정확히 판단하는 일이 무엇보다 중요한 작업이라는—마치 음악의 경우와 똑같이—사정이 존재하지 않는 것처럼.

일체, 거의 각각 학예에 통한 숙달자가 됨으로써 비로소 여러 가지 작품을 바르게 판단할 수 있는 것이다. 또, 그것이 무엇에 의해 어떻게 되어 있는가, 그리고 어떤 성질의 것이 어떤 성질의 것과 조화되는가를 알고 있는 까닭이지만, 초심자는 가능한 대로 작품의 좋고 나쁨에 대해 맹목적이 아닌 한, 상승하는 기세이다. 가령, 회화의 경우처럼. 법률은 정치학의 작품과 같은 것이다.

그러므로 사람은 어떻게 해서든 여러 가지 법률로부터 입법하는 방법을 배우고, 가장 좋은 법률을 확정하는 일이 가능한 것이다. 사실, 의사가 되는 것도 교과서만이 아니라고 생각한다. 물론 교과서가 여러 가지 치료 사례를 들어 줄 뿐 아니라, 여러 사람들을 치료하는 방법과 여러 사람들에게 대응하는 치료 처치와 방법도—신체 여러 가지 상태를 구별해—사례를 거론하는 경우도, 적지 않게 힘쓰고 있다.

그러나 이것은 그 길의 수련자에게 유익하다 해도, 학술적 훈련이 없는 사람들에게 무익하다고 생각된다. 생각건대, 이래서 법률과 국가 제도의 수집도, 어떤 형편의 것이 아름다운가 아름답지 않은가, 어떤 성질의 것이 어떤 성질의 경우에 적합한가를 연구 판단할 수 있는 사람은 상당히 유용할 것이다.

그러나 이런 소양 없이 관계 사항을 통람하는 사람들은—우연이 아닌 한—아름답게 판단하는 일은 있을 수 없는 것이다. 이런 사항의 이해는 잘할지 모르지만.

이런 이유로 해서, 그리고 또 우리 선인들은 입법에 관한 문제를 탐구하지 않은 채 남겨 놓은 것이 실상이고, 오히려 우리 자신이 그 연구를 하고, 따라서 또 여러 가지 폭 넓게 나라의 제도에 대해 논의하는 것이 좋을 것이다. 인간적인 사항에 대한 철학을 우리 힘이 미치는 한 완성시키기 위하여.

우리는 이래서 우선 최초로, 우리 선인들에 의해 어떤 부분적 아름다운 논의가 있었다고 하면, 그 서술을 시도해 보기로 하자. 그리고 다음에 수집된 여러 가지 나라의 제도 기초 위에서 어떤 성질의 일이 여러 나라를, 또 어떤 성질의 일이 각각의 나라의 제도를 보전하고 또 사라지게 했는가, 어떤 이유로 어떤 나라는 아름다운 방식으로 또 어떤 나라는 그 반대 방식으로 정치하는가를 보고 싶다.

생각건대, 이들 사항이 고찰된 후라면, 아마 우리는 또 어떤 성격의 나라 제도가 최선이며, 또 각종의 나라의 제도가 어떤 방식으로 통제되고, 어떤 법률과 풍속을 받아들이는 것이 최선인가 하는 것을 보다 잘 이해할 수 있는 까닭이다.

그럼 이 같은 논의로 옮겨 가기로 한다. [10]

***
10. 이리하여 '윤리학서' 끝 부분에 '정치학서'가 시작된다.

역서 해설

*

아리스토텔레스(기원전 384-322) 윤리학에 관한 저작으로 오늘에 전해지는 주요 저작은 모두 3책이 있다. 『대윤리학』, 『에우데모스 윤리학』, 『니코마코스 윤리학』 등이 그것이다.

『대윤리학』은 아리스토텔레스 저작이라고 하기보다 그의 할아버지 서술이다. 아리스토텔레스 이후 그의 학원의 윤리학 동향이 여기 반영된 것으로 보인다.

기원전 2세기 후반경, 아리스토텔레스학파 학생 손으로 생긴 작품으로 추정된다. 『대윤리학』이 이래서 그의 저작이라기보다 오히려 아스파시오스에서 시작되는 그의 윤리학 '주해'의 선구에 가까운 것인 데 비해, 에우데모스와 니코마코스는 어쨌든 보다 엄밀한 의미에서 아리스토텔레스의 저작으로 볼 수 있는 것이다.

그러나 그것도 전승(傳承)의 저작집으로 거두어진 다른 것과 마찬가지로, 원래 그의 강의 원고의 집적이 공적 출간을 위해 최종 정리가 되지 않은 상태인 것을 그가 돌아간 후, 편집 출간된 것으로 생각된다. 그러므로 동시에 곧, 우리가 생각하는 의미의 저작은 아닌 것이다.

양서의 머리에 붙인 '에우데모스(Eudemus)'와 '니코마코스(Nicomachus)'

라는 인명은 양서 각각의 엮은이를 표시하는 것도 아니고, 과거 어떤 시대 생각한 것처럼 양서의 저자를 표시하는 것도 아니며, 말할 것도 없이 아리스토텔레스가 양서를 바친 상대를 표시하는 것도 아니다.

'에우데모스'는 명성 있는 아리스토텔레스 문하생이다. 수학사·천문학사·신학사, 그 밖의 저작으로 공헌한 사람이고, 또 '니코마코스'는 아리스토텔레스가 재혼한 헤르피리스로 인해 얻은 그의 아들을 가리킨다.

하지만 니코마코스는 젊어서 전사한 것으로 전해지기 때문에, 이 편집 작업이 아리스토텔레스의 학원 후계자 테오프라스토스(Theophrastus)의 원조가 크게 있었던 것으로 생각되는 것은 당연한 일일 것이다. 테오프라스토스는 유소년 니코마코스의 교육 지도자이기도 했다.

에우데모스와 니코마코스를 각각 그 엮은이 이름으로 붙인 두 권의 다른 윤리학서가 엮어졌다는 사실은, 이미 그 일 자체, 이들 양자가 한 책으로 엮일 수 없는 성질의 내용을 각각 포함한 사실을 보이고 있다.

거듭 말하면, 양서에 포함된 아리스토텔레스의 윤리사상은 그의 각각 다른 사상적 발전 단계에 대응하는 부분의, 꼭 동일하게 다룰 수 없는 내용의 것이라고 생각된다.

양서의 관계에 대한 이런 이해는 예거(Jaeger Werner, 1888-1961, 하버드대 교수)에 의한 아리스토텔레스의 사상 발전사적 해석 가운데 대부분 확립되었다고 해서 좋지만, 양서 내용이 되는 아리스토텔레스 강의가 있던 시기의 전후 관계에 대해서도 예거의 주장이 기조적으로 오늘 거의 정설로 받아들여지고 있다.

즉, 『에우데모스 윤리학』은 아리스토텔레스의 아소스 체류기 강의에 유래하고, 『니코마코스 윤리학』은 이에 대해 그가 마케도니아로부터 아테네로 돌아와 여기 창설한 그의 학원에서(뒤에 나오는 것처럼 비교적 그 초기에) 한 윤리학 강의에 근거하는 것으로 판단된다. 후자는 따라서 전자로부터 최소한 10년쯤 지난 시대 그의 윤리사상을 내용으로 하는 것이라 풀이된다.

『니코마코스 윤리학』과 『에우데모스 윤리학』의 관계는 대강 이상과 같은 것이지만, 아직 이 사실에 관련해 언급해 두지 않으면 안 될 다음 두 가지 미묘한 문제가 존재한다.

(1) 『에우데모스 윤리학』4, 5, 6권의 해당 부분은 전승하는 어떤 사본에도 생략되어 있다. 이들 세 권이 "『니코마코스 윤리학』5, 6, 7권과 똑같다."는 뜻이 명기된 사본은 많다. 이 세 권은 도대체, 본래 어느 시기 소산에 속하는 것일까?

(2) 『니코마코스 윤리학』7권(『에우데모스 윤리학』6권) 끝부분에 '쾌락'에 대한 논고가 보이지만, 이 밖에 또 『니코마코스 윤리학』에 고유한 쾌락론이 같은 책 10권 첫 부분에 보인다. 결국 『니코마코스 윤리학』은 그 8, 9권의 사랑(필리아)론을 두고, 그 앞뒤에 2개 쾌락론이 존재하고 있는데, 이 양자의 구성과 논지는 같지 않고, 때로 양자 사이에 모순까지 포함되어 있다.

이 점에 관한 의문은 (1)의 문제와 얽혀 있어 사태를 일층 복잡하게 하고 있다. 이에 대한 답은 이를 요약하면 다음과 같다.

첫째, 문제의 세 권 원고는 후기 아테네 시대, 아리스토텔레스 자신의 손으로 고쳐 쓴 것이다.

둘째, 다만 쾌락론 A만 그 예외다. 곧, 아소스 시대 쾌락론 A는 후기 아테네 시대 쾌락론 B로 고쳐 쓴 것이고, 아리스토텔레스가 폐기할 작정이던 것이 문제의 세 권에 보존되는 한편, B는 내용 본래의 위치에 따라 『니코마코스 윤리학』10권에, 즉 '사랑론'과 전권(全卷)의 결론적 부분 중간에 놓이게 되었다. 바로 이것이 '쾌락론' A, B가 중복된 유래라고 풀이된다.

이상 두 가지 문제점에 대해 이런 해답의 선을 따라 본서를 자세히 검토해 갈 때, 이 책의 니코마코스에 의한 편찬에 연관해 주목할 몇 가지 부분이 시야에 들어온다.

(1) 그의 편찬에 즈음해 남겨진 어떤 편지나 필적도 이를 신중한 태도로 보존하고, 여기에 각각 그럴 만한 위치를 잡아주는 노력이 보인다. 유고 가운데 수차에 걸친 강의 때 행한 부분적 개정에 근거한 중복된 원고도 있고, 본문에 대한 각주에 해당하는 것 내지 보충 설명에 해당하는 원고도 있었을 것이다.

　이런 어떤 한 가지도 굳이 버리지 않은 편자(編者) 태도는 충분히 이 경우가 많다고 하지 않을 수 없다. 다만, 근대적 방식으로 이를 정리 편찬하는 방법을 몰랐던 당시, 편자는 이 모든 것을, 말하자면 조판하기와 같은 것뿐만 아니라, 단편적인 것 가운데 그 본래 귀추가 최후까지 밝혀지지 않았던 것조차 존재할 것으로 생각한다.

　그 결과, 우리가 갖는 것처럼 통독을 위한 저항의 적지 않은 전승(傳承) 텍스트가 완성된다. 소위 '중복 장절'이 이따금 발견되는 것도 이런 편찬 기술에 유래함은 당연한 결과가 아닌가 한다. 그 가장 현저한 것으로, '쾌락론' A, B라는 서책이 발견된 이유인 것이다.

(2) '쾌락론' A 도입이라는 동기로서, 그러나 더구나 그 밖에 각 권을 거의 균등한 크기로 평균화하려는 편자 의도가 크게 작용한 사실도 상상이 간다. 똑같은 배려가 본서 '사랑론'이라는 일련의 논고를 8, 9 양 권에 거의 기계적으로 구분해 놓았다.

(3) 이래서 『니코마코스 윤리학』의 '쾌락론' A는 전체 구성을 어지럽히

는 틈입자(闖入者) 같은 위치에 있다. 이 위치를 힘있게 정당화하려는 1절은 편자 내지 공간자(公刊者)에 의한 서투른 삽입으로 볼 수밖에 없다.

(4) 에우데모스에 의한 윤리학서 편찬은 그러므로 『니코마코스 윤리학』의 성립을 예상하고 있고, 시대적으로도 이에 약간 뒤지는 것이라고 생각된다.

(5) 『니코마코스 윤리학』 그 자체의 편집 성립 시기는 대개 기원전 300년경으로 추정된다.

**

이상 다루어진 부분에서 알려진 바와 같이 본서는 보통 우리가 알고 있는 의미의 '저작'이 아니다. 현대의 저작에 익숙한 독자에게는 아무래도 기묘한 형태의 저작인 것이다. 한 차례 읽고 나면 곧 알 수 있는 일을 이런 고전적인 책에서 찾는 일은, 독자 측에서 볼 때 무리인 것은 물론이다.

그것은 어떤 경우도 본서 내지 아리스토텔레스 저작으로 한정되는 것은 아니지만, 그렇기는 해도 보통 아리스토텔레스 저작의 성립 사정에 근거하는 특이한 성격에서 오는 곤란함에 덧붙여, 본서의 경우 『에우데모스 윤리학』과의 관계 문제와 뒤얽히어 특히 복잡한, 얼핏 보아 이해할 수 없는 구조를 가지게 되었다.

그러나 독자는 이에 물러설 필요는 없다. 구조상 특이성에 대해 약간의 예비지식을 가지고 당면하면, 아리스토텔레스의 적어도 이 책에 관한 한 의외로 쉽게, 또 의외로 재미있게 일단 통독이 가능할 것으로 생각한다. 그리고 앞으로는 모든 것이 독자 태도 여하에 달려 있다.

고전은 어디까지나 고전이므로 연구적 태도를 가지고 이에 당면하는 한, 그것은 무한 많은 문제를 제공해 줄 것이다. 이 일은 고대 말기 이래, 얼마나 많은 이 책에 관한 전체적인 내지 부분적인 연구서와 해설서가 나와 있는가를 잠깐 보아도, 또 이 책 내용이 토마스 아퀴나스(Thomas Aquinas)부터 칼 마르크스(Karl Marx)에 이르기까지 얼마나 자주 사람들 주장에 원용되어 왔는가, 그리고 또 그것이 현대 얼마나 많은 분석 철학자에게 흥미 있는 제재를 제공하고 있는가를 본다면 생각하고도 남음이 있을 것이다.

구조상의 특이성에 관련해 바람직한 예비지식은 이를 정리하면 다음과 같이 될 것이다.

첫째, 현대 학술서 상식으로 보면 책의 장별(章別) 구분은 그 내용에 따라 나누어진다. 그러므로 당연 각 장 길이는 내용에 따라 가지각색이다. 그리스의 경우는, 이에 대해 책이 파피루스 두루마리 형태를 갖춘 것에서부터 오늘 각각의 장에 해당하는 각각의 롤, 두루마리, 즉 '권'이 됨에도 불구하고, 각각의 권(卷)의 크기에 가능한 한 균일성이 요구되는 일이 제약되어, '권'을 가르는 형식이 내용에 따르지 않는 부자연스러운 것이 되고 말았다.

이 점, 아리스토텔레스의 다른 저작에 비해 본서의 경우 특히 현저하다. 이것은 혹여, 또 엮은이 니코마코스 개인 성격과 관련시켜 생각지 않으면 안 될 사항일지도 모른다.

어떻든, 본서의 기계적이라 할 이런 권별 분류 방식은 별난 것이면서, 본서 전체의 유기적 구조의 원활한 이해에 대해 적지 않은 장애가 되는 것을 부정할 수 없다.

둘째, 특히 본서의 경우, 이미 다루어진 '쾌락론'의 서판(書板) 문제가 있다. 이것은 여러 군데에 산재하는 다른 구절의 중복이라 하기에 또 느낌이 다르다. 다른 경우의 그것과 똑같이 서판으로 부르는 일이 과연 적당할 것이냐 여부조차 의심스럽다.

내용적으로 보면, 7권 끝에 놓인 쾌락론 A는 안티에도니스도 주장을 반박하는 것으로 시종한 데 대해, 10권 전반을 점하는 쾌락론 B는 문제를 정면에서 다루고, 찬반 양방 주장의 서술과 비판 위에 서서 아리스토텔레스 자신의 견해를 솔직하게 피력하는 것이었다.

그러므로 니코마코스가 A 버리기를 견디지 못해하고, 이것을 B의 준비, 혹은 복선으로 현 위치에 보존하려는 기분은 충분히 이해되는 바라 하겠다.

고티에(Gauthier T., 1811~1872, 프랑스 비평가)는 그러므로 그 자신의 번역문에서 그는 다른 경우에 쓴 수법에 따라 A와 B를 감쪽같이 접속시키고, A를 B의 직전에 놓았다. A가 B에 앞선 원고이고, 동시에 내용적으로도 A가 B를 준비하고 보충한 것임을 보이는 용의(用意)를 하고 있음이다.

독자는 오히려 본서의 처음 통독 시에 A를 무시하고, 이것을 마구 몰아붙여 읽는 것이 편할 것이다.

셋째, 이런 식으로 쾌락론 A를 빼고 생각하면, 그리고 또, 권의 구분 방식의 부자연성(가령, 탁월성 내지 덕의 논의가 1권의 최종 장부터 시작된다든가, 윤리적 탁월성의 일반 논의가 2, 3권에 걸쳐 있고, 3권 6장부터 이런 탁월성에 대한 각론이 들어 있다든가 등등)을 자연스러운 모양새로 바로잡아 읽어 나가면, 대략적 순서는 그다지 이해에 곤란을 느끼지 않을 수 있고, 아리스토텔레스가 남긴 원고의 복잡한 누적을 정리해 이 정도까지 통일적인 것으로 정리함에 성공한 편자에게 노고가 컸음을 기리지 않을 수 없다.

***

여기서 본서에 관해, 약간의 특히 주목할 문제점에 대해, 또 역주에서는 그 뜻을 충분히 밝히지 못한 우려에 대해, 이 종류 책에 익숙지 않은 초심 독자를 위해 도움이 되게 어느 정도 개인 의견을 섞어, 매우 간단하게 적음으로써 주의를 환기코자 한다.

첫째, 무엇보다 먼저, 본서의 '윤리학'이라는 제명에 대해 말하겠다. 이는 관행으로 '윤리학'이라 옮긴 것이지만, 본서에 전개되는 여러 문제를 다루는 학문을 어떻게 부르는가?

그것은 1권 시작에서 보듯이 '정치학'이었다. 그러므로 말하자면, "에토스적인 여러 가지 사항", 그리고 "폴리스적인 여러 가지 사항"이란 정도의 의미이고, 또는 오히려 그것은 각각 "에토스적인, 혹은 에토스를 둘러싼 여러 문제" 및 "폴리스와 포리티아를 둘러싼 여러 문제"라는 정도의 의미에 다름 아니다. (다만, 영어는 어떤 일인지 Ethics, Politics─그 밖에도 Physics, Metaphysics 등등─이라는 기묘한 복수형이 학문의 명칭으로, 때문에 단수형으로 사용되고 있지만, 이것 역시 이런 사태의 예기치 못한 결과로 풀이할밖에 우리는 설명 방식을 찾지 못한다.)

그러므로 이상에 의해, 이 책은 보다 정확하게 '윤리학서', 또 '정치학'도 똑같이 '정치학서'라 불러야 할 것으로 알려짐과 동시에, 어떻든 이 양서가 '정치학' 범주에 속하는 것으로 알려졌다.

'윤리학서' 끝부분은 '정치학서'에 가는 다리 역할이고, 여기 이미 '정치학서' 프로그램까지도 표시하고 있다. 그러므로 이 양서 가운데 윤리학서는 '정치학'의 1부이고, 정치학서는 똑같이 그 2부가 된다고 생각지 않으면 안 된다.

이런 양서의 관계 설정은 여러 가지 문제를 갖게 되지만, 최소한도 아리스토텔레스의 윤리학은 인간 사회성의 관점에서 벗어나지 않는 윤리학인 것이고, 그의 정치학은 윤리적 성격이 농후함을 부정할 수 없다.

이 점, 한 걸음 나아가 말하면, 플라톤의 '국가'편의 '철인(哲人) 군주사상' 계보를 생각하게 하는 것조차 있는 것으로 알게 된다. 물론, 플라톤의 이 주장은 그 반면, 아리스토텔레스의 통렬한 반격을 받는 것을 포함하고 있지만.

둘째, 이 책은 "선(善)은 무엇인가" 하는 물음으로부터 시작한다. 아리스토텔레스에게 지려(智慮)는 하나의 '지성적 탁월성'이다. 지성적 탁월성은 지려 외에 지혜 등 몇 가지 사실이 있어, 그 각각이 엄밀하게 음미, 구별되지 않으면 안 된다. 이에 덧붙여, 탁월성 내지 덕은 단지 이른바 지성적인 그것에 국한되지 않고, 그와 함께 '에토스적 탁월성', 즉 '윤리적 탁월성'인 것(정의, 용감, 절제 등)이 존재한다. 오히려 그 후자 쪽이 일반적으로 보다 본질적인 의미에서 덕으로 생각되었다.

쾌락도 또 그 선(善)으로서의 요구에 대한 타당성 검토에 들어가기 앞서, 치밀한 분석을 필요로 하는 복잡한 개념이라 하지 않으면 안 된다. 아리스토텔레스는 도리어 그 독자 입장에서 하는 바, 말하자면 원점으로 돌아가 문제 설정을 새삼스럽게 하는 것이다.

이때, 가장 근원적인 질문은 "지려가 선인가, 쾌락이 선인가"도 아니고, 또 전승적(傳承的)인 "관조적(觀照的) 생활과 정치적 생활과 향락적 생활 가운데 그 어떤 것이 가장 선한 생활인가"도 아니다. 아리스토텔레스 실천 철학에서 최초의, 그리고 가장 기본적인 질문은 "선은 무엇인가", "무엇이 최고 선인가" 외에 아무것도 있을 수 없다.

아리스토텔레스 '선' 논의 가운데 가장 주목할 만한 것은 플라톤의 '선 이데아'에 대한 그의 반박일 것이다. 그것은 보통 이데아론 그 자체에 대한 반발에까지 미치는 것이기는 해도, '선 이데아' 문제가 다루어질 때, 그가 염두에 둔 것은 '국가'편 가운데 저명한 대목이던 일은 명백할 것이다. 그가 이데아론 일반을 반박할 때에 비해 '선 이데아론'을 반박할 때에 보인 박력은 이상한 열을 띠고 있는 것처럼 생각된다. 그리고 이것은 당연한 일이기도 할 것이다.

'국가'편에서 플라톤은 선 이데아 인식에 참정치가 육성의 가장 궁극적인 단계를 보이고 있다. 수학적으로 맞붙는 학은 어떻든 말하자면, 이 인식에 이르기 위한 예비학(豫備學)의 위치를 부여한 것에 지나지 않는다.

수학적인 여러 학은 어느 것이나 그의, 말하자면 이데아학적인 성격 때문에 이를 도약대로 '홀연히' 가장 본질적 의미로 '근원'이라 불러야 할 '선 이데아'의 인식에 눈 뜨게 되는, 기연(機緣)의 제공이 기대되기 때문이다.

'선 이데아'의 인식은 세상 일반 인식과 다르다. 그것은 동굴의 비유에 의탁해 말할 수 있는 것처럼 혼의 전면적인 회전을 의미한다. '국가'편에서 플라톤의 이 같은 '선 이데아' 내지 '선 그 자체' 인식을 가지는 의의가 큰 만큼, 또 그만큼 아리스토텔레스의 이에 대한 반발도 강했던 것이 이유다.

이데아론에 대한 반발을 행하는 장소는 별도로 있다. 그러므로 여기서 그것에 깊이 들어가지 않고 논의는 적당한 대목에서 끊어지고 있지만, 그렇다 해도 이 정도 스페이스를 할애하고, 얼핏 보아 주제에서 빗나간 '선의 이데아론' 반박에 깊이 들어간 것은, 여기 역시 그 만큼의 이유가 없으면 안 된다는 사실이 느껴진다.

결국, 아리스토텔레스가 어느 것보다 더 승복할 수 없던 것은 이 대목에서 인식 질서에 대한 플라톤의 혼란인 것이다. 아리스토텔레스가 본서 6권에서 '학'을 다른 것과 엄밀히 구별한 것의 본보기는 '분석론 후편'에서 주장을 보인 것처럼 수학, 특히 기하학이다.

그리고 여기서 근원이 되는 '공준(公準)'은 "논증의 출발점이기는 하지만, 그 자체는 논증하기가 불가능한 것"이다. 그런데 플라톤에게는 "선 그 자체의 인식"은 근원이 되지 않는 비근원성을 도약대로 참된 의미의 근원, 결국 "비근원성을 돌파한 참된 의미의 근원"에 도달하는 것을 의미한다.

'선의 이데아'가 만물의 근원으로서 비근원성을 넘은 것이라고 한 것은 이런 사실을 의미한다. 여기에 아리스토텔레스 입장에서 보면, 허용할 수 없는 학문의 다른 분야 사이에 있는 뒤섞임이 있고, 전이(轉移)가 있다.

수학 학습의 극점에서 선(善)이 어떤 것이라는 체득에 이른 사실은, 적어도 아리스토텔레스에게는 무의미한 것 외에 아무것도 아니다. 그리고 그 결과로, 이래서 도달된 '선의 이데아' 인식은 그것을 손에 넣으면 모든 것이(여기서는 특히 정치 문제에 대하여) 훌륭하게 판단할 수 있는, 말하자면 만능인 '마법의 돌'이 되는 것이다.

결국 현재의 문맥으로 말하면, '선 그 자체'에 접할 수 있는 정치가는 '철인 군주'로서 모든 정치적 판단에서 오류가 없고, 과오가 없는 인간 되는 일이 기대된다. '혼의 전면적 회전'을 경험한 사람으로부터 신과 같은 선의를 기대하는 일은 될 수 있겠는가. 그러나 이것과 그것은 별도다. 가장 중요한 정치는 그런 것이다.

'정치학'이 목표하는 선에의 접근은 보다 더 다른 것이 될 것이고, 여기서의 선은 좀 더 말하면, 사람 체취가 나는 것이 아니면 안 된다. 아리스토텔레스가 정치학의 출발점으로 찾고 있는 '선'은 인간적인 선, 인간에게 실현이 기대될 수 있는 최고의 선, 인간 만반의 경영에서 그 판단의 준척(準尺)이 되고, 정치가에게 인생의 목표로 볼 수 있는 최고의 선에 다름 아닌 이유는 바로 여기에 있다.

이런 의미의 선, 최고의 선은 무엇일까? 이 설문에서부터 아리스토텔레스는 출발하는 것이다. 본서 전권을 통해 이래서 아리스토텔레스 노력의 한 목표는 인생의 여러 가지 잡다한 바람과 결국, 여러 가지 선에 질서를 부여하고 말하는 바, 인생론을 어떤 의미에서 '학'의 이름으로까지 가치 수준을 높이는 '명석한 사고'의 입문서라고 할 것이다.

셋째, 아리스토텔레스의 이 학에서 찾는 '선'은, 이래서 "인간의, 그리고 참정치가의 목표로 할 최고 선, 궁극적 선" 그 의미에서 '인간적 선'이다. 그것도 공소(空疏)한 도달 불가능한 것이 아니고, '실현 가능한 선', '도달이 기대되는 선'이 아니면 안 된다고 해 관계되는 것으로, 그것은 만인이 보는 바, '행복'에 다름 아니라 하게 된다.

그리고 이에 이은 탐구는 모두 이 '행복'이 무엇인가를 중심으로 전개되어 가지만, 그러나 "행복이 무엇인가"를 질문하기 전에, 먼저 그 질문의 '행복'한 것이 무엇을 의미하는가가 문제다. 이 점을 살펴보지 않은 채로 아리스토텔레스 본서 주장을 더듬어 갈 경우, 최후까지 문제의 소재가 애매하게 끝날 우려가 다분히 있는 것이 아닐까?

개념이 중심적인 것이 될밖에, 그만큼 이런 음미의 필요성은 한층 높을 것으로 생각한다. '에우다이모니아'의 원뜻은 "다이몬(수호신)에 의해 잘 지켜지고 있는 일"에 있고, 일상적인 용어에서 때문에 '호운'이란 말에 가깝다. 그것도 때로 세속적인 번영에 관련해 말하고 있다.

아리스토텔레스는 그것을 그의 일류 현상학적 방식으로 그 의미를 순화한다. 그러므로 여기서 '행복'과 '호운'이라 달리 말하고 있다. 그의,

말하자면 현상학적 순수화를 거친 '행복'은 이따금 바꿔 말하는 것처럼 '에우브라딘'의 동의어다.

그러나 이 '에우브라딘'이란 말 자체도, 역시 원래는 일상어로 "건강하게 산다.", "번영하고 있다." 하는 의미만이 아니라, 이 말 역시 순화를 거치게 되어 '웰빙'이라 번역됨으로써 비교적 쉽게 순화가 가능하다.

그러므로 똑같이, 그리스 말에도 '에우다이모니아'는 '에우브라딘'과 동의어적으로 중첩 사용되기에 이르러, 아리스토텔레스 용어법(用語法) 상 의미로까지 높일 수 있게 된 것이다.

이래서, 그에게 '에우다이모니아'는 인간이, 인간의 고유 탁월성의 구비를 기반 하는 부분에 기반을 두는 활동이고, 또 그 활동을 위해 필요한 어떤 조건에도 빠지지 않을 일, 그리고 그것도 전 생애에 걸치는 것이고, 모든 의미에서 궁극적이고 자족적이지 않으면 안 된다고 하는 것이 된다.

우리말에서 '행복'은 '행복감'과 깊이 연결하여 말하지만, 이것은 아리스토텔레스적인 용어법을 가지고 말하면 '쾌락'에 가깝고, 그도 '헤도네(쾌락)'를 결코 부정하는 형편은 아니다. 오히려 그는 쾌락주의자가 아닌가 하는 정도로 '헤도네' 변호 측에 서 있다.

다만 그에게 '헤도네'에 대한 면밀한 분석과 논평이 있다. 또, 그는 이것을 단순히 '행복'과 동일시하는 것이 아니고, 그는 오히려 그의 의미에서 '행복'에 부대하는 필연적인 부산물로 보는 것이다.

넷째, 앞서 둘째에서 말한 일에 관련해 지금 한 가지 새삼스럽게 주의할 필요가 있다고 느껴지는 것은, 아리스토텔레스가 "일반적으로 지식인들의 스승(단테)"이라 한 점에 대한 의미다. 제1로, 그것은 각 학문의 그 대상 특성을 토대로 분류하고, 위치를 부여한 것이다. 제2는, 이 같은 각 학문의 대상이 다름에 따라 해당 학문에 어울리는 독자적 방법이 있어야 한다는 생각에 근거를 두고, 명확한 방법의 의식을 가지고 탐구의 발걸음을 옮기고 있다는 점이다.

현재 경우로 말하면, 실천의 학인 넓은 뜻의 폴리티케(윤리학 포함)의 대상은 "다른 방식으로도 있을 수 있는 일이다."라고 한다. 그런데 이 경우를 '비필연적'이라 옮길밖에, 그 방식을 모르는 것이 보통이다.

그것은 현실로 그런 것이라 해도, 그러나 필연적으로 있어야 한다는 것이 아니고, 다른 방식으로 있는 일도 불가능한 일은 아니라는 사실을 말하는 것이기 때문이다. 인간의 소행은 관련되는 바의 것으로, "우리 선택과 결정에 의존하는 일", "우리의 자유가 되는 사항"이라 본다.

여기, 실천적 학이 관조적 학에서 엄격히 구별되는 이유가 존재하는 것이다. "참을 깨닫다.", "진실을 인식하다."의 의미도 역시 이에 따라 다른 것이 될 수 있다. 실천의 학에 수학 같은 엄밀성을 기대할 수 없는 것이 몇 차례 강조된 것도 이 때문이다. 그리고 이 사실을 모르는 것은 교육과 교양의 부족에 있다고 보게 된다.

교육과 교양은 이 경우 여러 학의 예비학이라 할 논리학에 대한 지식을 가리킨다고 생각된다. 이런 점에서 아리스토텔레스 주장은 오늘도 여전히 학습하지 않으면 안 될 중요한 뜻을 가지고 있다.

다섯째, 아리스토텔레스가 경험으로 돌아간 중대한 여러 가지 역할에 대한 설명이 그 저작 여러 대목에서 보인다. 널리 알려진 부분이지만 그 한 가지, 이른바 검증 역할은 본서 내용에서도 잊지 않고 있다. 그는 "주장의 진위에 대한 최후 준척은, 그 주장에 사항의 실제가 적합한가 여부에 있다."는 요지를 말해, 만약 적합하지 않을 경우 잘못된 논의로 파기해야 할 것이라는 사실을 말하고 있다. (10권 8장)

자기 탐구의 성과를 최종적인 것으로 생각, 독단적으로 밀고 나가려는 태도는 그에게서 멀다. 그의 사고 체계는 열린 체계였던 것이다. 경험에 그가 준 의의(意義)의 중요성에도 불구하고 경험, 곧 학문이 아닌 것은 말할 필요가 없다.

어떤 학문이든, 그 학문이 학문이기 위해 역시 가능한 대로 '보편'에 다다르도록 노력하지 않으면 안 된다는 주장은 10권 최종 장에 보인다. 보편에도 역시 단계가 존재한다. 충분한 방식에서 보편에 도달하지 않은 경우에도 보다 하위 단계 보편의 '유형'이 존재할 것이다.

완전한 의미의 '개'에 대해 지식을 늘린다는 일은 '학문'의 일이 아니다. 자기 질병을 치료한 경험만 알고 있는 사람이 있다 해도, 그 경험만 가진 사람을 '의사', '의학자'라 할 수 없는 것이다.

하나하나 병 증세의 정형을 유형적으로 결정하고, 이를 규준으로 각각의 병 증세 예후(경과)를 살펴봄과 동시에 그 각종 사태에, 이른바 대증적 방식으로 적절히 대처하는 것이 히포크라테스(Hippokrates) 의학의 방법적 근간이다.

우리 경우에 관련하여 말하면, '윤리학서' 최종 장에 예고된 '정치학서' 가운데 4, 5권은 바로 각각의 국제 유형 구별상 세워진 병리학이며, 의료학이다. 그 방법은 다분히 히포크라테스 의학의 유사성을 가지고 있다. 이 사실을 충분히 깨닫게 되면, 사람은 "아리스토텔레스의 이 책 어떤 부분은 마키아벨리(Machiavelli)를 능가하는 마키아벨리스트가 아닐까? 그의 이상주의적 주장의 부분과 그것은 어떻게 연계될까?" 등의 의문을 던질 것이라 생각된다.

여섯째, 여기서 앞서 둘째 및 넷째 항목에서 다룬 넓은 뜻의 '정치학', 결국 일반적으로 인간의 실천에 관한 학의 특수성으로 돌아가 새삼스럽게 재언할 필요를 느끼는 것은, 인간의 모든 행위 실천이 '개'라 할 때의

'개'라는 사실의 의미에 대해서다.

'개(個)'라는 사실도 다의적(多義的)이다. 문맥에 따라 다의적 방식으로 말할 수 있다. 이 경우의 개는, 그러나 말할 것도 없이 인간의 모든 개인적, 공인적 결단은 일반적, 추상적 방식으로 할 수 없는 것이다. 사안(事案)의 대소를 불문하고 모두 구체적인 역사적 현실의 문맥 가운데서의 결단이고 행동일 수밖에 없다.

바꿔 말하면, 그것은 넓은 뜻의 '환경' 속에서 인간 주체에 의해 반복이 듣지 않는 1회적인 방식으로, 독자의 자주적인 입장에서 그 '존재 방식'이 결정되는 '이벤트'에 다름 아님을 의미한다. 다시 말하면, 이른바 '실천적 3단 논법'에서 결론에 이르는 명제는 '지금, 여기'에 관계되는 개적인 명제가 아니면 안 된다.

아리스토텔레스의 3단 논법으로 예를 들면, 거의 예외 없이 모두(그 결론을 포함) 보편적 명제로부터 성립된다. 가령, "인간은 로고스적 동물이다. 그런데, 소크라테스는 인간이다. 그러므로, 소크라테스는 로고스적 동물이다."라고 한 추론은 아리스토텔레스가 모르는 바로 되어 있다.

이 사실은 적어도, '학'이 어떤 수준에서 '보편'에 관계되는 것임을 표면으로 내세운 한, 당연 예상되는 사항일 것이다. 그러나 이른바, '실천적 3단 논법'이 실천이라는 단적이고 개적인 것을 도출하는 추리 과정을 말하자면, 비유적으로 그려 내는 시험적 발상인 한, 이런 개적인 명제가 그 결론으로 보인다는 일은 오히려 당연하다 하겠고, 여기 실천이란 사실의 특이성 및 문제성이 있다.

아리스토텔레스의 '인사에 관한 학', '실천에 관한 학'은 이래서 그 자체가 역시 넓은 뜻에서 '학'에 속한다는 방침으로 삼는 한, 어떤 보편적 관찰을 멈추지 않는 반면, 그것이 그 고찰 목적을 궁극적으로 학설이 아니라, 도리어 '좋은 실천'에 놓는 바, 실천적 학인 이상 인간 실천의 이런 개적 성격을 폐기할 이유는 없었던 것이고, 그러나 그 일은 이 학이 '학'이란 자격을 상실함을 의미하지 않고, 도리어 이 학을 '학'으로 그 독자성 안에 확립하는 독창적 작업이었음을 알리는 것이라 하지 않으면 안 된다.

아리스토텔레스는 한쪽에서 인사에 대한 학적 및 철학적 고찰의 불가피성을 강조하는 반면, 여기서 무한히 복잡다기한 역사적, 사회적 상황에 대한 통찰을 중시한다. 그가 이 영역에 대해 지성 및 감성이든가 경험을 중시하는 까닭도 여기에 존재한다.

이것을 오늘의 상황에서 자유롭게 재현한다면, 이 영역에서는 아이디어가 있어도 이를 구체화하는 센스가 없으면 안 되고, 센스가 있어도 아이디어가 없으면 모처럼의 센스도 소용없는 보물이 되고 만다. 이 경우, 아이디어가 단순한 착상을 의미하는 것이 아님은 말할 것도 없다.

일곱째, 학적 고찰의 대상으로 '실천'이 갖는 특이성에 관련해 지금 한 가지 주의를 환기하고 싶은 것은 '아르케(단초, 출발점, 근원 등의 뜻)'의 다의성에 대해서다. 특히, "아르케에 도달하는 방식은 다양하다. 그것은 귀납에 의해, 혹은 감각에 의해, 혹은 일정한 습관들이기에 의해 도달된다."고 하는, 셋째 경우에 관련한 아르케의 의미다.

아리스토텔레스 자신 아르케의 다의성 문제를 다루고 있으나, 여기서는 널리 일반적 방식으로 이 일에 끼어들 필요는 없다. 문제는 이 대목에서 "모든 경우에 그 무엇 때문을 탐색할 필요는 없다. 때로는 그 무엇이라는 일이 확립되어 있으면 충분하다."

어째서 그 한 예로, 실천 경우에서 '습관들이기'의 아르케성, 근원성이 나왔는가 하는 사실이다.

아리스토텔레스의 본서 탐구의 주제는 인간 최고 선인 '행복'이다. 참으로 행복하다 할 만큼 뛰어난 사람, 훌륭한 사람은 그런데 인간 고유의 이상적 자세인 로고스성에서 뛰어난 사람일 것이다. 그것도 로고스성의 탁월성은 단지 이른바 '지성적 탁월성'이 끝나는 것이 아니라, 그 한 가지 실천적인 '지려(智慮)'의 덕이 손꼽힌다면 이 일은 변함이 없다.

그러나 지려는 이것도 어떤 부차적 의미의 로고스적 탁월성인 여러 가지 '윤리적 탁월성'을 예상하는 것으로, 이들의 덕이 빠진 지려는 실천 장면에서 어떤 뜻있는 작업을 할 수 없다. 이런 여러 가지 덕은, 그러나 그 자체의 성립 유래를 갖는다. '지려'가 '윤리적 덕'을 낳는 사정은 아니다.

에토스의 탁월은 좋은 에토스(습관) 내지 에디스모스(습관들이기)에 근거를 둔다. 앞에 말한 플라톤의 이른바 '혼의 전면적인 전환', 즉 순수한 선미(善美)에 대한 지향은 아리스토텔레스가 보는 입장을 가지고 말하면, 결코 소크라테스적인 방법으로 아포리아(모순되는 두 결론)에 직면한 곤혹 속에서 생긴 것도 아니고, 플라톤의 설명처럼 수학을 용수철로 하여 홀연히 명시되어 오는, 혹은 아름다운 혼과의 에로스적인 동서에 의해 불꽃을 불붙이는 것처럼 혼속에 타오르는 것도 아니고, 도리어 유사적인 구체적인 상황 속에서, 때로는 강제하에 행하는 실제 행동이 쌓여감에 따라 심정(心情) 가운데 형성되어 가는 것에 다름 아니다.

좋은 실천의 기반에는 이런 방식으로 형성된 탁월적인 에토스(윤리적 성상)가 있는 것이고, 이것이 앞에 말한 것처럼 여기서 바로 '아르케'에 다름 아니다. 이것만 있으면 그 이상의 것은 불필요하다고 말해 좋다고까지 극단적으로 말하고 있다.

다만 충분한 방식에서는 좋은 사람, 훌륭한 사람은, 그리고 특히 사회 공동체에서 실천의 주도적 임무를 맡을 훌륭한 정치인은 이 심정의 지향을 구체적인 사회적, 역사적 개개의 장면에서 구체화하기 위한 지적인 총명함을 갖추고 있지 않으면 안 된다.

여기에 무한히 다기다양(多岐多樣)한 정세에 맞설 수 있는 유연성을 갖추고, 그 위에 원리적으로 투철한 학적 인식의 확립이 필요해지는 이유가 된다.

사람은 그러나, 혹 물어볼지 모른다. 무엇 때문에 이런 '윤리학서' 가운데 본서 6권에서와 같이 '지성적 탁월성' 전반에 걸친 너더분하고 자질구레하게 보이는 분석적인 연구가 필요할 것인가. 실천 철학의 영역에서 필요한 것은 가능한 한 그 가운데 '지려' 역할의 연구만이 아니던가. 그 이외는 오히려 문제 영역의 부당한 확대 내지 전이(轉移)라 할 것이 아닌가 하고. 이런 의문은, 그러나 지나치게 '윤리학서'라는 이 일련의 논고에 붙여진 이름을 취한 이해에서부터 나온 것으로 생각된다.

만약, '윤리학서'가 실질적으로 에토스를 오로지 주제로 하는 '저작'이었다면 이런 의문도 정당할지 모른다. 그러나 이미 다룬 것처럼, 이 책은 말하자면 철학적인 인간학의 책이고, 인간의 생활 전반을 그 대상으로 한다.

특히, 그러나 인간 생활 전반의 최선인 어떤 것을 그 실현 목표로 하면서 고찰하는 것이란 부분에, 그것이 실천 철학의 책이라 할 까닭이 존재하는 것이다.

인간은 '로고스적'이란 사실을 그 차이로 갖는 동물이다. 로고스적이란 사실에 의해 스스로의 에토스도, 또 세계 환경도 좋든 나쁘든 스스로의 손으로 형성할 임무를 부과 받은 일, 바로 플라톤이 '국가'편 10권의 이야기에 의탁해 쓴, "인간이 원인이자 책임자다."라는 아름다운 말로 보인 것과 같다. 구체적인 인간은 관조도 하고 실천도 하고 제작도 한다.

인간을 이렇게 구체적인 전체에 따라 고찰하는 일이 본서의 전체를 통한 목적인 것이다. 여기서 고찰이 어느 정도 광범위한 영역에 걸쳐 있다 해도 모두 한 문제로 귀착된다. '인간, 어떻게 살아가야 할 것인가'가 바로 그것이다. 이런 문제를 다룬 경우는 아리스토텔레스 실천 철학의 여러 저작 말고는 다른 어떤 저작에도 없다.

여덟째, 끝으로 한 마디 해둘 필요를 느끼는 것은, 이미 다룬 바 있는 예거(Jaeger)의 '아리스토텔레스의 사상 발전사적 연구'에 대한 것이다. 그의 이 연구는, 그것이 아리스토텔레스의 초기 여러 '대화'편과 '철학에 대하여'에서 출발하는 정밀한 문헌학적인 뒷받침을 가지고 명석 투철한 이론을 매력적인 필치로써 전개한, 문자대로 전인미답의 업적일 뿐 아니라, 향후 아리스토텔레스 연구는 그의 이 일에 어떤 태도를 취함 없이 행할 수 없을 정도로 일세를 풍미한 것이다.

윤리학 영역에서 말하면,『니코마코스 윤리학』은 별도로 하고, 여기까지는 그 진위성(眞僞性)에 대해 크게 의문시되어 온『에우데모스 윤리학』을 아리스토텔레스의 '진작'인 것으로 확립한 것도 그랬고, 전자가 후자보다 더 후기 그의 사상적 발전 단계를 대표하는 것이라는 사실을 거의 반론의 여지가 없을 정도로 증거해 보인 것도, 예거 및 그 학통에 속하는 사람들이었던 것이다.

그러나 이 정도의 업적도 결코 논란의 여지를 남기지 않은 것은 아니다. 그렇게 된 부분은 예거가 가설적으로 쓴 아리스토텔레스 사상 발전의 방향을 결정하는 준척(準尺) 그 자체가 처음부터 문제를 안고 있었다는 데 있다고 생각된다.

많은 사람들 사이에서 주지하는 대로, 그가 아리스토텔레스의 사상적 발전의 전후를 측정하는 준척은 기본적으로 '플라톤이즘에서의 거리 여하'에 있다. 결국 예거에 의하면, 최초 충실한 플라톤이스트이던 사실에서 출발한 아리스토텔레스가 점점 플라톤에서 멀어져 아리스토텔레스 독자의 모습으로까지 성장해 가는 과정이 아리스토텔레스의 발전이었다고 할 수 있다.

새삼스럽게 말할 것도 없이, 그는 알렉산더 대왕의 죽음과 함께 아테네 땅에 팽배한 반마케도니아 분위기의 압력을 벗어나 칼키스에 가서 이듬해, 그곳에서 숨졌다. 남겨진 원고는 모두 후계자 테오프라스토스 손에 넘어간 것으로 전해진다. 때문에, 이렇게 해서 아리스토텔레스는 결코 플라톤처럼 '천수를 누렸다'는 형편은 아니고, 여러 가지 영역에 걸친 종종 곤란한 문제의 문제성을 의식했다 하더라도, 그 해결은 물론 그 문제성을 표현하는 기회조차 갖지 못했던 것이다.

"완성된 참 아리스토텔레스적인 아리스토텔레스"의 모습을 볼 길은 영구히 닫혀진 채로 남았다. 그러나 그럼에도 불구하고, 혹은 오히려 그 때문에, 예거는 '참 아리스토텔레스'의 모습을 플라톤에서 떨어져 가는 그 방향에서 포착하려 한다. 예거 착상의 출발점은 '형이상학' 연구에 있고, 특히 플라톤적인 이데아론의 비판에 있었기 때문에, 이런 점으로 크게 제한하는 한 그의 주장은 크나큰 설득력을 가질 수 있었다.

문제는, 그러나 예거가 그것을 모든 학문 영역으로 확대해, 극단으로 말하면 "아리스토텔레스적은 비플라톤적이다."라는 등식을 가지고 모든 문제 영역에 걸쳐 아리스토텔레스 주장의 엇갈린 점을 처리하려는 것으로 보이는 데 있다.

이래서, 예거의 상정(想定)에 관계되는 '지향된 아리스토텔레스'는 일종 경험론적 실증주의자일 뿐 아니라, 예거에 의하면, 아리스토텔레스는 오로지 '철학자 플라톤'을 떠나서 이런 참자기(실증적, 경험적 자연학자) 완성을 향해 서두르는 도중에 쓰러진 것이 된다.

그러므로 가령, 『데 아니마(혼)』 3권 6장처럼 '능동 지성'의 불사설(不死說)을 포함하는 것과 『형이상학』 4권과 같이 플라톤적 사상 잔재의 현저한 것으로서 아리스토텔레스 사상적 발전의 옛 단계에 속하는 층에 속하는 결과로 되는 이유다. 똑같은 방식으로 말하면, 우리의 『니코마코스 윤리학』에 대해 이를 말하면, 10권 7장에 보인 불사에의 요구와 같은 이 대목이 『데 아니마』 대목 '능동 지성'의 불사론까지도 이르지 못하는 전 발전 단계의 층에 속하는 것으로, 역시 본서 중의 옛 층으로 처리되는 일이 필요했을 것이다.

우리는 여기서, 예거의 작업에 대한 부분적 시정의 중요한 한 경우로, 뉴이안(Nuyens)의 업적과 그 위에 선 『니코마코스 윤리학』을 중심으로, 아리스토텔레스 윤리사상의 발전을 논한 고티에(Gauthier) 업적의 존재에 대해 독자의 주의를 환기하는 것으로 그친다.

그 결론을 우리에게 관계되는 부분만 말하면, 『니코마코스 윤리학』 강의는 예거의 막연한 상정(上程)처럼 아리스토텔레스의 가장 만년에 한 것이 아니고 오히려 아테네 초기(기원전 335-323)에 한 것이고, 예거가 아소스 시대에 속한다고 한 『데 아니마』나 『형이상학』 4권 강의는 시대적으로 이에 뒤지는 것으로 입증되었다.

이 주장은 큰 설득력을 갖는 것으로 생각된다. 그중에도 그러나 특히 우리에게 강한 호소력을 갖는 것은, 여러 학이 갖는 독자 방법에 대한 자각이 차차 선명하게 되어가는 과정을 가지고 아리스토텔레스의 사상 발전 단계를 측정하는 중요한 한 기준을 이루고 있는 점이다.

이미 앞에서 말한 다섯째 항목에서 다룬 것처럼 아리스토텔레스는

'지식하는 자들의 스승'으로서 모든 '학'에 각각 독자 대상 영역을 구획하고, 각각 그 '학' 독자의 방법 확립을 기도하고 있다.

자연학의 방법과 수학의 방법은 다르고, 같은 자연학이라도 그 가운데 물리학과 생물학은 다르고, 생물학 가운데서도 식물학과 동물학은 다르다. 말할 것도 없이, '로고스적'인 문제적 차이를 가지고 다른 모든 동물과 구별되는 인간에 관한 학에서 그 독자의 광범한 문제 영역을 포함한다.

여기에 소위 '실천적'학인 윤리학이나 정치학의 방법 문제가 크게 부상하는 이유가 존재한다. '철학을 권함'에서 『에우데모스 윤리학』으로, 그리고 또 『니코마코스 윤리학』으로, 여기에는 '인간의 학'을 최초는 말하자면, 기하학적으로 다룬 시대에서 참으로 '인간의 학'을 다루는 데 어울리는 방법을 아름다운 일로 확립해 가는 방향으로의 발전이 이루어진다.

아리스토텔레스가 그 후기 최초 수년간, (결국 『데 아니마』를 쓰기 이전) '인간의 학'을 강의 중지한 것은, 여기 내장된 곤란의 크기가 원인이기도 했지만, 또 하나는 이런 방법의 『니코마코스 윤리학』 강의의 확립이 그에게 어떤 만족을 준 데도 있지 않았을까?

『니코마코스 윤리학』이 말하는 부분은, 결코 버넷트(Burnet J. 1863-1928, 영국 그리스 철학자)가 생각한 것처럼 '변증론적 변론술 훈련의 자료'에 그치는 것은 아니다. 그것은 역시 고티에가 말한 것처럼 "좀 더 신중하게 받아들이지 않으면 안 된다." 윤리학 사상 하나의 큰 모뉴멘트일 것이다.

■ 역자 후기

번역이 쉬운 일은 아니다. 다만 번역자는 새롭게 공부하는 자세로 번역에 임했다. 그동안 배운 지식이 많지 않은 터에 번역에 나서고 보니, 부끄러운 점이 한둘이 아니다. 먼저, 정성 들여 이 책을 읽어 준 독자 여러분에게 두 손 모아 깊은 감사의 뜻을 드린다.

우리 지구상에서 가장 많이 읽힌 책이 어떤 것일까 할 때, 첫손에 꼽는 것이 그리스도교의 『성경』이고, 두 번째로 많이 읽힌 책이 유교 『논어』라 알고 있다. 불교 경전도 독자가 많다. 그 밖에도 좋은 책이 많지만, 번역자는 네 번째 자리에 아리스토텔레스의 『니코마코스 윤리학』을 올려놓고 싶다. 그래서 번역자는 부제를 붙여 이 책을 "바르게 사는 인간의 도리"라 이름을 붙여 보았다.

온고지신(溫故知新)이라면, "옛것을 익히고, 그것을 미루어 새로운 것을 안다."는 뜻이다. 이 말은, 고전의 학습이 왜 필요한가를 단적으로 알 수 있는 4자 성어다.

공자(기원전 552-479)는 중국 춘추시대 말기 사상가다. 그의 이상은 주공(周公)의 정치에 있다. 그가 창시한 여러 제도를 부활하고, 가족 도덕을 기반으로 하는 덕치주의를 가지고 주초(周初)의 봉건제도 시대를 재현하려 했다. 사후에 그의 제자들이 편집한 '언행록'이 바로 『논어』다. 따라서『논어』는 '공자 왈(孔子曰)'로, 그의 언행을 기록했다.

고타마 싯다르타(기원전 463-383)는 석가모니로, 존칭을 받는다. 그의 가르침은 4제(네 가지 진리)와 8정도(여덟 가지 바른 생활법)로 알려진다. 그는 현실 생활의 '고(苦)'를 어떻게 벗어나는가를 설(說)하여, 매우 실천적인 것으로 극단적 수행을 피하고 윤리적 도덕적 측면을 강조하며, 생활의 정화를 주장했다. 사후, 제자에 의한 그의 언행록이 경전으로 전해진다. 이때 제자는 여시아문(如是我聞)하고, 석가모니의 말을 전했다.

예수(기원전 4-기원후 30)는 그리스도교의 시조다. 그는 신의 나라가 도래함을 설파하고, 가난한 자는 구제된다는 가르침으로 종교 활동에 들어갔다. '성경' 또는 '성전'이라 하면, 종교상 신앙의 최고 법전이 되는 책이다. 그리스도교의『성서』, 불교의『팔만대장경』, 유교의『사서오경』, 이슬람교의『코란』등을 가리킨다.『신약 성서』는 그리스도 탄생 후의 신의 계시를 기록한 그리스도교의 성전인 바, 모두 27권으로 이루어졌다. 따로『구약 성서』는 예수 그리스도를 세상에 보내기 전까지 하느님이 이스라엘 백성에게 준 구원의 약속을 담은 그리스도교 성서의 한 부분인데, 모두 39권이다.

아리스토텔레스(기원전 384-322)의 저작(著作)을 그의 아들, 니코마코스 등이 편집한 본서는 23세기 동안 오랜 기간을 지내고, 오늘 우리에게 남겨진 고전 중의 고전이다.

아리스토텔레스는 그리스 철학자다. 스타게이로스 의사 니코마코스의 아들이다. 18세 때, 아테네로 나가 20년간 플라톤에게 배웠다. 49세 때, 아테네에 '뤼케이온(Lykeion, 리시움)'으로 부르는 학원을 열었다. 61세까지 학(學)을 강(講)하였다. 후에, 칼키스에서 돌아갔다. 그는 논리,

생물, 심리, 윤리, 정치, 역사, 미학 등의 팽대(膨大)한 연구를 체계화했다. 그의 학문은 중세 스콜라 철학을 비롯해, 후세 여러 학문에 큰 영향을 미쳤다. 저작에 아리스토텔레스 전집 17권이 있다.

윤리는 사람으로서 마땅히 행하거나 지켜야 할 도리이고, 윤리학(倫理學)은 인간 행위의 규범에 관하여 연구하는 학문이다. 윤리학은 도덕의 본질, 기원, 발달, 선악의 기준 및 인간 생활과의 관계 등을 논구(論究)한다.

본서는 'Ethika Nicomacheia'라는 이름으로 전해 오는 아리스토텔레스의 저작 전역(全譯) 중 1-10권의 번역이다. 목차는 본서 내용을 개관하는 편의를 위해 번역자가 붙인 것이다. 물론 원작에는 없다. 물론 부제목도 번역자가 달았다.

이번 역서 출간을 흔쾌히 맡아 준 출판사에 매우 고마운 뜻을 표한다.